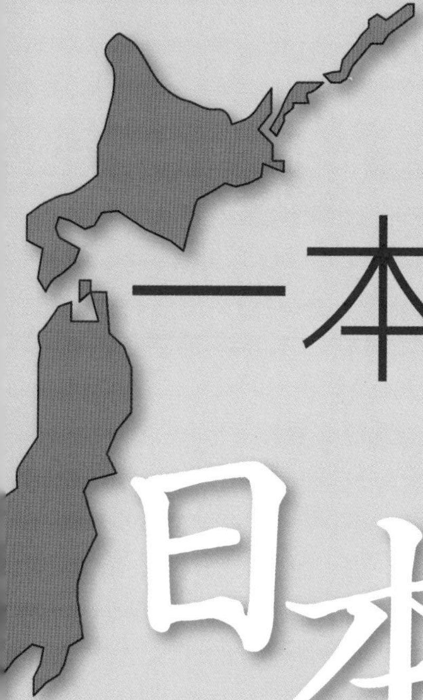

洪維揚 著
三 娃 繪

一本就懂日本史

「光陰乃百代之過客」，
透過對歷史的了解，
有助我們深刻認識日本。

好讀出版

首章

（含舊石器・繩文・彌生時代）▼公元前

壹　古代大王篇

上古時期（含古墳・飛鳥時代）▼公元前至公元七一〇年

貳　天皇親政篇

奈良時代▼
七一〇至七九四年

平安時代▼
七九四至一一八五年

叁　武家政權篇

鎌倉時代▼
一一八五至一三三三年

室町時代▼
一三三六至一五七三年

南北朝時代

室町時代

戰國時代 ※（一四六七至一五九〇年）

安土・桃山時代 一五七三至一六〇三年

肆　王政復古篇

明治時代（戰前）

▼一八六八至一九一二年

大河劇人物介紹

附錄

【推薦序】

讀完這本，掌握日本！

真理大學台灣文學系助理教授 陳昭銘

日本，在幕末傳奇人物坂本龍馬縱橫穿梭之間，讓德川幕府無血開江戶城投降，造就了年輕的明治天皇開國的新時代。從此刻起的日本，逐漸從東方古老的日出之國，一躍而成爲亞洲第一強國，甚至走向後來的「脫亞入歐」的殖民地國家隊伍，擊潰守舊不堪的大清帝國，取得台灣爲殖民地。在二次大戰中，更是席捲西太平洋，讓大不列顛的旗幟幾乎快要飄離亞洲，使中國陷入亡國危機。這是你我所熟知的日本，至今依然還是全亞洲開發程度與人口素質最高的國家。可是，這個自稱是日出之國的神的國度，自從神話時代以來，到明治天皇開國以後，一直有一個難解之謎，就是日本的正式國名到底是什麼？

日本的國名不就是日本國嗎？可是，連日本首相吉田茂都曾經要求內閣就日本正式國名到底是要依據戰前憲法自稱的「大日本帝國」或是戰後的「日本國」來討論定案。由於缺乏國名法治化依據，導致吉田內閣依然無法定論日本國是否就等於是日本最完整且全面的正式國名。縱使到了二十一世紀的安倍內閣，日本國這個稱呼，也只是模糊的國名，到底是共和制？君主制？仍舊在日本憲法裡面找不到這樣明確的國名定調字樣。這樣的問題之所以會產生，必須由日本的歷史方面去瞭解才能明白。

日本社會文化之所以追求精緻與細膩，強調用心與專注的負責任心態，完全是來自於其歷史文化的底蘊。台灣人受到日本殖民五十年的教育洗禮，雖然也養成了負責誠實的態度，但是卻依然很難完全承繼的日本精緻文化的精神，原因就是在於彼此的歷史是截然不同的。台灣人想要徹底的去認識這個與我們關係密切過，現在正友好的隔壁鄰居，唯一的方式就是從認識日本歷史下手，才能理解爲何佛教禪學會變成武士道的修行內涵；爲何日本人酷愛吃海鮮、殺鯨魚；爲何武士的了斷自我方式是切腹；爲何日本人崇拜強者，鄙視弱者；爲何沒有誠實的謝罪，會在社區活不下去；爲何日本企業體貼服務的背後，是集體推卸責任的心態。對於日本社會許多令人無法理解的現象，都要從探討其民族性格的構成談起，認識日本歷史正是瞭解日本人內心想法的最佳途徑。

欲知其國，先知其史，《一本就懂日本史》是目前最適合台灣一般讀者認識日本歷史文化的書籍。想要與日本人做生意、通婚、移民日本、留學、旅遊、教學，非常建議您透過這本深入淺出的好書來助您一臂之力，讓您更快速抓住日本大和民族的文化與性格的精髓。只要讀完這本，眞的馬上抓住日本！

【推薦序】此後再不必看其他日本史書了！

百萬人氣部落客
喬齊安（Heero）

約莫八年前、那是個大學時期於多年老同學家過夜一起看世界杯足球賽的深夜。喜好讀書的我在他家書櫃上看到了一套三本的《日本戰國風雲錄》，對於在光榮電玩遊戲後對織田信長、武田信玄等戰國名將燃起的興趣，竟在這個晚上徹底炙熱燃燒起來，從此入手一本本的日本史工具書與小說、忠實跟著電視追蹤每年放送的大河劇、並規劃實踐著各種「熱血威爾」式的名人史蹟朝聖……這漫長的「歷男」養成之路，讓我踏出第一步的契機正是來自於洪維揚老師的精彩好文！說洪老師是在下的戰國史啓蒙者毫不爲過，也因此近年意外地在臉書推理社團相認，並得知老師平常也有從我的部落格中獲取推理小說知識時，心中感動難以言喻！

過往著作皆集中於戰國史的洪老師，在這本《一本就懂日本史》裡可謂凝聚畢生所學精華，大膽挑戰了整個日本國從原始部落到平成當代的完整通史紀錄與闡述——即便網路發達找資料便利，要書寫一個國家數千年歷史仍須本身具備深厚學問涵養，而他也果然不負眾望，彷似司馬遷與班固的一人之力、凌雲之志，達成這不可能的任務。無論原先對日本史一竅不通或懵懵懂懂的讀者、又或者是有一定程度了解的歷男歷女，肯定都能在用心讀完這部

照片、插圖、表格、文章兼具且編排精美的「百科全書」後功力大進、朗朗上口不少寶貴的豆知識，而這些絕非維基百科、歷史網站所能提供的。洪老師在本作裡也再度爲紙本書掙回無可取代的價值！

洪老師並非在文獻、史書裡墨守成規地覆述，而是不斷地關注最新銳的史學研究報告與網路動態，在講故事時同步更新情報，好比明智光秀子孫提出的背叛信長新學說，極具參考價值；也賦予了《古事記》、《日本書紀》等信史新的生命。您知道日本史上唯一一次的天皇暗殺事件背後隱藏何種權謀計算嗎？鎌倉戰神源義經爲什麼戰功彪炳卻得不到部下擁戴而被兄長輕易除去？一身英武紅鎧的眞田幸村在大阪之陣裡實際上是慘烈得衣衫不整武器不全？導致二戰武力侵華的元兇「昭和兩大恐慌」又是怎麼回事？歷史是一門歷久不衰、借古鑑今的顯學，種種史實、逸話都能夠在《一本就懂日本史》裡得到滿足解答！對於喜歡日系文化、去日本旅遊的朋友來說本書同樣不可或缺，在觀賞歷史的過程才能眞正理解日本人的思想、性格與民族性，從走馬看花進階到昇華心靈的深度旅遊！感謝洪老師與好讀出版帶給我們這樣一本「日迷」必蒐藏的珍典！

【推薦序】

一步一步探進日本史底蘊

中興大學歷史學系博士
彭偉皓

寫一本淺顯易懂的實用歷史書籍，是一項艱鉅的挑戰，作者必須要有豐富的學識，才能將艱澀難懂的史料，變成大眾所能接受的文字，作者洪維揚先生不但做到了，而且能讓讀者快速的瞭解日本史的精要，治史功力相當了得。我與洪維揚先生在中興大學博士班就讀時認識，彼此的歷史研究領域不同：我是研究清史，而維揚專攻日本史。對於長期關注中國史的我而言，日本史是相當陌生，甚至只停留在日本大河劇系列以及電玩《信長之野望》的認知，對於正史完全是門外漢，但維揚總能不藏私地分享他的知識，還會詳細解答我的問題，無論問題深淺，交流中總能得到意想不到的收獲。

這次接獲作者洪維揚先生邀請寫序，坦白說筆者誠惶誠恐，對於一本連貫日本古今的實用通史，做爲讀者有餘，執筆寫序實乃幾分大膽。《一本就懂日本史》的特色即是圖文並茂，要找到相對應於內文的圖，著實不容易，此書著實讓我驚豔之處，就是作者淺顯易懂的文字，加上漫畫方式呈現，說是一本解說日本的通史外，毋寧更像一本日本史的工具書，隨時便於翻閱。想更進一步瞭解認識，每回都會有額外的小常識說明，內容包羅萬象，含括建築、書籍、世系、人物、官制、地圖、形勢、戰

爭及政治制度等，而且作者相當貼心，章節安排上爲使讀者閱讀上沒有壓力，每回平均三頁論述，可讓讀者迅速吸收知識，跟著歷史脈絡一步一步往前走，從上古時代、奈良時代到平安時代，循序進入武家政權的鎌倉、室町、戰國等時代，再緩步迎向江戶時代，直到日本近現代蛻變，宛如在時光隧道中漫步，能夠細細品味獨有的歷史底蘊。

首章

舊石器時代

距今約四萬年前，日本列島有人類生活居住，使用石器

繩文時代

距今一萬一千年左右，冰河期結束

彌生時代

距今大概四千年前，出現水稻耕植，鐵製農具傳入
公元五十七年，倭奴國王獲東漢金印
一〇〇年左右，倭國陷入大亂
一八四年，卑彌呼立為女王，二三九年向曹魏遣使

首章 日本人的由來

原始時代

二〇〇九年島根縣出雲市多伎町出土了舊石器時代中期的「砂原遺跡」，據考距今約十二萬年前，是目前發現日本年代最早的遺址。當時正逢第四紀冰河期，海平面比現在低很多，而且日本與歐亞大陸相連，故「砂原遺跡」的住民極有可能是歐亞大陸上的住民爲追逐草食動物來到日本。距今約一萬四千年以前，爲日本史上的舊石器時代。目前日本發現的舊石器時代遺跡大多是距今三萬年以前，屬於舊石器時代早期，三萬年到一萬四千年之間的舊石器時代晚期則較少發現。

據考證，當時氣候宜人、資源豐富的東南亞呈現人口飽和狀態，多餘的人口爲了生存於是大舉北遷，一路沿著大陸北上到黃河中下游；一路則從中國沿海東進日本列島，目前在日本發現的舊石器文化幾乎都屬於東南亞系統，這批人普遍被視爲後來繩文時代日本人的祖先。

舊石器時代主要使用的工具爲敲打方式製作的打製石器，從目前出土文物來看，打製石器是當時人類取得糧食的工具，過著狩獵、採集的生活。舊說認爲繩文時代才有以研磨方式製作刀口鋒利的磨製石器，然而隨著野尻湖遺跡群（約距今五萬年前到三萬三千年前）多次發掘結果，證實在舊石器時代已出現磨製石器。

繩文時代

距今約一萬五千年到一萬三千年前（即地質學上第四紀更新世晚期），冰河時期進入尾聲，至一萬一千四百年前左右結束，進入間冰期，氣候變得溫暖，海平面上升，日本附近的大陸棚爲海水淹沒，日本因而脫離歐亞大陸。

由於氣候變暖，動植物生態亦有明顯轉變，植物方面寒冷地帶的針葉林分布地區減少，溫暖地帶的闊葉林逐漸增加。動物方面，長毛象等大型草食性動物消失，代之以野豬等中型動物。

約莫在距今一萬五千年前至二千八百年前，日本進入屬於新石器時代的「繩文時期」。目前發現的繩文人遺址大多有貝塚，也就是丟棄破損的陶器、工具以及魚骨、獸骨、植物殘渣的場所，研究貝塚化石有助於理解該時代飲食的種類。貝塚的出現表示繩文時代已有定居概念，「繩文」這一名稱是由明治時代學者矢田部良吉將美國動物學者毛瑟（Edward Sylvester Morse）對大森貝塚（東京都品川區）出土土器的日譯。

從北海道到沖繩縣都有繩文遺跡的出土，一九九八年青森縣青森市郊外出土的三內丸山遺址是目前發現規模最爲龐大者，年代上相當於繩文中後期（距今約五千五百年前到四千五百年前）。其他遺跡中只是由豎穴式住居形成的小型或中型聚落，這處出土的卻是超過五百五十座大型豎穴式住居、掘立柱建物及巨大建築物（六本柱建物）遺跡，此外還有廣場及墓地，在在顯示出三內丸山遺址的規模並非一般聚落可比擬。

繩文人除狩獵和採集外，還有與其他聚落進行交易的商業行爲，主要交易品有食物、石材和裝飾品，值得一提的是目前發現的石材中有黑曜石、翡翠等物：日本黑曜石產地主要在北海道、關東、中部、山陰・山陽及北九州等地，三內丸山所在的青森縣並非上述石材產地，由此不難看出繩文人貿易活動範圍之廣泛。繩文人不只以人力循陸路運送物品，據遺跡出土物來看，還有製造圓木舟透過水路進行交易。

各地發現的遺跡除沖繩縣外幾乎都有土偶出土，大多數以女性爲模型，這與繩文時代仍爲母系社會有關。由於女性具有生育能力，且農作物收成與生育相關，因此爲祈求豐收而製作的土偶均強調體態豐滿，並不符合女體眞實比例。從土偶的出土，可看出繩文時代已有農業耕作及祈求豐收等宗教信仰。

彌生時代

公元前三世紀到後三世紀，日本進入「彌生時代」。「彌生」名稱的由來，是因爲最初於一八八四年三月在東京府本鄉向岡彌生町的貝塚發現土器，遂以發現地點命名。

繩文時代主要以狩獵、採集爲主，中後期從大陸經朝鮮半島傳入水稻（但亦有主張從長江中下游直接傳入日本的說法），出現農耕，不過農耕需要大量人力，尚未成爲繩文時代主要生活方式。

進入彌生時代後出現灌溉設施及鐵製農具的傳入，水稻產量大增，漸成這個時代日本人的主食。大規模稻作生產不僅需要大量人力（部分彌生時代遺跡已有飼養家畜），人們也必須定居在固定土地上，採聚落型態經營以稻作爲主的生活方式，因此彌生時代不僅出現聚落，久而久之更演變爲小國。

不久，小國內部出現了貧富差距，爲了生存，也就是追求水源地及肥沃土地的緣故，小國與小國之間出現戰爭。爲能在作戰中獲勝，進而又出現支配者與被支配者。

一九八六年九州佐賀縣神埼郡吉野里町發現了形成於公元前四世紀

的聚落，命名爲「吉野里遺跡」，乃是目前已出土彌生時代規模最大的遺跡。「吉野里遺跡」顯著特徵是擁有內壕和外壕雙重環壕，兩環之間還有木柵、土壘等防範外敵入侵的設施，足見「吉野里遺跡」具有類似近代城郭的防衛功能。

「吉野里遺跡」除沿襲繩文時代**豎穴式住居**外，尚有存放食物的高床式倉庫和貯藏穴，此外還有爲數不少的甕棺、石棺、土坑墓，埋葬方式採用膝蓋彎曲的屈肢葬。出土物方面有多數土器、石器、青銅器、鐵器、木器，甚至連勾玉、管玉、銅鏡、銅劍、織物等裝飾品和祭祀器物也都在遺跡出土品之列。「吉野里遺跡」所在位置與《三國志．魏志倭人傳》記述的「邪馬台國」頗爲吻合，「吉野里遺跡」是否就是卑彌呼女王建立的「邪馬台國」一時間成爲學界爭論的焦點。

一般文明的演進是按階段從石器向銅器或青銅器，再向鐵器發展，大概費時數千年到上萬年，然而彌生時代卻是青銅器與鐵器並進，石器也未因此淘汰，這在世界文明中是相當罕見的情形，一般認爲與大陸先進文明的傳入有關。

原本青銅器做爲武器使用，但青銅器缺乏鐵器的堅固銳利，當鐵製的武器和農具各因增加殺傷力、收成而普及後，青銅器就慢慢只用作祭祀禮器如銅鏡、銅劍、銅鐸了。禮器功用爲祈禱及禳災，乃由朝鮮半島傳來，故在九州北部出土最多。

豆知識　豎穴式住居

新石器時代世界各地文明常見的居住方式，在中國以仰韶文化的西安半坡遺址為典型代表，中文稱為「半地穴式房屋」。從地表往下挖出方形或圓形穴坑，在穴坑中立一圓柱，四周以樹枝綑綁出圍牆，內外抹上草泥，之後架設屋頂便大功告成。屋內中央有坑，可生火燒煮、照明及取暖。

彌生時代規模最大的吉野里遺跡

壹

這段期間尚未使用「天皇」名稱，
也尚未引進律令制及
建立以天皇為中心的中央集權國家，
相當於日本史上的古墳及飛鳥時代。

古代大王篇

古墳時代

四世紀出現前方後圓墳，大和王權確立
四二一年，倭五王派使者赴南朝宋朝貢
五二七年，磐井之亂

飛鳥時代

五三八年，佛教傳入
六〇三年，廄戶皇子攝政，制定冠位十二階、憲法十七條
六〇七年，派遣隋使小野妹子
六四五年，推動大化革新爆發乙巳之變
六六三年，白村江之戰開打
六七二年，壬申之亂
七〇二年，頒布《大寶律令》

001

公元前後的日本

神武天皇到闕史八代

日本歷史開端於何時，至今在學術界依舊難獲共識。二次大戰以前，《古事記》《日本書紀》兩書中的神代史（稱為「記紀神話」）被視為日本信史之始，廣泛在中小學歷史課本當做授課內容。隨著戰後天皇神格地位解除，戰前不能碰觸的禁忌較能以客觀立場和角度來看待，「記紀神話」記載的內容不再被奉為真實歷史。神話雖不可盡信，卻也非全然不可信，乍看荒誕不羈的內容反映出了部分事實，只不過從「記紀神話」時期到天皇統治日本為止，於文獻上缺乏明確的年代記載；這點是各國神話的通病，不獨日本神話，此外，神話時代和信史間亦缺乏明確承接。

據《日本書紀》記載，「神武東征」前後費時近七年，但神武的領域僅有今日奈良縣一部分，與其說是「兼六合以開都，掩八紘而為宇」（《日本書紀》卷三．神武天皇即位前紀）的天皇，倒不如說是勢力較大的部落領袖。神武為日本史上首位天皇，即今日本皇室的祖先，也就是說神武的子孫後來統一了日本。

然從神武之後的二代天皇到九代天皇，是日本史所稱的「**闕史八代**」。造成的原因，歷來史學家有眾多猜測，主張「神武天皇出場被提前四百多年，為彌補空窗而捏造出不存在的八代天皇」這一說法得到普遍認同。

親魏倭王卑彌呼

神武天皇之後的日本，在中、日兩國史籍上皆乏記載，無從得知這幾個世紀日本局勢的變化，不過根據《後漢書．東夷列傳》《**三國志．魏志倭人傳**》（以下簡稱《倭人傳》）兩書記載，日本原本有百餘國，到漢武帝滅朝鮮時只剩三十餘國，大倭王所在的最大一國叫做「邪馬台」。約當東漢桓、靈帝在位期間（公元一四六至一八九年），邪馬台大亂後陷入長年征討，造成國無君主。此時有一名為卑彌呼的女子會鬼道（方術），具有通靈能力，加

豆知識　闕史八代

《古事記》《日本書紀》中從第二代天皇起至第九代為止，只記載天皇姓名、即位時的年齡、子女數、在位年數、享年及陵寢所在，總計八位天皇，在位近四百八十年。除天皇在位、駕崩外未發生任何大事，不符常理的情形，令許多研究者質疑這八位天皇是記紀的編纂者杜撰捏造，而非實際存在的天皇。

上年長未嫁，被共立爲王，服侍她的侍婢雖有千人之衆，卻罕能見其眞面目。只有一男子平時幫忙遞送飲食，並傳送她下達的命令。卑彌呼的居處、宮殿、樓觀及城柵，都有兵員守衛。

曾有學者指出此名幫卑彌呼遞飲食、傳命令的男子是其王弟，認爲當時邪馬台國採用男（王弟）女（卑彌呼）共治，卑彌呼雖以巫女之尊成爲邪馬台國女王，實際上對臣下並不直接下達命令，而是透過王弟進行間接統治。

卑彌呼／三娃繪

魏明帝景初二年（公元二三八年）六月，卑彌呼似受到南邊狗奴國入侵的威脅，派遣大夫難升米（音譯）帶著牲口、絲織品、金銀前往中國北方，拜見當時魏國皇帝，盼能永世交好。魏明帝封卑彌呼爲「親魏倭王」，這是曹魏賜予外夷爵位最高稱號之一，除外還給予相當豐厚的回賜，不難看出魏明帝想藉機拉攏邪馬台國，從東方海上威脅南方的孫吳。

齊王曹芳正始年間（公元二四〇至二四九年），魏國和倭國間有三次外交使節的往返。二四七年，狗奴國與邪馬台國交戰，卑彌呼遣使向曹魏求援，使者於翌年抵達曹魏國內，惟卑彌呼已因不明原因逝去。據《倭人傳》記載，卑彌呼死後，國人爲其建造一巨塚，以百餘名奴婢殉葬。

之後邪馬台國立一男王，這位男王可能少了卑彌呼擁有的通靈特質難以服衆，造成國內互相誅殺，只好改立卑彌呼的宗女壹與（《梁書》列傳第四十八卷、《北史》列傳第八十二卷寫爲「台與」）爲王，讓國內安定下來。

上述是《後漢書．東夷列傳》和《倭人傳》對二、三世紀倭國的記載內容，《晉書．四夷傳》寫道晉武帝泰始（公元二六五至二七四年）初年，邪馬台國曾復遣使入貢，此後便從中國史籍消失蹤跡，待倭國再次入貢已是一個多世紀後的事了。

豆知識　三國志．魏志倭人傳

爲《三國志．魏書》第三十卷〈烏丸鮮卑東夷傳倭人條〉之略稱，全文近兩千字，詳實記載朝鮮半島到邪馬台國的路途、當時倭人風俗及倭國境內動植物，是最早記載倭國的第一手史料。

002

神功皇后與倭五王

神功皇后及三韓征伐

公元一九九年，第十四代仲哀天皇即位後第八年，不顧皇后氣長足跡尊（漢風諡號為「神功皇后」）同衆大臣勸阻，執意遠征盤據九州中南部的土著熊襲族，出師不克，翌年二月崩御（即駕崩之意）於九州北部的筑紫。神功皇后與大臣武內宿彌等人商定隱瞞天皇死訊返回都城，之後求神齋卜，另覓吉日再度出征，熊襲不戰而降。神功皇后未以此為滿足，召集船隻聚集壹岐島，渡海征討朝鮮半島南部的新羅，新羅王怯戰求降。高麗、百濟兩國懼，遣使向神功皇后表明「從今以後，永稱西蕃，朝貢不絕」。

神功皇后返回九州筑紫後，誕下仲哀天皇遺腹子譽田別皇子（即日後十五代應神天皇），同時宣布天皇死訊。天皇死訊引發議論，譽田別皇子的異母兄麛坂王、忍熊王認為神功皇后出於私心必將立初生皇子為太子，兩位年長皇子遂掀叛亂，旋遭神功皇后派遣的武內宿彌平定。年底，群臣尊神功皇后為皇太后，擔任年幼皇子的攝政，是為攝政元年，兩年後譽田別皇子被立為皇太子。攝政四十六年，日本與朝鮮半島上的卓淳國建立外交往來，攝政四十九、六十二年時因新羅不遣使朝貢而兩度出兵征討。神功皇后崩於七年後的攝政六十九年。

以上為《日本書紀》第九卷的大致內容，可看出該卷對神功皇后的記載集中在征熊襲、平皇室叛亂、征討朝鮮半島三件事，對皇后攝政期間的內政毫無提及，她的漢風諡號「神功」二字與出兵朝鮮不無關係。「攝政」一詞源於中國，但在日本首見於神功皇后，原意為幼君即位不能參與朝政，從皇族成員中

親征朝鮮的神功皇后／月岡芳年畫

擇一具有政治資歷的德高望重之輩作輔佐，待君主成年後歸還政權。仲哀天皇逝後，譽田別皇子襁褓之身自然不能參政，神功皇后以生母之尊，自是最合適的攝政人選。神功皇后攝政期間，權力等同於天皇，加上對外經營有成、武功顯赫，從《日本書紀》到江戶時代前期的《本朝通鑑》（林羅山編纂），多將神功皇后列於本紀。

戰後學術研究漸趨自由，不少學者對神功皇后的真實性存疑。且其攝政三十九年，與前述卑彌呼遣使中國接受「親魏倭王」的年代一致，因此有學者提出**神功皇后與卑彌呼是同一人**或為其宗室的說法。

中國史書的倭五王

自晉武帝朝中最後一次入貢，經過大約一百五十年，五世紀初倭國再度出現在中國正史，據《晉書．安帝恭帝本紀》載，倭王讚於公元四一三年向東晉安帝獻上方物。此後九十年間，倭國歷經五位王，共派出十二次使者向東晉及南朝朝貢。在交通極不便的五世紀，每隔不到八年便遣使者冒生命危險渡海，次數不可不謂頻繁。

《宋書．蠻夷傳》詳細提及遣使前來的倭國領袖，依出現次序分別是：讚、珍（或寫作「珎」）、濟、興、武，此即所謂的「倭五王」。同卑彌呼，「倭五王」記載僅見於中國史書，未見於《古事記》《日本書紀》。那麼「倭五王」究竟是日本史上哪幾位天皇？「倭五王」十二次遣使中有九次集中於南朝宋，基本上可視之為五世紀時的倭國領袖。據《宋書．蠻夷傳》記載，珍為讚之弟，興為濟之子，武為興之弟，只有珍和濟的關係並未提及。

據學者研究比對，「讚」有可能是應神（第十五代）、仁德（第十六代）或履中（第十七代）天皇；「珍」有可能是仁德或反正（第十八代）天皇。相較於「讚」和「珍」的不確定，「濟」、「興」、「武」已在學者間取得一致共識，「濟」是允恭（第十九代）天皇，「興」是安康（第二十代）天皇，「武」是雄略（第

人物通　神功皇后與卑彌呼實為一人說

這種說法的有力佐證為攝政五十二年（公元二五二年）秋九月，百濟王曾獻給日本使者一把七支刀，刀上正面刻有銘文：「泰□四年□月十六日丙午正陽造百練□七支刀」；背面則寫道：「先世以來未有此刀百濟□世□奇生聖音故為倭王旨造□□□世」。從背面銘文來看，獻刀給倭王應是確有其事，然而曹魏時期並無泰□的年號，有可能是晉武帝泰始四年（公元二六八年），也有可能是東晉廢帝太和四年（公元三六九年，太與泰字相通），後說在戰後得到普遍認同。

二十一代）天皇。

「倭五王」時代，中國歷經西晉短暫統一復陷南北分裂的局面，相較於北方長期征戰，南方至少維持表面偏安，故此倭五王選擇南朝做爲朝貢對象。倭五王出於何種目的，向偏安江南的南朝朝貢呢？我們可從倭五王自稱「頭銜」中窺出端倪，除卻讚、興兩位，珍、濟、武皆自稱使持節、都督倭百濟新羅任那加羅秦韓慕韓等國諸軍事、安東大將軍、倭國王，以此身分遣使上貢。弄了一大堆頭銜，無非希望南朝能予承認，這才是他們不惜海上風險來使朝貢的主因。「使持節」即都督之意，等於地區性的軍事首長，珍、濟、武要的是支配倭、百濟、新羅、任那加羅、秦韓、慕韓地區的軍事支配權。

新羅、百濟都是朝鮮三國時代（前一世紀至七世紀）半島南邊的國家。任那即加羅，居新羅與百濟之間，倭五王時代屬日本領地。秦韓是辰韓，乃早期朝鮮半島南部三韓之一；只有慕韓不清楚是今日何地，不過應該也在朝鮮半島南部。可想而知倭五王向南朝朝貢，著眼於換得南朝皇帝承認他們在朝鮮半島南部及倭國的軍事統治權，藉此挽回四世紀末**和北方高句麗作戰**失利後岌岌可危的任那。可是在珍的時代南朝已封百濟王爲國王，百濟的軍事權自然不可能交給倭王，珍最後只得到「安東將軍倭國王」的封號，此封號一直伴隨到倭王興。

倭王武時，高句麗南下，百濟、新羅首當其衝，任那同受高句麗威脅，倭王武亟需得到都督倭、百濟、新羅、任那加羅、秦韓、慕韓等國諸軍事的稱號，以便率領半島南部兵力對抗高句麗，故於四七八年向南朝宋末代皇帝順帝上表文，前段誇耀統一倭國過程的英勇，後段則訴面臨高句麗壓迫之窘境，爲在朝鮮半島行使軍事權，冀盼南朝皇帝能承認其所求「大將軍」爵號，方便以此爵號之威權對抗高句麗。

豆知識　高句麗和倭的戰爭

公元三九七年，百濟違背向高句麗稱臣的誓言，不惜送出王子人質與倭通好。高句麗第十九代王廣開土王（正式諡號為「國岡上廣開土境平安好太王」，簡稱好太王）聯合新羅於公元四〇二、四〇四年兩次擊退倭・百濟聯軍，並趁軍威旺盛進攻北邊帶方郡，威脅割據中國北方邊境的後燕國。四一四年，廣開土王之子長壽王於今吉林省留下「好太王碑」，成為這段史實的原始史料。

日本皇室世系略圖

- (15) 應神天皇
  - (16) 仁德天皇
    - (17) 履中天皇
    - (18) 反正天皇
    - (19) 允恭天皇
      - (20) 安康天皇
      - (21) 雄略天皇

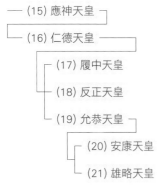

003

五、六世紀倭國局勢

皇室內鬥

公元三一〇年，在位四十年的應神天皇駕崩，皇太子菟道稚郎子拒絕即位，堅持讓位給賢能的異母兄大鷦鷯皇子，大鷦鷯皇子頑辭不受。兩人互讓之果，皇位因而空缺三年。後來菟道稚郎子逝去，大鷦鷯皇子在群臣擁護下即位，是爲仁德天皇（三一三至三九九年在位）。

據《日本書紀》記載，仁德天皇是個體恤民情的明君，曾因民宅的灶沒有上升的炊煙而免除租稅，居住的宮殿屋簷從未換過茅葺，無法遮風擋雨，因而死後追謚爲「仁德」。仁德天皇崩後，葬於今大阪府堺市堺區大仙町，陵寢稱爲「百舌鳥耳原中陵」，是典型的**前方後圓墳**，全長八百四十公尺，高度超過三十五公尺，總面積將近十二座甲子園球場，是目前世界最大的皇陵。

仁德之後的幾任天皇致力於國家統一，並加強與中國南朝交流，藉由南朝皇帝冊封官職以樹立天皇在國內的統治權威及壓制朝鮮半島南部各國。天皇權力增大，使得皇位成爲衆皇子覬覦的目標。倭五王之一的「武」（雄略天皇）是「濟」（允恭天皇）的第五皇子，本名大瀨泊幼武尊，趁二皇兄「興」（安康天皇）死去，迅速起兵消滅另兩位皇

豆知識　前方後圓墳

古墳的一種形狀。日本歷史從三世紀末到七世紀慣稱為「古墳時代」，這段期間，凡天皇駕崩便會舉全國之力建造巨大陵寢。最初為圓墳、方墳，後演變為前方後方墳、雙方中圓墳、雙圓墳，以及最具代表性的前方後圓墳。

「前方後圓墳」代表：大仙陵古墳／三娃繪

兄，不只剪除直系兄弟，還將旁系堂兄弟一併消滅。

雄略天皇崩後，歷經三任短命天皇，接著繼位的是兇殘不下雄略的武烈天皇，武烈天皇名小泊瀨稚鷦鷯，爲前任仁賢天皇唯一的皇子。當他被立爲皇太子時，《日本書紀》形容他對法令相當嫻熟，能辨是非善惡，明鏡高懸。

武烈天皇在位八年，期間發生之事於《古事記》毫無記載；《日本書紀》則記載了剖孕婦之腹查看胎兒、拔掉百姓指甲命其挖掘山芋等諸多暴行。武烈天皇多行不義，死時年僅十七、八歲，未生下皇子皇女且未立皇太子，加上先前雄略天皇的嗜殺，皇統面臨斷絕。最後由朝中重臣**大連**大伴金村．物部麁鹿火、**大臣**巨勢男人找到應神天皇五世孫男大迹王，立爲天皇（繼體天皇），皇統甫免於斷絕，皇室譜系亦從繼體開始逐漸明朗。

筑紫國造之亂

公元五二七年發生的「筑紫國造之亂」（亦稱「磐井之亂」）可說是日本古代規模最大的地方叛亂，但不少日本史書卻未提及，到底是怎麼回事呢？

《古事記》對於「磐井之亂」只簡單記載磐井不遵天皇之命且多無禮行爲，因而派人平定。《日本書紀》記載複雜許多，牽扯到朝鮮半島各國動向，由此觀之，「磐井之亂」並非單純的地方叛亂，應視爲「國際事件」。

五二七年六月，繼體天皇派遣近江毛野臣率眾六萬渡海前往朝鮮半島南部的任那，在那裡與被新羅擊敗的南加羅、喙己呑會師齊攻新羅。然而近江毛野臣正要從九州北部渡海前往朝鮮，筑紫**國造**磐井率火（肥前、肥後）、豐（豐前、豐後）二國之眾掀起叛亂。天皇只得暫停渡海之舉，依大伴大連金村、巨勢男人之議，命物部麁鹿火率軍討伐磐井。

五二八年十一月，物部麁鹿火於筑紫御井郡與磐井決戰，將其斬殺，亂事平定。翌月，磐井之子恐受父親之罪連坐，獻糟屋屯倉，請求赦免死罪。鑒於九州北部地理位置的重要性，大和朝廷將其納入直

人物通　大臣、大連

「臣」和「連」皆為大和朝廷地位最高的「姓」（類似今日的官銜）。擁有「臣」頭銜的氏族多是大和朝廷擴張過程中率先臣屬的有力地方豪族，主要有蘇我氏、紀氏、巨勢氏、平群氏、葛城氏。至於「連」則為原本就效命於大和朝廷、擴張過程中立下功勞的豪族，如物部氏、中臣氏、大伴氏、土師氏、弓削氏。「臣」的豪族中勢力最大者被稱為「大臣」，主要指蘇我氏，可左右國政；「連」的豪族中勢力最大者被稱為「大連」，主要由負責大和朝廷祭祀的物部氏、大伴氏擔任，同樣可左右國政。

轄領地，《大寶律令》頒布後，設「太宰府」做爲與朝鮮諸國交涉的總窗口。

不過這場亂事在文字敘述上產生些許的疑問，《古事記》記載叛亂的是「筑紫『君』石井」，《日本書紀》則記爲「筑紫『國造』磐井」。磐井若爲「國造」，則爲大和朝廷成員，掀起叛亂後天皇派人征討乃合情合理。但若爲筑紫君身分，磐井等於未歸順大和朝廷的地方豪族，繼體天皇可能假其道征討新羅，歸途時趁勢消滅，使筑紫君基於「唇亡齒寒」之理恃朝鮮援軍爲後盾起兵；從這角度來看，磐井之亂頗難視爲叛亂。

對新羅而言，避免讓大和朝廷登陸朝鮮半島，在半島上作戰自然屬上上之策，因此與北九州筑紫君同盟，由後者阻止近江毛野臣的渡海並非不可能。且依常理來看，若筑紫君是大和政權下的地方國造，新羅與之同盟未免奇怪，故此筑紫國王說並非毫無根據。

物部麁鹿火／菊池容斎繪

人物通　國造

古墳時代和飛鳥時代的地方首長，掌控地方軍事權和裁判權。最初多為地方豪族，由於大和朝廷的控制力未能遍及各地，不得不任命地方豪族來管理。「國造」管理的「國」大致與奈良時代以降的「令制國」相當，大化革新後，國造實權逐漸被剝奪，淪為世襲虛職，僅負責地方的祭祀活動，奈良時代後漸趨消滅。

004 佛教傳入

日本勢力退出朝鮮半島

「磐井之亂」結束後，繼體天皇有意渡海向新羅用兵，然最後未能成行。公元五三一年二月，繼體天皇駕崩，之後的安閒、宣化兩位天皇在位期間過短，出兵征討新羅之舉未能成行。

早在五一二年，繼體天皇即位之初，百濟王遣使朝貢日本，負責接待的大伴大連金村接受百濟賄賂，同意割讓出任那的上哆唎、下哆唎、娑陀、牟婁等四縣，日本在朝鮮的勢力由此大大衰退。

五四〇年九月，欽明天皇欲征新羅，物部大連尾輿上奏告大伴大連金村擅自割讓任那四縣給百濟，引得新羅懷恨日本，故不可輕易出征。大伴金村雖未被降罪，卻自此失去大連之位趨於式微，大連一職爲物部氏獨占。翌年日本與百濟聖明王聯手建立「任那日本府」抵抗新羅，之後幾年投入人力、物力經營任那日本府。

不過，新羅在日本做好出征準備前猛攻百濟，迫使百濟放棄北方領地。五五四年，聖明王在與新羅作戰中戰死，百濟失去力量，兩年後的五五六年，欽明天皇雖派千人欲馳援新羅，終因故而未成行。五六二年，任那日本府遭新羅攻滅，日本失去了朝鮮半島上的據點，欽明之後的歷任天皇雖以收復任那爲職志，但皆未能實現。

五七一年，欽明天皇駕崩，皇后所生的第二皇子渟中倉太珠敷尊繼位，是爲敏達天皇。

佛教公傳及排佛之爭

欽明天皇在位期間，重要大事除退出朝鮮半島外，當數佛教的傳入。佛教傳入日本的時間歷來有兩種說法，一爲公元五三八年，出處爲《上宮聖德法王帝說》及《元興寺伽藍緣起》；一爲五五二年，出處爲《日本書紀．卷十九欽明紀》，以前者較具說服力。

創立於公元前六世紀的佛教，依其傳播方向可粗分爲北傳佛教和南傳佛教，北傳佛教又分成漢傳佛教、藏傳佛教及日本佛教，此三支與南傳佛教（亦稱「上座部佛教」）構成佛教的四大系統。

佛教傳入日本的時間雖有歧異，經由百濟傳入的途徑則得到學術界一致公認。依《上宮聖德法王帝說》記載，五三八年十月十二日，百濟聖明王始將佛像、經教與僧衆，授於當時日本朝廷中對大陸先進文化接受度較高的蘇我稻目宿彌大臣，令他推動佛教在日本興盛。

欽明天皇聽百濟使者轉述佛教在中國及朝鮮半島盛行景況後大悅，問衆臣是否也可在日本推行。蘇我稻目宿彌大臣認爲信奉佛教乃時勢所趨，日本不能抗拒；物部大連尾輿、中臣連鎌子則認爲從日本固有之神祇改拜番神，將招致國神的憤怒而反對。欽明天皇只好讓蘇我稻目「試令禮拜」，爲安置佛像，蘇我稻目建置「向原寺」（後改名豐浦寺），爲日本最早的佛寺。

蘇我稻目禮佛後，非但未爲日本帶來好運，竟還傳出國內疫病大起，包括贊成崇佛的蘇我稻目在內不少民衆染上疫病死去。物部、中臣等人說是因爲拜了番神之故，必須盡早丟棄番神甫能平息國神的憤怒，因此蘇我稻目安置的佛像被丟到河裡，向原寺裡的伽藍、佛殿俱遭毀壞，這是日本佛教史上最初的法難。※

佛教的盛行

自從大伴金村失勢，朝廷裡只剩蘇我氏可以和物部氏相抗衡。物部氏的祖先是神武東征時與之對抗的豪族，歸順大和朝廷後逐漸成爲重要氏族，負責刑罰．警察．軍事．呪術之職責，是**「盟神探湯」**的執行者；至五世紀末，與大伴氏成爲執掌大和朝廷軍事力量的大連。

蘇我氏是神功皇后時期重臣武內宿彌的後裔，武內宿彌之孫掌管**三藏**後總管大和朝廷財政，勢力遽增。蘇我氏與**渡來人**關係深厚，渡來人掌控最先進的技術，成爲蘇我氏能夠在朝廷抬頭的主要助力。

公元五八五年敏達天皇崩，不從衆多皇子中選出繼任者，而立天皇的異母弟大兄皇子。之所以如此，與大兄皇子生母爲蘇我稻目之女不無關係，加上皇子本身並不排斥佛教。用明天皇即位（三十一代天皇，五八五至五八七年在位），以蘇我稻目之子馬子爲大臣，物部尾輿之子守屋爲大連，接受佛教與否的議題依舊是爭論重心。

豆知識　盟神探湯

古代在世界各地普遍行之有年的原始審判方式，是一種既不科學也不合理的審判。有嫌疑者在神或祭司之前宣誓清白，後將雙手放入熱鍋或滾燙熱水中，若是清白，雙手便該完好如初，反之則難免燙傷。

豆知識　三藏

古代官倉之總稱。神武天皇即位時宮中收藏之物稱為「齋藏」，履中天皇增設「內藏」，雄略天皇再增「大藏」。此後皇室神物收藏於「齋藏」，由齋部氏保管；皇室官物則收藏於「內藏」，由渡來人阿知使主和王仁管理；朝廷官物收藏於「大藏」，渡來人秦、文二氏管理，即律令制大藏省的前身。

用明天皇即位次年四月就病逝，繼任者同樣不從皇子中選擇，蘇我馬子推舉欽明天皇皇妃蘇我小姉君所生泊瀨部皇子，物部守屋則推舉小姉君另一兒子穴穗部皇子，雙方終於兵戎相見，欲以武力解決長久以來的矛盾。

六月，蘇我馬子奉敏達天皇皇后炊屋姬之命，率兵先除去穴穗部皇子，接著包圍物部守屋之宅邸，不少觀望的皇子和群臣此時紛紛加入蘇我軍。用明天皇第二皇子廄戶豐聰耳皇子年僅十四，用親手刻的四天王木像置於軍隊前，祈願此役若能獲勝，將建四天王寺並大力推廣佛教來還願。七月，物部守屋的盟友中臣勝海因病退出，孤軍物部守屋兵敗而死，物部氏一族滅亡。

獲勝的泊瀨部皇子被推舉為天皇，是為崇峻天皇（第三十二代天皇，五八七至五九二年在位）。蘇我大臣馬子以舅父之姿獨攬朝綱，與同樣篤信佛教的廄戶豐聰耳皇子一起推廣佛教，佛教從此在日本紮根，勢力很快就超越傳統的神道。

人物通　渡來人

也稱「歸化人」，泛指四到七世紀從中國、朝鮮半島遷徙至日本居住的人，他們多半出於原居住地政局不穩之故，有計畫性的大規模向日本移民。來自中國的渡來人大抵可分成秦朝後裔的「秦氏」及漢靈帝後裔的「漢氏」，由於他們嫻熟大陸先進技術，對上古日本的開化有莫大之功。

擁佛的聖德太子與蘇我氏（左）和物部氏形成對立／三娃繪

※作者按：為何蘇我氏在採納佛教與否的問題上，與物部氏有不同意見呢？表面看似是針對佛教接納與否抱持不同意見，背後實則暗藏著政治層面的鬥爭。

005 聖德太子改革

首位女帝與十九歲攝政

崇峻天皇即位後以蘇我馬子宿彌爲大臣，由於物部氏已遭消滅，大連一職空缺。換言之，蘇我馬子把持整個朝政，不僅架空其他朝臣，還架空由他和炊屋姬擁立的崇峻天皇，天皇因而懷恨在心。

公元五九二年十月有人獻上山豬，天皇看著山豬，有感而發道：「何時能像斷此豬頭般除去我心頭所恨之人！」這句話不小心被左右聽見，輾轉傳入蘇我馬子耳中，使馬子決意除去天皇。十一月，蘇我馬子以東國進貢貢品爲由，邀天皇出席，並暗遣渡來人後裔東漢直駒於席中行刺，此爲日本史上僅有一次天皇確定遭臣下所弒，當日即將天皇下葬。

繼任皇位的第一順位是敏達天皇第一皇子押坂彥人大兄皇子，然而他不具有蘇我氏血統，故不爲蘇我馬子所喜。其異母弟竹田皇子和用明天皇第二皇子廄戶豐聰耳皇子雖皆出自蘇我一族，但爲避免皇子爭位，蘇我馬子決定由外甥女炊屋姬（本名額田部皇女，敏達天皇皇后）爲天皇，於焉出現了日本史上首位女帝——推古天皇（五九二至六二八年在位）。

女帝登基後，旋即任命時年十九歲的姪子廄戶豐聰耳皇子爲皇太子攝政，是日本史上第二位攝政，日後以「聖德太子」之稱聞名。女帝和攝政都出於蘇我家，推古和用明皆爲欽明天皇的子女，他們的母親爲蘇我稻目之女堅塩媛；攝政生母穴穗部間人皇女是用明天皇的皇后，其生母爲蘇我稻目另一女兒小姉君，堅塩媛和小姉君都是蘇我馬子的姊妹，亦即蘇我馬子是推古天皇的舅父，攝政聖德太子的舅公，同時也是太子的岳父。

日出處天子致書

《日本書紀》卷二十二爲〈推古紀〉，顧名思義爲「推古天皇本

聖德太子向隋朝致上國書／三娃繪

紀」，但該卷一半以上的內容俱是與攝政聖德太子有關，對之後的日本而言，太子改革的重要性遠比推古的政績重要許多。

太子生於馬廄，出生時便能說話，年長後能同時聽十人講述不同案件並做出最精準的裁斷。任攝政後，他進行的改革大抵可分爲以下五方面：

一、**提倡佛教**：太子在與物部氏作戰時曾許願，若能戰勝，願興建佛寺、推廣佛教以還願。就任攝政後便在今大阪市興建四天王寺，翌年頒布興隆佛教之詔。此外太子從公元六〇一年起陸續於奈良盆地興建斑鳩宮、法隆寺（原名斑鳩寺）、中宮寺、法興寺、法起寺，晚年親自爲《法華經》《勝鬘經》《維摩經》三部佛經注釋，統稱「三經義疏」，經太子大力提倡，佛教在日本普傳至一般平民，開啓日本最初的文化高峰——飛鳥文化。

二、**制定冠位**：太子於六〇三年十二月間制定「冠位十二階」，將儒家最高道德準則「德」置於首位，之後依序爲五常「仁」、「禮」、「信」、「義」、「智」做爲冠位名稱，各分大小。各階官員不僅冠位不同，冠服顏色及材質亦有差別，冠位雖由天皇授予，然用意在於強調個人功勳，榮顯僅及於一代而不能世襲。期使以姓氏爲基礎、強調血緣和裙帶關係的社會，能夠轉變爲能力至上，同時破除門第觀念，以達成大權集中於天皇的目的。

三、**憲法十七條**：當時的憲法近似行爲規範的道德教條。十七條憲法不僅採漢文書寫，還引用中國經典（《孝經》《禮記》《論語》《尚書》《詩經》《春秋左氏傳》《韓非子》《史記》《昭明文選》等），其思想以儒家爲主，法家和佛教爲輔，條文更明確指出君、臣、民三個不同階級各自必須遵守的規範。

四、**對隋的外交**：太子對隋的外交始於六〇〇年，雖不見於《日本書紀》記載，然《隋書‧東夷傳》提到倭王姓阿每，字多利思比孤，號阿輩雞彌，派遣使者前來。當時隋文帝派人向使者問及倭國風俗，使者答說：倭王以天爲兄、以日爲弟，天未亮便聽政，採跏趺坐姿；

法隆寺八角夢殿／三娃繪

日出後停止政務，說道就交由我弟辦理。隋文帝聽了不以爲然。

「阿每．多利思比孤．阿輩雞彌」極有可能是「天足彥大君」的音譯，但並非指推古天皇，反有很大可能指聖德太子，《隋書》中未交代這次使者前來的使命。六〇七年，派遣大禮小野臣妹子赴唐，這一次的使節同時見於《日本書紀》《隋書》，可信度無庸置疑。《隋書．東夷傳》提到倭國使者告曰，我聽聞海西菩薩天子振興佛教，於是遣使前來朝拜，並派數十名沙門學習佛法，國書提到：「日出處天子致書日沒處天子無恙」云云。隋煬帝看了大爲不悅，對負責外交的鴻臚卿說道：「若再有像此無禮的蠻夷國書，不用再拿給朕看。」

六〇八年，隋煬帝遣裴世清等十二人隨小野妹子赴日，受到日本朝廷上下隆盛款待。裴世清返國，小野妹子爲大使陪同，順便帶領倭漢直福因、奈羅譯語惠明、高向漢人玄理、新漢人大國四名留學生，以及新漢人旻、南淵漢人請安、志賀漢人慧隱、新漢人廣濟四名學問僧前往隋朝留學，這是第一次遣隋使。這些人在中國一待三十餘年，高向漢人玄理、新漢人旻、南淵漢人請安是三十餘年後大化革新的主要推動者。《日本書紀》有記載這次國書的內容，寫道「東天皇敬白西皇帝」。從「日出處天子」到「東天皇」，不難看出聖德太子在外交上不甘屈居中國之下，行文上處處要與天朝大國平起平坐，也許這才是太子對隋外交的主要目的。

五、編修國史：六二〇年，太子在蘇我馬子協助下編纂三部國史（《國記》《天皇記》《臣連伴造國造百八十部并公民等本記》）。隨著太子於六二二年病逝斑鳩宮，史書的編纂可能因此停頓下來。後世學者多認爲這三部史書並未完成，收藏於蘇我家，在二十多年後蘇我氏滅亡之際毀於兵火。

聖德太子改革的目的在於建立集權天皇一身的國家，欲達這目的必須削弱蘇我氏的權力，冠位十二階、憲法十七條皆爲此頒布。而爲能夠順利推動改革，太子不得不在某些方面對蘇我馬子妥協，以換取配合，故此削弱蘇我氏權力的成效可說微乎其微。儘管如此，聖德太子一番改革帶動日本眞正進入文明之境，這點才是永不磨滅的功勳！

人物通　聖德太子虛構說

有學者質疑「憲法十七條」完成不應在聖德太子的時代，太子之世部分憲法裡引用的漢籍尚未傳入日本，由此認為「憲法十七條」可能與《日本書紀》成書年代相當，進而推斷聖德太子乃是虛構出來的。

006 大化革新前後

蘇我氏滅亡

聖德太子病逝後即廢除攝政，大權獨攬於大臣蘇我馬子，更顯肆無忌憚。公元六二四年十月，馬子遣使者向天皇奏求賜予葛城縣做爲私人封地，推古天皇不允，說道：「我出身蘇我氏，大臣本爲朕之舅父，大臣之言朕本應聽從。然而若在朕之世失去葛城縣，後世必批評因爲朕這一愚痴婦人當上天皇，才會失去葛城縣。如此一來不僅朕遭受辱罵，大臣也將被冠上不忠之名，豈非留惡名於後世？」短短一席話打消馬子的貪得無厭。六二六年五月，蘇我馬子病逝，子蝦夷（亦稱毛人）繼承其大臣之位。六二八年二月，推古天皇臥病在床，病榻上推古先後召見押坂彥人大兄皇子之子田村皇子以及聖德太子之子山背大兄皇子，推古最終未指定下任天皇人選而辭世，據《日本書紀》記載，她與先辭世的竹田皇子合葬。

於是群臣分裂爲擁戴田村皇子和山背大兄皇子兩派。蘇我蝦夷屬意田村皇子，當他得知叔父境部摩理勢有意立山背大兄皇子，出兵消滅叔父一家，群臣擁田村皇子即位，是爲舒明天皇（六二九至六四一年在位）。舒明天皇以弟弟茅渟王的女兒寶姬王爲皇后，生下中大兄、大海人兩位皇子。

六二三年七月，遣唐留學僧歸國，對親眼所見的唐文化讚不絕口，向當時的推古天皇上奏說大唐是個法式備定之珍國，要經常派遣使者前往學習。舒明天皇即位第二年八月，派大仁犬上君御田鍬、大仁藥師惠日爲大使前往唐土學習，揭開中日文化史上爲期二百多年的遣唐使序幕。

六四一年十月，舒明天皇去世，照理應由寶皇后生的長子中大兄皇子即位，蘇我蝦夷卻中意庶出的古人大兄皇子。最後折衷立寶皇后爲帝，史上第二位女帝皇極天皇出現（六四二至六四五年在位）。

六四三年十一月，蝦夷之子入鹿派人包圍山背大兄皇子宅邸，山背大兄全家盡遭屠戮，聖德太子血緣（上宮王家）就此滅絕。凡感念太子的民眾，無不怨恨蘇我入鹿。痛恨蘇我氏專政的群臣紛聚集在中大兄皇子的核心傘下，主要包括中臣鎌足，以及蘇我入鹿的堂兄弟倉山田石川麻呂。兩年後的六月，中大兄皇子趁蘇我入鹿接待新羅、百濟、高句麗三國來使，於太極殿上當眾殺死入鹿，並發兵包圍蘇我家。最後蘇我蝦夷放火燒毀自宅，蘇我氏滅亡。

中大兄推動大化革新

蘇我氏滅亡後，皇極天皇大感震撼，旋即讓位。主導消滅蘇我氏的中大兄皇子本欲繼皇極爲帝，但受謀臣中臣鎌足勸阻，鎌足認爲跳過庶兄古人大兄皇子而自立，難免招人非議，不如擁立舅父輕皇子爲帝。於是輕皇子即位，是爲孝德天皇（六四五至六五四年在位）。同時廢除大臣，改設左、右、內三大臣，以阿倍內麻呂爲左大臣、蘇我倉山田石川麻呂爲右大臣、中臣鎌足爲內大臣，高向漢人玄理、新漢人旻爲國博士。而因輩分關係登基的天皇，就立中大兄皇子爲皇太子，以「大化」作年號，這是日本最初的年號，此後除七世紀末期外，日本逢新帝登基便立年號，沿用至今。

山背大兄遇害／三娃繪

接著以中大兄皇子和中臣鎌足爲主，展開一連串改革，稱爲「大化革新」。其目的乃要完成聖德太子未竟之志，即是將日本從氏族掌控的國家改變爲一個天皇親政的中央集權國家。

六四六年立舒明天皇之女間人皇女（中大兄皇子之妹）爲皇后，同時頒布革新之詔。革新內容主要如下：一、廢除部民制，改爲公地公民制；二、整頓地方行政制度，改設畿內、國、郡、里等地方行政組織；三、造戶籍，行**班田收授法**；四、罷除舊日賦役，採用「**租庸調**」等統一的新稅制。此外還有關於薄葬令、習俗改革、伴造‧品部的廢止、大臣‧大連廢止、冠位制度的改訂等革新之詔未提及的改革。

之後幾十年陸續頒布律令，皆被視爲是大化革新的延續，甚至到下個世紀《大寶》《養老》兩律令頒布爲止。透過這一連串的改革，日本總算從氏族制步上封建制，天皇逐漸成爲國家的最高威權者。

豆知識　班田收授法

學自隋唐時代的均田制，每六年班田一次，年滿六歲以上的男子授予口分田二段，女子為男子的三分之二，奴婢為良民的三分之一，死後將田收回。為官者依其官位、官職授予位田、職田、功田等不同名稱的田地。

豆知識　租庸調

同樣學自中國唐朝，惟內容不盡相同。「租」為每段（約十畝）田地交納稻二束二把；「庸」為每五十戶出丁一人並負責其糧食；每町田徵收絹一丈、絁二丈、布四丈，猶得視當地特產另行繳交不同的「調」。

007

插手朝鮮半島

齊明天皇重祚

進行大化革新的同時，中大兄皇子也在暗自排除政敵。公元六四五年，有人密報古人大兄皇子意圖謀反，中大兄皇子趁機除去曾與他爭奪皇位的皇兄。六四九年，左大臣阿倍內麻呂病逝，右大臣蘇我倉山田石川麻呂被密告謀反，遭中大兄皇子派兵包圍宅邸，田石川麻呂全家（包含中大兄皇子的妃子在內）自盡。由於田石川麻呂反對大化革新，故密謀之說很有可能是中大兄皇子羅織的罪名，或是謀臣中臣鎌足獻策。有阿倍和田石川麻呂的支持，中大兄皇子方能消滅蘇我氏，因此不得不委以左、右大臣之職；待二人逝後，中大兄皇子以心腹居此二職，逐漸掌控權柄。

六五〇年二月，穴戶國（長門國）司獻上白雉被視爲祥瑞，於是改年號爲白雉。六五一年底，孝德天皇下令**遷都**，離開飛鳥板蓋宮（今奈良縣明日香村）前往難波宮（今大阪市）。之後孝德天皇和中大兄皇子似因遣唐使問題出現嚴重不和（六五三、六五四年再現不和），中大兄皇子於六五四年上奏遷回飛鳥板蓋宮爲天皇拒絕，帶著生母寶皇女、皇妹間人皇女、皇弟大海人皇子與多數大臣返回飛鳥。被拋下的孝德天皇一病不起，是年十月病逝。

孝德崩後，身爲皇太子且年近三十的中大兄皇子不繼位，而讓寶皇女再次登基，開日本史上天皇重祚之始，二度繼位的寶皇女改稱齊明天皇。中大兄此舉頗可能也是中臣鎌足背後獻策。

六五八年十月中大兄皇子與齊明天皇前往紀伊泡湯，未久，留守京城的蘇我赤兄向孝德天皇之子有間皇子抨擊中大兄皇子失政，挑起有間皇子的仇恨。就在有間皇子有所行動時，蘇我赤兄派兵包圍其宅邸，被捕的皇子送到紀伊海邊處以絞刑，此後放眼日本國內再無反對中大兄皇子的勢力。

白村江之戰

孝德初即位，爲防範北方蝦夷族入侵，曾於磐舟、渟足兩地（俱在今日新潟縣北部）設置城柵，劃清國界。《日本書紀‧齊明天皇卷》記

豆知識　遷都

此時日本並無「定都」的概念，所謂的都城往往只限定一代，新君登基後便開始尋覓都城之地，像孝德天皇在位期間有兩個以上的都城也很常見。由於無此概念，都城建築並不牢靠。

載公元六五五年七月天皇在難波宴請北蝦夷九十九人、東蝦夷九十五人，並授予柵養蝦夷九人、津刈蝦夷六人冠位二階。接著六五八年四月，越國守阿倍引田臣比羅夫率領一百八十艘船隻征討蝦夷，齶田、渟代（分別爲今秋田縣秋田市、能代市）二郡望風歸降，首領恩荷獲朝廷授予官位。阿倍比羅夫在恩荷的幫助下，於有間濱接受從渡島來歸的蝦夷衆，雙方盡歡而歸。六五九、六六〇年阿倍比羅夫兩度與肅愼（即隋唐時代的「靺鞨」）作戰，特別是六六〇年這次，阿倍的船隊追擊至今庫頁島殲滅肅愼船隊凱旋而還。

當時，日本已捲入朝鮮半島戰爭，與大唐開戰在即，爲何還要派阿倍比羅夫前往他方，與蝦夷人，甚至是與本土境外的肅愼作戰呢？直接因素是肅愼與高句麗結盟，而與百濟同盟的日本，擊敗肅愼便能斷高句麗一臂。此外六五九年四月，第四次遣唐使中有兩名隨行的蝦夷男女，抵長安後謁見唐高宗，藉由與唐高宗的問答向唐朝及東亞各國展示：唐朝之外，還有「日本」這個也接受藩屬朝貢的帝國。

六六〇年七月，百濟在唐與新羅水陸兩軍夾擊下滅亡，百濟人質豐璋王子從日本返回，進行復國。次年一月，中大兄皇子偕齊明天皇循海路前往九州，此時齊明天皇已年近七十，長途跋涉下天皇七月病倒，逝於今福岡縣境內；中大兄皇子密不發喪，到十一月返回飛鳥才舉行葬禮。爲避免人心浮動，中大兄皇子在喪期結束後，以「**稱制**」型態主政。

六六二年中大兄皇子運送五千軍前往百濟，翌年三月加派二萬七千軍，雙方開戰在即，此時卻發生豐璋王子殺害百濟將領鬼室福信的內鬨事件。六六三年八月，唐・新羅聯軍包圍周留城，另有一百七十艘戰船列陣於白村江上；急於突圍的日・百濟聯軍遂於白村江口與之對戰，歷經四次戰役皆敗。日・百濟軍有四百艘船隻被焚，豐璋王子逃往高句麗，餘衆皆降，百濟復國無望。

之後新羅在唐的幫助下，往北攻陷平壤，高句麗滅亡，新羅統一了朝鮮半島，成爲唐在東北亞的屏障。敗退的日本，轉而致力於國內發展，長達九百多年不曾再覬覦朝鮮半島。

豆知識　稱制

君主駕崩後，繼任的皇太子或前代君主的皇后在不登基即位情況下執行君王政務而稱之。此與「攝政」之別在於：「攝政」與天皇同時存在，「稱制」則否。日本史上稱制僅有兩例，一為中大兄皇子，另一為中大兄皇子之女，亦即天武天皇的皇后鸕野讚良皇后（後為持統天皇）。

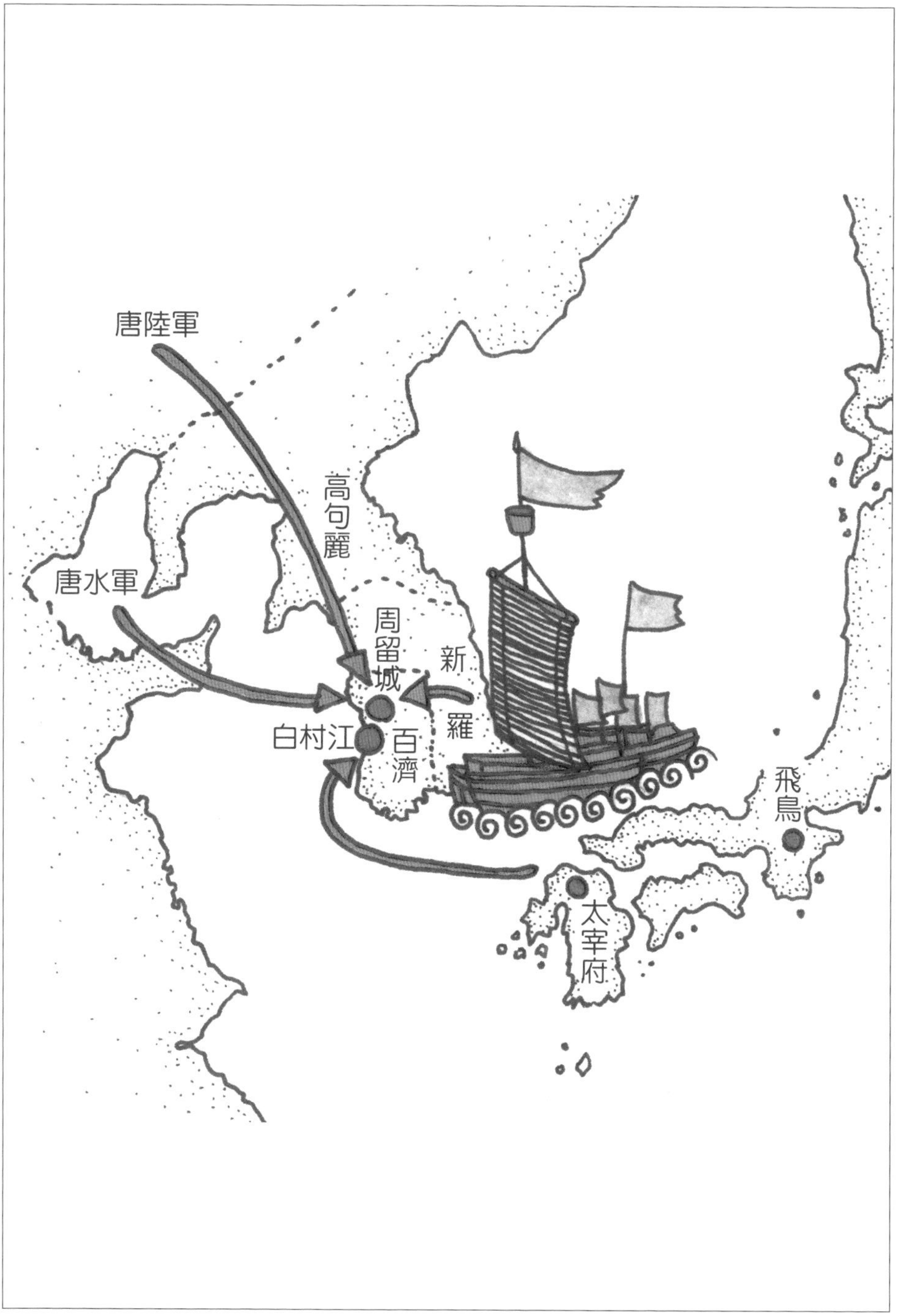

白村江之戰示意圖／三娃繪

008

中大兄與大海人皇子

中大兄皇子登基

白村江之役落敗後，日本猶如驚弓之鳥，恐懼唐朝大軍乘勝追擊。中大兄皇子趕緊在對馬、壹岐、筑紫等地配置**防人**及緊急聯絡用的烽火，並在筑紫築大堤貯水，是爲水城。六六五至六六七年，先後於長門、筑紫、大和、讚岐等國築城，逐漸完備從九州到大和的防禦體系。中大兄皇子隨後遷都至近江大津宮；六六八年正月，見局勢逐步穩定方始即位，是爲天智天皇，同年二月以同母弟大海人皇子爲皇太子，稱皇太弟。

中大兄皇子即位前，鑑於大化革新時增設的「十九階冠位」已難適應天皇制國家官僚的嚴密複雜情況，將冠位擴增到二十六階。（如左側欄所示）。因冠位擴增而得拔擢的官吏，在天智天皇登基後必然擁護政權。

天智天皇即位這年，內大臣中臣鎌足獻上天皇下命編纂的律令，即二十二卷的《近江令》❶。六七〇年，日本完成最早的全國性戶籍《庚午年籍》，是一部含括公民、奴婢在內以全國百姓爲對象，涵蓋範圍西起九州、東至關東的戶籍冊。《近江令》《庚午年籍》的編纂和實施，象徵大化革新事業已收到初步完成的功效。

然在六六九年，長年爲天智天皇智囊、股肱的中臣鎌足辭世。爲感念友誼與功勳，天智天皇在中臣鎌足逝世前，特地到其病榻前授予最高階冠位「大織冠」及新姓氏「藤原」。鎌足之子不比等始以藤原爲姓氏，他就是後來在平安時代成爲皇室固定外戚的藤原氏之祖。

六七一年，天智天皇立第一皇子大友皇子爲太政大臣，由他負責實際政務，使得大海人皇子徒有虛名。同年十月天智天皇病篤，召弟弟大海人皇子前來，說欲以皇位相

織（大、小）

縫（大、小）

紫（大、小）

大錦（上、中、下）

小錦（上、中、下）

大山（上、中、下）

小山（上、中、下）

大乙（上、中、下）

小乙（上、中、下）

建（大、小）

傳，大海人皇子事先已從天皇近臣口中得知天皇有意試探，若他眼神中露出對皇位的眷戀，歸途中便會遭到殺害。大海人皇子因此回答自願到吉野出家爲天皇修功德，天智天皇允其所請並親賜袈裟，不再存疑。六七二年一月天智天皇病逝，大友皇子即位，隨即發生亂事。

壬申之亂

中大兄皇子兵援百濟，與唐・新羅聯軍交戰中敗北；自大化革新以來，欲建立律令制國家所進行的改

人物通　防人

白村江之役後，為防範唐人入侵，配置於九州北部及對馬、壹岐的邊境防衛。防人來自東國，任期三年但經常延長之，須自行負責食物與兵器。被徵召的防人任期內可減免賦稅，但對被徵召的家庭是極大負擔，十世紀後為各地武士團取代。

大友皇子和大海人皇子爭權釀成壬申之亂／三娃繪

革也引起不少反對，爲安撫守舊派的反感，不得不立與此派關係良好的大海人皇子爲皇太弟。天智天皇晚年病篤時，對天皇改革素無好感的守舊派更是向大海人皇子靠攏，無不希望能擁立他繼位天皇。

大友皇子即位後命美濃、尾張兩國司徵調民伕營建天智天皇陵寢（位於今日京都市山科區一帶），爲前代天皇營建陵寢乃自然不過的事，但這些民伕手中都握有兵器。消息傳到吉野，大海人皇子判斷將受攻伐，是年六月二十四日逃出吉野，經由伊勢前往美濃，三日後控制東國進入畿內的關口**不破關**，隨即在這裡設置臨時行宮，向近江朝廷進軍。

此時大友皇子緊急向東國、吉備、筑紫等地徵兵，當地國司和豪族多不響應，畿內豪族也泰半加入大海人皇子陣營。不出幾天，舊都飛鳥宮爲大海人皇子陣營攻下，七月起大海人皇子從不破關往西進軍，勢如破竹一路取勝。七月二十二日攻到瀨田川，與琵琶湖對岸的朝廷軍對峙。翌日，大友皇子親上戰線，遭大海人皇子擊敗後自盡，爲期一個月的「壬申之亂」（當年爲壬申年）平定。❷

獲勝的大海人皇子進入近江京，力勸大友皇子起兵的右大臣中臣連金被斬，然而殺戮僅此一人，其餘止於流放。淪陷的近江京對大海人皇子來說非吉祥之地，自不會設爲都城。六七三年二月，新京飛鳥淨御原宮竣工，大海人皇子方始即位，是爲天武天皇。

豆知識　不破關

位於今日岐阜縣不破郡關原町，在古代，東海道「鈴鹿關」、北陸道「愛發關」與東山道「不破關」是朝廷防禦東邊的三個隘口，這三關以東的地方稱為東國，是廣義的「關東」。一六〇〇年九月的關原之戰主戰場便在此關隘。

位於滋賀縣大津市的弘文天皇陵（即大友皇子）

❶《近江令》雖已失傳，仍可確定是日本走向律令制的先驅，且對後來的《飛鳥淨御原律令》《大寶律令》有著極深刻的影響。

❷《日本書紀》主要編纂者舍人親王為天武天皇第六皇子，是以該書不見大友皇子即位的相關記載，此後史書在天智天皇後便接上天武天皇，大友皇子遂成為不存在的天皇。直到江戶時代水戶藩編修《大日本史》才將其納入本紀，一八七〇年由明治天皇追贈「弘文天皇」諡號，正式成為第三十九代天皇。

009 皇親政治的高峰

天武朝政治

天武天皇獲勝登基後，一併肅清在近江朝廷任職的畿內豪族，廢除天智天皇設置的太政大臣、左大臣、右大臣、內大臣等官職，終天武天皇之世都未任命過大臣。他延續天智天皇時期的中央集權政策，更加強化天皇及皇室的地位，任何事情俱由天皇決策，文武官員被摒除在外，只負責傳達、推動天皇決定的事項。

天武即位，立天智天皇之女鸕野讚良爲皇后，並重用草壁皇子、高市皇子等皇族成員，納入政權中樞，和天皇本人一同掌控政權，由此出現日本史上極爲罕見的皇親政治。壬申之亂中，大海人皇子得到舊勢力擁戴方能戰勝大友皇子，即位後縱想改革也只能採漸進，對舊勢力仍須有相當程度的妥協。

天武天皇將大化革新期間爲彌補收繳豪族私有土地和部民而給予的食封一律取消，並消滅由豪族管理的私有民，成爲所謂「公地公民制」，有效防止地方勢力壯大。在此之前日本君主的稱號爲「大王」，爲建立君主權威，天武天皇從中國沿用皇帝的稱號之一「天皇」（目前天皇爲天武天皇開始使用的說法仍需確認）。

此外天武再將冠位擴張到四十八階，前十二階只能授予諸王以上的皇族。公元六八五年，下詔宣布更改諸氏之**族姓**，實行「八色之姓」，分別是：眞人、朝臣、宿禰、忌寸、道師、臣、連、稻置。地位最高的「眞人」僅授予血緣較疏遠的皇族，「八色之姓」相當於明治時代《華族令》的公、侯、伯、子、男等爵位，天武天皇以新設之爵位賜予功臣，取代了附有實權的官職和土地，這是十分有遠見的。

爲防止壬申亂事再度發生，六七九年天武天皇與皇后及六位皇子（草壁、大津、高市、川島、忍壁、志貴）在吉野宮立誓今後將互相幫助，孰料天皇駕崩後便出現違背誓言的行爲。

豆知識

日文與中文的「姓」

日文與中文的「姓」意思極不相同，日文的「姓」代表出身以及在社會上的身分，在古墳、飛鳥時代，姓的重要大於氏，更大於個人。奈良時代以後姓只剩源、平、藤（藤原）、橘四個，至安土桃山時代新增「豐臣」。中文的「姓」在日文中意思相近的詞為「苗字」。

遷都藤原京

公元六八六年天武天皇崩，生前未立繼承人，鸕野讚良皇后以皇太后身分臨朝稱制。然出於私心，她先將呼聲最高的大津皇子以謀判罪名處死，惟親生的草壁皇子因體弱多病及人望不高之故，不得不與母后共同治理天下。六八九年四月，尚未即位的草壁皇子去世，留下七歲的珂留皇子。爲確保珂留皇子將來能登大位，皇太后於六九〇年即位，是爲持統天皇。

持統天皇任命天武天皇第一皇子高市皇子爲太政大臣，多治比島爲右大臣，皇親政治開始出現缺口。持統朝可說是珂留皇子即位前的過渡時代，因此持統天皇在政事上無新舉措，但她任期內仍有兩項政績值得一提，一是頒布《飛鳥淨御原律令》，這是天武天皇於六八一年主持的新律令編纂工作；另一則爲完成新都城藤原京的營造，這是天武天皇在六七六年進行，於六九〇年告成。

藤原京位於**大和三山**內側（今奈良縣橿原市）。據一九九〇年代以來的發現，其規模更勝日後的平城京、平安京。它是日本最初的條坊制（東西向爲「條」、南北向爲「坊」）唐風都城，日本史上第一座擁有礎石地基與瓦葺屋頂的都城，平城京、平安京均以藤原京爲範本而加以改良。

在此之前，日本未有「定都」的概念，藤原京是日本第一個首都。自六九四年從飛鳥淨御原宮遷都，歷經持統、文武、元明三帝，迄於七一〇年遷都平城京爲止，藤原京共有十六年時間做爲都城。

太政大臣高市皇子六九六年八月病逝，珂留皇子的繼位出現變數，持統天皇只得再尋找有力奧援，她找上的是藤原不比等。六九七年，藤原不比等強行排除天武天皇其他皇子，力拱珂留皇子登基，持統天皇於是讓位成爲太上皇（簡稱上皇），這是日本最初的上皇。珂留皇子繼位，是爲文武天皇，持統退而不隱，與兒孫共治天下。藤原不比等因擁立有功，成爲文武天皇的輔佐。持統天皇感激不比等，將他女兒宮子送入宮內成爲文武天皇妃（文武天皇未立皇后，妃相當於皇后），四年後宮子生下首皇子，藤原氏從此平步青雲，直登龍門。

豆知識　大和三山

現今奈良縣奈良盆地南部周圍天香久山、畝傍山、耳成山的總稱，飛鳥、奈良時代的都城多位於附近，是這兩個時代政治的中心。

010 律令制國家形成

律令走向完備

《日本書紀》記載到公元六九七年持統天皇讓位爲止，自文武天皇進入《續日本紀》的記載年代。七〇一年三月，對馬島獻上黃金，爲慶祝這一祥瑞，遂以「大寶」爲年號；故自六五四年（白雉五年）後中斷近半世紀的年號至此恢復，年號從此成爲日本歷史的一部分，沿用至今❸。

同年八月，正三位藤原朝臣不比等與其他四位上層官僚完成《大寶律令》，翌年頒布。《大寶律令》分爲「大寶令」和「大寶律」，「令」有十一卷，「律」有六卷，合計十七卷，皆參考大唐律令而來。《大寶律令》仿效唐朝的三省六部制，中央置二官八省一台和五衛府。

另將聖德太子以來增設的冠位制廢除，改成位階制，親王由一品至四品，諸王由正一位至從五位下，群臣由正一位至從太初位下共三十階（分爲正從，從正四位到從八位分爲上下，從八位下之位稱爲「太初位」，也有正從、上下之分）。

地方官制廢除舊日的國造，重編行政區分爲五十八國三島（平安時代改爲六十六國二島），稱爲「令制國」，依國之規模分爲大國、上國、中國、下國，各派有掌管該國的長官，稱爲國司。國司管轄的政廳，包括國衙和國府。每一國設有數郡，長官稱爲郡司，郡底下設有數里（或稱爲鄉），長官爲里長（鄉長）。國郡司這一地方制度沿用至明治維新後才廢除。

《大寶律令》的制訂與施行，象徵律令制國家正式形成，此後日

二官	神祇官	掌祭祀，長官為神祇伯。
	太政官	掌行政、立法、司法，是最高的國家機關。太政官的最高長官雖為太政大臣，但太政大臣並非常設官，泰半時期由左右大臣擔當。
八省		相當於六部，分為左右弁官局，左弁官局有中務、式部、治部、民部四省，右弁官局有兵部、刑部、大藏、宮內四省，各省的長官為卿。中務省負責天皇的詔敕、宣旨、傳奏等與朝廷相關的全部職務，是八省中地位最為重要者。
一台		彈正台，負責行政監察，和中國的御史台相似但多出警察功能，長官為尹。
五衛府		包括衛門府、左右衛士府和左右兵衛府，負責警衛宮城、夜間巡視京城內外，以及天皇到各地行幸的隨身護衛，長官為督。

本政權中心雖有所變動，但國家體制在《大寶律令》後大致上固定下來。十餘年後藤原不比等雖又編纂《養老律令》，但幾乎承襲前者無所創新，《大寶律令》的歷史定位是前後法令無法比擬的。

遷都平城京

公元七〇七年六月文武天皇崩，七歲的首皇子不能即位，由文武天皇生母，也就是首皇子的祖母——草壁皇子妃阿部皇女（天智天皇之女，持統天皇異母妹）即位，是爲元明天皇。她是第一個非皇后身分即位的女帝。翌年一月，武藏國秩父郡獻上和銅，據此祥瑞以之爲天皇新年號，然後以銅鑄造「**和同開珎**」貨幣。

文武天皇時有遷都難波之意，但隨其辭世而擱置。七〇八年二月，元明天皇下詔遷都，非遷往難

平城京傳說有青龍・白虎・朱雀・玄武四神環繞／三娃繪

波，而是藤原京北方的平城京。詔書中提及遷都的理由說平城京這個地方有青龍・白虎・朱雀・玄武四神環繞、群山鎮護，是絕佳的風水寶地。不過一般咸認天皇實無意遷都，是出於藤原不比等的逼迫。

豆知識 和同開珎

日本鑄造的「皇朝十二錢」第一種，是日本最早的流通貨幣。其鑄造使用的原料銅來自武藏國秩父，仿照唐朝玄宗時代的「開元通寶」，至七六〇年「萬年通寶」發行時通行。但不管「和同開珎」也好，後來的「皇朝十二錢」也好，幾乎只在畿內一帶而未流通到地方上。

❸ 這段期間雖乏正式的官方年號，卻有好幾個私年號。私年號又稱為「異年號」、「偽年號」，是朝廷正式規定的年號之外私下使用的年號，主要為站在對當時王朝持反叛勢力或批判勢力的立場上使用居多。私年號使用期間多半不久，主要的私年號有天武天皇在位期間的白鳳、朱雀。

七〇八年九月開始營造新都，七一〇年三月下詔遷都，新都城「平城京」位於今日奈良縣奈良市與大和郡山市的交界。

平城京東西寬約四點三公里（含外京則爲六點三公里）、南北長約四點七公里，格局同爲條坊制。正中央南北軸爲朱雀大路，兩邊各爲左右京，各有一坊到四坊的大通：東西軸則爲一条大路（包含北一条和南一条）到九条大路共十条，每一坊和每一条之間的間隔約爲五百三十二公尺。

遷都時，當時已有的大安寺、興福寺、元興寺、藥師寺紛紛遷入新都，加上原已在南邊斑鳩町的法隆寺，平城京成爲不折不扣的佛寺之都。從這一刻起，歷史進入長達七十五年的「奈良時代」。

平城京大極殿的復原模型

貳

日本歷經大化革新朝
建立以天皇為中心的體制，
同時
引進包含律令制在內的大陸先進制度，
相當於日本史上的奈良及平安時代。

天皇親政篇

奈良時代

七一〇年，還都平城京
七二九年，長屋王之變

平安時代

七九四年，還都平安京
九三五年，承平、天慶之亂
一〇一六年，藤原道長任攝政
一〇五一年，前九年之役
一〇八三年，後三年之役
一〇八六年，白河上皇開院政先例
一一五六年，保元之亂
一一五九年，平治之亂
一一八五年，平氏敗亡於壇浦戰役，鎌倉幕府成立

011 古事記和日本書紀編纂

古事記與風土記

天武天皇在位已命人編纂史書，惟當時非採文字記載。據《古事記》序記載，當時一位名叫稗田阿禮的聰明舍人誦習《帝皇日繼》及《先代舊辭》，元明天皇時再由太安萬侶將稗田阿禮誦習的內容以漢文字記載下來，於公元七一二年完成獻給天皇，此即日本現存最早的史書《古事記》。《古事記》全書共三卷，上卷內容爲序文和神話傳說；中卷記述包含神武東征在內的初代神武天皇至十五代應神天皇事蹟；下卷則爲十六代仁德天皇到三十三代推古天皇間共十八代系譜傳承。從上述可知《古事記》全書三分之一的篇幅爲神話傳說，有不少英雄征戰、情愛悲戀故事及上百首歌謠，與之後的《日本書紀》甚至平安時代官方編纂的正史相比，《古事記》與其說是史書，倒不如說是敘述性較強的文學典籍。

七一三年，天皇又命**五畿七道**的各令制國國廳以漢文編纂各國地理誌《風土記》。每一國《風土記》必須記載該國郡鄉名稱、產物、土地肥沃狀態、地名起源、相傳的舊聞異事等五部分。《風土記》現存出雲、播磨、常陸、肥前、豐後五國，除出雲國風土記較爲完整外，其餘四國均有部分缺失。

《古事記》和《風土記》雖均由漢文寫成，實際上是借漢字的音混合漢字的音讀和訓讀，有時甚至全用漢字訓讀的表達方式寫成，這種寫法本身並無太大的意義，不易閱讀是其缺點。

日本書紀

由於《古事記》不易閱讀，而奈良時代的日本需要一部對外國人（特別是中國）展示日本國家建立發展過程的史書，因此公元七一四年天皇再度下詔以天武天皇之子舍人親王監修，紀清人、三宅藤麻呂等人用漢文撰輯新一部國史。新國史撰輯費時七年，雖在政治上歷經首皇子被立爲皇太子（七一四年）、元明天皇讓位冰高內親王（文武天皇之姊，即位後爲元正天皇，年號靈龜）、右大臣藤原不比等編纂《養老律令》（七一七年）等事件，卻未中斷，終於七二

豆知識　五畿七道

律令制下的地方行政區畫，《大寶律令》將大和、山城、攝津、河內、和泉五國畫為畿內，是為「五畿」。「五畿」之外則分為東海、東山、北陸、山陰、山陽、南海、西海七道，各道與京都之間均有道路連接。

○年完成獻給天皇，此即《日本書紀》（最初名爲《日本紀》）。

《日本書紀》全書共三十卷，另有帝王系圖一卷（已亡佚）。前兩卷爲神代，第三卷起以編年體方式撰寫，除少數幾卷外，大抵一卷一天皇，到第三十卷持統天皇爲止。值得一提的是，該書第九卷爲前文提過的神功皇后，將其置於《日本書紀》內獨立一卷，等於認同她攝政期間猶如天皇般的地位與權力。

與《古事記》相比，《日本書紀》涉及的史料範圍更豐富遼闊，除了日本國內史料外，還延伸至朝鮮半島上的相關記載，此外大量模仿中國經典更是其一大特色，光是知道出處的就有《史記》《漢書》《後漢書》《三國志》《東觀漢記》《梁書》《隋書》《莊子》《楚辭》《昭明文選》《藝文類聚》《山海經》《穆天子傳》《述異記》《搜神記》等書籍，不難看出編纂者對漢文典籍涉獵之廣。

《日本書紀》後，以漢文撰寫的編年體體裁從此成爲官修史書的典型，到平安時代中期爲止，官修史書共有六部，統稱**「六國史」**。《日本書紀》爲「六國史」之首，比起《古事記》，《日本書紀》用流暢漢文書寫，能深入歷史事件之核心，更有資格被稱爲史書，成爲「六國史」仿效的對象。

豆知識　六國史

繼《日本書紀》後，平安時代初、中期貫徹官修史書的精神，陸續撰輯《續日本紀》《日本後紀》《續日本後紀》《日本文德天皇實錄》《日本三代實錄》五部史籍，連同先前的《日本書紀》統稱為「六國史」。後因朝政綱紀紊亂，中止了官修史書。

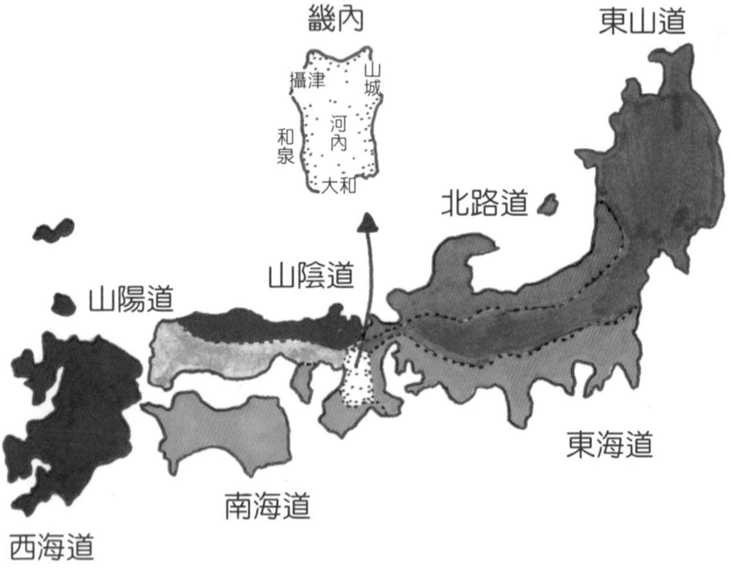

「五畿七道」分區圖／三娃繪

012 聖武天皇與光明皇后

藤原氏權勢竄升

中臣鎌足病逝時，其子不比等年幼，即便藤原氏受天智天皇提拔，於「壬申之亂」立場傾向近江朝廷，天武天皇即位後也未追究。從藤原氏系譜來看，雖可上溯至中臣鎌足，但他到臨終前才為天智天皇贈授藤原之姓，因此一般普遍視不比等為藤原氏之祖。

公元六九七年不比等獨排眾議，力擁文武天皇登基，得到持統、文武兩帝的重用，文武天皇更以其長女藤原宮子為妃，誕下的首皇子立為皇太子。儘管文武天皇早逝，首皇子東宮地位卻未動搖，只因年幼而暫由持統之妹元明天皇即位；不比等官居正二位右大臣，在朝廷的地位更趨穩固。

不比等之所以能夠站穩朝廷，除外孫首皇子外，還有得力於賢內助。不比等於七〇八年，娶文武天皇乳母縣犬養三千代為後妻。由於曾任天皇乳母之故，縣犬養三千代極得元明、元正兩位女帝信任，不比等連帶受到庇蔭。七一七年，首皇子元服，娶不比等與三千代之女，也就是藤原宮子的異母妹安宿媛為妃。不比等前後兩位女兒成為天皇妃子，這是前所未有之事！

七二〇年，不比等因編纂《養老律令》過度勞累下病逝，藤原氏未因不比等死去倒台。不比等的四個兒子（長子武智麻呂、次子房前、三子宇合、四子麻呂）皆分居朝廷要津，足以對他們構成威脅的僅有不比等死後任右大臣的長屋王。

長屋王為天武天皇第一皇子高市皇子的長子，輩分上為首皇子的伯父，純正的皇室血統使他在政治上有凌駕藤原氏之地位；七二四年在首皇子即位為聖武天皇後升任左大臣，同時藤原武智麻呂不過身居中納言。然而長屋王的政治地位並非牢不可破，他與聖武天皇在是否立安宿媛為皇后這點上存有莫大歧見，長屋王認為傳統只有皇族出身才有資格立為皇后，安宿媛雖給天皇誕下繼承人仍不可破例。故此長屋王不僅對藤原氏，對聖武天皇來說也是礙眼的存在。

藤原不比等

- **長子武智麻呂**（南家）
- **次子房前**（北家）
- **三子宇合**（式家）
- **四子麻呂**（京家）
- **光明皇后**

於焉在七二九年，發生了長屋王欲謀叛亂的政變。長屋王在宅邸遭圍時服毒自盡，亂事平靖後安宿媛被立為皇后，史稱「光明皇后」，是日本史上第一個非皇族出身的皇后。藤原四兄弟也各有進展，武智麻呂成為大納言，房前成為中務卿，宇合成為式部卿，麻呂也晉升參議，光明皇后和**藤原四兄弟**構築出藤原氏最初的權勢大網。

有天下之勢者朕也

公元七三四年，武智麻呂晉升右大臣，追平其父不比等的藤原氏最高官階紀錄。然而七三七年間奈良爆發天花疫情，不少民眾染病死去，包括藤原四兄弟。藤原氏一下子折損家族核心成員而暫別政治舞台，改由縣犬養三千代前夫之子橘諸兄執掌權柄。

幾年內先是失去聖武天皇的繼承人，接著又失去四位兄長，連串的打擊使得光明皇后將心思放在佛教上，連帶影響到聖武天皇。七四一年天皇下詔各令制國設置國分寺與國分尼寺，每座國分寺須建七重塔，須備有《金光明最勝王經》，

人物通　藤原四兄弟

長子武智麻呂為南家，次子房前為北家，三子宇合為式家，四子麻呂為京家。平安中期後，南家、式家、京家皆沒落，唯獨北家全盛，成為可擔任攝政・關白的「攝關家」。

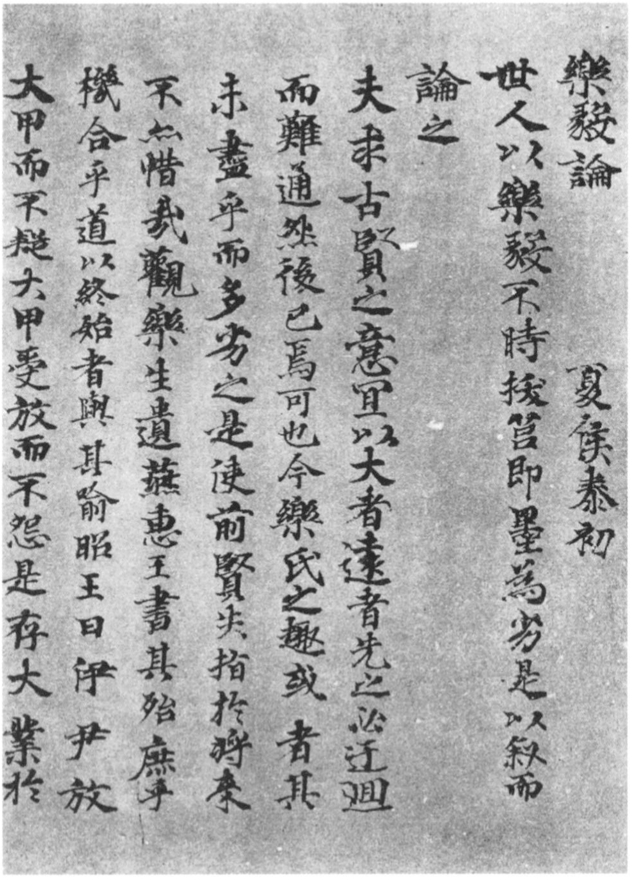

樂毅論　夏侯泰初
世人以樂毅不時拔莒即墨為劣是以叙而
論之
夫求古賢之意宜以大者遠者先之必迂迴
而難通然後已焉可也今樂氏之趣或者其
未盡乎而多劣之是使前賢失指於將來
不亦惜哉觀樂生遺燕惠王書其殆庶乎
機合乎道以終始者與其喻昭王曰伊尹放
太甲而不疑太甲受放而不怨是存大業於

光明皇后御筆／正倉院藏

以「金光明四天王護國之寺」爲名，每座國分寺須有寺僧二十人，享有五十戶、水田十町的待遇；國分尼寺須備有《妙法蓮華經》，以「法華滅罪之寺」爲名，每座國分尼寺有十位比丘尼、水田十町的待遇。國分寺和國分尼寺普遍而言，是建在各令制國國府的周邊，以大和國東大寺爲全國總國分寺，大和國法華寺爲全國總國分尼寺。

當時日本國內處於極度不安狀況，先是天花等傳染病造成大量人民死去，接著因傳染病引起的饑荒遍及全國，再來又有**藤原廣嗣之亂**。種種不安定助長聖武天皇對佛教的信仰，盼藉由無邊佛法穩定國家的信念日益增長，遂於七四三年下詔建造東大寺盧舍那大佛。

聖武天皇在建大佛之詔中提到「夫有天下之富者朕也，有天下之勢者朕也」，對照當時日本的情況未免言過其實，但是在實施律令的時代中，聖武天皇爲最有權勢之天皇的確當之無愧。

長屋王遭藤原四兄弟擠對／三娃繪

人物通　藤原廣嗣之亂

藤原四兄弟死後，聖武天皇在政治上重用光明皇后的異父兄橘諸兄，並起用留學大唐歸國的吉備真備和僧玄昉，藤原式家出身的廣嗣（宇合之長子）反因批評朝政而被左遷為太宰少貳。不滿的廣嗣遂於七四〇年在太宰府叛亂，旋被聖武天皇派人平定。

013 土地私人集中化

班田制的崩壞

「班田收授法」源自公元六四六年的大化革新，待到《大寶律令》頒布後甫通行全國。其規定每六年班田一次，能否順利班田，取決於戶籍的完善與否；換言之，戶籍不完備就無法順利達成班田，班田收授法便不能順利推行。

大化革新廢除以往的部民制，將全國土地收歸國有，改行「**公地公民制**」，但爲獎勵有功臣子兼以

豆知識　公地公民制

大化革新後，廢除以往土地和人民隸屬各豪族的制度，搭配律令制構築以天皇為中心，全國土地和人民皆為天皇所有，由其所支配的制度。到奈良時代中期因為班田的沒落而式微，到平安時代終致崩壞。

國有分配制崩壞，改成開墾即可私人擁有，並由三代放寬到永世／三娃繪

鞏固皇族統治，不免要進行賞賜。賞賜可分為官位、田地及封戶，依《大寶律令》載，親王的田地屬於位田（亦稱「品田」），其爵位和封戶分級如下：一品位田八十町，封戶八百戶；二品六十町，封戶六百戶；三品五十町，封戶四百戶；四品三十町，封戶三百戶。

除親王外，官位在三位以上者也有位田和封戶。然三位以上若帶官職，則另有職田和職封，位田、封戶、職田、職封的收入統統屬於私人，不用上繳國庫。這還不算俸祿、春秋兩季發放的季祿及其他津貼，若再加上某些功勳卓著的大臣額外被賜予的功田和功封，三位以上高官的收入幾與皇族不相上下，而且完全不用繳納稅收。大化革新雖說改私地私民制為公地公民制，人民卻未因此真正隸屬於天皇，而要負擔的賦稅和應盡的勞務（如警備宮城的衛士和為期三年戍守九州沿岸的防人）一點也不輕鬆，《萬葉集》中有名歌人山上憶良的〈貧窮問答歌〉最能反映絕望又貧困的庶民之心聲。

三世一身到永年私財

公元七二二年，右大臣長屋王制定「百萬町步開墾計畫」，希望藉由人民十日勞役，開墾百萬町良田。國司、郡司對於不開墾者予以處分，收穫達六千石的百姓給以勳位六階的獎勵，收穫達千石者終身免除「租庸調」中庸的部分。這項計畫與現實脫節太多，最終沒能夠實現。

為了不成為政敵們攻擊的目標，長屋王於七二三年再度提出改善土地問題的辦法，說那時人口增加，然而口分田和灌溉水源不足，宜應鼓勵開墾，凡是在未開墾之荒地設置灌溉設施，並將其開墾成良田，此田地允許擁有三代；若利用既有之灌溉設施開墾，則只適用開墾者一代，此即「三世一身法」。

「三世一身法」雖違背大化革新公地公民制的精神，但不失為權宜之計，一方面藉此擴大良田面積，掌握更多先前未能納入管理範圍的荒地，另一方面雖說違背公地公民制，不過並非永久失去，而是讓民眾擁有三代，三代過後再行收回，比起強行班田毫無獎勵方式讓民眾開墾，應是較為可行的辦法。

不過只能持有土地三代，大大降低開墾荒田的意願，實際施行後成效不彰。加上聖武天皇建造東大寺盧舍那大佛也亟需人力，天皇因

豆知識　萬葉集

日本現存最古老的和歌集，收錄七世紀後半到八世紀後半從天皇、皇族、貴族到戍守邊關的防人所作和歌共二十卷，超過四千五百首和歌，編纂者目前以大伴家持說最為有力。

東大寺金堂大佛殿／劉恩綺提供

而不得不下詔讓人民能夠永遠擁有開墾的荒地以增加稅收，並且方便徵調民伕。該詔規定只要人民開墾荒地即能永爲個人私產，但是規定私有墾田面積的上限：一品親王和一位者五百町；二品親王和二位者四百町；三品和四品親王及三位者三百町；四位者二百町；五位者百町；六位到八位者五十町；太初位以下至於庶人十町；至於郡司，大領、少領三十町，主政、主帳十町。如果先前給地過多，必須歸還，若有作姦隱瞞者，予以科罪。

由於承認土地私有，對班田收授法衝擊甚深，班田的必要性不再，故從七二三年推行後，遲至七八六年才又再行班田，這也是文獻記載的最後一次，此後日本全國廣泛掀起開墾荒地的熱潮。只是稅收繁重，一般民衆生活困苦，並無能力自行開墾荒地，他們往往將田地獻給貴族、寺社及地方有力豪族，爲他們開墾田地以維持生活。即使聖武天皇規定私有墾田面積的上限，但只要巧妙變更名目，墾田就能變爲位田、賜田、職田、功田等其他田地，因此貴族、寺社及地方有力豪族的田地日益增加，最終成爲中世紀莊園的前身。至於拋棄田地的民衆，則受到擁有廣大田地的貴族、寺社及地方有力豪族們歡迎，從事開墾工作，成爲平安中期以降地方武士團或僧兵的前身。

大化革新後推行的班田收授法和公地公民制等土地政策，到「墾田永年私財法」頒布，不到百年便已全盤崩壞，連帶律令制也受危及，到藤原氏於平安時代以攝政·關白之姿主導朝政後，律令制終於全面瓦解，成爲明日黃花。

014

女帝時代

孝謙天皇

公元七四三年聖武天皇建造東大寺盧舍那大佛時，光明皇后與皇太子阿倍內親王連袂出席；到七四九年盧舍那大佛完工前夕，聖武天皇已讓位給阿倍內親王，自稱上皇，阿倍內親王即位後爲孝謙天皇，年號爲「天平感寶」，是日本史上首度使用**四字年號**。

東大寺佛像

孝謙登基過程不怎平順，即使早早就被立爲女東宮，可是聖武天皇和夫人縣犬養廣刀自生下的安積親王很長時間內一直是她的競爭者，非僅如此，圍繞在兩人背後還有母方的家族：安積親王的母方族人橘諸兄，阿倍內親王爲光明皇后的外甥——武智麻呂之次子仲麻呂。七四四年安積親王罹患腳氣病逝，幾年後元正上皇也溘然長逝，聖武天皇遂於七四九年七月宣布讓位，一波多折的阿倍內親王終於即位。

孝謙即位後光明皇后母以女貴，開始重用娘家藤原氏的人，光明皇后特別信任外甥藤原仲麻呂，於是藤原四兄弟死後一時中衰的藤原氏，以仲麻呂爲首，重返政壇核心。當時官位、聲望在藤原氏之上的橘諸兄是光明皇后同母異父的兄長，然而光明皇后顯然對藤原氏的感情更甚，在聖武天皇讓位後橘氏地位很明顯受到影響。

藤原四兄弟死去的那年，橘諸兄被擢爲從三位大納言，七四三年成爲從一位左大臣，孝謙即位後擢

豆知識　四字年號

日本於八世紀中葉，起自聖武天皇，經孝謙、淳仁到稱德約二十二年（公元七四九至七七〇年），這段期間的年號皆為四字，計有「天平感寶」、「天平勝寶」、「天平寶字」、「天平神護」、「神護景雲」五個年號。

東大寺正倉院／洪維揚提供

升爲正一位，孰料他失寵於新君；而由式部卿轉任大納言的藤原仲麻呂，在式部卿任期內積極將藤原家族成員安插至朝中，進而擴大與橘氏分庭抗禮的勢力。

　七五六年，聖武天皇病篤之際聽信仲麻呂讒言，罷橘諸兄左大臣之職，天皇崩後，失意的橘諸兄翌年跟著病逝。橘諸兄之子奈良麻呂不滿仲麻呂專權，於是擁立天武天皇的其他後嗣，起兵欲推翻孝謙天皇，結果爲仲麻呂平定，橘氏因此退出政治核心，政權由仲麻呂一人獨攬。七五八年，孝謙天皇生病，讓位給舍人親王七子大炊王，自稱太上皇。大炊王即位，是爲淳仁天皇，因娶藤原仲麻呂之子的寡婦爲夫人而重用仲麻呂，甚至住進仲麻呂的宅邸。

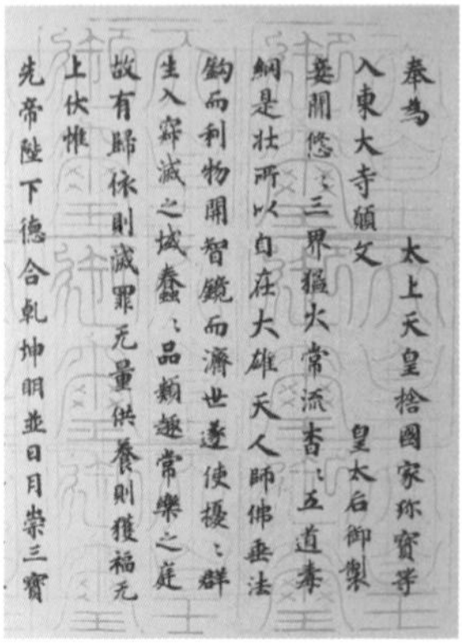

奉爲　太上天皇捨國家珍寶等
入東大寺願文　皇太后御製
妾聞悠々三界猶火常流杳々五道奉
綱是壯所以自在大雄天人師佛垂法
鉤而利物開智鏡而濟世遂使擾々群
生入寂滅之域蠢々品類趣常樂之庭
故有歸依則滅罪无量供養則獲福无
上伏惟
先帝陛下德合乾坤明並日月崇三寶

東大寺正倉院獻物賬

稱德天皇

　淳仁天皇即位後，任命藤原仲麻呂爲太保右大臣，賜唐名惠美押勝，這段間惠美押勝也做出不少改革。公元七六〇年，惠美押勝晉升爲太師太政大臣，不僅是藤原氏的首位太政大臣，也是皇族以外的首位。然而也在這年，惠美押勝的權力來源光明皇后病逝，她的死去對惠美押勝和淳仁天皇的命運起了決定性作用。

　先前因病讓位的孝謙上皇，在自稱天智天皇後裔的僧侶弓削道鏡的治療下痊癒，道鏡身懷醫術而得上皇信任，後來更被任命爲**少僧都**。同時淳仁天皇苦於當時流行的疫病，與惠美押勝商量後決定遷都至近江保良宮，以保良宮做爲平城京的「北京」。惠美押勝及其父武智麻呂都曾擔任近江國守，遷都近江等於鞏固惠美押勝的勢力，天皇並下詔要孝謙上皇也遷徙至保良宮。

孝謙上皇行幸保良宮後，淳仁天皇及惠美押勝勸諫上皇勿過度寵幸道鏡，孰料引起上皇反感。她返回平城京後不進宮城，反而搬進法華寺，草擬詔書打算廢掉淳仁天皇，重新掌權。惠美押勝得知，先自任「都督四畿內三關近江丹波播磨等國兵事使」，在畿內一帶練兵集結兵力。七六四年九月十一日，惠美押勝派人取回象徵天皇地位的印信和驛鈴，卻被上皇事先取走，上皇宣布惠美押勝叛亂，追回其官職並沒收財產，還派遣曾留學唐朝當時任參議的吉備真備率兵討伐；十三日，惠美押勝在前往越前國途中兵敗身死，餘黨多遭斬首和流放。十月，在道鏡的建議下，孝謙上皇廢掉淳仁天皇，將其流放至淡路，史稱淡路廢帝，翌年十月廢帝企圖逃亡，被捕而死。孝謙重祚，稱爲稱德天皇。

孝謙重祚後對道鏡越加信任，七六五年封他爲太政大臣禪師，權力和地位僅次於天皇，覺得還不夠的天皇再於次年加封道鏡爲法王，地位與天皇同等。既然與天皇平起平坐，法王被允許擁有獨自的朝廷及官員。「天無二日，民無二主」，稱德過度寵信道鏡，使道鏡的野心急速膨脹，反而爲日本帶來災難。七六九年，太宰府宮司爲諂媚道鏡，僞稱宇佐八幡大神指示應讓道鏡即位，天下可得太平。天皇遂派和氣清麻呂前往九州確認神明旨意，她本人也有意傳位給道鏡，然而和氣清麻呂帶回的旨意卻是非皇室血統不得立爲君。儘管和氣清麻呂因觸怒道鏡被流放九州南部，但總算粉碎道鏡篡位的野心。

之後，稱德天皇的健康走下坡，再也不曾觸及道鏡即位之事，她於七七〇年病逝，道鏡旋即被流放至下野藥師寺。儘管稱德生前未立皇太子，但曾言及要傳位給白壁王，於是衆大臣便擁白壁王即位，是爲光仁天皇。自六七二年壬申之亂天武天皇即位，至稱德天皇駕崩爲止，皇統皆出自天武天皇一系；光仁天皇其父志貴皇子爲天智天皇之子，此後皇統重回天智天皇系。

人物通　少僧都

僧綱之一，也稱為僧官，統轄全國僧尼及總管佛教法務之官。設置於六二四年，初分僧正、僧都、律師三階，後來細分為大僧正、僧正、權僧正、大僧都、權大僧都、少僧都、權少僧都、大律師、律師、權律師十階。

015 天平文化

佛寺建築與佛像雕刻

藝術史、文化史上的「天平文化」，上承飛鳥．白鳳文化，下接弘仁．貞觀等國風文化，前者是從大陸照搬過來的移植文化，後者則是日本的本土文化，因此處在兩者中間的天平文化爲兩者之過渡，是對大陸文化的吸收消化時期。

整個奈良朝在位最久的天皇聖武天皇（七二四至七四九年在位），其治世大部分期間以天平爲年號，因此這一奈良時代的文化便以「天平文化」稱之。天平文化是以平城京爲中心的文化，屬於貴族文化，它的內容離不開佛教，因此更是佛教文化！

天平文化主要包含文學、佛寺建築和佛像雕刻三方面，文學方面前文已有提及，底下針對佛寺建築和佛像雕刻兩方面來談。

鑑真塑像

聖武天皇不只保護佛教，還希望能以佛教鎮護國家，爲此建造了以東大寺爲首的「**南都七大寺**」等佛寺及伽藍，現存今日的有唐招提寺金堂、法隆寺夢殿、東大寺法華堂（又稱爲三月堂）、東大寺正倉院，今日都是日本國寶。

佛像雕刻主要可分爲塑像和乾漆像兩種。塑像是以黏土爲素材捏製出大致的形狀，細部再以雕刻方式刻成。據說六世紀後半完成，位於奈良當麻寺金堂本尊的彌勒佛坐像爲日本最早的塑像；塑像在奈良時代爲全盛期，主要作品有位於奈良市新藥師寺的十二神將立像、東大寺法華堂的執金剛神立像和日光．月光兩座菩薩立像及東大寺戒壇院的四天王立像，皆爲日本國寶。進入平安時代，木雕成爲佛像雕刻主流，塑像逐漸沒落。

乾漆像是將漆反覆塗在麻布上，讓漆和木粉因一再攪拌而密合。主要作品有唐招提寺的金堂盧舍那佛坐像、鑑眞和上坐像，興福寺的八部衆立像、十大弟子立像，及東大寺法華堂的不空羂索觀音菩薩立像。奈良時代末期隨著木雕的興起，乾漆像也由麻布改成木心，出現新的木心乾漆像，主要作品有唐

豆知識　南都七大寺

南都為奈良的別稱，七大寺為奈良最有名的七座佛寺，除法隆寺外大抵於聖武天皇在位前後完成，分別為：東大寺、元興寺、興福寺、藥師寺、大安寺、西大寺、法隆寺。除法隆寺位於生駒郡斑鳩町外，其餘六寺皆在今日奈良市境內。

招提寺的千手觀音立像和聖林寺的十一面觀音立像。

東大寺正倉院瑰寶

奈良時代的官廳和大寺院通常會有一座存放稅收的倉庫，原本在律令制剛施行時以存放米穀和調布爲主，稱爲「正倉」，數個正倉並排在一起稱爲「正倉院」。後來大寺院改將寺的什器寶物收藏在正倉，正倉的地位於是大爲提高，前段提過的南都七大寺原本也都有各自的正倉院，到後來只剩東大寺的正倉院保存最爲完整，以至於現在一提到正倉院只會想到東大寺。

聖武天皇於公元七五二年東大寺盧舍那大佛開眼時讓位爲太上皇，自稱「三寶之奴」（三寶爲佛、法、僧，泛指佛教）。七五六年聖武上皇駕崩，七七忌過後，光明皇后將聖武上皇生前愛用約六百五十種物品及六十種藥物捐贈給正倉院，前後多達三次。

正倉院光是經過整理的文物就超過九千件，種類包含生活物品、繪畫、墨寶、金工、漆工、木工、刀劍、陶器、玻璃、樂器、面具。正倉院文物的來源有三：一爲唐代傳入日本的中華精緻文物；二爲經由中國傳入日本的西域文物；三爲奈良時代日本模仿中華文物所做或創造之物。正倉院收藏品主要展示八世紀中華文化圈全盛期的文物，另還旁及印度、波斯、希臘、羅馬，甚至遠及於埃及，因此正倉院又被稱爲「絲綢之路東方終點」。

正倉院由於受到制度所限，不能隨意開啓，多數文物長時間處在密封狀態。此外，寶庫所處位置稍高，有效減低濕氣侵蝕和蠹蟲蝕害，把四季節氣轉變對文物收藏的影響降至最低程度，使收藏在寶庫裡的文物杜絕外在日光照射和空氣的污染，延長文物本身的壽命。此外文物一入庫就填寫「獻物賬」（即獻物的清單），這種猶如今日建檔的概念來自大唐，獻物賬的內容往往與文物本身一樣重要，極具研究價值。

唐朝初期國力鼎盛，受到四周各邦國的推崇，當時初具建國規模的日本也不例外。派出世界史上前所未有的遣唐使來大唐留學，不僅學習唐朝先進的文物制度和理念，將盛唐文化幾乎原封不動地移植到日本，還帶回大批無價的藝術珍品。東大寺正倉院是迄今爲止保留最全面、最豐富、最具價值的唐朝藝術品寶庫，要看眞正的唐朝建築，必須到日本奈良，要看最眞實的唐朝藝術品，則要來東大寺正倉院。

一八八四年，正倉院脫離東大寺，改由宮內省管轄；現隸屬宮內廳，一九九八年爲聯合國教育．科學．文化組織（簡稱UNESCO）列入「古都奈良文化財」的世界文化遺產。

016

桓武天皇與平安京

長岡京到平安京

非天武系統的光仁天皇，被擁立原因在於娶了聖武天皇之女，也就是稱德天皇的異母姊井上內親王爲妃之故，所以一即位便馬上立兩人骨肉他戶親王爲皇太子。公元七七二年，皇后井上內親王詛咒天皇被廢，他戶親王跟著遭黜，改立第一皇子山部親王爲皇太子。其實這出於藤原氏的陰謀，因爲他戶親王無藤原氏血緣，即位後想必不會重用藤原氏，因此藤原式家出身的藤原良繼．百川兄弟策畫這場陰謀，好讓光仁天皇廢后、廢太子，改立他們中意的山部親王。

山部親王被立爲皇太子，七七三年以良繼之女乙牟漏爲妃。光仁天皇即位時年逾六十，登位數年間

平安京格局大圖

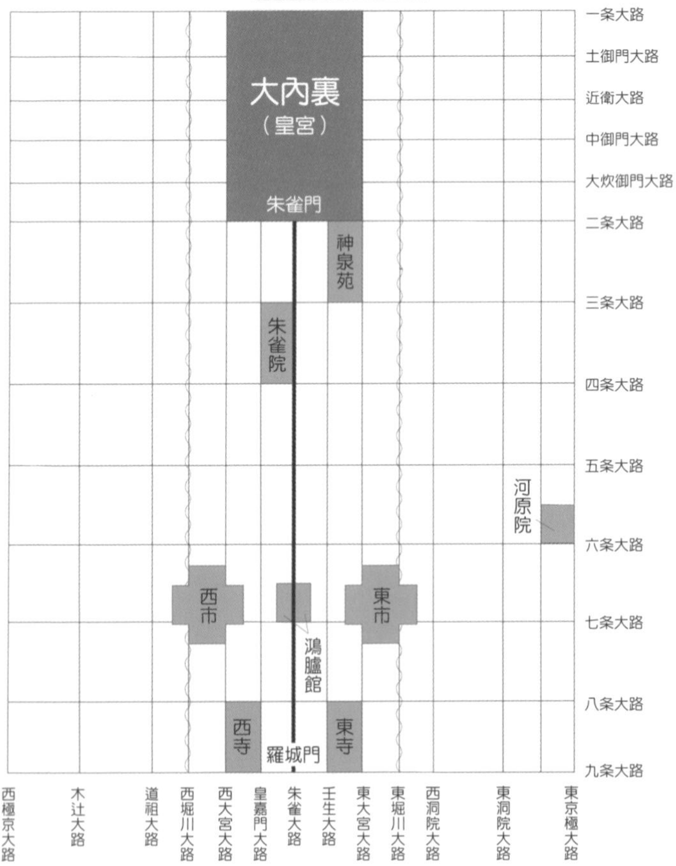

爲病所苦，於七八一年讓位山部親王。山部親王正是日本史上有名的桓武天皇，即位後立同母弟早良親王爲皇太子，立乙牟漏爲皇后，此是藤原氏出身的第二位皇后。

欲脫離天武皇統勢力範圍的平城京，以及平城京內皇室難以統御的舊佛教勢力，桓武甫即位便有遷都打算。天皇派出心腹藤原北家、時任中納言的小黑麻呂和式家的種繼，選定山背國乙訓郡長岡，此地是歸化人秦氏的勢力範圍，秦氏與藤原種繼和桓武天皇都有姻親關係；再者長岡爲桂川、宇治川、木津川的交會處，同時也是畿內通往東山、北陸、山陽、山陰等地的陸路要衝。

七八五年發生藤原種繼巡視長岡京時遭殺害事件，包括《萬葉集》編纂者大伴家持在內的大伴氏、佐伯氏，甚至連皇太子早良親王都被認定參與其中。早良親王受到誣陷，餓死於流放淡路途中。

桓武天皇後來改立乙牟漏皇后生的長子安殿親王爲皇太子。之後數年，天皇夫人藤原旅子、生母高野新笠、皇后乙牟漏相繼去世，皇太子也染上疾病。天皇讓陰陽師占卜的結果是早良親王怨靈作祟，桓武天皇先在平城京建崇道天皇社祭祀早良親王，接著在長岡京以北另覓適當地方營建新都，七九四年遷都。八〇〇年再追贈早良親王爲崇道天皇，爲其修建天皇規模的陵寢。

七九四年十月，新京尚未竣工，桓武天皇納和氣清麻呂的建議下詔遷都，離開長岡京這座遭怨靈詛咒的都城。十一月下詔將山背國改名山城國，新都定名「平安京」。平安京除與長岡京同樣位於水陸要衝外，兼有長岡京不具備的「**四神相應**」特點。

值得一提的是，桓武天皇遷都平安京的時候並未將京內衆多寺院北遷，爲的是不想讓平城京龐大的佛教勢力進入新都城，平安京一開始的佛教寺院僅有南端羅城門兩側的東寺和西寺。此後直至一八六九年遷都東京爲止，平安京有超過一千年以上的時間爲日本首都，放眼世界也少有千年歷史的都城，因此即便現在日本首都爲東京，但在日本人心靈而言，平安京才是不折不扣的都城。

豆知識　四神相應

中國陰陽五行學說中，大地四方各有相應的神獸，背山面海（或河川、湖沼）的地勢最好，背後為玄武、前方為朱雀、左側為青龍、右側為白虎這樣的地勢最具帝王之氣。平安京正好符合這種理論，東側青龍為鴨川，西側白虎為山陰道，北邊玄武為北山和船岡山，南邊朱雀為巨椋池。

桓武天皇的治世

桓武天皇在位二十六年（七八一至八〇六年），整個平安時代只有醍醐、一条兩位天皇可與之相比。桓武主要政績除遷都平安京外，還表現在往東北地方擴張版圖。

蝦夷族是古代日本最大且爲禍最久的外患，原本遍布於今日關東和東北地方，隨著大和朝廷勢力擴大，人數居於劣勢的蝦夷族逐漸往東、往北移動。齊明天皇時曾派遣阿倍比羅夫征討蝦夷，並在東北各地設置城柵做爲據點，徵召無地可耕的農民前往東北墾荒。不過這種政策對蝦夷人而言不甚公平，故從孝謙起，蝦夷族經常騷擾邊境，到光仁天皇在位開始主動出擊，然而幾次發兵均無實質戰績。桓武即位後，前後任命大伴家持、紀古佐美、大伴弟麻呂、坂上田村麻呂爲征討蝦夷的將軍率兵出擊。征討的頭銜最初爲持節征東將軍或征東大將軍，大伴弟麻呂時始用「征夷大將軍」之名。此時的征夷大將軍由天皇從朝臣中選出一位最具軍事能力者，授予節刀爲權力象徵，持此節刀者有率領兵馬的權力，待其擊退蝦夷凱旋返回，再將節刀歸還給天皇，同時解除領兵之權。

大伴弟麻呂於七九一年初任征夷大將軍，與副將軍坂上田村麻呂率軍出擊，歷經四年征討大勝而歸；七九七年改由坂上田村麻呂任征夷大將軍，歷經五、六年征戰，他取得比大伴弟麻呂更輝煌的戰績，一舉將朝廷在東北的版圖推進到今日岩手縣中部以北，爲朝廷北防帶來二百多年的和平。歸來後田村麻呂於平安京東山地區建立清水寺，爲他再增添一筆不朽功業。

征夷大將軍坂上田村麻呂建築的清水寺／洪維揚提供

017

最澄與空海

大唐留學僧

桓武天皇末期，公元八〇四年的第十八次遣唐使是定都平安京以來的第一次，這次共有四艘船約五百人的規模，做爲赴大唐留學僧的空海、最澄分乘第一、二艘船。六月從肥前松浦郡出海後，第三、第四兩船沉沒，只有第一、二艘船安然抵達目的地。

最澄俗名三津首廣野，生於七六七年的近江國，幼年出家，不到二十歲便於東大寺受**具足戒**，並入比叡山修行，於該地建立供奉藥師如來本尊的一乘止觀院。在成爲留學僧派往大唐之前，最澄得桓武天皇賞識，拔擢爲內供奉，肩負爲人在宮中的天皇祈求安泰之責。

空海俗名佐伯眞魚，七七四年生於四國的讚岐國，十九歲入大學寮專攻明經道，研讀《毛詩》《尚書》等漢籍，不到一年便退學，在山林中專心學習虛空藏求聞持法。

空海搭乘第一船前往長安，入西明寺，次年轉投青龍寺拜惠果爲師學習密宗，得胎藏界、金剛界灌頂，習得完整的密宗奧義。八〇六年一月，他帶著大批佛經與圖像、法具踏上歸途，在太宰府逗留至八〇九年七月始進入平安京。最澄的第二船則直接前往浙江明州天台山學習天台宗，受大乘菩薩戒，除天台外並兼修禪宗和密宗，翌年五月歸國。最澄回國時桓武天皇已臥病在床，然而天皇仍讓最澄在京都神護寺進行日本最初的灌頂。

天台宗與真言宗

公元八〇六年朝廷敕許最澄正式成立天台宗，偏偏最大奧援者桓武天皇病逝，繼任的平城（安殿親王）、嵯峨（神野親王）兩帝對最澄信任不深，再加上當時朝廷有意授給密宗鎮護國家的地位以與位於奈

豆知識　具足戒

出家成為比丘或比丘尼所應接受與遵行的戒律，又稱為「波羅提木叉」。南傳佛教和北傳佛教的比丘、比丘尼的具足戒各有不同，受具足戒之前應如法恭請「三師七戒」。受了具足戒方能成為比丘、比丘尼。每逢初一、十五舉行布薩懺悔誦戒，若有破重戒者則逐出僧團。

豆知識　南都六宗

奈良時代以平城京為中心的六個佛教宗派，又稱「奈良佛教」，分別為：法相宗（興福寺・藥師寺）、倶舍宗（東大寺・興福寺）、三論宗（東大寺南院）、成實宗（元興寺・大安寺）、華嚴宗（東大寺）、律宗（唐招提寺）。

良的**南都六宗**對抗，使之被大唐密宗傳人空海取代。空海文才出衆，又擅長書法，得到同樣喜愛書法的嵯峨天皇信任（兩人與另一位遣唐使留學生橘逸勢合稱「三筆」）。在天皇大力支持下，原本由最澄主持灌頂的神護寺遂成爲空海開宗眞言密教的道場。八一〇年，空海以《仁王經》《守護國界主經》爲依據，爲鎮護國家舉行盛大的密教修法儀式，由此聲名大噪，甚至連最澄的弟子都轉投到空海門下，爲兩位平安時代偉大佛僧的交惡種下遠因。

話說最澄留學大唐主修天台，對密宗只是囫圇吞棗，經常借閱、轉抄空海帶回的密教經典，還得空海授予金剛界結緣灌頂和胎藏界結緣灌頂。雖然如此，最澄並不願當面接受空海的面授。對空海而言，最澄若有意學習密宗應當親自前來，而非採借閱傳抄方式，兩人關係遂此逐漸交惡，最終絕交。

不過兩人絕交的眞正原因，恐還在於宗派立場的歧異。最澄認爲天台與眞言並無不同，都比南都六宗優越，因此他向空海學習密教只是想用密教思想充實天台宗的教義，使天台宗內容添加密教的成分；空海則認爲密宗比顯宗優越，天台宗雖較暮氣沉沉的南都六宗優越，但眞言宗顯然在其之上。空海傳授密教的目的在於建立獨立的眞言宗，故此反對學習密教只圖附屬在天台宗底下的最澄，而且要最澄徹底放棄天台宗，不然便不會把密教眞髓相傳。

八二二年六月四日，最澄病逝於比叡山中道院，得年五十六歲。七日後在藤原北家嫡系冬嗣的奔走下，嵯峨天皇敕許大乘戒壇院設立。最澄生前在比叡山上設立的一乘止觀院以彼時桓武天皇年號「延曆」爲名，八二四年改名延曆寺；一乘止觀院即今日根本中堂部分，是天台宗總本山，又稱爲「北嶺」。最澄歿後四十四年（公元八六六年），清和天皇追贈「傳教大師」謚號，是日本佛教最初的大師號。

空海於八一六年請求嵯峨天皇贈予紀伊高野山，三年後建成金剛峯寺做爲眞言宗總本山。八二三年再蒙嵯峨天皇賜予平安京南部羅城門東的東寺（教王護國寺）做爲眞言密宗的道場，稱爲「東密」（相對於天台宗比叡山延曆寺的「台密」）。

八三五年三月，空海病逝於高野山，享年六十二歲，醍醐天皇在九二一年追贈「弘法大師」。

大唐留學僧最澄與空海，互別苗頭／三娃繪

018 層出不窮的宮廷政變

藥子之變和承和之變

公元八〇九年四月，在位不滿四年的平城天皇，因病讓位給同母弟皇太子神野親王（嵯峨天皇），自稱太上皇，遷移到舊都平城京養病。嵯峨立平城之子高岳親王爲皇太子。

平城天皇即位時曾寵愛式家藤原種繼（營建長岡京被殺）之女藥子，移居平城京後，召藥子及其兄仲成隨侍左右。仲成與藥子兄妹覺得讓位的上皇沒有實權，在旁慫恿逐漸復元的上皇重祚，上皇亦感嵯峨天皇大舉推翻他在位時的種種政策而心生不滿，局勢大有演變爲平安、平城兩京的二元政治。

翌年九月，仲成兄妹假上皇名義發出遷都平城京的詔敕，天皇佯從之餘卻命人逮捕仲成兄妹。上皇大怒，欲前往東國興兵征討平安京，爲前征夷大將軍坂上田村麻呂阻撓。眼見征討無望，上皇返回平城京遁入佛門，接著藤原仲成遭到射殺、藥子仰藥自盡，「藥子之變」告平定。亂平後嵯峨天皇鞏固政權，廢掉未曾參與亂事的高岳親王，改立異母弟大伴親王爲皇太子，八一五年立橘嘉智子爲皇后。嵯峨天皇在位十五年後讓位給大伴親王，是爲淳和天皇。

淳和天皇立嵯峨之子正良親王爲皇太子，在位十一年讓位，新皇稱仁明天皇。仁明天皇依慣例立淳和之子恒貞親王爲皇太子，立藤原順子爲皇后，這是自桓武天皇乙牟漏皇后以來，有藤原氏血緣的女子再次被立爲皇后。藤原順子還是太子妃時就生下長子道康親王，一旦成爲皇后，其娘家自然希望道康親王能成爲皇太子。唯礙於慣例必須由淳和天皇子嗣擔任皇太子，因此藤原氏希望藉由未遂政變改變前例，遂有「承和之變」發生。

淳和上皇八四〇年病逝，嵯峨上皇也於兩年後的七月病逝。此時，效命皇太子的春宮坊帶刀舍人伴健岑和但馬權守橘逸勢感到皇太子有危，計畫讓皇太子出宮前往東國，借東國兵力謀反，並告知平城天皇之子阿保親王。孰知阿保親王洩了密，天皇命皇后兄長中納言藤原良房出兵捉住伴健岑和橘逸勢。經過連夜拷問，兩人供出皇太子，皇太子遂遭廢黜，伴健岑、橘逸勢等六十餘人或被流放、或被貶官，是爲「承和之變」。亂後道康親王被立爲皇太子，藤原良房晉升大納言，藤原氏重返政壇指日可待。

令外官的設置

《大寶律令》施行後，很快暴露出實質上的缺點。律令制規定的官員定額過少，如掌管政治核心的太政官僅有太政大臣一人、左大臣一人、右大臣一人、大納言四人（後減為二人）。這種配置名額要面對日趨繁雜、分工日細的政務委實勉強，因此《大寶律令》施行不久，出現律令制定規外的新官職，稱為「令外官」。

由於「令外官」是額外官職，起先並無與律令制相對應的官位，儘管如此，這些令外官不是深得天皇信任，就是實權在握，久而久之反倒凌駕在律令制官職之上。

最早的令外官為七〇五年設置的中納言，職責為敷奏、宣旨、待問、參議，原則上與大納言相同，差別在於大納言可代行大臣職務，中納言則不可。之後又陸續設置按察使、鎮守府將軍、參議、內大臣、征夷大將軍、押領使、勘解由使、**藏人頭、檢非違使**、攝政・關白、追捕使等令外官，此類令外官都曾在歷史上發揮過重大作用。

這批令外官多數為藤原氏掌控，倚恃天皇信任，盤據著位階不高但握有實權的官職，再藉故發動政變排除其他氏族勢力，又將女兒嫁給天皇成為皇室外戚，內外夾攻下最終得以架空天皇，成為九世紀中葉後日本實際的政權操控者。藤原氏——特別是藤原北家，掌控除征夷大將軍外的重要令外官，藤原四家中的南家在藤原仲麻呂之亂後式微，「藥子之變」讓式家一蹶不振，京家早在藤原麻呂死後就已衰敗，是藤原四家最不興盛的一支。進入九世紀中葉，北家一支獨大，長期霸占攝政・關白這一令外官最高位，締造長達三百年的「攝（政）關（白）政治」。

人物通　藏人頭、檢非違使

令外官除征夷大將軍、攝政・關白外，就數藏人頭、檢非違使在歷史上占有一席之地。「藏人所」乃嵯峨天皇於八一〇年設置，長官為「藏人頭」，藥子之變中天皇透過藏人頭藤原冬嗣發布命令得以平亂，事後晉升藤原冬嗣為參議，藤原良房即其次子。「檢非違使」亦由嵯峨天皇於八一六年設置，職掌都城的行政、司法、監察、治安等權責，深受天皇信任准許昇殿，使原本掌控司法的刑部省和職掌監察、治安的彈正台權責弱化。

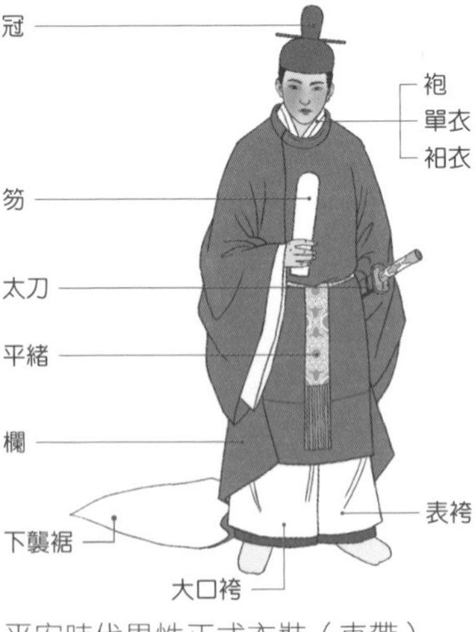

平安時代男性正式衣裝（束帶）
／朱寶榮繪

019

藤原氏攝關專權

攝政・關白與藤原北家

公元八五〇年三月，在位十八年的仁明天皇病逝，由「承和之變」後被立爲皇太子的道康親王即位，是爲文德天皇。五月太皇太后橘嘉智子跟著病逝，在天皇岳父藤原良房威逼下，良房之女藤原明子所生第四子惟仁親王跳過長幼被立爲皇太子。

文德天皇勤於政事，惟體弱多病，在位九年以三十二歲之齡英年早逝。皇太子惟仁親王沖齡即位（清和天皇），因年幼無法親政，外祖父藤原良房遂以從一位太政大臣姿態擔任攝政。在良房之前已有神功皇后和聖德太子攝政前例，然而兩人皆出身皇族，因此藤原良房爲人臣攝政的第一人。

清和天皇在位十九年中，藤原良房攝政長達十五年（八五八至八七二年），儘管位極人臣，卻僅有一女明子。爲維持與皇室的婚姻，他收長兄之女高子爲養女，嫁與清和天皇，生下貞明、貞保親王兩位皇子。另爲維護藤原北家政治上的優越地位，收長兄三子基經（高子之實兄）爲養子以繼承家族。

八七二年藤原良房年邁死去，正三位右大臣兼左近衛大將藤原基經繼任。八七六年，年方二十七的清和天皇突然宣布讓位，貞明親王九歲繼位爲陽成天皇。幼君即位無法親理政事，攝政有必要繼續存在，能擔任攝政是良房繼承人基經，他順理成章成爲第二任人臣攝政，八八〇年補任關白。

陽成天皇成年，不滿基經專權而迭有衝突。八八三年，陽成天皇有殺害乳母之子嫌疑，眞相不明。基經以此爲由，翌年廢掉陽成天皇，改立仁明天皇第三皇子時康親王，即位爲光孝天皇。光孝天皇幼年時聰穎又好讀經史，然能登上皇位全靠基經力捧之故，因此即位後聽命基經，甘願當個傀儡。

光孝天皇在位三年而崩，基經再指定光孝第七皇子定省繼任，是爲宇多天皇，這是第一個由**降為臣籍**的皇族成員即位天皇。宇多天皇即位時已成年，不再適用攝政，這年便正式給予關白地位，說道諸事應先稟報基經，再由基經上奏天皇。此後攝政・關白掌控日本實權，能

豆知識　臣籍降下

平安時代由於皇族成員過多，造成皇室經濟巨大負擔，因此將無繼承皇位機會的皇子賜予姓氏，使之成為臣下。賜予的姓氏多半為「源」和「平」，即是日後武士的始祖。

仁和寺／Leddy 提供

夠擔任這兩要職的只有藤原北家擁有「藤氏長者」稱號的家長，稱爲「攝關家」，此時到平安時代結束的三百年稱爲「攝關時代」。

排除專權的絆腳石

公元八六六年，平安京**大內裏**的應天門突然著火，由於大內裏著火可能危及天皇性命，火勢撲滅後立即開始偵查起火原因。大納言伴善男向太政大臣藤原良房密告左大臣源信縱火，但在良房、基經的審

豆知識　大內裏

含括議政的行政單位、進行年中祭典的殿舍，以及天皇居住的內裏。行政單位包括太政官府、神祇官府、左右近衛府、八省廳、令外官如藏人所，四周共計有十二個城門。大內裏於一二二七年遇祝融燒毀後荒廢，至十四世紀初才陸續重建，即今日的京都御苑。

問下證實縱火者是伴善男。於是伴善男一族遭到流放，伴氏（大伴氏）被視爲「積惡之家」，自五世紀後半以來的名門伴氏從此沒落，後人稱爲「應天門之變」。至於左大臣源信雖被證實未牽連在內，可已如驚弓之鳥的他此後閉門不出，政治生涯形同結束。獲益最大的藤原良房，正式得到清和天皇頒布的「攝天下之政」詔敕，代理已屆成年的天皇掌政。

而當宇多天皇即位下詔「萬機巨細皆關白於太政大臣（基經）」，基經基於人臣之禮推辭一番，天皇於是命親信文章博士橘廣相起草任命他爲「阿衡」的詔敕。阿衡乃殷商賢相伊尹的尊稱，命基經爲「阿衡」，暗含使其位尊而無實權之意。素與橘廣相不合的藤原佐世向基經解釋後，基經直接質詢天皇，忌憚基經威權的天皇只得含淚流放橘廣相，志得意滿的基經從此乘轎出入宮中，總攬萬機處理政務，此一事件被稱爲「阿衡事件」。

菅原道真像／月岡芳年畫

八九一年基經病歿，長子時平爲參議，宇多天皇方始親政。爲制衡藤原氏干政，天皇任命讚岐守文章博士菅原道眞爲藏人頭。八九七年，三十一歲的宇多天皇讓位給十三歲的皇太子敦仁親王（醍醐天皇），且留下五十餘條的〈寬平御遺誡〉給新天皇。醍醐即位，以藤原時平爲左大臣，菅原道眞爲右大臣。讓位的宇多上皇不久在御室仁和寺出家，是日本最早的「法皇」，自稱宇多院。

菅原道眞以右大臣之尊，在一定程度上遏止藤原氏專權，加上又是上皇欽點的新君輔佐大臣，藤原時平便無法像先祖那樣輕易製造事件予以驅逐。於是時平以道眞密謀擁立女婿齊世親王（醍醐異母弟）爲新君的政變爲由，向醍醐進讒言。醍醐雖在後世被歌頌爲明君，但當時只有十七歲的他，輕易地相信時平的讒言，於九〇一年一月貶道眞爲太宰權帥，外放至九州太宰府。宇多法皇聞訊，連夜進京見天皇，但時平授意守衛京城的衛士關門，道眞被貶到太宰府後不過一年多便抑鬱而逝，是爲「昌泰之變」。

020

天皇親政成絕響

寬平之治

公元八九一年藤原基經病逝後，宇多天皇親政。爲杜絕皇權旁落，天皇不再委任藤原北家的成員擔任攝政．關白，畢竟此時藤氏家長藤原時平僅二十一歲，年齡和聲望都未達到可擔任攝政．關白的資格。儘管如此，藤原時平仍因家世庇蔭補任參議，天皇另外提拔菅原道眞爲藏人頭。

在沒有攝政．關白的干預下，宇多天皇任命源融、藤原良世爲左右大臣，以他們爲首進行政治改革，如八九四年菅原道眞提議廢止遣唐使的派遣、對造籍．私營田的抑制、對**瀧口武者**的設置、實施三位以上官員稱「公卿」並許可昇殿的制度……等等。平安時代約當中國晚唐，儘管文化爛熟依舊，但日本在先前十餘次遣唐使過程早已大量移植唐文化至國內，而安史之亂後的藩鎮割據使得唐王朝國力式微，治安敗壞；加上每一次遣唐使皆造成不少人力物力的損失，評估得失後，菅原道眞上書建議廢止遣唐使的派遣，使得平安時代實際只有兩次遣唐使成行。

八九七年七月，天皇與菅原道眞商議，決定讓位給時年十三歲的第一皇子敦仁親王，留下〈寬平御遺誡〉要新君重用菅原道眞，兩年後更出家成爲日本最初的法皇。敦仁親王即位爲醍醐天皇，拔擢菅原道眞爲權大納言，藤原時平爲春宮大夫，兩人皆有「**內覽**」的權力。

延喜．天曆之治

公元八九九年二月，鑒於朝廷已空懸左、右大臣位一年多，分別拔擢二十九歲的藤原時平及五十五歲

人物通　瀧口武者

九世紀初原由近衛府護衛天皇起居的內裏，宇多天皇啟用菅原道真為藏人頭後，這一權力轉移至藏人所，沒有直屬武力的藏人所便從召募來的地方武士團加以汰選，合格者命其護衛天皇起居清涼殿東殿東北的瀧口，稱為「瀧口武者」。十世紀末葉，瀧口武士成為唯一可以帶刀劍弓矢進出宮中的武官，足見天皇信任之深。

豆知識　內覽

各級官員和地方官上奏天皇的文書奏摺，由特定官員先覽閱篩選後再上呈的權力。能夠將篩選後的文書奏摺呈給天皇，可見任此職者必為天皇親信，同時也能過濾於己不利的文摺，具有隻手遮天之權。十世紀後成為攝政．關白獨有的大權。

的菅原道真。醍醐天皇時完成《**延喜格式**》，被認為是將日本從「律令國家」朝「王朝國家」的轉換準備期，習慣上有單獨將醍醐天皇治世稱為「延喜之治」，亦有將醍醐與之後的村上天皇治世「天曆之治」合稱「延喜．天曆之治」。

儘管醍醐天皇在位初期，菅原道真便為藤原時平的讒言左遷太宰府，但天皇仍在藤原時平的輔佐下，大抵朝著抑制權門（有力貴族、寺社）侵占百姓田地宅舍的方向進行，致力於《莊園整理令》的頒布。此外也完成「六國史」最後一部《日本三代實錄》，文學上命紀貫之、紀友則、壬生忠岑、凡河內躬恒編纂《古今和歌集》（簡稱《古今集》），開**敕撰和歌集**先河。

醍醐天皇在位三十四年期間沒有任命攝政．關白，雖有藤原時平、忠平兄弟前後擔任左大臣，但是天皇的意志不為其左右，加上醍醐天皇本身能力卓越，頗有作為，因而開創出平安時代最長久的治世！

九三〇年七月，天皇因清涼殿落雷事件病篤，讓位給藤原忠平之妹穩子生下的寬明親王。寬明親王即位為朱雀天皇，在位期間日本叛亂迭生，再之後的村上天皇除前幾年為關白藤原時平把持政權外，大抵上猶維持天皇親政。村上之後諸帝動輒為藤原北家的攝政．關白廢立，因此「延喜．天曆之治」不僅是河清海晏的治世，更是天皇親政的絕響！

豆知識　延喜格式

與嵯峨天皇時頒布的《弘仁格式》、清和天皇時頒布的《貞觀格式》，並稱「三代格式」。格式是補律令的不足，大致說來「律」是正刑定罪的根據，類似今日的刑法及刑事訴訟法；「令」是制度的根本，似今日的憲法、民法、商法；「格」是彙集律令規定之外的臨時法令；「式」是將令之內容作更詳盡的規定，似今日的職務規程、通行細則。

豆知識　敕撰和歌集

遵照天皇或上皇之命編纂的和歌集。自九〇五年編纂《古今和歌集》起，至一四三九年《新續古今和歌集》為止，共編纂二十一部敕撰和歌集，總稱為「二十一代集」，乃日本和歌的黃金時期。

清涼殿落雷事件（右側）圖卷

021 王朝式微

延喜之治的另一面

公元九〇三年二月，流放在外的**太宰權帥**菅原道眞病逝太宰府，千里之外的平安京陷入嚴重的怨靈恐慌。之後數年日本各地水旱災頻傳，導致連年歉收，民間盛傳是菅原道眞冤魂作祟之故：九〇九年四月，構陷道眞的藤原時平以三十九歲英年驟逝；九二三年醍醐天皇的皇太子保明親王病逝，哀慟的天皇改立保明親王長子慶賴王（生母爲藤原時平之女），然而慶賴王兩年後夭折，朝廷始信怨靈作祟，下詔恢復道眞右大臣官職、追贈正二位，十世紀末再追贈正一位太政大臣。

朝廷特地在菅原道眞死後埋骨的太宰府建立天滿宮祭祀，亦在平安京建北野天滿宮爲總本社，大量栽植道眞生前喜愛的梅樹，封他爲學問之神，後更追贈天神（雷神）。

九三〇年六月，天皇起居的清涼殿忽現落雷，登時有數人死去，醍醐天皇當下受到驚嚇，一病不起，傳位給十一皇子寬明親王，數日後崩御。寬明親王即位爲朱雀天皇，由於年僅八歲，使得醍醐朝中斷的攝政．關白又告復活。藤原忠平以天皇舅父的身分當上攝政獨攬政權，未久有位曾在其底下任職的武士在坂東（關東）平原掀起平安時代最大規模的地方叛亂，西國旋即響應。

承平．天慶之亂

公元九三五年二月，曾爲藤原忠平麾下受其推薦擔任瀧口武士的平將門，起兵討伐素有恩怨的常陸國**大掾**源護一家，爲他日後反叛朝廷的行動揭開序幕。平將門系出皇族，乃桓武天皇之孫高望王後裔，在高望王這代降入臣籍，開始以「平」爲姓，這支氏族是締造過無數輝煌歷史的「桓武平氏」。平將門之父平良將曾任陸奧鎮守府將軍，他本人也是瀧口武士，累積相當的武功與聲望。平將門起兵討伐

人物通　太宰權帥

太宰府的長官為太宰帥，管轄九州二島（對馬、壹岐）的外交和防衛之責，為朝廷鎮西的總司令部。平安時代以後太宰帥由親王出任，擔任太宰帥的親王稱為「帥宮」，著名的帥宮有尊治親王（後醍醐天皇）和幕末的有栖川宮熾仁親王。然而並非每位親王都願意到太宰府就任，於是出現太宰權（權官）帥，通常為大納言晉升大臣的過渡官，少數由被貶謫的大臣擔任，如菅原道真、源高明。

相當於常陸國次官的源護一家，又趁勝討伐平時不睦的伯父平國香和平良兼。

初戰獲捷，常陸、下總、上總、下野各地對朝廷不滿的武士團紛紛前來投靠，平將門羽翼日豐。他納武藏國權守興世王的建議，劫掠關東各國府倉，與各國國衙軍隊作戰，擊退後搶下各國國守的印綬，此舉無異於公開反叛。後受底下將領擁戴，平將門於下總國正式掀起反旗，自稱「新皇」。

平將門叛亂的消息傳入平安京，朝廷以參議藤原忠文爲征東大將軍，結合將門的堂兄弟平貞盛、清和源氏始祖源經基、下野國押領使藤原秀鄉等將領，共同率兵前往坂東平亂。二月一日，平將門先敗於平貞盛．藤原秀鄉聯軍，十四日再次與兩人交戰時身中流矢而死。首級割下後傳送到平安京梟首，將門的餘黨如興世王、藤原玄明等人盡遭處死。平亂有功的平貞盛封爲從五位上丹波守；同爲皇族之後的源經基封爲從五位下，不久馬不停蹄赴西國平定另一場亂事；藤原秀鄉封爲下野、武藏二國國守兼陸奧鎮守府將軍。上述平亂三人的子孫，衍成平安時代爲止有名的武士團。

約當平將門稱「新皇」的同時，瀨戶內海海上也發生藤原純友的叛亂，兩者幾於同時發生，故可稱爲「承平．天慶之亂」。

藤原純友出身藤原北家，原本應非富即貴，其曾祖父藤原長良是房前的兄長，但自長良死後，純友的祖父和父親都早死，缺乏有力靠山的純友只當上伊豫國掾，對現實不滿成爲他叛亂動機。適逢平將門在坂東稱「新皇」，躍躍欲試的純友率軍降服日振島海賊後據該島叛亂，未幾勢力擴張到整個瀨戶內海。朝廷立刻命小野好古爲追捕使，源經基（平定平將門之亂有功）爲副使，九四一年五月在博多與純友的船隊決戰，純友敗逃到伊豫國被捕，下獄而死。

「承平．天慶之亂」爲期不久，卻是敲響「延喜之治」的警鐘。亂事平定後，朝廷依然沉溺享樂，吏治敗壞、土地兼併盛行，藤原氏繼續致力於弱化天皇權力，之後雖有曇花一現的「天曆之治」，桓武初期的盛世已是一去不復返。

人物通。大掾

依律令制規定，地方各國長官為「守」（大國稱「太守」），次官為「介」，三等官為「掾」，四等官為「目」。八二六年起，淳和天皇將常陸、上野、上總三國收為「親王任國」，規定這三個大國太守由親王擔任。然而就和太宰帥一樣，親王很少前往，採取「遙任」狀態，因此這三國次官「介」成為實質的長官。

022 攝關時代

攝政・關白成慣例

公元九六七年五月，在位二十二年的村上天皇病逝，由第二皇子憲平親王即位，是爲冷泉天皇。新皇即位雖已十八歲，但自皇太子期間就有發狂惡習，且身體虛弱，想效法父祖親政有實質上的困難。因此天皇即位前，藤原忠平的長子實賴以關白身分輔佐天皇，並立天皇同母弟爲平親王爲皇太子，恢復村上天皇初期設置的攝政・關白。

九六九年三月，左馬助源滿仲等人密告右大臣源高明意圖立女婿爲平親王爲天皇，爲平親王因此被廢，改立天皇另一同母弟守平親王爲皇太子，而源高明左遷太宰權帥，流放太宰府，史稱「安和之變」。數年後源高明雖得赦免，但已永遠失去政治影響力。

自八世紀初以降約兩百五十年間，藤原氏不斷製造子虛烏有的密告謀反來排除政治上造成威脅的個人或氏族，從長屋王之變、承和之變、應天門之變、昌泰之變到安和之變，朝廷有力氏族陸續被排擠出政權核心，而藤原氏始終屹立不搖。安和之變後，藤原氏終於完成獨霸朝政的最後一塊拼圖。不過藤原氏內部也鬥爭得相當厲害，藤原不比等在世時的南家、北家、式家、京家，到九世紀初只剩北家獨盛。藤原北家包辦攝政・關白，天皇年幼時稱爲攝政，天皇成年後稱爲關白，名稱上雖不同，實無太大差別。從九六七年至一八六七年「王政復古大號令」頒布爲止，除少數幾年外，攝政・關白的存在成爲常態。

然而就連藤原北家的成員，也爲攝政・關白人選競爭得異常激烈。九七〇年五月藤原實賴病逝，由其弟師輔的長子伊尹繼任，九七二年十一月伊尹病逝，開始激烈競爭，計有伊尹二弟兼通、實賴長子賴忠、伊尹三弟兼家相爭，兼通、賴

攝關政治運作模式

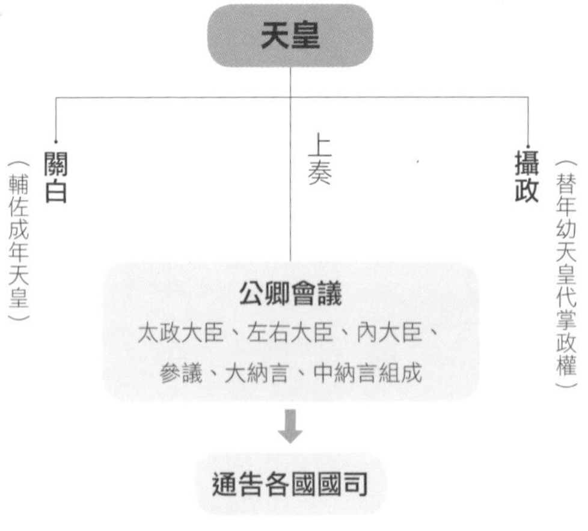

忠曾短暫當上攝關。至九八六年六月兼家當上攝政，甫結束內部爭鬥，攝關之職由實賴一脈短暫轉爲伊尹、兼通，最終由兼家世系繼承。

此世吾世　月滿無缺

公元九九〇年五月兼家病逝，攝關的爭奪再起，先是兼家長子道隆順理成章成爲一条天皇的攝政．關白，爲鞏固政權起見，道隆將長女定子送入宮中成爲天皇**中宮**。道隆以爲從此可高枕無憂，然九九五年平安京爆發名爲赤斑瘡的傳染病，不少公卿染上此病喪命，道隆亦在其中。該年四月道隆死後，長子伊周雖得「內覽」權，卻非正式關白，關白一職由其弟右大臣道兼擔任，惟道兼當時亦已染上赤斑瘡，五月二日進宮就任，八日辭世，有「七日關白」之稱。

道兼死後，官職最高的是道隆之子內大臣伊周，以及道隆、道兼之弟道長（時任權大納言兼左近衛大將）。伊周雖爲道隆長子，繼承順位高於道長，但風評不佳。道長之姊，即圓融天皇**女御**藤原詮子，以一条天皇生母東三条院的身分左右天皇意見，讓道長晉升右大臣，並給予「內覽」之權，道長遂成爲藤氏長者，在與伊周的競爭中獲最後勝利。

人物通　中宮

原為皇后、皇太后、太皇太后的居所，後來轉指三后。奈良時代到平安初期專指皇太夫人（天皇生母），平安中期一度成為皇后代稱。一条天皇元服後正是藤原道隆擔任攝政之時，道隆以長女定子入宮成為天皇女御，後晉升中宮。不久道隆死去，改由其弟道長執政，道長亦將長女彰子送入宮中，於是定子成為皇后，彰子為中宮，兩宮（后）並立成為定例。

道長取得勝利，進一步打擊伊周及其弟隆家，揭露伊周箭射花山法皇衣袖一事，派檢非違使率兵包圍伊周宅邸，伊周左遷爲太宰權帥，隆家爲出雲權守，是爲「長德之變」（九九六年）。與源高明的下場一樣，數年後雖得赦免，但在政治上已毫無影響力。事變後道長再升一級成爲左大臣，他雖不染指攝政．關白，但其權勢、聲望及地位卻超出歷任攝關，堪稱藤原北家的全盛期。

道長執掌權柄後仿效乃兄道隆，將長女彰子送進宮中爲女御，希能循以往慣例扶正爲皇后。一〇〇〇年二月彰子晉升中宮，原來的中宮定子成爲皇后，一時之間皇后、中

人物通　女御

侍候天皇寢所的婦人之稱，名稱出自記載中國周朝官制的書籍《周禮》，在後宮地位次於皇后、中宮。自醍醐天皇女御藤原穩子後，以女御晉升皇后成為定例。

宮並立，「一帝二后」成爲此後慣例。次年六月一条天皇崩御，皇太子冷泉天皇第二皇子居貞親王即位爲三条天皇。道長比照長女彰子，送次女妍子入宮成爲三条天皇中宮。一〇一六年一月天皇因眼疾退位，彰子皇太后立九歲的敦成親王即位爲後一条天皇，道長名正言順以天皇外祖父身分攝政。

一〇一八年三月道長送三女威子入宮爲天皇女御，十月升中宮。如此一來，道長成爲朝臣口中「一家立三后，自古從未有」，同時還包辦皇后（威子，後一条中宮）、皇太后（妍子，三条中宮）、太皇太后（彰子，一条中宮），日本史上無人可與其相比！道長在威子成爲中宮這日宴請賓客，席間歌詠：「此世即吾世，如月滿無缺！」

之後道長傾心淨土信仰，出家致力興建法成寺，竣工後入住，人稱「御堂關白」。道長長期載述的日記稱爲《御堂關白記》，乃研究攝關政治的絕佳史料。一〇二七年歲末道長病逝，藤原氏的月亮立即出現盈缺，翌年關東再現亂事。

藤原道長
- **彰子**＝（66 一条天皇）
- **妍子**＝（67 三条天皇）
- **威子**＝（68 後一条天皇）
- **嬉子**＝（69 後朱雀天皇）

1 **釣殿**：垂釣
2 **廊**：長廊，通常指中門廊
3 **透渡殿**：南側露空的簷
4 **隨身所**：隨侍休息處
5 **藏人所**：事務處
6 **細殿**：連接廂房的細長形走廊
7 **寢殿**
8 **台盤所廊**：放置食物餐檯之處
9 **北對殿**
10 **東北對殿**
11 **東對殿**
12 **侍廊**：隨侍休息的處所
13 **車宿**：停輦車的地方

平安時代貴族宅邸／朱寶榮繪

023

國風文化形成

假名文學興盛

奈良時代以前日本並無文字，書寫往往借用漢字的音寫成文字，《萬葉集》中最早使用這種書寫方式，故又稱爲「萬葉假名」。「萬葉假名」借用漢字，但缺點是文字本身並無意義。平安初期從「萬葉假名」演化出今日通用的平假名和片假名，民間盛傳前者爲空海發明，後者爲吉備眞備發明，不過可信度不高。

當時以學習唐朝風俗爲尙，想在官場上飛黃騰達，除家世外猶須在漢學下工夫，不僅要熟讀漢籍、熟稔大唐的典章制度，還要寫得一手好字，甚至要會寫漢詩。相較之下，假名對仕途晉升較無直接幫助，況且假名是採用漢字偏旁或是簡化漢字，比起筆畫複雜的漢字容易許多，因此通行後很快就風靡宮廷女官，成爲女流文學的通用文字。

假名最適合表達的文學體裁爲和歌，平安時代擅長和歌的文人相當多，有所謂「**六歌仙**」，也有前述之敕撰和歌集，還有所謂的「**歌物語**」，公卿之間更不時舉辦所謂的「歌合戰」。平安時代以前執文壇主流的漢詩，從奈良時代初期的《懷風藻》起，加上平安初期編纂《凌雲集》《文華秀麗集》《經國集》等漢詩集後便無以爲繼。

除和歌外，假名也逐漸普及於各種體裁，像紀貫之在土佐守任期結束後返回平安京的船上，假託女性以假名寫下的《土佐日記》，開日記文學之先河。十世紀初期，日本出現最早的物語文學《竹取物語》也是以假名寫成，此外還有以在原業平爲主人公的歌物語《伊勢物語》，以及《宇津保物語》《落窪物語》等作品。假名在文學上的

人物通　六歌仙

紀貫之在《古今和歌集》序文（用假名寫成）提到奈良時代以前的柿本人麻呂和山部赤人為「歌聖」，而近世以和歌聞名有六位歌人：在原業平、僧正遍昭、文屋康秀、喜撰法師、小野小町、大友黑主。不過，「六歌仙」的稱呼是在紀貫之之後。

豆知識　歌物語

物語文學的一種，以文學史上撰有私人和歌集的人物為主人公，搭配大半虛構的故事內容。在原業平是真實歷史人物，為平城天皇第一皇子阿保親王五子，官至右近衛權中將，人稱「在五中將」。《伊勢物語》共分一二五段，每段都以在原業平寫過的和歌展開虛構的故事內容。

宇治平等院／劉恩綺提供

成就逐漸超越漢文，表現出獨有特色，因此遣唐使廢止後到藤原道長主政前後約一百多年間，消化了十幾次遣唐使以來學習的中國文化，融合日本自古以來的文化而誕生出新文化，稱爲「國風文化」。

女流文學與物語

藤原道長送彰子入宮，原本要與亡兄之女定子爭奪後宮統治地位，因此雙方底下才媛輩出，意外促成王朝最璀璨的女流文學。定子皇后底下最有名的才媛爲撰寫《枕草子》的**清少納言**；彰子中宮底下則以著有《源氏物語》《紫式部日記》的**紫式部**最著，兩人堪稱王朝時代女流文學的雙璧。其他還有和泉式部（《和泉式部日記》作者）、赤染衛門（《榮華物語》作者）、女歌人伊勢大輔、藤原道綱母（《蜻蛉日記》作者）、菅原孝標女（《更級日記》作者），女流文學在王朝時代綻放出最燦爛的果實！

紫式部和清少納言等宮中女流以假名創作，開啟日本風格的物語文學／三娃繪

《枕草子》爲一隨筆，全書共三百多段，以寥寥數語的清淡文字表達對日常生活的觀察與隨想，取材範圍包含四季變化和自然景象、身邊瑣事、宮中見聞、男女情愛、生活感觸及個人好惡。這種寫作方式對中世時期的連歌、俳諧、假名草子造成影響，與鎌倉初期鴨長明的《方丈記》、室町初期吉田兼好的《徒然草》並稱「日本三大隨筆」。

《源氏物語》是王朝物語文學最高傑作，與之前整合民間傳說加以改寫的物語都不相同，是作者紫式部的創作。根據考證乃成書於一○○八年，是世界首部長篇小說，全書共五十四帖，前四十四帖的主人公爲光源氏，論者認爲光源氏很可能以「安和之變」左遷的源高明或藤原道長爲原型，勾繪出理想的男子典範：降爲臣籍的光源氏，憑著家世、容貌與談吐，追求衆多女性無往不利，過著神采飛揚的前半生。光源氏在女人堆中留下不少風流債，甚至私通國母生下繼任天皇，在當上太政大臣、位極人臣的同時，嫁爲其正室的王兄之女也與人私通，令光源氏後半生出現極大跌宕，最終遁入空門。

後十帖的故事舞台在宇治，故也稱爲「宇治十帖」，主人公改爲光源氏正室與人私通後生下的薰大將。在對女性的追求以及個性上，薰大將均不能與乃父相比。「宇治十帖」便圍繞在薰大將和既是好友也是情敵的匂宮，以及他們所鍾情三位女性之間糾葛的愛情故事上。

人物通

紫式部、清少納言

這個時代的女性本名多半沒有留存在史籍上，紫式部也好、清少納言也好，皆非本名，而是父親的官職。紫式部本姓藤原，出自藤原北家的旁系，嫁給同為藤原北家旁系的堂兄宣孝，「紫」出自《源氏物語》一書的女主角「紫之上」。近年考證出其全名應為「藤原香子」，出仕彰子女官期間撰寫《源氏物語》。清少納言本姓清原，是歌人清原元輔之女，出仕定子皇后期間撰寫《枕草子》，定子皇后歿後下落不明。

024 末法思想與極樂淨土信仰

對極樂淨土的嚮往

佛祖釋迦牟尼涅槃前曾告訴弟子，阿難佛滅後依序會進入正法、像法、末法三時期。佛滅後五百年內爲正法時期，佛陀雖去世但法儀並未因此改變，說教仍可正確傳布，僧侶依然刻苦修行，修行者可得正果；接著一千年爲像法時期，有說教、有修行，但已無修得正果；像法時期後一萬年爲末法時期，此時期僅存聽經說法而無修行，也無修得正果。根據佛經記載佛滅之年推算，末法時期始於公元一〇五二年，時間愈是接近則民眾內心愈恐慌。

此外吏治腐敗導致盜賊四起，公卿貴族和有力寺社因法律的保護免繳賦稅，國家財政重擔落在人數雖眾多但普遍貧困的平民身上。他們對沉重的賦稅早已無法負荷，爲了生存只好將辛苦開墾的農地捐給貴族或有力寺社，拋棄小地主自耕農的身分委身作佃農，爲特權階級們耕種以換得三餐溫飽。

十世紀末起日本發生天災異變，戰亂、疫病、盜賊、火災接踵而至，光是平安京流行的赤斑瘡便奪走大批人命，繁華京城處處可見堆積如山的屍體。這些跡象讓一般人相信末法時期到來便是世界末日，故對極樂淨土的嚮往追求成爲民眾今生的心願與希望。

於是佛教的極樂淨土信仰與法華信仰同密教結合，做爲祈願個人現實利益和來世往生的拯救，不再像奈良時代、平安初期鑽研深奧的佛經，而是打出只要口誦「南無阿彌陀佛」或「南無妙法蓮華經」即可前往極樂淨土的口號。如此簡單的口號，即便目不識丁的文盲也能琅琅上口，比起窮究鑽研佛經卻擁有**僧兵**等寺院私人武力的奈良佛教，以及開始驕奢腐化的天台宗更能吸引人心，因此有愈來愈多的民眾成爲信徒。

人物通　僧兵

從平安中期以後到室町末期京都（延曆寺、三井寺）、奈良（興福寺、東大寺）一帶大寺院的武裝集團，為了同其他寺院搶奪莊園，經常以強行訴訟的手段向朝廷或攝關家抗爭。當中興福寺（南都）僧徒被稱為「奈良法師」，延曆寺（北嶺）稱為「山法師」，三井寺稱為「寺法師」。平安末期白河法皇曾說過：「天下不如朕意之事有三，鴨川之水、雙六的點數以及山法師。」江戶時代以降始以「僧兵」稱之，當時被稱為「惡僧」。

宇治平等院的建立

位在宇治的平等院便是追求極樂淨土信仰下的建築。宇治一帶原爲宇多天皇之孫源重信的領地，藤原道長成爲藤氏長者後將之納入領地，並於此地建築別莊「宇治殿」。公元一〇二七年道長病逝，嫡長子賴通繼任關白後於一〇五二年即末法元年，將「宇治殿」改建成天台宗的寺院平等院，與興福寺、極樂寺、法成寺（已燒毀）、春日大社、談山神社、枚岡神社、大原野神社、吉田神社同爲藤原氏的氏寺、氏社，接受藤原氏供奉。

平等院參照《觀無量壽經》的一節經文「若欲至心生西方者，先當觀於一丈六像在池水上」對西方極樂淨土的描述而打造出淨土式庭園，建於水池西邊的阿彌陀堂（平等院本堂）象徵西方極樂世界，代表未來；中央的「阿字池」引宇治川河水而建，象徵現世；「阿字池」東邊有一「朝日山」，象徵太陽升起，是東方極樂世界的藥師如來，代表過去。平等院是極樂世界代表性庭園，成爲室町後期到江戶時代建造日式庭園的參考指標，今日通行的日幣十圓硬幣和萬圓紙鈔背面，皆爲平等院鳳凰堂的圖案，影響之大由此可見。

據說賴通建造的平等院規模宏大，幾乎占今日宇治市面積一半，但是鎌倉幕府滅亡後的戰亂和應仁之亂兩次兵火的嚴重毀損，使平等院徒剩鳳凰堂周遭奇蹟般倖存。鳳凰堂內阿彌陀佛、壁畫、供養菩薩像也都是按照《觀無量壽經》經文的描述而繪，阿彌陀像出於佛像雕刻師定朝之手，乃定朝目前遺留的唯一之作，阿彌陀像的手印仿照密宗兩界（胎藏界、金剛界）曼荼羅中的阿彌陀如來。所以平等院的外部建築屬淨土式的極樂世界，內部佛像雕刻和繪畫則分屬淨土宗和密宗。

阿彌陀堂屋頂南北兩端各有一隻金銅鳳凰像，作振翅高飛狀，象徵飛往極樂淨土。這兩隻金銅鳳凰使得整棟阿彌陀堂遠看也猶如飛翔般的鳳凰，因此到江戶時代阿彌陀堂便改名爲「鳳凰堂」。

一九九四年，平等院鳳凰堂獲聯合國教科文組織以「**古都京都的文化財**」之一部分，指定爲「世界文化遺產」。

豆知識　古都京都的文化財

一九九四年十二月獲聯合國教育、科學與文化組織登錄為世界文化遺產，是日本第五個世界遺產。古都京都的文化財包括：賀茂別雷神社（上賀茂神社）、賀茂御祖神社（下鴨神社）、教王護國寺（東寺）、清水寺、延曆寺、醍醐寺、御室仁和寺、平等院、宇治上神社、高山寺、西芳寺（苔寺）、天龍寺、鹿苑寺（金閣）、慈照寺（銀閣）、龍安寺、西本願寺、二条城共十七處。

025 奧州藤原氏崛起

前九年之役

公元一〇二八年六月，關東發生「**平忠常之亂**」，歷時三年平定。然朝廷權貴並未因而振作，亂平後依舊耽溺於享樂和侵占莊園。一〇五一年，亦即末法降臨前一年，奧州發生撼動朝廷的大亂，經過十二年才平定，最初稱爲「奧州十二年合戰」，不過平亂關鍵人源賴義參與的時間只有九年，中世紀以後改稱「前九年之役」，沿用至今。

平安初期坂上田村麻呂平定東北蝦夷族後，奧州納入朝廷版圖，由於距離平安京過於遙遠，統治不易，朝廷任命當地有力豪族安倍氏統治該地，再由陸奧守透過安倍氏進行間接統治。如此相安無事兩個多世紀，這段期間歷任陸奧守皆對安倍氏科繁重賦稅，十一世紀中葉安倍賴時拒絕繳交賦稅，陸奧守藤原登任發兵討伐，但爲安倍擊敗，一〇五三年朝廷改命源賴信之子賴義任陸奧守兼鎮守府將軍，源賴義曾與其父一起平定「平忠常之亂」，安倍賴時懾於其威名，主動求和。

未料一〇五六年卻發生安倍賴時偷襲源賴義陣營事件。從之後賴義的部屬藤原經清轉投安倍陣營（經清爲賴時的女婿）一事來看，很有可能是源賴義製造的事件，目的爲藉以討伐安倍氏。翌年五月，賴時遭到埋伏而死，長子貞任繼續領軍；而賴義爲討平安倍氏在陸奧守任期結束後拒絕回京，朝廷無奈只得同意延長其任期。翌年九月黃海之戰，源賴義大敗，長子義家只剩七騎倖存，賴義只好聯合出羽有力豪族清原氏族長清原光賴，光賴派其弟武則率領族人參戰，長期處於劣勢的賴義在武則助陣後終於得以逆轉。一〇六二年賴義再度連任陸奧守，與清原氏聯軍陸續攻下小松柵、廚川柵等安倍氏的據點，同年九月最後根據地嫗戶柵被攻陷，安倍氏滅亡。

安倍一族從貞任以下悉數遭到屠

人物通　**平忠常之亂**

平將門之亂後關東地方規模最大的叛亂。下總介平忠常為平將門叔父鎮守府將軍良文之孫，一〇二八年六月因不明原因殺害上總國守，據房總半島叛亂。朝廷最初任命平貞盛之孫平直方為追捕使平亂，但平直方反被忠常所敗。一〇三〇年朝廷改命清和源氏的源賴信為追討使，終於降伏平忠常，亂平後平氏在關東的勢力為清和源氏所取代。

戮，對賴義而言最不能容忍的是背叛的藤原經清，特地命人以生鏽的刀鋸下經清首級。來年二月，賴義將叛徒首級帶回平安京接受封賞，朝廷封源賴義爲正四位下伊豫守、賴義長子八幡太郎義家爲從五位下出羽守、次子賀茂次郎義綱爲左衛門衛（沒有官位）、清原武則爲從五位下鎮守府將軍，並接收安倍氏的領地。然而論功行賞僅止於此，賴義只得散盡家產對底下將士進行分封，此舉令天下武士盡皆動容，共尊源賴義爲武士間的領袖。

後三年之役

藤原經清死後，清原武則之子武貞剛喪妻不久，見經清遺孀美貌便納爲後妻。武貞亡妻有一子名爲眞衡，他納經清未亡人時，同時也接納經清之子清衡，之後生下一子名爲家衡，名義上是兄弟、實則無直接血緣關係的清原武貞的三個兒子，他們是二十年後「後三年之役」的主角。清原氏原本擁有出羽仙北・平鹿・雄勝等「仙北三郡」領地，安倍氏滅亡後接收其領地**奧六郡**，成爲東北最強大的勢力。

公元一〇八三年，奧州風雲再起！之前的源賴義、清原武則等人均不在人世，陸奧守由賴義長子義家擔任，清原家由武則長子眞衡繼任。眞衡無子，收桓武平氏子嗣爲養子，改名成衡；成衡納源賴義之女（義家之妹）爲妻，此舉等於與桓武平氏、清和源氏兩大武士集團結爲親戚。

有了兩大勢力作後盾，眞衡日益

豆知識　奧六郡

律令制下位於陸奧國中部六個郡總稱：膽澤郡、江刺郡、和賀郡、紫波郡、稗貫郡、岩手郡。這六郡相當於今日岩手縣盛岡市到奧州市之間。

奧州藤原譜系

奧州藤原氏三代：上方為藤原清衡，右下方為藤原基衡、左下方為藤原秀衡

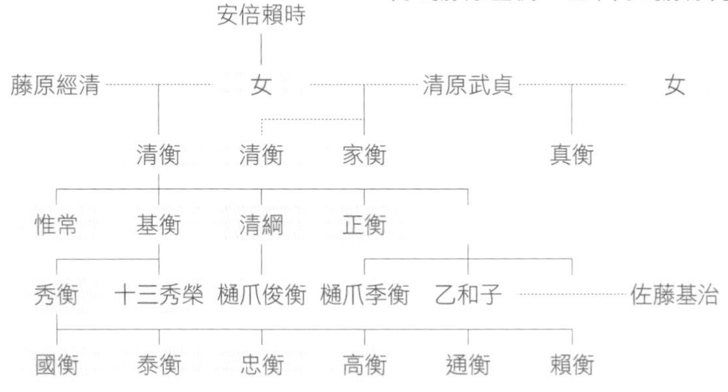

驕縱，屢與族中長老吉彥秀武有所齟齬，後者最終起兵叛亂，與平日受眞衡欺壓的清衡、家衡約定在眞衡率軍出擊時進攻其居館。眞衡勢單力孤，邀請姊夫陸奧守源義家一同平亂。但得知居館遭襲擊後，眞衡放棄進攻吉彥秀武，率軍折回，在返回路上突然去世。共同的敵人既已倒下，面對威名遠播的義家，吉彥秀武、清衡和家衡都不敢與之作戰，最後不了了之。

源義家對清原氏領地做出如下分配：繼承人成衡分得仙北三郡，清衡、家衡兄弟各分得奧六郡中的三郡（如何劃分並不清楚）。身上並無清原家血緣、長期以來被視爲外人而倍受歧視的清衡，竟能分得三郡，他對義家萬分感激。然而對流有武則血統的家衡而言，他認爲奧六郡應全部歸己才是，遂舉兵攻擊清衡居館、殺其全家，表達對義家不公處置的憤怒。奧州的戰爭於焉從眞衡・義家對秀武・清衡・家衡，轉變爲清衡・義家對上家衡。

家衡既成爲清原家繼承人，手上握有的兵力明顯勝過清衡・義家總和，加上義家兵員多半來自關東，難以抵禦奧州冬季酷寒；另外，軍備廢弛已久的朝廷將此次戰役定調爲清原家內部私鬥，而不願派兵增援，只有義家三弟新羅三郎義光辭去朝廷任命的左兵衛尉一職，前來奧州與其兄共患難。一〇八七年十一月一番苦鬥之下，清衡・義家聯軍攻下家衡最後據點金澤柵，後三年之役終告平定。

與「前九年之役」一樣，朝廷不進行封賞，義家也仿照乃父散盡家財，看在眼裡的武士無不感動涕零。義家逐漸成爲東國武士領袖，不僅是「源氏長者」，更是天下「武家的棟樑」。武士之間流傳著這麼一句話：「就算背叛了朝廷，也不能背叛源氏！」

清原清衡最後成爲東北的主人，領地含括仙北三郡和奧六郡，他捨棄清原這個令他倍感屈辱的姓氏，改用父親藤原經清的藤原姓，改名藤原清衡。他即是此後四代雄踞奧州百年之久的「奧州藤原氏之祖」。

奥州藤原氏三代：上方為藤原清衡，右下方為藤原基衡、左下方為藤原秀衡

026

院政開端

後三条天皇的政績

平安時代以降除桓武、仁明、宇多三帝外，生母幾爲藤原氏女兒，每代天皇婚姻對象不是其表姊妹就是姨媽，只有具藤原氏血緣的皇子才能成爲皇太子，進而踐祚登基。一旦登基，藤原氏立即從親族中物色皇后或中宮人選，亦即皇子從出生到立爲皇太子，甚至到即位都擺脫不掉藤原氏的控制。

清和以後的天皇多半沖齡即位，生下有藤原氏血緣的皇子後往往被迫退位，成爲上皇後即便生下其他皇子，也很難成爲皇太子。而代代與藤原氏通婚的天皇，或許是近親通婚之故，冷泉之後的天皇多半子嗣不殷，皇位繼承屢屢出現危機。後一条天皇在位期間雖是藤原北家權勢最盛之時，卻也是藤原氏女兒開始生不出皇室繼承人的時候。後一条天皇早逝，崩御後由皇太弟敦良親王即位，是爲後朱雀天皇。後朱雀天皇僅有二子，長子親仁親王是爲後冷泉天皇，他即位後立異母弟尊仁親王爲皇太子，然關白賴通深感不滿，只要女兒寛子（皇后）生下皇子便要另立太子。但後冷泉直至崩御都未生下皇子，只得由非藤原氏血緣的尊仁親王即位，是爲後三条天皇，這是藤原氏最不樂見的局面，卻是不得不爲之舉。

尊仁親王還是皇太子時就對藤原氏倍感厭惡，即位後雖賴通之弟教通任關白，天皇仍另外用源師房、源經長、源俊明、大江匡房、藤原實政這些非藤原氏出身、或屬藤原氏出身卻非攝關家的中級官員爲施政核心，架空藤原教通的權力。

公元一〇六九年二月，天皇頒布《延久莊園整理令》，廢除後冷泉即位以後莊園文件不齊全者；爲調查莊園相關證件，另行設立「記錄莊園券契所」，從地方國司手中拿回莊園的審核權，只要沒有白紙黑字契約簽署的莊園一概收回。於是全國最大地主的攝關家成爲苦主，以往依附攝關家的地方豪強紛紛將領地轉贈皇室，大大打擊攝關家的威信。不過因爲後三条天皇在位時間並不久，《延久莊園整理令》沒能有效抑制莊園的發展，甚至連收回攝關家莊園的成效也十分有限，可卻讓皇室成爲與攝關家平分秋色的龐大領主。

一〇七二年十二月，春秋正富的天皇突地讓位第一皇子貞仁親王，舊說爲意圖以上皇姿態組織院政，然而近來的研究發現讓位是爲了養病。讓位半年後，後三条崩御。

治天之君

二十歲的貞仁親王接受父皇讓位，是爲白河天皇。他在位十四年，仿效乃父讓位給八歲的第三皇子善仁親王（堀河天皇），自稱白河院，以上皇姿態主持「院政」，從此日本歷史進入「院政時期」。

正確說來，「院政時期」始於一〇七二年後三条讓位爲上皇，結束於一八四〇年光格上皇崩御。然實質上平安末期「平治之亂」結束後，院的權力已有極大轉變，不再爲權力核心，因此一般所謂「院政時期」專指起自白河上皇建立「院廳」（一〇八六年）、迄於平家滅亡（一一八五年）的近百年間，歷經白河院、鳥羽院、後白河院三帝。值得注意的是，院政成立僅意味著權力重心發生轉換，而非產生了另一種嶄新的政治制度。

「院」即「院廳」，是上皇處理政務的機構，在嵯峨上皇時已有「院廳」，宇多上皇進一步擴充規模，到白河上皇成形。院政時期，名義上天皇依舊是國家的領袖，依然保有朝廷和攝政・關白等百官。不過院也有自己的官員，獨立於朝廷之外的院廳機構，可發布「院宣」和「院廳下文」，表面上與天皇發布的詔敕和宣旨有同等地位，惟實質上在院政時期經常高過後者。也就是上皇雖從天皇位上退任，卻沒有退出政治舞台，依然以現任天皇後見人（監護人）形式參政。

院政開始後，天皇除改元、節會、敘任等固定儀式外不能過問政治，連攝政・關白也無置喙之地。爲何「院」能夠取代天皇和攝關成爲權力核心呢？首先，「院」（上皇或法皇）是天皇生父或祖父，基於孝道倫理，天皇既不能也不願與院起齟齬。其次院仿照攝關，多半讓皇子幼年即位，成年後迫其退位再立新君以保院廳永遠執政。最重要在於院廳有獨自的軍事組織「**北面武士**」，其戰鬥力遠非沒落的兵衛府、衛士府、衛門府或近衛府可比，也強過久爲天皇信任的檢非違使廳。

院政的出現，爲日後武家政權出現製造條件，或者應該說院政是攝關政治走向武家政治的過渡期。

人物通　北面武士

位於院御所北面，也稱為「院北面」，是院的直屬武力，可再細分為「上北面」和「下北面」，前者由官位四位者擔任，後者由五至六位擔任。最初成立目的為防止寺院，特別是南都北嶺進行強訴，平時則警戒院的四周，當上皇行幸時隨侍在車輦周圍。北面武士定員雖不清楚，但當時全國最大的兩個武士團，即河內源氏嫡系源為義・義朝父子及伊勢平氏嫡系平忠盛・清盛父子皆在其中，戰力之強不難想像。

027 武士崛起

武士起源諸說

有關武士起源，「在地領主論」是先前最通行的說法，此外近年流行的專門以打仗爲主的「職能論」和從國衙軍制演變而來的「國衙軍制論」也都有一定程度的說服力，以當前研究成果很難有爲學界接受的單一說法。

「在地領主論」認爲，早期墾田領主必須有衆多人力方能將荒地闢爲農田，隨著平安中期治安敗壞，爲保護已開墾農田不受其他勢力侵占，墾田領主學習弓馬之道。當墾田領主普遍發展成地方武士團後，爲了擴張領地而進行大小規模不等的戰爭，唯有消滅對方才能讓己方生存下來。

「職能論」認爲在地領主論並不能說明全部武士，尤不能說明源氏・平氏的起源，和他們與朝廷、院以及藤原氏等權門勢家的關係，故主張武士可分爲「在京武士」和「在地武士」，兩種都以作戰爲專長的職能論。在京武士並不等於律令制下的近衛大將、衛門督、兵衛督等武官，平安時代的武官通常由文官兼任，與專司作戰的武士不同。早期在京武士官位低微，不高過六位，因其專精武藝而爲堂上公卿或諸大夫聘用保護安全，因隨侍在達官貴人身邊，故稱「侍者」，簡稱「侍」。在京武士後來成就非凡，清和源氏的分支河內源氏更成爲「武家的棟樑」，受天下武士尊崇，但龐大的在地武士多數只是聽命於**受領**的地侍。

律令制的兵制採用軍團兵士制，藉由戶籍登錄徵召該戶一名正丁（二十到六十歲男子），然而奈良末期戶口呈報不實造成班田制崩潰，軍團兵士制也跟著瓦解。遷都平安京後，除陸奧・出羽・佐渡及西海道各國外，其餘各國改徵兵制爲以郡司子弟和富農子弟爲主的「健兒制」，由國司供應糧食與馬匹，因此健兒受到有系統的弓馬刀矢訓練。健兒制到九世紀中葉逐漸變爲反抗國司的力量而式微，負有徵收賦稅權的國司自行招募扈從成私人武裝集團。

人物通　受領

與遙任的親王任國國守相反，親自到任地赴任的國守（親王任國則為「介」）。平安中期以後中央官職盡為藤原氏霸占，在中央升遷無望的中小貴族轉而競求受領，到地方上藉由徵收賦稅取得一定的經濟實力。國守任期屆滿後不回京城，留在任地吸收地方武士成長為地方武士團領袖。

武士起源的三種說法，第一種說法目前已非主流，第二說和第三說各有其道理故一併列出。

西國平家、東國源氏

平家

桓武天皇第三皇子葛原親王於異母弟淳和天皇在位期間，上奏將三個兒子降爲臣籍獲准，由天皇賜姓爲平，是桓武平氏始祖。長子高棟王歷任中務大輔、兵部大輔、大藏卿、刑部卿，最後成爲公卿一員，其子孫也都定居在平安京。次子善棟王早逝，子孫一脈斷絕。

三子高見王生平不清楚，其子高望王任上總介離開京城前往坂東，與三個兒子國香・良兼・良將在上總、下總、常陸一帶開墾荒地。墾荒需要大量人力，加上高望王有皇族血緣，吸引不少小地主和農民前來投靠，勢力得以擴大。良將之子將門雖發動叛亂，不過平定亂事之一的貞盛爲國香之子，並不影響平氏在坂東的發展，只是少掉良將一脈，亂平後貞盛的四個兒子相繼被任命爲坂東各國國司，平氏一族在關東有難以撼動的根基。

十一世紀初關東又發生「平忠常之亂」，受此波及，桓武平氏嫡系貞盛之子維衡放棄曾祖以來的根據地遷移到近畿的伊勢，稱爲「伊勢平氏」，根據地從此由東國轉移到西國，然而在關東仍留有不少平氏分支，統稱「坂東八平氏」。

維衡之孫正衡出仕當時的關白藤原師實，當延曆寺入平安京進行強訴時擔任保衛京城之責。正衡之子正盛受白河院拔擢爲北面武士，公元一一〇八年與源義忠討伐源義親的叛亂，後又被任命爲檢非違使、追捕使征討盜賊，負責維護京都治安，伊勢平氏從正盛開始又稱爲「平家」。

正盛死後，白河院繼續重用其子忠盛，准許其昇殿，這是伊勢平氏首度享有的待遇。早年忠盛與其父曾數度阻止南都北嶺的強訴，遍歷諸國受領，在日宋貿易中得到巨大財富，將部分財富上貢白河院供其享樂，因而被拔擢爲山陽道・南海道海賊追討使。這段期間平忠盛以嚴島神社爲其氏社，後擢升爲檢非違使別當（檢非違使廳的長官）。白河院逝後，接續主持院政的鳥羽院對忠盛也極爲信任，爲日後清盛的仕途鋪路。

源氏

源氏家系龐大，共計二十一流，雖然同樣從皇室降爲臣籍，但不同的源氏之間並不一定有血緣關係。最早的源氏是嵯峨源氏，然最負盛名的是清和源氏及其分支河內源氏。

清和天皇第六皇子貞純親王之子經基，早年仍保有皇族身分，被稱爲「六孫王」。在武藏介任期中，他平定平將門與藤原純友之亂有功，因而歷任武藏．信濃．筑前．但馬．伊豫等國國司，最終為鎮守府將軍。晚年臣籍降下，以源為新姓氏，是為清和源氏之祖。

經基之子滿仲捨棄乃父遠離攝關家的作風，主動向當時的關白藤原實賴靠攏。九六九年「安和之變」便是由滿仲向實賴告密，因此晉升為正五位下，在領地攝津國住吉大社一帶開墾農田，吸收附近豪族、農民為**郎黨**，形成武士團。日後滿仲的長子賴光繼承此處領地，成為攝津源氏之祖；三子賴信則以河內國石川郡的領地為根據地，是為河內源氏。

源賴信追隨藤原實賴之後的實力者道長，成為道長旗下的四天王之一。他在甲斐守任職期間平定平忠常之亂，與坂東武士締結主從關係，是河內源氏第一代武家棟樑，構築了前進東國、以關東為根據地以及武家源氏的基礎。

河內源氏第二代源賴義，早年曾追隨乃父平定平忠常之亂，中年後與長子義家平定前九年之役，因朝廷拒絕封賞而散盡家財，博得天下武士擁戴。前九年之役平定後欲再任鎮守府將軍未果，鬱鬱而終。賴義有三子，長子八幡太郎義家不僅最為傑出，在整個河內源氏，甚至日本武士發展史中比他優秀的恐怕也沒幾人：不到二十歲就追隨父親平定前九年之役，聲名大噪的他成為白河天皇的護衛，後來白河天皇讓位主持院政，又延攬義家為北面武士，准許其在院昇殿。

後三年之役讓義家名望達到頂點，成為天下武士推崇的武家棟樑。義家死後，河內源氏迅速沒落，義家指定的繼承人三子義忠遭到義家之弟義綱殺害，義綱一族幾乎遭致滅門下場。義家的另一子義親在任地對馬劫掠，為追討使平正盛平定，源氏不僅聲望大跌，更因為內鬥而人丁單薄。繼任的義親之子為義，不論聲望、器度、人品都不能與祖父義家相比，爾後於「保元之亂」與嫡長子義朝立場相左遭到殺害。父子、兄弟相剋，似乎成為河內源氏血緣裡難以去除的基因。

平安時代武士

人物通　郎黨

中世紀武士社會追隨主家一族締結主從關係的從者。早期的郎黨未必具有武士身分，有的甚至是種田的農民，但和在地武士同樣擁有騎馬的特權，且同樣負有追隨主君作戰的義務。十一世紀中葉河內源氏取得「武家棟樑」稱號後，多數武士與取得該稱號的源氏長者締結主從關係，從此時起，郎黨才逐漸與武士畫上等號。

028

保元之亂與平治之亂

保元之亂

公元一一二九年七月，在院廳獨斷四十餘年的白河院崩御，其子堀河天皇已在二十多年前崩御，院廳由已退位六年的堀河之子鳥羽上皇執掌，是爲鳥羽院。彼時天皇是鳥羽院第一皇子顯仁親王，即崇德天皇，然而鳥羽院對他並不滿意，當時傳聞崇德天皇乃祖父白河院與待賢門院藤原璋子（鳥羽天皇中宮）私通生下。雖然鳥羽院迫於白河院的壓力，立了顯仁親王爲天皇，但當白河院崩御後，鳥羽院萌生迫崇德退位的想法。恰好這時鳥羽院寵幸的美福門院藤原得子生下體仁親王，一一四二年鳥羽院便逼崇德讓位，改由年僅四歲的體仁親王即位，是爲近衛天皇。新皇生母美福門院成爲太后，大權仍操控在鳥羽院手上。

崇德被迫讓位，不但導致待賢門院與美福門院對立，造成皇統分裂，朝中公卿包含攝關家在內也捲入其中，形成兩個敵對集團。近衛天皇自即位起便深受眼疾之苦，幾近失明，一一五五年七月最終因眼疾崩御，年僅十七。面臨無皇嗣的局面，崇德上皇有意立皇子重仁親王即位，自己主持院政掌權，但鳥羽院最終屬意美福門院的養子守仁親王。惟因親王年幼，故先由親王之父崇德上皇的同母弟，也就是喜好**今樣**的雅仁親王即位，是爲後白河天皇。

一一五六年七月二日，鳥羽院崩御之際，源義朝、平清盛等北面武士向鳥羽院宣誓保護美福門院，崇德上皇欲入宮見鳥羽院最後一面遭拒。七月十一日京都發生「保元之亂」（保元爲後白河天皇年號），上皇陣營有左大臣藤原賴長、源爲義（義朝之父）、爲朝父子、平忠正（清盛之叔）等人；天皇陣營有關白藤原忠通（賴長之兄）、僧侶信西（俗名藤原通憲，天皇的智囊），加上北面武士源義朝、平清盛、源義康等人。天皇的兵力以院廳北面武士爲主，有在各地平亂的經驗，戰力較強，而上皇的兵力多爲攝關自家的私人兵團，兩方未戰即已分出高下。加上藤原賴長堅持要等南都僧兵到後再開戰，失去以奇兵突襲遠道率兵而來的平清盛的先機，反被源義朝、源義康、平清盛夜襲上皇所在的白河北殿。源爲朝固然勇猛無比，但上皇其他將領均不敵天皇軍，最終敗北，藤原賴長亂軍中身中流矢，上皇連夜逃至仁和寺，天皇方面得到最後勝利。

保元・平治合戰屏風圖

七月二十三日做出流放崇德上皇至讚岐的決議，晚年的上皇在流放地以血書寫多部佛經，希能得到赦免，終仍於流放地崩御。上皇方面的武士如平忠正、源爲義等人處以斬首刑，之後爲防止再度發生亂事，恢復自嵯峨天皇以來二百五十餘年不曾執行過的死刑。

平治之亂

保元之亂平定，攝關家有多處莊園遭到沒收而陷財政危機，而且獲勝一方的關白藤原忠通竟被撤

豆知識 今樣

平安中末期日本歌曲的形式，「今樣」為「當世風」、「現代風」之意，是當時的現代流行歌。雅仁親王早年並不被看好有繼承天皇的資格，因此整日沉迷今樣，史書曾有吟唱今樣到喉嚨沙啞的記載，收集當時亡佚的今樣編纂成《梁塵祕抄》。

換，由其子基實繼任，攝關家影響力的墜落已是不爭事實。政局出現了以後白河天皇側近信西爲主導的新體制，在信西的主導下實施莊園整理、大寺社統制、內裏重建等所謂的「保元新制」。一一五八年九月，後白河讓位守仁親王，是爲二条天皇。後白河則以上皇身分重開院政。

集後白河院信任於一身的信西，對保元之亂的論功行賞極爲不公：平亂有功的源義朝，亂後只得到正五位下下野守兼左馬頭的官位和官職，而平清盛卻是正四位下播磨守兼太宰大貳，並壟斷日宋貿易。於是，認爲封賞不公的源義朝，便與對信西專政忿忿不平的天皇側近「反信西派」搭在一起。

御室仁和寺／洪維揚提供

一一五九年十二月九日，平清盛率族人前往熊野參拜，源義朝見機不可失，與二条天皇派合作率衆突襲後白河院居住的三条殿，欲除去弄權的信西。信西事先知道政變消息逃出京都，信西的幾個兒子先後被捕，上皇、天皇也遭到軟禁。面對在後的追兵，信西察覺大勢已去而自盡。二条天皇派除去信西後心滿意足，但藤原信賴、源義朝等人則把持院廳和朝廷，使得原本參與除去信西計畫的部分人士轉向人在熊野的平清盛求救，希望他能返回平安京平亂。

平清盛獲報，於十七日悄然回京，趁藤原信賴、源義朝等人疏於警戒，救出天皇送往清盛的宅邸六波羅，上皇則逃往仁和寺。藤原信賴、源義朝失去最重要人質，無法號令群臣，加上陣營中不斷有人叛逃，二十七日與擁護天皇的清盛於六波羅一帶作戰。交戰後義朝方很快潰敗，藤原信賴被捕，幾經哀求依然於六条河原問斬；源義朝脫困而出，欲前往關東再起爐灶，但在行經尾張時爲貪圖賞金的部下殺害。

保元之亂後，攝政·關白的地位和權勢一落千丈，武士從以往陪襯的地位升格成爲主角，封賞不公更種下源平兩大武士集團對立。平治之亂則是兩大武士集團正面交鋒，這次交鋒結果除陣前倒戈的源賴政外，源氏一族盡遭流放，「武家的棟樑」河內源氏更爲悲慘，義朝三子賴朝被流放至伊豆，側室常盤御前所生的三個兒子悉數被迫出家，河內源氏能夠再創輝煌歷史嗎？

029

平家政權建立

不是平家的人就不是人

平治之亂平定，象徵與清盛對抗的武士團體河內源氏的式微。由於清盛獨自負責討伐各地叛亂，因而實際掌控國家的軍事・警察權。翌年，清盛因平亂之功升作正三位參議、大宰大貳兼右衛門督，正式成爲堂上公卿。

公元一一六一年四月，後白河院納清盛正室平時子的異母妹滋子爲妃（院號建春門院），同年生下第七皇子憲仁親王，拜此之賜，清盛再晉升爲權中納言兼檢非違使別當。

一一六五年六月，二十三歲的二条天皇方讓位給不到兩歲的稚子順仁親王，七月便英年早逝，順仁親王即位爲六条天皇。年幼的天皇無力親政，由後白河院主持院政，操控權柄，並立年長天皇三歲的憲仁親王爲皇太子（輩分上皇太子爲天皇的叔父）。

爲了讓已生的皇子早日登基，後白河院與利益相通的平清盛合作，排除朝中反對勢力，將未滿六歲、在位不及三年的六条天皇硬逼退位，由擁有平家血統的憲仁親王登基，是爲高倉天皇。新天皇此時也不過八歲。

六条天皇在位期間，平清盛持續往權力頂端攀升，先是打破以往慣例擔任**兵部卿**，繼而爲權大納言，一一六六年十月爲春宮大夫，次月晉升內大臣，翌年二月成爲武士出身的首位太政大臣。同時清盛長子重盛爲從二位權大納言兼任春宮大夫，並掌控東海・東山・山陽・南海四道軍事警察權。據《平家物語》記載，清盛三子宗盛任中納言兼右大將、四子知盛任三位中將、嫡孫維盛爲四位少將，平家一門有公卿十六人、殿上人三十餘人，還有各國國守以及在衛府和各省司擔任官職共計六十餘人。日本行政區有六十六國，歸平家管轄達三十餘國，已超過日本國土半數，權勢之隆即便在藤原道長時代的攝關家也有所不及，無怪乎清盛妻舅平時忠（時子同母弟）在得意之餘如此吟詠：

「不是平家的人就不是人！」

人物通　兵部卿

律令制下八省之一兵部省的長官，掌管軍事防衛的相關事項，鎌倉時代以後兵馬大權轉移至征夷大將軍，成為虛有頭銜。兵部卿相當於正四位下，官位雖不高，但多由公卿或親王擔任，後者稱為「兵部卿宮」，與太宰帥的「帥宮」、彈正尹的「尹宮」並列。戰國時代，大內義隆是唯一由武家擔任兵部卿的特例。

平家政權因清盛宅邸位於鴨川東岸五条大路到七条大路一帶的六波羅，故又稱「六波羅政權」。長久以來，學者認爲平家政權有很強的貴族政權性格，但戰後學者認爲平家政權設置地頭和守護，具日後武家政權的規模，故可視爲武家政權的濫觴。

盛極必衰的平家

清盛在三個多月後因病辭去太政大臣，引退至攝津福原，以該地良港大輪田泊（神戶港）發展日宋貿易獲致巨大財富，從這些財富撥出部分供後白河院揮霍，並藉法皇的威勢排除政敵，因此清盛辭官絲毫無損平家政權。公元一一七一年，清盛將時子所生的三女德子送進宮，成爲高倉天皇中宮（院號建禮門院）。德子入宮讓平家與皇室親上加親，然平家政權穩固與否，乃繫於法皇寵幸的建春門院滋子身上。

一一七六年三月四日，爲迎接後白河院五十大壽，平家風風光光在法皇住處法住寺殿舉行宴會，皇族所有成員和平家一門全部出席，平家聲望於此時達到巔峰。六

平氏一族在朝廷和地方勢力坐大，天皇也是平清盛外孫／三娃繪

月，法皇和比叡山關係得到改善後，建春門院突然病倒，一個月後病逝。此後法皇與平家之間迭有衝突，最終演變為法皇企圖推翻平家的「鹿谷之陰謀」。

一一七七年五月，建春門院逝去未及周年，法皇與已故信西之子近臣靜賢法印在京都東山鹿谷山莊，與其他親信密謀打倒平家。不過北面武士的密告使清盛主動出擊，法皇身邊親信如藤原成親、靜賢、西光、俊寬、平康賴悉數遭到流放，法皇亦遭清盛幽禁，被迫停止院政。

一一七八年十一月，入宮七年的建禮門院終於產下皇子言仁親王，一個月後便被立為皇太子。不到兩年的二月，清盛主導天皇讓位，皇太子即位安德天皇，二十歲的高倉天皇以上皇之姿主持中斷三個多月的院政。安德天皇即位之初，先有**以仁王舉兵事件**，後來遷都福原，未及半年又遷回平安京，經此一事件，平家威望開始下墜。遷都福原期間，受以仁王事件鼓舞，蟄伏各地的源氏紛紛起兵響應，較重要的有河內源氏嫡系源賴朝以及旁系源義仲，分別於關東南部和信濃舉兵。一一八一年一月高倉上皇崩御，由於皇族已無其他人選，不得已只好讓擅於權謀的後白河院再度入主院廳。而更讓平家一族扼腕的是，大家長清盛於同年閏二月四日病逝，從此伴隨平家的是盛極之後的衰落。

後白河院畫像

人物通　以仁王事件

以仁王為後白河天皇第三皇子，因生母非平家族人，故未得到親王宣下，只以「王」稱之。一一七九年十一月，隨著後白河院被迫停止院政，以仁王的莊園領地也遭沒收，憤怒的以仁王於翌年四月在源賴政的勸說下，向全國各地蟄伏的源氏發出追討平家令旨。雖然五月以仁王及源賴政的舉兵遭到平定，卻燃起各地源氏「反平家」的怒火。

030

平家滅亡

賴朝舉兵進入鎌倉

以仁王舉兵一個月便被平定，之後各地源氏皆宣稱收到令旨起兵，包括被流放到伊豆的河內源氏嫡系源賴朝。公元一一八〇年八月，源賴朝襲擊伊豆國目代，成功後暫時擁有伊豆一國，與效忠平家的關東豪族大庭景親於石橋山交戰。賴朝因兵力過於懸殊敗北，逃至房總半島，得到該地豪族上總廣常、千葉常胤、畠山重忠效命進入關東門戶鎌倉。

十月二十日賴朝捲土重來，於富士川與平維盛（清盛長孫）、平忠度（清盛的異母弟）對陣，兩軍一觸即發時刻，半夜的一陣水鳥拍翅聲，竟嚇得平維盛不戰而逃。隔日兩方於黃瀨川對陣，賴朝在此與遠從奧州前來投靠的異母弟九郎義經相逢。

僥倖獲勝的賴朝不急於追擊平家敗軍，返回鎌倉進行領地封賞：給予岳父北条時政等南關東一帶的武士領地，是爲新恩給與；對於已有領地的武士則發給安堵狀，承認既有事實。此後數年，賴朝致力掃平關東地方的平家勢力，不斷強化自己的統治權，確立與關東武士的主從關係，而被關東武士稱爲「鎌倉殿」，奠定日後鎌倉幕府的基礎。

另一方面，位於信濃國木曾谷的源義仲亦於一一八〇年九月以擁戴以仁王之子北陸宮名義舉兵，翌年六月攻入越後國，朝北陸道行進，擴大在該地的優勢。高倉上皇主持院政後不久因病辭去，翌年一月崩御。礙於新君年幼，不得不再敦請後白河法皇主持院政，平家大家長清盛也於一一八一年閏二月病逝，目睹晚年平家面臨的危機，清盛臨死前憂心忡忡道：「無須準備葬儀，只要供奉賴朝的首級在我墓前足矣！」

一一八三年五月，源義仲於越中・加賀邊境的俱利伽羅山谷大破平家，無堅不摧，大軍浩浩蕩蕩直指平安京。清盛死後，平家以三子宗盛爲首，面臨不支持自己的法皇和來勢洶洶的義仲，平家一族帶著劍鏡玉三神器，偕安德天皇、建禮門院倉皇離開平安京。源義仲、源行家（義朝之弟）進入的乃是個歷經數年大饑荒又無天皇的京城，爲安撫人心，不得不擁立高倉天皇第四皇子尊成親王即位，是爲後鳥羽天皇。這是奈良時代以來，首位在沒有神器加持下即位的天皇。後鳥羽即位時，被簇擁離京的安德天皇仍未退位，是日本史上首見同時存在兩位天皇的情況。

同時也讓法皇繼續主持院政以維護秩序，但法皇看到義仲進京後種種不得民心之舉，深感有必要拉攏遠在關東的賴朝，借其力量打倒義仲，因此發出**「壽永宣旨」**：承認賴朝在東國（東海．東山．北陸三道）可將莊園．公領（國衙領）的官物和收入納為己有，等於公開承認賴朝對東國的支配權。近年有學者提出，鎌倉幕府的建立可提前至「壽永宣旨」公布時。

不敗將領源義經

為爭取法皇認同，義仲主動出擊進攻平家位於四國讚岐的據點屋島，行進至備中國渡海前往時，在水島反為平家擊敗，失去諸多兵力。狼狽回京的義仲將怨氣出在法皇身上，包圍法皇居館法住寺殿，將其囚禁。

公元一一八四年一月十五日，義仲得到征東大將軍宣下，與取得討伐義仲院宣、率領關東武士上洛的源義經於近江決戰，義仲敗死。趁義仲與鎌倉勢力作戰，在西國休養生息的平家好整以暇，準備重回京都。以賴朝代表身分消滅義仲的義經，其性格單純被法皇視為奇貨，不僅破例接見（當時義經並無官銜），還接連發出討伐平宗盛、義仲殘黨的宣旨。

二月七日，義經率七十餘騎深入敵陣奇襲，平家陣腳大亂。隨後率軍直入的範賴（義經異母兄）取得豐碩戰果，平家一門自忠度（清盛的異母弟）以下十餘人被執。這場「一之谷會戰」使得平安京再無平家殘跡，此役之前名氣不響的義經，此後成為平安京無人不曉的大人物。

孰料義經目中無人的個性引起了關東諸將反感，加上他親近被賴朝稱為「日本國第一的大天狗」的法皇，未經賴朝同意，便逕自接受法皇封賞從五位下左衛門尉．檢非違使尉（俗稱「判官」）。擔心弟弟繼續立功將被法皇吸收用來對抗關東，賴朝遂改命範賴率領大軍經山陽道征討九州。範賴行軍至長門國時為瀨戶內海的平家水軍所阻，加上軍糧不足、士氣低落，裹足不前。

眼見遠征軍有全軍覆沒之虞，賴朝只得懇求義經出馬。義經於一一八五年二月十八日，以五艘船一百五十騎強渡鳴門海峽從四國阿波上陸，一日之內急行軍至平家在瀨戶內海的要塞屋島背後，再一次從不可能出現的方位奇襲平家。平家以為義經率大軍殺來，慌亂中造成自家軍隊自相殘殺，死傷慘重。

豆知識　宣旨

律令時期以來傳達天皇或太政官命令的文書，雖不如附上印璽的詔書、敕旨來得正式，但詔書和敕旨下達的場合有限，宣旨成為不便下達詔書、敕旨的場合時傳達天皇命令的工具。

清盛三子宗盛放棄屋島，率領敗軍再往西遁逃，瀨戶內海以東於焉全歸賴朝所有。

屋島之役獲勝，使範賴得以取得軍糧和渡海所需的船隻，渡關門海峽登陸九州。平家此時已無退路，所有船隻和軍隊聚集在最後據點，即本州和九州之間的彥島。

三月二十四日，平家五百餘艘船隻與義經徵召的八百多艘船，在長門國赤間關（下關）一帶的壇浦進行最後決戰。決戰歷時近一天，平家先盛後衰，最後平家一族紛紛跳海。八歲的安德天皇詢問眾人該往何處去，二位尼（清盛正室時子）牽著安德天皇的手說：「波濤之下亦有皇宮。」兩人連同三神器一起跳海而死，權傾一時的平家最終覆滅。

四月二十四日，義經帶著打撈上岸的三神器中八咫鏡和八尺瓊勾玉（有一說是眞正的天叢雲劍安置在熱田神宮裡，平家帶走的只是仿造的贗品。），以及被救上岸的平家成員平宗盛、平時忠・時實父子、國母建禮門院凱旋返回平安京，日本有史以來恐怕無人可及此時的義經。對義經而言，消滅平家是他生存的目的，這個目的如今已經達成。然飛鳥盡、良弓藏，而狡兔死、走狗烹，平家既滅亡，在賴朝眼中，義經成爲了比平家更可怕的敵人。

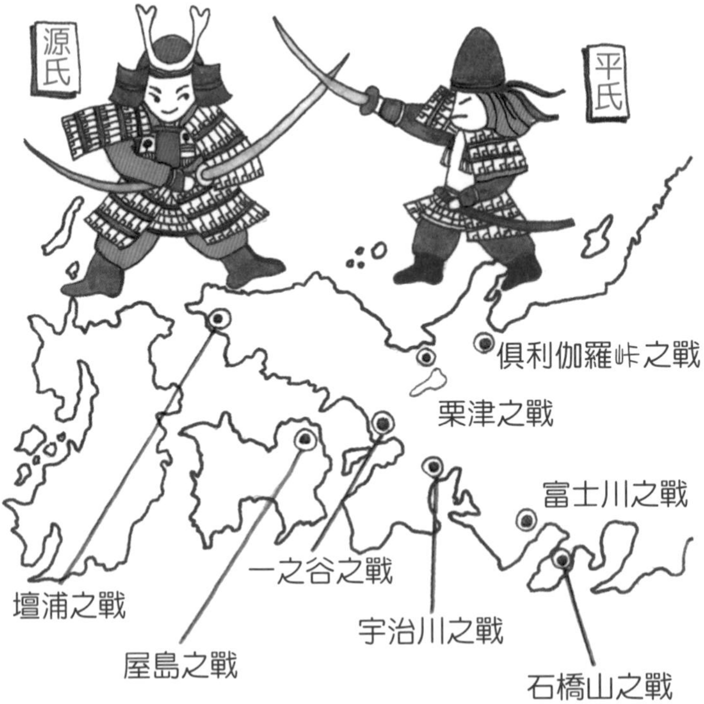

源平對決會戰／三娃繪

031 義經敗亡奧州

院宣追殺義經

義經帶著鏡、璽二神器以及一長串平家戰犯凱旋回京，受到英雄式歡迎，連法皇都親自接見，對個性多疑的賴朝而言，不能不懷疑法皇接近義經的目的。傳統說法如《平家物語》，將賴朝懷疑義經歸咎於軍監梶原景時在賴朝面前進讒言之故，不過義經私自接受法皇授予的官位，明顯觸犯賴朝建立的鎌倉體制，恐才是兄弟反目最根本原因。

五月，義經押解戰犯平宗盛・清宗父子東下鎌倉，人已在鎌倉近郊，賴朝卻不允許義經入境。五月二十四日，悲憤的義經書寫信函反駁梶原景時不實的指控以示清白，托賴朝智囊大江廣元轉交賴朝，此即有名的「**腰越狀**」。不過，賴朝並未因此對義經釋懷，只向朝廷奏賞義經伊豫守的官職，藉機收回以前賞賜的二十餘處莊園，加上法皇和叔父源行家居中挑撥，河內源氏父子、兄弟相殘的傳統又再次映證在賴朝・義經兄弟身上。

十月賴朝派刺客前往京都暗殺義經失敗，十月十八日在源行家慫恿下，法皇向義經下達討伐賴朝的院宣，可是義經不像賴朝那樣隨時可以動員龐大的武士團，義經欲前往九州號召當地武士也因故未能成行。十一月七日，賴朝搶先一步向朝廷施壓解除義經檢非違使等所有官職，法皇也配合賴朝下達討伐源行家和義經的院宣。

藉此機會，賴朝向全國下達緝捕義經的通緝令。義經不得已，只得與愛妾靜御前別離，輾轉逃到奧州，尋求幼年時對他有養育之恩的奧州藤原氏之主藤原秀衡的庇護。藤原秀衡是奧州藤原氏第三代當家，藤原清衡之孫，傳至秀衡已在奧州立基百年，兵強馬壯；賴朝之所以派範賴、義經討伐平家，亦為坐鎮鎌倉防備奧州藤原氏南下。賴朝何嘗不想平定奧州，只是苦於缺

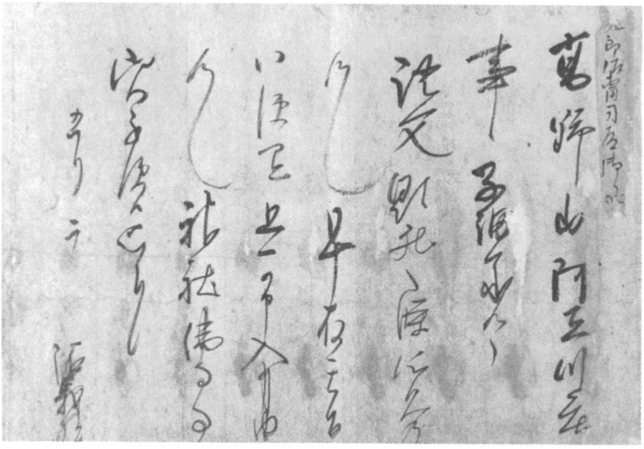

源義經請文筆跡

乏適當理由，義經逃往奧州正好給賴朝出兵的理由。

平定奧州

義經於公元一一八七年二月來到奧州，被藤原秀衡奉爲上賓，秀衡知道要抵擋賴朝軍隊入侵非由義經擔任統帥不可，只要義經在奧州便能保住。藤原秀衡於同年十月病逝，在病榻上仍交代第四代當家泰衡及其異母兄國衡要善待義經，團結三人之力才能對抗賴朝。

秀衡死後，泰衡．國衡．義經三人維持一年多的團結，這段期間泰衡不斷受到來自鎌倉的武力威脅，產生了鎌倉之所以對奧州進行武力威脅乃因爲義經之故。鎌倉對奧州並無惡意，只要除去義經，雙方便能達成和解的錯覺。於是一一八九年閏四月三十日藤原泰衡派人襲擊位在衣川館的義經主從，義經主從包含魁梧的武藏坊弁慶在內只有十餘騎，自然不敵泰衡派來的五百餘騎，力竭而死。義經首級被割下，泡在酒裡於六月十三日送到鎌倉，由與義經接觸最久的梶原景時、和田義盛等人確認後再呈到賴朝面前。

義經既已除去，對賴朝而言，平定奧州不再是遙不可及的幻夢。儘管法皇拒絕發出討伐奧州的院宣，但賴朝仍以自己實力徵召二十八萬兵力，七月十七日兵分三路進攻奧州。前兩路由北陸道和東海道進軍，賴朝再自率一路出鎌倉經下野國從白河關進入奧州。八月八日雙方於阿津賀志山交戰，泰衡軍大敗，不久攻陷奧州藤原氏四代經營的政治中心平泉。二十六日，泰衡遞出降書請求賴朝饒恕，賴朝執意要消滅奧州藤原氏而置之不理，九月六日泰衡爲部下所弒，首級送到賴朝面前，至此割據奧州四代長達百年之久的奧州藤原氏滅亡，整個奧州悉數納入版圖，賴朝設置奧州總奉行管理新版圖。再加上先前以追捕義經爲名將親信中原親能、武藤資賴、島津忠久派往九州，於是日本全國（北海道除外）首度統一，完成全國統一的不是皇室，而是鎌倉殿源賴朝，象徵武士建立政權的新時代到來。

豆知識　腰越狀

一一八五年五月二十四日，源義經於鎌倉郊外滿福寺對懷疑自己有貳心的兄長賴朝寫下的書狀，原文為和樣漢文體，是篇文辭華麗的文章。內容強調自己消滅平家立下的「莫大功績」以及為梶原景時構陷的「無罪之身」，反而激怒賴朝，促成兄弟二人決裂。

平清盛

元永元年～治承元年（一一一八～一一八一）

建立平家政權的平清盛是日本史上首位官拜太政大臣的武人，也是首位與皇族締結姻親的武人，由於清盛死後平家政權迅速滅亡，很多人將平家滅亡的原因歸咎於清盛的驕奢，加上成王敗寇的鐵則，清盛形象被醜化並不令人意外。

❀平清盛出身之謎

在系譜上清盛為平忠盛的嫡男，然而《平家物語》記載白河院（一〇七三至一〇八七年在位，讓位後成立院廳開始院政）將已懷有身孕的祇園女御賜給平忠盛，數月後祇園女御產下一子，即是日後的清盛。清盛自幼官運亨通，十二歲元服後敘位從五位下左兵衛佐（其父忠盛戎馬一生至年近五十才到正四位上，得到昇殿許可成為殿上人），不到三十歲昇任正四位下安藝守，遠遠超出一般武士升官的速度，清盛若非天皇私生子似難以解釋不尋常的晉升。

另外，天皇的私生子之說亦可說明院近臣家出身的清盛，何以能跳過右大臣和左大臣之位，直接從內大臣晉升太政大臣的理由。在清盛之前，只有三十人左右擔任過太政大臣——不是皇族就是藤原北家出身。從這點觀之，若清盛為天皇私生子，似乎就說得通清盛為何能破格晉升太政大臣。

只是《平家物語》《源平盛衰記》成書均在鎌倉時代以後，而且這兩本皆屬於軍記物語，在指證清盛為天皇私生子這點並不具說服力。一八九三年，位在滋賀縣犬上郡多賀町的胡宮神社發現名為《佛舍利相承系圖》的古文書，該文書記載的內容幾乎與《平家物語》《源平盛衰記》等軍記物語相似，只是將懷孕的女性改為祇園女御之妹，白河院發現祇園女御之妹懷孕後賜給刑部卿忠盛。清盛三歲生母病逝，祇園女御不捨清盛故認他為猶子。

白河院私生子的說法得到證實後，此後的文學創作如吉川英治《新．平家物語》、森村誠一《平家物語》及宮尾登美子《宮尾本平家物語》皆採此說。

✿平家政權可視為武家政權？

平治之亂最後的結果平家獲勝，清盛幾乎剷除武家源氏的勢力，武家源氏無法在朝廷立足，只能流亡地方靜待時機。數年後清盛官拜太政大臣，雖然三個月後清盛便辭官，然而平家勢力羽翼已成，如同《平家物語》所述：「平氏一門有公卿十六人，殿上人三十餘人，還有各國的國守，以及在衛府和各省司擔任官職的一共有六十餘人……日本共分六十六國，其中歸平家管領的凡三十餘國，已經超過國土的一半，其他莊園田地不計其數。」透過《平家物語》的描述，清盛當上太政大臣前後平氏政權建立應該無庸置疑，那麼該如何看待平氏政權？

毫無疑問平氏政權是之前貴族政權與之後武家政權間的過渡政權，平氏政權的性質究竟屬於何者？舊說認為清盛既已任太政大臣，平氏一門分布公卿、殿上人、各國國守以及衛府和各省司，此皆為奈良·平安時代朝廷的官職，平氏政權並沒有像源賴朝的鎌倉幕府新設獨立在朝廷之外的新職務，因此平氏政權無疑屬於貴族政權的延續。

一九八〇年代後漸對平氏政權有全新的詮釋，學者認為平家在主要地盤西國已出現類似守護、地頭的人事任命，賴朝於一一八五年十一月從朝廷手中取得任免守護·地頭的許可被視為武家政權出現的濫觴。另外一一六七年五月六条天皇曾發布宣旨賦予清盛長子重盛（小松內大臣）剿滅東山·東海·山陽·南海諸道盜賊、海賊的權力，與後來賴朝追殺義經時「六十六國總追捕

嚴島神社的海上鳥居

使」的頭銜同樣都是給予治安維持權，足見平氏政權已具備武家政權的性質。

✿大河劇裡清盛的形象

包含NHK新大型時代劇在內共有六部與清盛相關的大河劇，然而以清盛為主角的有一九七二年《新・平家物語》以及二〇一二年《平清盛》，分別由仲代達矢和松山研一飾演清盛。《新・平家物語》改編自吉川英治的同名小說，將傳統清盛驕奢的形象重新定義為感情豐富的清盛，由演技精湛、得獎無數的影帝仲代達矢飾演。

相較於演出《新・平家物語》時年屆四十、主演多部戲劇累積無數經驗的仲代達矢，松山研一演出《平清盛》前亦有多部戲劇經驗及得獎的肯定，表現上不見得不如仲代達矢。

《新・平家物語》不只描述清盛的生涯，還延伸至平家的滅亡，相形之下《平清盛》只及於他個人生涯，口頭帶過平家的滅亡。雖有細部差異，相同處在於都跳脫傳統對清盛驕奢的評價，重新定義清盛，這點有助於觀眾擺脫傳統成王敗寇史觀的束縛。

【與清盛有關的景點】

＊**六波羅館**：忠盛之父正盛所築的居館，清盛的成長之地（京都府京都市東山區）

＊**六波羅蜜寺**：清盛時期平家一門的邸館（京都市東山區）

＊**嚴島神社**：平家納經之地，清盛時做為平家的氏社（廣島縣二十日市市宮島町）

＊**三十三間堂**：清盛出資獻給後白河院的佛堂（京都市東山區）

＊**福原京**：清盛進行日宋貿易的港口（兵庫縣神戶市）

大河劇人物介紹②

源義經

平治元年～文治元年　一一五九～一一八九

源義經是日本歷史上有名的悲劇英雄，深受素有同情弱者傾向的日本人的喜愛，日文有個詞語為「判官贔屓」（判官是義經的官職「檢非違使尉」的俗稱），這個詞有同情弱者之意，由來即出自義經。

義經身世曲折

義經幼名牛若丸，是清和源氏棟樑源義朝九男，在洛北鞍馬寺出家期間曾得鬼一法眼教導兵法。改名遮那王後無意間知道自己的身世，此後消滅平家成為他生存的動力，在奧州商人吉次的幫助下逃出鞍馬寺前往奧州投靠統治當地的奧州藤原氏第三代藤原秀衡，在路途中元服，因排行第九故自稱「九郎義經」。

鞍馬寺山門／KENPEI 提供

滯留奧州約六年的義經，聽到賴朝舉兵（富士川之戰）的消息，得藤原秀衡之許來到駿河國黃瀨川與賴朝兄弟相認，在義經的故事中這是極令人動容的時刻！

義經二十五歲以賴朝代官（代表）身分上洛，接下來兩年內歷經粟津之戰、一之谷之戰、屋島之戰、壇浦之戰，先後消滅源義仲與平家，建立亙古未有之戰功，聲望之隆直逼乃兄賴朝！平家滅亡後，賴朝與義經的矛盾也達到最高點，最終賴朝向後白河院施壓取得討伐義經的院宣，無處可去的義經回到少年時期曾棲身的奧州。藤原秀衡有意以義經做為奧州的屏障，不過秀衡死後繼位的泰衡夜襲義經居住的衣川館，義經力竭戰死。

義經與賴朝的衝突點

賴朝曾被平清盛流放至伊豆蛭小島，在該地度過二十年以上的流放生活，目睹武士在關東辛勤地墾荒闢田，他清楚知道武士對私有土地的渴望。然而院廳也好，朝廷也好都不承認武士擁有對土地的所有權，因此當賴朝承諾保證已獲得的土地，並視所立的功勞給予新土地做為封賞，關東武士都會為他效命，並樂於締結主從關係，此即賴朝建立的「鎌倉體制」。

義經生長過程欠缺這樣的環境，他完全不懂武士的世界，他認為自己是鎌倉殿的弟弟，所以鎌倉殿的家臣也就是自己的家臣，因此有權指揮他們。義經並不懂確實保障武士領地的是鎌倉殿，與關東武士締結主從關係的也是鎌倉殿，而非鎌倉殿的弟弟，關東武士沒有效忠義經的義務。關東武士一同遵守鎌倉殿「未得鎌倉的許可不得接受朝廷賞賜的官職」，最先破壞約定的正是義經，賴朝對義經的厭惡植因於此，義經卻一直以為是監軍梶原景時在寫給賴朝的戰情報告上中傷，不斷寫信向賴朝明志，例如有名的《腰越狀》。

壇浦下關公園的義經像

❀大河劇裡義經的形象

NHK大河劇有五部與義經相關的戲劇（若包含NHK新大型時代劇在內則有六部），以義經為主角的則有三部，這三部飾演義經演員為：七代目尾上菊五郎（一九六六年《源義經》）、川野太郎（一九八六年NHK新大型時代劇《武藏坊弁慶》）以及瀧澤秀明（二〇〇五年《義經》）。

《源義經》年代久遠且先不提，川野太郎出演《武藏坊弁慶》時為二十六歲，瀧澤秀明也只有二十三歲，與義經的年紀相去不遠。或許是遺傳之故，義經有著酷似女性的容貌，身高也較尋常男性矮小，若就這點而言，瀧澤秀明更適合飾演義經。

【與義經有關的景點】

＊**鞍馬寺**：義經幼年出家之地（京都府京都市左京區）
＊**五条大橋**：義經與武藏坊弁慶初次相遇之地（京都府京都市下京區與東山區）
＊黃瀨川八幡神社：義經和賴朝兄弟相認之處（靜岡縣駿東郡清水町）
＊**須磨浦公園**：一之谷之戰戰場（兵庫縣神戶市須磨區）
＊**屋島**：屋島之戰戰場（香川縣高松市）
＊**壇浦**：壇浦之戰古戰場（山口縣下關市）
＊**滿福寺**：義經書寫腰越狀之地（神奈川縣鎌倉市）
＊**衣川館**：義經絕命之地（岩手縣西磐井郡平泉町）

鎌倉時代

一一九二年，源賴朝為征夷大將軍，日後逐漸建立執權政體
一二二一年，承久之亂，平定後設置六波羅探題
一二七四年，文永之役（第一次蒙古來襲）
一二八一年，弘安之役（第二次蒙古來襲）
一三三三年，鎌倉幕府結束

南北朝時代

一三三四年，建武新政開始
一三三六年，後醍醐天皇創南朝，南北分治
一三三八年，足利尊氏任征夷大將軍，建立室町幕府
一三九二年，南北朝結束，復歸統一

室町時代

一四〇一年，開始出現勘合貿易
一四二八年，德政一揆
一四六七年，應仁之亂起事，掀起戰國風雲
一四八五年，此年起各地陸續爆發一揆
一四九三年，北条早雲進入伊豆
一五四三年，火槍、鐵砲傳入
一五四九年，基督教傳入
一五五三年，川中島之戰開始，長達十一年
一五六〇年，桶狹間之役
一五六八年，織田信長促足利義朝上洛
一五七三年，足利義昭遭逐，室町幕府結束

安土・桃山時代

一五七五年，長篠之戰
一五八二年，本能寺之變信長亡，展開山崎之戰復仇
一五八三年，賤岳之戰後大坂築城
一五八四年，小牧·長久手之戰
一五八五年，豐臣秀吉就任關白，六年後達成天下一統
一五九二年，文祿之役
一五九七年，慶長之役
一六〇〇年，關原合戰

平安中期出現的武士，
趁著公卿間的內鬥建立武家政權，
以將軍的身分指揮全國武士，
相當於日本史上的鎌倉、
室町及江戶時代。

叁

武家政權篇

江戶時代

一六〇三年，德川家康任征夷大將軍，開設江戶幕府
一六一四年，大坂冬之陣
一六一五年，大坂夏之陣，戰後制訂《武家諸法度》
一六三五年，開始參勤交代
一六三七年，島原之亂
一六四一年，進入鎖國
一六五七年，明曆大火
一六八七年，頒布《生類憐憫令》
一七〇二年，赤穗浪士復仇事件
一七一六年，享保改革展開
一七六九年，開啟田沼專政時代
一七八二年，天明大饑饉
一八二五年，發布《異國船驅逐令》
一八三七年，大塩平八郎之亂
一八四一年，天保改革展開
一八五三年，培理黑船叩關，翌年簽署《日美和親條約》，開啟尊皇、攘夷派對立的幕府風雲
一八五六年，哈里斯赴日做美國駐日領事，隨後兩年展開《日美修好通商條約》協商
一八五八年，安政大獄
一八五九年，神奈川、長崎、箱館開港
一八六〇年，櫻田門外之變
一八六二年，和宮下嫁達成公武合體，同年發生生麥事件
一八六三年，長州砲轟外國船，同年爆發薩英戰爭
一八六四年，池田屋事件、蛤御門之變、第一次長州征伐、四國聯合艦隊砲擊下關
一八六六年，薩長同盟成功，不久展開第二次長州征伐

032

幕府政治創建

政治機構出現

賴朝入主鎌倉後，致力於安頓關東武士的種種措施，多數關東武士都有從賴朝手上得到領土賞賜。因此賴朝的措施主要在於保障武士的領地，進而由此建立起武家政權體制，這是一種有別於平安時代攝關、院政的體制。

一一八〇年十月賴朝進入鎌倉，旋即建造大倉御所做為自己的宅邸。興建的同時，賴朝也設置警備自己宅邸的「侍所」，任命股肱和田義盛為**別當**，後來侍所除警備將軍宅邸外還包含統領**御家人**的職責，成為幕府的軍事機構。

「壽永宣旨」（一一八三年）朝廷公開承認賴朝對東國的支配權，賴朝因而得以於次年設置處理一般政務、財政的「公文所」（後改稱「政所」）以及掌管訴訟裁判的「問注所」，前者由大江廣元擔任別當，後者由三善康信擔任執事。

一一八五年賴朝藉追捕義經．行家等人及其同黨之名，強迫朝廷給予設置守護．地頭的權力，此為「文治敕許」。守護．地頭的設置，代表朝廷承認賴朝有軍事、警察、土地支配等權力，賴朝將自己信任的武士派駐到各國擔任守護，做為鎌倉政權在各國的武士首領，負責取締叛亂、指揮御家人的警衛、守護京城等職責；派遣武士到莊園任地頭，承擔各鄉郡徵稅、監察和行政等職責。至此鎌倉幕府已具備相當規模，欠缺的是賴朝做為這一政權統治者應有的官職和官位，這時他的官銜是臨時授予的「六十六國總追捕使」，此銜已不符合他的身分。

人物通　別當

原為律令制下在原官職之外兼任其他役所長官的稱呼，後來專指官司特別是令外官的長官。由於是官司的長官，多由大臣或納言擔任，只是大臣或納言通常忙於本職，因此別當多半只具頭銜而無實權。此外，東大寺、興福寺等寺院負責統轄寺務的僧官也稱為「別當」。

征夷大將軍世襲化

一一九〇年十一月七日，賴朝率領千餘騎御家人上洛謁見後鳥羽天皇，謁見前先和當時攝政九条兼實會面，言談中，賴朝提到希望能被朝廷任命為征夷大將軍之職，統率

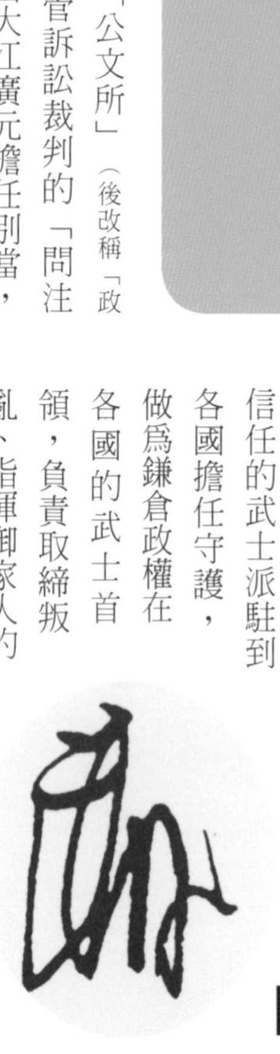

源賴朝的花押（簽名）

天下兵馬大權。九日，賴朝再謁見與他關係微妙的後白河法皇，法皇拒絕賴朝的提議，只追封賴朝爲權大納言兼右近衛大將，後者是律令制下武官的最高職位，顯然承認賴朝爲當時武士的首領。

不過賴朝並不滿意，右近衛大將是律令制下的官職，擔任此職自得聽命於朝廷。而征夷大將軍除了是令外官不受朝廷約束，更象徵賴朝鎌倉政權支配東國的行政、司法權，獨立於朝廷之外，還突顯出他平定有蝦夷血緣的奧州藤原氏之功動，兼具掌控天下兵馬的指揮權。

於是賴朝在十二月一日朝廷任命儀式後，過了兩日就辭退兩銜在御家人的扈從下返回鎌倉。一一九二年三月後白河法皇崩御，在關白九条兼實的運作下，七月賴朝終於盼來期盼已久的征夷大將軍宣下，日本歷史從此進入長達將近六百八十年的武家政權時期；這段期間儘管因所在地不同而有名爲鎌倉、室町、江戶三個幕府，但幕府領導人都須由朝廷發出征夷大將軍宣下，甫能名正言順成爲天下武士之首。自平安初期大伴弟麻呂爲桓武天皇任命征討蝦夷族、統轄天下兵馬的軍事指揮官以來，凡遇上蝦夷族寇擾邊境，才臨時由天皇從武官中挑選優秀者擔任征夷大將軍的臨時性質，在賴朝之後轉變爲「一姓一家」世襲，之後凡日本遇上亂世，武士莫不以受封「征夷大將軍」、開創幕府爲畢生最高的追求理想！

一一九三年八月，賴朝最後一位弟弟範賴被流放到伊豆，之後去向不明，有記載範賴在當日遭到殺害。一一九九年一月十三日，據記載鎌倉初期幕府政治的歷史書《吾妻鏡》所述，五十三歲的賴朝在這天墜馬不治，留下以十八歲的賴家爲首共四名子女，面對蠢蠢欲動的有力御家人和賴朝正室北条政子的娘家，賴家及其兄弟該如何應對呢？

人物通　御家人

鎌倉時代的「御家人」乃指和鎌倉殿（將軍）締結主從關係的武士，依武士所在的地理位置可分為鎌倉御家人、關東御家人、鎮西御家人。鎌倉殿發給御家人本領安堵狀以保障其領地，相對的，御家人須為鎌倉殿提供種種勞務與軍役做為回報。

鎌倉市內的源賴朝之墓／三月雪攝

033

北条氏抬頭

二代將軍賴家

賴朝墜馬死時，嫡長子賴家只有十八歲，旋即繼承河內源氏家督，朝廷冊封正五位下左近衛中將。當時武家政權初創，繼承制度仍未明確，賴家繼承的僅是河內源氏家長及鎌倉殿一職，而非征夷大將軍。

賴家本身並無賴朝的威望和統領御家人的手腕，當上家督後任意妄爲，荒腔走板行徑加深與御家人的對立。賴家生母北条政子及外祖父北条時政不得不暫時解除賴家親政，另從御家人中選出最具實力的北条時政·義時父子等共十三人合議決定，這十三人外其餘均不得直接向賴家要求訴訟裁斷，稱爲「執權合議」。

「執權合議」剝奪賴家部分權力，年輕氣盛如他，認爲御家人處處與自己敵對，開始培植自己的側近進行反撲。不過賴家所培植多半是他的玩伴，不但年輕缺乏威望亦無功勳，因此賴家拉攏十三人合議當中的梶原景時，重用同爲十三人合議成員之一的岳父比企能員。

梶原景時爲討好賴家，發揮構陷本事，惟引來六十六位御家人暴動，反被逐出鎌倉，於一二〇〇年死去。梶原景時事件的發生固因誣告引起，然究其本質仍不脫幕府內部的權力鬥爭，欲透過驅逐梶原景時達到削弱賴家勢力的目的。同年安達盛長與三浦義澄也病逝，十三人合議制隨之解體❹。

御家人雖打算削弱賴家的權力，朝廷卻於一二〇二年七月下達征夷大將軍宣下，賴家正式成爲鎌倉幕府二代將軍。翌年七月賴家突然患病，八月二十七日賴家生母北条政子與父親、弟弟商議後宣布賴家讓出權力，六歲長男一幡繼承其位，成爲關東二十八國總地頭，賴家之弟千幡爲關西三十八國總地頭。

賴家聽到後甚感不快，與岳父密謀殺害千幡，但機密外洩，岳父比企能員一族及賴家長子一幡反爲北条時政除去。賴家本人也遭廢黜，被囚禁在伊豆修禪寺，一二〇四年

伊豆修禪寺／劉恩綺提供

七月十八日遭北条時政派人殺害。

賴朝血緣斷絕

一二〇三年九月七日，賴家遭廢黜的那天，賴家之弟千幡成為三代將軍，改名源實朝。與任意恣行的兄長賴家相反，實朝給人溫順文雅的印象，喜愛和歌，歌風深受當時京都歌壇重鎮藤原定家編纂的《新古今和歌集》影響。他後來將三十餘首和歌派人送往京都呈給藤原定家過目，經定家修改並得其贈送《詠歌口傳》，著有個人和歌集《金槐和歌集》（簡稱《金槐集》）。

源實朝對關東武士的尚武精神並不熱衷，儘管大江廣元和北条義時多次勸他勿過度沉迷京都貴族文化，實朝仍無動於衷。看在眼裡的關東武士紛紛據地叛亂，連實朝的外祖父北条時政也想讓自己女婿取而代之，最後皆由實朝生母北条政子及其弟義時平定，兩人甚至流放生父北条時政。一二〇六年在政子的勸說下，實朝收亡兄次子公曉為養子，種下日後的禍根。

一二〇九年一月，實朝晉升從三位躋身公卿之列，除和歌外，他也喜愛鬥雞、蹴鞠，政權全由政子和義時把持。賴朝死後，御家人的內鬥使得十三人合議制成員所剩無幾，對北条義時而言威脅最大的就數曾任侍所別當的和田義盛，等同亟欲促成「北条氏專政」的義時眼中最大障礙。

適逢當時信濃豪族擁立賴家另一子榮實叛亂，和田義盛一族有人參與該次叛亂，北条義時以此為名號召御家人討伐。被迫叛亂的和田義盛一族兩天內遭到消滅，和田義盛任職過的侍所為北条義時掌控，他以執權兼侍所別當的身分與政子獨攬軍政大權，整個幕府內能和北条氏匹敵者只剩德高望重的文官大江廣元及三善康信二人。

成為堂上公卿的實朝官職官位晉升飛快，當年五月任右近衛中將，

「尼將軍」北条政子／三娃繪

不到兩年晉升從二位，和田一族叛亂前夕爲正二位。一二一六年六月轉任權中納言，七月兼任左近衛中將，官職官位直逼乃父，此時實朝只有二十五歲，且毫無征戰經驗。因此大江廣元勸諫實朝辭去所有官位官職，只保留征夷大將軍即可，但爲實朝拒絕。

北条政子祈求賴家冥福所建的指月殿／劉恩綺提供

一二一八年歲末，實朝成爲正二位右大臣兼左近衛大將・左馬寮御監，亡父賴朝戎馬一生也不過至右近衛大將。源實朝決定翌年正月於先祖源賴義爲祈求前九年之役獲勝，從京都石清水八幡宮勸請來的鶴岡八幡宮舉行大臣就任式。一二一九年一月二十七日晚上，就任式結束後實朝退出八幡宮時，於石階上遭到時任八幡宮別當的養子公曉襲殺，公曉亦在當晚爲北条義時殺害。

實朝並無子女，於是自源賴義以來爲天下武士推崇的河內源氏血統斷絕。獨攬幕府軍政大權的北条政子和義時，面對無人可繼承將軍的局面，會做出怎般決定呢？

❹十三人分別為：大江廣元（政所別當）、三善康信（問注所執事）、中原親能（政所公事奉行）、二階堂行政（政所別當）、梶原景時（侍所別當）、足立遠元（左衛門尉）、安達盛長（三河守護）、八田知家（常陸守護）、比企能員（信濃・上野守護）、北条時政（伊豆・遠江・駿河守護）、北条義時（寢所警護眾）、三浦義澄（相模守護）、和田義盛（侍所別當）。

034

穩固執權政治體制

失敗的倒幕行動

源實朝遭暗殺後，由於河內源氏嫡系已斷絕血緣，該由何人繼任將軍，對北条氏和幕府御家人而言均是最迫切的問題。北条氏本身屬桓武平氏高望流，是已滅亡的平家遠親，並不適合擔任統率天下武士的將軍，北条氏中意的是擁立一毫無實權的傀儡將軍，北条氏再以輔佐將軍的身分「**執權**」把持大權，因此北条氏也不考慮擁立河內源氏旁系新田氏或足利氏擔任將軍。

北条義時遂派遣使者上洛，請求後鳥羽院讓一名皇子東下鎌倉繼任四代將軍。鎌倉方面屬意的是實朝正室坊門信子的姊妹，也就是後鳥羽院女御坊門局生下的皇子賴仁親王，孰知後鳥羽院不同意賴仁親王東下，因爲他正在密謀倒幕。

後鳥羽院倒幕的近因，雖是要求幕府罷免攝津國長江、倉橋兩處莊園地頭不被接受而萌生，但其實後鳥羽院早就不滿北条氏在賴朝死後種種剷除異己的行爲，要求罷免兩處莊園地頭只是不滿的爆發。

一二二一年四月，參與後鳥羽院倒幕計畫的順德天皇讓位第一皇子懷成親王（四歲），是爲仲恭天皇。五月十四日後鳥羽院以舉辦「**流鏑馬**」爲由召集畿內一帶的武士和諸寺院僧兵，然而只有區區一千七百餘騎響應。翌日殺害不從的京都守護伊賀光季以及幽禁親鎌倉的若干公卿，後鳥羽院向各國御家人、守護、地頭發出討伐北条義時的院宣。

鎌倉方面在大江廣元的建議下，五月二十二日主動出擊，共十九萬大軍分北陸、東山、東海三路進軍，朝廷一千七百餘騎潰不成軍，前後不到一個月「承久之亂」平定。

人物通　執權

鎌倉幕府的職務名，輔佐鎌倉殿統轄政務，最初是政所別當大江廣元稱為「執權」。然而「執權政治」的執權始於三代將軍源實朝的輔佐役北条時政，時政之子義時身兼政所．侍所兩別當，成為幕府實際上的統轄者，之後執權由北条氏世襲，統管連署、評定眾、引付眾，確立北条獨裁體制。

豆知識　流鏑馬

日本傳統的騎射技術，騎在馬背上奔跑時雙手搭弓射箭。約莫起源於平安中後期，平安末期流傳於武士之間，供貴族觀賞為樂。鎌倉時代盛行武家社會，經常於鶴岡八幡宮舉行。進入室町時代逐漸失傳，當神社的祭典或是進行祈願儀式時才舉行，今日以鎌倉鶴岡八幡宮於每年四月和九月進行的儀式最為有名。

北条氏全盛期

七月做出戰後的懲處，首謀後鳥羽院流放隱岐島，順德上皇流放佐渡島，原爲幕府關注的四代將軍熱門人選六条宮雅成親王和冷泉宮賴仁親王分別流放至但馬和備前。而在位兩個多月的仲恭天皇也遭廢黜，改由高倉天皇皇子守貞親王第三子茂仁親王即位，是爲後堀河天皇。土御門上皇雖未參與倒幕計畫，但生父後鳥羽院既遭流放，他亦不願獨留京都，自請流放，於是幕府將他流放至土佐（後改流至阿波）。同時流放三位上皇、兩位親王，並廢黜現任天皇，五位遭流放的皇族成員皆死於流放之地，承久之亂處分之嚴苛可謂前所未見。

討幕核心的公卿送往鎌倉處刑，院廳近臣處以流放、謹慎等刑，響應院廳的武士領地盡遭沒收。亂後幕府沒收朝廷陣營皇族、公卿、武士的莊園多達三千餘處，幕府將這些莊園賞賜給有功的御家人，於是不少御家人離開關東，落腳西國，是爲「新補地頭」，在此以前的地頭則稱爲「本補地頭」。

率軍的北条泰時（義時長子）、時房（義時之弟）則留駐京都，以原本平清盛的六波羅宅邸爲據點，將京都守護改稱「六波羅探題」以監視朝廷的舉動。儘管後來北条泰時繼承義時成爲第三代執權，但六波羅探題從此由北条氏世襲。

一二二六年一月，出身**五攝家**之一的九条賴經，東下鎌倉成爲四代將軍。九条賴經當上將軍不光基於顯赫的家世，乃由於其曾祖母爲賴朝之妹，勉強算得上擁有河內源氏的血緣。賴經之後以其子賴嗣爲五代將軍，兩人皆出自九条家，是藤原北家嫡系的分支，有擔任攝政．關白的資格，又稱爲「攝家將軍」。

一二三二年由評定眾制訂《御成敗式目》，也稱爲《貞永式目》。全文五十一條，收集賴朝以來的不成文習慣、判例，規定御家人的權利義務及所領的訴訟，是鎌倉幕府基本法典，也是最初的武家法典，影響及於後來戰國大名的「分國法」。

承久之亂後，北条氏的執權體制迎來全盛期，二代執權義時雖熱衷

人物通　五攝家

藤原北家嫡系到平安末期藤原忠通時有基實、基房、兼實三子，為爭奪攝關之職，三人政治立場殊異且各不相容。嫡長子基實的世系稱為「近衛家」，是藤原北家的嫡系；次子基房稱為「松殿家」，只傳二代斷絕；三子兼實為「九条家」。數傳之後從近衛家再分出「鷹司家」，從九条家再分出「一条家」和「二条家」，這五家都能擔任左右大臣、攝政．關白甚至太政大臣，藤氏長者也從五家當中選出。

北条執權世系表

- 1) 時政（北条氏）
  - 宗時
  - 2) 義時（得宗家）
    - 3) 泰時（得宗家）
      - 時氏
        - 4) 經時（得宗家）
        - 5) 時賴（得宗家）
          - 時輔
          - 8) 時宗（得宗家）— 9) 貞時（得宗家）— 14) 高時（得宗家）
          - 宗政（宗政流）— 10) 師時（宗政流）— 時茂（常盤流）
      - 時實
    - 朝時（名越流）
      - 時章 — 公時
      - 光時
    - 重時（極樂寺流）
      - 6) 長時（極樂寺流）— 義宗 — 久時 — 16) 守時（赤橋流）
      - 時茂（常盤流）— 時範 — 範貞
      - 義政（塩田流）
      - 業時（普恩寺流）— 時兼 — 13) 基時（極樂寺流）
    - 7) 政村（政村流）
      - 時村 — 為時 — 12) 熙時（政村流）
      - 政長 — 時教 — 時益
    - 實泰（金澤流）— 實時 — 顯時 — 15) 貞顯（金澤流）
    - 有時（伊具流）— 兼時
  - 政子
  - 時房
    - 時盛（佐介流）
      - 政氏 — 重盛
      - 時員 — 盛房
    - 朝直（大佛流）— 宣時 — 11) 宗宣 — 惟貞

剷除政敵，但他能致力於御家人的權益，因此亂事期間一致獲得御家人的擁戴。義時長子泰時爲三代執權，任命叔父時房爲「連署」（輔佐執權，又稱爲「副執權」，亦由北条氏世襲），加重北条氏在幕府內的發言權，另一方面也勤政愛民，被讚賞有古代中國聖人君子之風。

義時、泰時父子執政的三十餘年（一二〇五至一二四二年），同爲北条執權兼鎌倉時代的全盛期。

日本騎射藝術「流鏑馬」，奔馳中持弓連續向標靶射擊／三娃繪

035

蒙古來襲，迎空前國難

文永之役被神風所救

在北条氏排除政敵、鞏固專權統治的同時，崛起於中國北方的蒙古族，歷經半個多世紀的擴張，從原本蒙古草原上一支部落成長爲橫跨歐亞的大帝國。

忽必烈取得汗位後，南下進攻偏安的南宋時，透過甫被征服的高麗致國書至日本。高麗使者潘阜等人幾經挫折，於一二六八年初送抵九州太宰府，鎭西奉行武藤資能（當時任太宰少貳，後以少貳爲姓）收下，轉呈朝廷及鎌倉。國書抬頭稱天皇爲「日本國王」引起朝廷不悅，內容中威脅日本須向蒙古稱臣朝貢，引起年輕執權北条時宗不滿。此後忽必烈多次遣使前來，均空手而回。

一二七一年十一月忽必烈定國號爲「大元」，次年三月元使趙良弼使日再次空手而回，忽必烈前後六次派出使節均無成果，下定決心征討日本。接下來兩年間，大元在中國攻陷南宋軍事重鎭襄陽，滅亡南宋指日可待；在朝鮮半島上也和高麗聯軍弭平**三別抄**的抵抗，在無後顧之憂的情形下動員蒙古人、漢人、高麗人、女眞人聯軍征討日本，這是繼唐初白村江之役後中日再次兵戎相見。

一二七四年十月，元將忻都爲總司令、漢人劉復亨及高麗人洪茶丘爲副將率領蒙．漢．高麗聯軍共超過三萬人，乘坐九百艘船隻陸續於對馬、壹岐登陸並占領之。十月二十日，元軍從博多灣上陸，與日本由少貳景資（武藤資能三子）爲大將率領的九州各地部隊交戰。蒙古橫掃歐亞的騎射戰術縱難在博多灣一帶開展，元軍戰術仍比日本優越，加上毒箭、火藥運用，自是擊退日軍。今日從參戰之一的御家人竹崎季長請人畫下的《竹崎季長繪詞》，以及講解八幡神的《八幡愚童訓》，可知這次戰役的概況。

日本敗軍聚集於水城，準備再與元軍決戰，但翌日清晨元軍卻已消失無蹤。原來元軍在前日作戰獲勝後，未進逼太宰府，在船艙上過夜，然而當夜吹起陣陣神風使得元軍船隻超過半數沉沒，剩下船隻急忙撤退。這場突如其來的「神風」若爲眞，等於挽救日本的國運。

豆知識　三別抄

高麗王朝的軍事組織，是崔氏政權（一一七〇至一二七〇年）的私人武力。一二一九年蒙古雖與高麗結盟，然而要求高麗定期納貢引起高麗反抗，三別抄便成為高麗抗蒙的主力直至一二七三年為止。

弘安之役退元軍

文永之役結束後翌年，忽必烈接受高麗國王建議，派遣以禮部侍郎杜世忠爲正使的使節團向日本招諭。一二七五年九月使節團到達鎌倉，遭北条時宗下令全部斬首。忽必烈得知後決意再次征討日本，可當時正發兵滅宋，東征只得暫緩。

文永之役後爲防元軍再進犯，北条時宗下令在博多灣沿岸修築一道高約二公尺、長約二十公里的石壘阻擋元軍上岸，並由北条氏一門取代九州各地守護加強防禦。此外於長門國至筑前國置「異國警固番役」抽調東國御家人依其領地大小出兵防衛，凡被抽調輪役者御家人可免除負擔沉重的京都大番役。

一二七九年，南宋末代皇帝趙昺於今日廣州附近的崖山跳海殉國，南宋滅亡。忽必烈命揚州、湖南、贛州、泉州四省造船六百艘，加上高麗所造九百艘做爲再征日本的船隻，同時派遣使者前往日本招降，仍爲鎌倉所斬。

一二八〇年將高麗改成「征東行省」做爲征討日本的司令部，次年（一二八一）五月以南宋降將范文虎率南宋降兵十萬出征，蒙古將領忻都、洪茶丘率領東路軍三萬精銳與高麗將領金方慶的一萬高麗軍，於朝鮮半島南部的合浦會師，再與范文虎軍一同進攻壹岐。六月六日，元軍猛攻博多灣，先前建造的石壘阻卻元軍上岸，伊豫的御家人河野通有從石壘背後出奇不意襲擊元軍，取得莫大戰果。

元軍久攻博多灣不下，決定轉移戰場至平戶沖，就在大軍集結完畢準備發動總攻擊時，閏七月一日又爲暴風雨襲擊。元軍損失慘重，不得不率領殘軍退回合浦，未能及時撤退的元軍則爲傾巢而出的日軍掃蕩，被稱爲「弘安之役」的第二次征討日本再度宣告失敗。不甘心的忽必烈雖有三次出征之舉，但元朝統治下的江南和越南已有動亂徵兆，忽必烈不得不打消念頭，此後終其治世再無出征日本的機會。

北条時宗領導幕府御家人兩度擊敗當時世界最大帝國的入侵，聲望之隆不難想像，可是蒙古來襲是場防衛性戰爭，傾全國之力辛苦擊退元軍後卻無領地獎賞出力的御家人。對鎌倉時代的御家人而言，增加領地原是他們出兵作戰的動力，擊退入侵的蒙古人未分任何賞賜，兩次戰役打下來對御家人來說既損人力也耗財力，戰役結束後多數御家人均落得破產下場。加上北条時宗也在不久後死去，後繼者能力昏庸無法處理御家人破產問題，率領日本擊退蒙古入侵的北条氏很快成爲御家人怨恨的對象，北条氏統治浮現極大危機。

036

鎌倉幕府走向衰微

御家人的困窘

擊退蒙古入侵的鎌倉幕府因無力對參戰的御家人進行賞賜，在共擔國難這一外在因素消除後，內在矛盾更顯劇烈。蒙古襲來與以往戰役最大不同點在於前者是場防禦型戰爭，輸了固然日本就此亡國，然而打贏了也沒有可以用來賞賜的領地；況且蒙古入侵的規模又是前所未見，幕府幾乎動員全國御家人與非御家人前往九州博多一帶，遠途行軍及底下郎黨的開支都必須由御家人或非御家人自己負擔，這是筆爲數不小的開銷。

好不容易擊退蒙古，幕府卻爲財政問題無力進行賞賜，引發御家人竹崎季長遠從九州肥後前往鎌倉申訴賞賜不公。竹崎季常原以爲是鎮西奉行故意漠視他立下的功勳，爲此特地請畫師將自己奮戰的情形繪成《竹崎季長繪詞》，來到鎌倉後才曉不賞賜是全國性狀況。

無力進行賞賜的幕府，只得發布《**德政令**》減輕御家人與非御家人的債務。另一方面北条氏加強權力的集中，除持續剷除有力御家人外，對於已成年的攝家將軍予以驅逐，改迎接年幼的皇族成員東下鎌倉成爲「宮將軍」。此外壟斷承久之亂平定後設立的六波羅探題（分南北兩處），蒙古襲來期間設置的鎮西探題和長門探題也由北条氏擔任，還以防範蒙古再次入侵爲由，將鎮西諸國守護換成北条氏，於是北条氏嫡系（具有擔任執權與連署資格）排除御家人、重用**御內人**的專制體制逐漸成形，稱爲「得宗專制」。「得宗專制」暫時達到鞏固北条家的專制統治，卻成爲日後北条氏乃至鎌倉幕府滅亡的原因。

兩統迭立

所謂「兩統迭立」是指皇室當中的兩個家系輪流擔任天皇，此在平安中期已有慣例。村上天皇第二皇子冷泉天皇在位兩年多，因奇特行爲被迫讓位給同母弟圓融天皇，圓融在位十六年又傳位冷泉第一皇子花山天皇。花山即位時立圓融之

豆知識　德政令

鎌倉時代至室町時代，朝廷或幕府要求金融業者或債權者放棄債權的法令，最初的德政令始於一二九七年，稱為《永仁德政令》，對象是擊退蒙古入侵後因幕府無力賞賜導致財政困頓的御家人。室町時代的德政令多為幕府要求金融業者放棄將軍為享樂而欠下的債務。

蒙古襲來繪詞／竹崎季長畫

子懷仁親王爲皇太子，在位三年傳位皇太子，是爲一条天皇。花山無子，一条於是傳位冷泉的第二皇子三条天皇，三条因眼疾之故傳位一条的第二皇子後一条天皇。然而此時正值藤原道長當政，後一条無子卻不使之傳位三条的皇子，而由同爲藤原彰子所生的後朱雀繼任，平安中期的兩統迭立起於冷泉天皇，迄於後一条天皇共七十年。

鎌倉中期再度出現兩統迭立的情形，後嵯峨天皇第一皇子是前文提過東下鎌倉的首位宮將軍宗尊親王（六代將軍），第二皇子久仁親王在天皇即位四年後接受讓位，是爲後深草天皇。後深草即位時只有四歲，在位十四年因罹患瘧疾由主持院政的後嵯峨院安排讓位同母弟恒仁親王，是爲龜山天皇，讓位後的後深草上皇上有後嵯峨院主持院政，並無實權。依以往兩統迭立的規定來看，龜山天皇應立後深草上皇的皇子爲皇太子，當時上皇有熙仁、滿仁兩位皇子，照理而言次代天皇應從兩位皇子選擇，但後嵯峨院卻指定龜山天皇第二皇子世仁親

人物通　御內人

鎌倉時代出仕執權北条氏家督得宗的武士、下級官吏或從者。御內人的首領稱爲「內管領」，雖非幕府正式職務，但因管理得宗的家政而握有實權，主要的御內人有長崎氏、紀氏、飯尾氏、安東氏。

日本皇室世系略圖

平安時代中期

- (63) 冷泉天皇
  - (65) 花山天皇
  - (67) 三条天皇
- (64) 圓融天皇
  - (66) 一条天皇
    - (68) 後一条天皇

日本皇室世系略圖

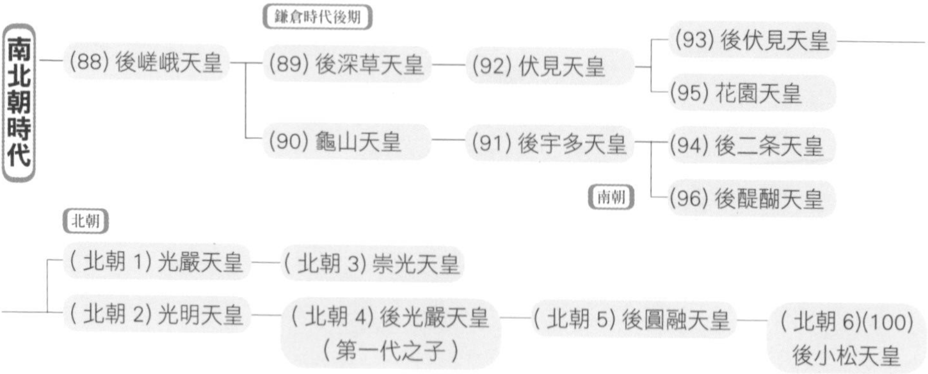

王爲皇太子，後嵯峨院的偏心令後深草上皇大爲不滿，種下日後皇室分裂的禍根。

一二七二年後嵯峨院崩御，遺言只提及莊園如何分配卻未指定龜山之後的繼承人，後深草與龜山都認爲應由自己的皇子繼承，因而出現對立。一二七四年龜山突然讓位，由後嵯峨院生前指定的皇太子世仁親王即位，是爲後宇多天皇。後深草上皇深感不服，眼見皇室內部即將出現變亂，幕府介入斡旋，規定立後深草上皇之子熙仁親王爲後宇多的皇太子，是下任天皇。熙仁親王即位後立後宇多的皇子爲皇太子，兩統輪流當天皇，各立另一統皇子爲皇太子，如此下去以保皇室的安定。後深草的子孫稱爲「持明院統」，是日後北朝世系，龜山的子孫稱爲「大覺寺統」，是日後南朝世系，兩統原則上以在位十年爲限。

兩統迭立確定後，雖私下仍暗潮洶湧，也未能遵守十年讓位給另一世系的約定，但大致維持表面上的安定，直至一三一八年二月持明院統花園天皇傳位大覺寺統尊治親王爲止。尊治親王是後宇多天皇第二皇子，因爲皇兄後二条天皇早逝而成爲大覺寺統的繼承人，尊治親王不僅不滿兩統迭立的制度，對鎌倉幕府剝奪天皇親政也甚爲不滿，他在即位前對在位三十餘年不設攝政．關白的醍醐天皇甚是推崇，即位之初便指定自己的諡號必須是後醍醐。尊治親王即位後不僅不遵守兩統迭立的規定，反而將其親手終結，更號召天下不滿得宗專制的武士推翻鎌倉幕府。

037 佛教新宗派

禪宗傳入

鎌倉時代的佛教蓬勃發展，不僅有外來宗派傳入，也有本土新宗派出現。鎌倉幕府與南宋雖乏正式官方往來，民間貿易卻非常熱絡，特別是僧侶的往來，直接間接促成文化的交流。其中對鎌倉幕府及後世影響最大的，是禪宗的傳入。

禪宗的創始人雖是天竺人菩提達摩，卻創立於中國，與淨土宗同爲對漢傳佛教影響最大的兩個宗派。禪宗創立於中國南北朝時期，唐初分爲南北二宗，不久主張漸悟的北宗沒落，主張頓悟的南宗不僅成爲禪宗，晚唐之後更成爲中國佛教界的主流。南宗禪宗最多曾有七個宗派，宋朝後僅存臨濟、曹洞二宗，傳到日本的禪宗便是這兩宗派。

引進臨濟宗到日本的明庵榮西原爲延曆寺僧侶，他兩度到浙江天台山，深受禪宗感化，回國後撰寫《興禪護國論》提倡禪宗，榮西還另外撰寫《喫茶養生記》提倡喝茶。由於禪宗標榜不立文字、教外別傳、不重視鑽研佛教、講究打坐頓悟，在某種程度上與武士修練相符合，因而得到鎌倉幕府的推崇保護，在京都與鎌倉興建不少臨濟宗的寺院。

十三世紀初，榮西再傳弟子希玄道元也前往中國學禪，道元學習曹洞宗，回國後先在宇治開興聖寺，這是日本曹洞宗最早的寺院。但遭到延曆寺打壓，道元不得不離開京都往偏遠的越前傳道，在那裡興建永平寺做爲日本曹洞宗兩大大本山之一（另一爲總持寺）。道元撰有佛教思想書《正法眼藏》，提及曹洞宗的教義爲「修證一等」、「只管打坐」，主張出世，之後曹洞宗均堅守道元教誨，因而有「臨濟將軍曹洞士民」之說。凡是支持中央的武家政權，縱橫捭闔於各地守護或守護大名之間的外交僧，或是爲幕府將軍策畫種種權謀術數而有「黑衣宰相」之稱的僧侶，幾乎無一例外爲臨濟宗的禪僧，少見曹洞僧侶。

本土宗派抬頭

鎌倉時代佛教一口氣增加六個新宗派，除了前述的臨濟宗和曹洞宗外，還有淨土宗、淨土眞宗、日蓮宗和時宗，對之後日本影響較大的是淨土眞宗和日蓮宗，以下簡略介紹。

淨土宗雖至鎌倉時代才成立宗派，但淨土思想早在平安中期就已存在，平安末期在比叡山出家的源空（法然上人）對所學之佛法產生疑問，遍訪諸宗大師均不能解其疑惑，直至四十三歲時對《觀無量壽經疏》有所體悟，因而成立以一般民衆爲對象的淨土宗。淨土宗的教義比禪宗更爲簡單，只要專修念佛、勤念「南無阿彌陀佛」，不管貧富貴賤，死後皆能平等地接受阿彌陀佛指引，前往西方極樂世界。不問出身與否，也不用造橋鋪路立功立德，亦毋須高深的漢學造詣和誦讀艱難的佛經，連貧無立錐之地的平民都能做到，故廣受大衆歡迎。

親鸞爲法然晚年的弟子，親鸞早年亦曾於比叡山修行，後來亦對天台宗的教義抱持懷疑，在進行百日參籠的過程中遇上法然而成爲弟子。不久受到法然被佛教傳統宗派排擠之累，被流放至越後，親鸞在那裡與惠信尼結婚。幾年後與法然一起得到赦免，親鸞在返回京都途中得知法然病逝的消息，打消返回京都的計畫，前往常陸國向農民、漁民以及地方武士傳播淨土眞宗，在這段期間完成他一生最重要的著作《教行信證》。在常陸布道二十年後親鸞返回京都，依然派出門徒向各地傳教，在一二六二年親鸞圓寂之後出現九個門派，而以親鸞的埋骨地「大谷本願寺」爲總本山迅速壯大起來。

日蓮出生安房國一處漁村，早年曾到日本全國各佛教聖地巡訪，對佛教教義進行研究考察，對各宗各派的優點與不足均了然於胸。一二五三年他在原先出家的清澄寺口誦「南無妙法蓮華經」，認爲只要唸出這七字便能解脫成佛，同時進行他最初的説法。日蓮在説法時大肆抨擊佛教各宗，認爲念佛宗（淨土宗）會墮入無間地獄、禪宗是天魔的化身、眞言宗是亡國惡法、律宗是國家的賊人，將當時盛行於各階層的宗派一一批評。

此後日蓮大肆在鎌倉對芸芸衆生進行**街頭説法**，撰寫《立正安國論》強調唯有信仰《妙法蓮華經》才能免於天災、免於人禍、免於他國入侵，並把《立正安國論》獻給當時幕府執權北条時賴以及鎌倉十一處寺院住持，挑戰意味濃厚。日蓮的批評引來佛教界的反擊，此後十餘年間先後被流放至伊豆、佐渡，孰料之後蒙古襲來證實他先前預測他國入侵的準確，因而得到赦免並吸引地方武士階層的信徒。

不久甲斐國有位地頭捐出身延山做爲日蓮布道據點，日蓮在此興建「久遠寺」作日蓮宗總本山，以此爲根據地衍生出日蓮宗九個宗派。

豆知識　街頭説法

原文為「辻説法」，日蓮上人於一二五四年進入鎌倉後，終日於小町大路勸人信仰《法華經》，倡導只要口誦「南無妙法蓮華經」便能領悟人生各種煩惱與執著。「辻説法」今時也用於在街頭進行政治活動的演説。

038

鎌倉幕府滅亡

後醍醐天皇倒幕失敗

後醍醐天皇即位後便密謀推翻鎌倉幕府，根據軍記物語《太平記》記載，爲避開六波羅探題的監視，後醍醐天皇藉舉行「**無禮講**」，與側近日野俊基、日野資朝、四条隆資等人討論倒幕大業。儘管天皇自認計畫周密，卻爲六波羅探題得知，在天皇一再表示不知情的情況下，幕府做出流放日野資朝於佐渡、日野俊基罪證不足予以釋放的處置，此次未遂的倒幕計畫稱爲「正中之變」。

正中之變雖倒幕失敗，仍未挫折後醍醐天皇的倒幕雄心。一三二八年天皇即位已達十年，按「兩統迭立」規定，後醍醐應讓位持明院統的量仁親王，但後醍醐非但沒有讓位之意，反而再次策畫倒幕密謀。爲此天皇讓皇子護良親王、宗良親王擔任天台座主和妙法院門跡，使之成爲天皇日後倒幕的後盾。然而這次密謀卻遭天皇側近吉田定房向六波羅探題告密，六波羅派兵包圍京都御所。天皇帶著三神器變裝女官逃出御所，在山城國南邊笠置山舉兵討幕，天台座主大塔宮護良親王、河內國**惡黨**楠木正成分別於大和吉野以及河內下

豆知識　無禮講

《太平記》記載，後醍醐天皇為了掩飾討幕，與朝臣舉行宴席，參加宴席者均脱去烏帽子和法衣，少女只穿薄衣，極盡山珍海味與美酒。日後無禮講衍生為不拘地位和身分的宴席。

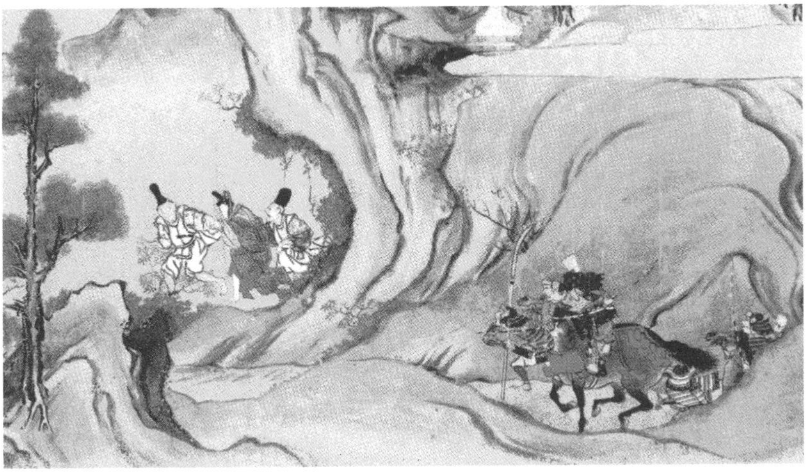

山中奔逃的後醍醐天皇

赤坂城舉兵響應。

幕府派出足利高氏、新田義貞、大佛貞直、金澤貞冬等武將統兵攻打笠置山，一三三一年九月笠置山陷落，後醍醐轉進河內投靠楠木正成途中爲幕府擒獲，一時間倒幕勢力俱爲幕府平定。此次由天皇主導的倒幕計畫稱爲「元弘之亂」，「正中之變」中遭流放佐渡的日野資朝以及無罪釋放的日野俊基均遭處斬，後醍醐天皇流放至隱岐，天皇的皇子尊良親王流放土佐、宗良親王流放讚岐。

早在後醍醐帶著三神器，逃出御所時，幕府已決定廢掉屢屢籌畫倒幕的天皇，在缺神器的情形下立皇太子量仁親王爲君，是爲光嚴天皇。

足利高氏與新田義貞

「元弘之亂」雖平定，但未被逮捕的護良親王和楠木正成則蟄伏民間，聯合畿內不滿幕府的惡黨伺機而動。其中以盤據河內國千早城的楠木正成最令幕府頭痛，據《太平記》記載，幕府雖派兵百萬，兵分三路，卻始終無法攻陷千早城。

一三三三年，後醍醐天皇在伯耆國惡黨首領名和長年的協助下逃出隱岐，於伯耆國船上山舉兵討幕。護良親王的舉兵只能吸引畿內一帶的響應，後醍醐的舉兵則震動瀨戶內海到九州一帶，幕府加派足利高氏前往京都接受六波羅探題指揮。六波羅探題派足利高氏由丹波經山陰前往伯耆，但高氏發現幕府已經失去民心，行軍至丹波篠村八幡宮竟叛變響應倒幕，與天皇使者千種忠顯、播磨惡黨赤松則村折回京都進攻六波羅探題，幕府的武士紛紛逃亡。六波羅探題北条仲時、北条時益擁光嚴天皇、後伏見‧花園兩上皇（均持明院統）棄六波羅府向東逃竄，一路上遭遇各地惡黨襲擊，北条仲時以下四百餘人集體切腹，光嚴天皇與兩上皇爲倒幕派俘虜，帶回京都。至當年五月九日，鎌倉幕府在京都的勢力徹底遭到剿滅。

六波羅探題滅亡消息傳到伯耆船上山時，後醍醐天皇自行宣布重新即位，廢黜光嚴天皇及其年號「正慶」，恢復原先年號「元弘」。

失去半壁江山的幕府決定派出十萬兵力上洛掃蕩倒幕派，因此向各國守護‧地頭徵調勞役及租稅，以

人物通　惡黨

「惡」指力量強悍或是不遵從中央或地方長官的命令規定，在鎌倉末期指反抗幕府支配的莊園地頭或名主，有別於為非作惡的盜賊。雖被稱為「惡黨」，卻與地方武士團同樣有著一族和郎黨的結構，進入室町時代後發展成國人眾。

上野國新田庄爲據地的新田義貞拒絕繳納。當時新田義貞已接到後醍醐天皇討幕的敕諭，故在上野舉兵討幕，得到越後、信濃、甲斐氏族的響應，新田義貞遂率領各地氏族七千餘騎的兵力進攻鎌倉。

新田義貞進入武藏國時，與從鎌倉逃出的足利高氏長男千壽王（日後的二代將軍足利義詮）會合。足利氏是鎌倉幕府末期勢力強大的御家人，代代成爲北条氏女婿，連這樣與幕府有姻親關係的御家人都棄幕府而去，幕府滅亡不過是遲早問題。五月十七日新田義貞率軍進入鎌倉，儘管幕府軍於各街道迎擊，仍是節節敗退。五天後的二十二日，幕府最後的執權北条高時與族人數百人於北条氏的菩提寺東勝寺切腹，源賴朝以來將近一百五十年的鎌倉幕府就此滅亡。

下赤坂城交戰景況

039

建武新政

朕之新儀將為未來先例

鎌倉幕府滅亡，後醍醐天皇返回京都，否定鎌倉幕府擁立的光嚴天皇，廢黜攝政‧關白及幕府，同時取消兩統迭立，此後皇統由其世系繼承，恢復平安中期前天皇親政。他更主持新政，仿效漢光武帝推翻王莽、延續漢王朝舊例，採用「建武」爲年號，是爲「建武中興」，其推行的新政稱「建武新政」。

「建武新政」除保留中央原有的太政官和八省外，新設「記錄所」、「恩賞方」、「雜訴決斷所」、「武者所」、「窪所」等五個新機構以推行新政，地方上維持朝廷的國司與幕府的守護並存，另於東國設置陸奧、鎌倉兩將軍府。在避免武家政治再現的前提下，上述中央機構多以公卿爲主，地方國司、守護則多由武士擔任。

之後進行賞賜，足利高氏因消滅天皇最爲痛恨的六波羅探題，功勳被擢爲第一，凌駕在攻下鎌倉的新田義貞以及奮勇抵擋幕府軍進攻的楠木正成之上，不僅得到武藏、常陸、下總三國，還蒙天皇賜以名諱「尊」字，因而改名「尊氏」。

從天皇對足利尊氏的封賞可看出賞賜並不公平，只要買通天皇的近臣寵妾，即便在倒幕過程中未立下實質功勞，甚至連蹴鞠技藝之徒、乃至衛府諸司女官僧，也可在論功行賞中占有一席之地。加上爲防制再次出現武家政權，公卿的封賞順序先於武士，故當封賞輪到眞正對倒幕做出貢獻的武士時，日本國內已無可再做爲封賞的領地。

「建武新政」後不到一年，天皇急著重建「承久之亂」中遭焚毀的大內裏，爲此強徵各國二十分之一稅收挪作營造大內裏之用。此舉招來地方武士及民衆的反對，「建武新政」至此已失去戮力新政的精神，對民衆的壓榨尤甚於幕府，當時便有批評、諷刺「建武新政」實際情況的**《二条河原落書》**。

一天兩帝，南北京

不久，昔日北条氏勢力範圍下的信濃國不滿「建武新政」發生叛亂（中先代之亂），攻下關東重鎮鎌倉，朝廷軍事重鎮大塔宮護良親王死去。足利尊氏趁機向天皇提出任命自己爲征夷大將軍，由他率領各地武士前往關東平亂、收復鎌倉。尊氏眞正的意圖爲仿照賴朝先例，於鎌倉開幕府，再挾武力威逼朝廷，迫使其就範承認尊氏成立的幕府。

日本出現兩個天皇、兩個朝廷，開始了南北朝時代／三娃繪

不過矢志恢復天皇親政的後醍醐天皇不僅拒絕任命征夷大將軍，更將尊氏形同軟禁於京都。以成立幕府、再建武家政權爲職志的尊氏，決意逃離京都。尊氏的出走使天下武士紛紛悖離朝廷，前往關東歸順尊氏，北条氏殘餘勢力因而迅速平定。有了各地武士的擁護，足利尊氏與後醍醐天皇決裂，從鎌倉出兵進攻京都。天皇連忙撤出京都並號召各地武士進京勤王，尊氏雖暫時攻下京都，然而京都易守難攻的地形，很快使尊氏在與勤王上洛的陸奥鎮守府將軍北畠顯家、楠木正成的交戰中敗北，退至九州。

尊氏在九州得到大友、島津等有力氏族的支持，以其爲後盾捲土重來，速度之快，令重返京都、以爲從此可高枕無憂的後醍醐天皇及其

豆知識　二条河原落書

「落書」為以匿名方式進行諷刺、批判政治的文書，目的在於揶揄。《二条河原落書》被評價為「落書」性質中的最高傑作，編者不詳，只確定為對「建武新政」不滿之輩。內容以七五調形式論述「建武新政」的真實面，藉由諷刺意味強烈表達出對新政的不滿。

朝廷公卿難以置信。天皇再次向各地武士下令勤王，然只有楠木正成募得一族衆五百人，朝廷的不得民心不難想像。「建武中興」立下大功、獲稱爲「**三木一草**」之一的楠木正成，建議天皇退守比叡山，採堅壁清野法帶走所有糧食，讓尊氏進入空空如也的京都，正成則由河內封鎖淀川河口，俟尊氏軍因糧盡而士氣衰竭再一鼓作氣予以殲滅。

楠木提的戰略爲公卿否定，只得率領少數兵力前往湊川迎戰從九州而來的尊氏軍，留下「七生報國」的名言戰死；時爲公元一三三六年五月，之後「三木一草」及新田義貞、北畠顯家等效忠朝廷的武將紛紛戰死。爲了不被視爲逆臣，尊氏從湊川上洛途中擁立已退位的光嚴上皇之弟豐仁親王爲新帝，是爲光明天皇。尊氏還派人迎接逃往比叡山的後醍醐天皇回京，「建武中興」存在三年便告終結。

尊氏迎接後醍醐天皇回京的眞正用意是要逼其退位，讓新帝擁有皇位正統象徵的三神器，後醍醐一交出神器便遭到軟禁。一三三六年底，後醍醐逃出京都，來到大和吉野重新登基，聲明讓渡給光明天皇的神器是僞造的，言下之意是眞正的神器還在自己手上，所以吉野朝廷才是正統所在。在失去軍事優勢後，強調帝位正統恐怕是後醍醐天皇唯一能做的事。

從此日本同時在京都、吉野各有一位天皇，雖非日本史上首次❺出現，但兩邊各自使用不同年號卻是日本史上頭一遭❻，奈良興福寺大乘院門主面對這日本史上不曾有過的政局，在日記上記下「一天兩帝，南北京」。

從一三三六年起，日本出現兩個朝廷，習慣上將京都朝廷稱爲「北朝」，吉野朝廷稱爲「南朝」，兩個朝廷同時存在五十七年。這段期間稱爲「南北朝時代」，或「吉野時代」（吉野朝廷擁有神器，明治時代以後被視爲正統）。

豆知識　三木一草

建武中興期間楠木正成、名和長年、結城親光、千種忠顯四位功臣的合稱：楠木的「木」、名和長年的官職伯耆守的「耆」、結城親光的「城」，日文音讀音皆為「キ」，漢字寫作「木」；千種忠顯的「種」，日文訓讀音為「クサ」，漢字寫作「草」。

❺平安時代末期，平家因木曾義仲上洛而帶著有平家血緣的安德天皇出走，基於國不可一日無主，後白河法皇立安德天皇異母兄尊成親王即位，是為後鳥羽天皇，兩天皇同時存在約一年八個月。

❻後醍醐天皇使用「延元」年號，光明天皇繼續延用「建武」年號。

040

南北朝對立

觀應擾亂與正平一統

湊川之戰結束後當年十一月七日，尊氏頒布《建武式目》，式目乃武家的根本大法，視爲武家政權開啓的象徵。一三三八年八月，足利尊氏擁立的光明天皇向尊氏下達征夷大將軍宣下，日本史上第二個武家政權「室町幕府」成立。

一三三九年八月十五日，後醍醐天皇於吉野金輪王寺留下消滅朝敵（尊氏）、重回京都的遺言崩御，由天皇第七皇子義良親王即位，是爲後村上天皇。南朝成立時已失去「三木一草」及新田義貞、北畠顯家等大將，先天體質不佳；一三四八年吉野爲幕府攻下，後村上天皇往西轉進至賀名生，楠木正成之子正行、正時兄弟與幕府作戰陣亡（四条畷之戰）。

南朝在四条畷之戰後已無和北朝作戰的武力，之所以能夠繼續苟延殘喘近半世紀，主要在於幕府執事（二代將軍義詮時改稱「管領」）高師直及其弟師泰與尊氏同母弟副將軍足利直義出現嚴重對立，導致長達四年多的內亂（「觀應擾亂」）。高氏本爲足利氏家宰，此外，師直．師泰兄弟自尊氏起兵倒幕後幾乎無役不與，戰功彪炳之餘不願居於直義之下，與爲建立幕府秩序的足利直義兩人間互不相容也就不足爲奇。

一三四八年，高師直挾四条畷之役獲勝之威，排除直義的親信，進而威逼直義，迫其辭去幕府所有職位、隱居出家，由原先鎮守鎌倉的尊氏嫡長子義詮繼任，鎮守鎌倉之職則由義詮的同母弟基氏繼任。心有不甘的直義密令四散各地的心腹率軍包圍京都，尊氏爲維護自己建立的政權而在取得光嚴上皇的院宣後討伐直義，已無法在北朝立足的直義只得率衆投靠南朝。

一三五一年直義與其黨羽引南朝軍攻入京都，留守的足利義詮不敵敗走，北朝的光嚴．光明兩上皇被捕，送至賀名生囚禁。南朝因攻下京都士氣大振，接連挫敗的尊氏不得不聽從部下建議，交出元凶高氏兄弟，高氏兄弟旋即遭到殺害。儘管直義一再宣稱投降南朝純粹是對高氏兄弟不滿，無威脅兄長地位之意，然而尊氏與直義間關係急遽惡化，和源賴朝．義經兄弟如出一轍，最終反目成仇。

爲討伐直義，尊氏本人也投靠南朝，北朝的崇光天皇因失去幕府支持遭廢黜，一時之間日本爲南朝所統一，是爲「正平一統」。尊氏利用這短暫統一的機會迅速消滅直義，結束「觀應擾亂」。直義平定後尊氏悖離南朝，立光嚴上皇第二皇子彌仁親王爲帝，是爲後光嚴天皇，繼續沿用北朝「觀應」年號，「正平一統」僅僅存在短暫的四個月。

足利尊氏之評價

「觀應擾亂」和「正平一統」先後結束，不過政局並未從此穩定，直義的餘黨仍在日本各地伺機而動，勢力最大的是直義養子長門探題足利直冬。直冬爲直義養子，實則尊氏的庶長子，因生母出身低賤不受尊氏寵愛，遂成爲沒有子嗣的直義之養子。直義下台，直冬被封爲長門探題以穩定山陽、九州一帶，於「觀應擾亂」結束後的一三五四年率領九州各地豪族上洛，欲顛覆尊氏的政權。

尊氏嫡子義詮不若《太平記》描述那般沉迷酒色，但在戰略上的確欠缺天分，尊氏父子布陣在京都南邊的東寺，在此僅擊退來犯的直冬，而未能將其消滅。此後數年尊氏總是在打這種毫無意義的戰爭，最終於一三五八年辭世，得年五十四歲，遺命由有「**婆娑羅大名**」之稱的佐佐木道譽、斯波高經等人輔佐二代將軍義詮。

自一二一九年河內源氏嫡系斷絕，足利氏可說是血統最爲純正的繼承者，尊氏之所以背叛後醍醐天皇、得天下武士擁戴建立幕府，很大原因在於他繼承河內源氏的血緣，而非個人魅力。據同時代的記載，尊氏生性慈悲不記恨，即便是仇敵也往往能得到他的寬恕，像後半生視尊氏爲朝敵的後醍醐天皇崩御消息傳至京都，尊氏除爲其做法事外，也派出船隻和元朝貿易（天龍寺船），將所得收入在今日京都市右京區建造憑弔天皇的天龍寺，爲祈求天皇冥福；尊氏甚至讓自己極爲信任的僧侶夢窗疎石，擔任首任天龍寺住持。

然而尊氏在「觀應擾亂」中優柔寡斷的表現，完全看不出身爲幕府創建者應有的器度。「觀應擾亂」的發生，或許是任何政權都會面臨的危機，但尊氏不能當機立斷除去亂源，反而讓亂事持續四年，且最終對高師直、足利直義、尊氏、幕府甚至朝廷（北朝）都造成傷害。倘尊氏並非出身河內源氏的話，以他的個性應該很難開創出一片天地。

豆知識　婆娑羅大名

「婆娑羅」為金剛石的梵文日譯，原為比喻般若的永恒與真實。「婆娑羅大名」泛指南北朝時代無視身分秩序、講究實力主義、喜愛華麗服飾、追求豪奢生活的守護大名，代表人物為幕府執事高師直、美濃守護土岐賴遠及近江守護佐佐木道譽。

041

南北朝分立的終結

三代將軍足利義滿

義詮在位十年，於一三六七年病逝，留下十歲的長子義滿及其他幼子。義滿被立爲三代將軍，由細川賴之擔任管領輔佐。

義滿在位時，南朝不再構成威脅，代之的是尾大不掉的守護大名。這些守護大名在「觀應擾亂」期間趁尊氏無暇他顧時坐大，尊氏尚且無法有效整頓守護大名，之後的義詮亦無可奈何。義滿年幼時經常見到能力平庸的父親苦於守護大名之間的爭鬥，他本人亦有逃出京都四處流亡經驗，因此埋下義滿對守護大名的不滿。管領細川賴之輔佐義滿後開始灌輸他帝王學、樹立將軍威權的觀念，此後，鏟除跋扈的守護大名便成爲義滿堅信不移的信念。

細川賴之輔佐年幼的義滿，頗易給人挾持幼君的印象，因此對他不滿的斯波義將、土岐賴康等守護大名以「清君側」爲號召，強行包圍將軍宅邸，要求罷免細川賴之的管領職務。義滿迫於無奈，只得罷免賴之、任命斯波義將爲新任管領，才勉強鎮住守護大名的蠻橫。

一三八九年義滿在處理領地上造成土岐氏不滿，引起土岐康行叛亂。義滿迅速出兵平亂，亂後重新分配領地，原本領有美濃、尾張、伊勢三國的土岐氏只剩美濃一國，這是義滿反擊守護大名的開始。

對土岐氏收到成效後，義滿接著在一三九一年和一三九九年對勢力更爲強大的山名氏和大內氏開刀，一定程度上取得對守護大名的抑制，建立足利將軍的威嚴。義滿之所以能震懾各地守護大名，除恩威並濟外猶有賴於朝廷封賞的官位：義滿之前的尊氏、義詮不過官至權大納言，義滿二十餘歲便已是左大臣兼右近衛大將、源氏長者及淳和・獎學兩院別當並擁有**准三宮**待遇。他在南北朝統一後兩年辭去將軍讓位長子義持，受封太政大臣，成爲繼平清盛之後第二個取得律令制下最高官職的武士。

一四〇八年五月義滿辭世，朝廷追贈「鹿苑院太上法皇」稱號。

豆知識　准三宮

也稱為「准三后」、「准后」，三后指太皇太后、皇太后、皇后。准三后的待遇即給予比照皇后、皇太后、太皇太后的待遇，通常是榮譽職，能得到這種待遇的多為皇室成員（包含出家的皇室成員）、將軍、攝政・關白本人、天皇或法皇的寵妃、將軍正妻御台所。

幕府管領斯波義將認爲若是接受，將使幕府招致各方非議而勸四代將軍義持辭退。義滿的聲望、權勢之隆，不僅室町幕府無出其右，整個武家政權時代恐怕也無人可與之相比。然而，義滿的鏟除守護大名執行得並不徹底，只是削弱土岐、山名、大內的領地而未能徹底除去，讓他們有了喘息空間。六代將軍義教以後，這些守護大名又成爲尾大不掉的勢力，禍延義滿的子孫。

明德和約終結南北朝

如果幕府內部沒有出現「觀應擾亂」等一連串內訌事件的話，南朝在一三五〇年代很有可能就被擁有強大武力的北朝統一，即令南朝擁有象徵皇位正統的神器以及北畠親房（顯家之父）撰寫標榜南朝正統地位的《神皇正統記》，也難扭轉戰力上的落差。

「觀應擾亂」發生，讓北朝陷入內亂局面，南朝趁足利直義歸降帶來的兵力發動北伐，趁機俘虜北朝的上皇和天皇。不過當直義爲尊氏殺害後，其餘黨不是歸降幕府就是出走，加之後來南朝又失去懷良親王領有的九州，軍事上再也無法對北朝構成威脅。北朝則因爲守護大名凌駕於將軍之上，將軍政令難以及於各方，南朝因而得以存續下去。

一三九一年，義滿派出身兼六國（周防、長門、石見、豐前、和泉、紀伊）守護大名的大內義弘與南朝接觸，試探和平一統的可能性。經過一番討論後南朝提出，只要北朝同意以下三個條件便願意奉上神器，返回京都與北朝合併：一、由南朝後龜山天皇將象徵皇位正統的三神器讓渡給北朝後小松天皇。二、皇位繼承沿用兩統迭立方式（後小松必須在後龜山的皇弟或皇子中擇一讓位）。三、各地國衙領有的莊園歸大覺寺統管轄，**長講堂領**則歸持明院統管轄。

一三九二年九月末，後龜山天皇帶著三神器離開吉野行宮，於閏十月五日於土御門內裏正式讓渡神器給後小松天皇。同日中止南朝年號「元中」，沿用北朝「明德」年號，結束長達五十七年「一天兩帝，南北京」的政局。

足利義滿／月岡芳年畫

豆知識　長講堂領

後白河法皇於院御所六条殿內建立的持佛堂長講堂所領，法皇崩御前贈給寵愛的皇女覲子內親王。鎌倉幕府成立後輾轉由後深草天皇繼承，幾經擴充後擁有一百八十處莊園，是持明院統收入的根基，應仁之亂後解體。

042

足利義滿奠立北山文化

北山文化

義滿完成了父祖未能達成的統一南北朝使命，一三九四年功成身退辭去太政大臣，讓出將軍職給九歲嫡長子義持後出家。雖說功成身退，義滿此時也才三十七歲，顯然還不到引退的年紀。義滿爲何要於精力鼎盛之年讓位給尚未元服的長子而出家呢？大致上可以說，他出家目的在於解除天皇臣下的身分，免受朝廷干涉。

室町幕府成立後，尊氏．義詮二代忙於對付南朝和隨時會反叛的守護大名，無餘力經營自己的居所。義滿就任後，一三七八年擇今日京都御苑西北方建造將軍宅邸，因大門面向西側室町通，故稱爲「室町第」（又稱爲「花之御所」）。尊氏建立的幕府，因「室町第」之故稱爲「室町幕府」。

義滿讓出將軍之位搬出「花之御所」，將其讓予義持，另於洛北北山建立宅邸做爲隱居之地，稱爲「北山第」。宅內第一層爲公家風格的**寢殿造**阿彌陀堂，二層爲武家建築樣式的武家造，三層爲日本傳統寺院建築的禪宗樣。北山第後來以義滿的法號「鹿苑院」稱之，即今日京都有名的景點「金閣寺」。義滿雖是出家之身，仍舊握有將軍實權，「北山第」門前車水馬龍，非「花之御所」可比擬。

大德寺枯山水

引退的義滿經常於「北山第」宴請貴族、僧侶，飲酒作樂，因此「北山第」不只是當時的政治中心，更是文化中心，掀起「北山文化」序幕。然必須指出的是，文化史的北山文化時期非完全等同政治史的義滿時期，在軍記物語有敘述南北朝對立的《太平記》和以足利氏、今川氏爲主軸的《難太平

豆知識　寢殿造

平安時代三位以上上層貴族的住宅樣式。門廊進來後右邊空地建為庭園並附有水池，左邊為建築物中心寢殿，貴族本人即居住於此，寢殿與其他建築部分以渡殿連接，北面多為貴族正室的居所，又稱為「北の方」或「北政所」。

記》；禪僧代表的五山文學方面，有被稱爲雙璧的絕海中津和義堂周信；連歌方面，有二条良基撰寫《菟玖波集》規定連歌的形式；繪畫方面受中國水墨畫影響，禪僧明兆、如拙、周文開創日本水墨畫；演藝方面有觀阿彌、世阿彌父子除去猿樂中低俗的部分，去蕪存菁加以改良成爲能樂，世阿彌並著有能樂理論專書《風姿花傳》。

簡單說來，「北山文化」可謂公卿貴族文化和武家文化，添上中國禪宗文化的綜合體。

日本國王源道義

金碧輝煌的金閣所費不貲，義滿雖以武力爲後盾統一南北朝，惟經長達五十七年的內耗、鬥爭，已無多餘閒錢供義滿揮霍，不只宴請貴族、僧侶飲酒作樂需要錢，北山文化的成形也離不開錢，義滿若要維持鋪張奢侈生活，勢必得有充沛且穩定的財源。於是義滿將眼光對準與大陸明朝的貿易，進行「勘合貿易」。

「勘合貿易」即日明貿易，是國家與國家之間的官方貿易，義滿就任將軍期間便有心推動，只是當時南朝懷良親王控制下的九州爲倭寇根據地，倭寇對朝鮮半島和遼東、山東兩半島寇擾猖獗。起初明太祖以爲義滿與統率倭寇的懷良親王同陣營，不理睬義滿提出的貿易要求，後要義滿以平邊倭寇做爲日明貿易的條件。

懷良親王死後，南朝勢力逐漸在九州式微，最終爲義滿派出的今川貞世（法號了俊）平定。在中國

金閣寺／劉恩綺攝

朝貢體制下，日本想和明朝貿易即須在外交上稱臣納入朝貢體制，甫能藉由朝貢名義進行貿易。然而日本即便在派出遣唐使全力學習唐朝的奈良・平安時代也不曾向中國稱臣，義滿若貿然對明稱臣，勢必引來朝廷抗議，這似乎也能說明義滿於一三九四年辭去太政大臣、讓位嫡子的原因。

一三九九年義滿平定和泉、紀伊等六國守護大內義弘，表面上是義弘尾大不掉，實際上則是義弘獨占日明貿易、累積巨富爲義滿所忌。一四〇一年，義滿派出使者向明朝第二任皇帝建文帝稱臣，開啓日明貿易。次年建文帝派出使節冊封義滿爲「日本國王」，使節滯留日本期間，明朝發生了燕王朱棣出兵奪嫡的「靖難之變」：建文帝失蹤，燕王自立爲帝，是爲明成祖。因爲明成祖以不正當手段即位，不僅需要朝臣擁護，亦需外邦承認，他視日本使節的到來爲自己擁有天命的證明，立即冊封義滿爲日本國王，即成祖時期的「日本國王源道義」。

一四〇一年起至一五四九年，日明之間共進行十九次勘合貿易。所謂的「勘合」，由明朝禮部發行勘合符，中日雙方各執一本，逢更改年號即重新換發，日船來時須取出與浙江布政使司（日船被限定只能前往寧波市舶司）相對照，確認無誤後始可進行貿易。日本主要從中國輸入銅錢（永樂通寶）、書籍、絲綢、瓷器、藥材、字畫、茶器、錦繡，而日本的刀劍、漆器、摺扇、硫磺、蘇木、屏風最受統治階級青睞。

義滿死後，義持認爲對明朝貢過於屈辱，拒絕接受日本國王稱號，遂與明斷交，同時中止勘合貿易，然在六代將軍義教在位期間（一四二九至一四四一年）又恢復勘合貿易。十六世紀後幕府式微，勘合貿易掌控在幕府管領細川氏與大內氏手上，由於勘合貿易利潤極高，兩家爲獨占貿易演變爲武力相向，至一五四九年，兩造紛紛於「下剋上」潮流中爲家臣篡奪，勘合貿易終於走入歷史。

	文學	繪畫	藝能	建築
北山文化	禪僧五山文學 軍記物語　連歌	水墨畫	猿能樂	寢殿造融合禪宗樣式 代表：金閣寺
東山文化	御伽草子	水墨畫 大和繪	茶道 花道 香道	書院造 代表：銀閣寺 庭園造景 代表：大德寺枯山水

043

室町幕府盛世

室町幕府的機構

室町幕府雖由尊氏草創，幕府機構卻是成形於義滿在位時，基本上多仿照鎌倉幕府中期以後的體制。幕府成立時中央機構設有輔佐將軍的執事，類似鎌倉幕府的執權，由高師直擔任，義詮在位時改稱管領，由足利氏庶流細川（京兆家）、斯波（武衛家）、畠山（金吾家）輪流擔任，是爲「三管領」。

管領底下有政所、侍所、問注所，政所長官爲執事，執掌將軍家家務及財政，初由佐佐木氏、二階堂氏擔任，後由伊勢氏世襲；問注所長官爲執事，負責記錄文書管理並處理簡單訴訟，由鎌倉時代即通曉法制的太田、町野兩家世襲；侍所長官爲所司，負責軍事警衛，由赤松、山名、京極、一色擔任，是室町幕府管領以外最重要的職務，稱爲「四職」，兩者並稱「三管四職」。此外還有「評定衆」、「引付」和「小侍所」，重要性雖不如前四者，但做爲輔助機關仍有其重要性。

地方方面，最重要首推鎌倉**公方**，早年曾效忠鎌倉幕府的尊氏深知鎌倉的重要性，尊氏建立的新幕府原就屬意鎌倉，只是新幕府甫建立便遇上南北分裂，不得不坐鎮京都而命嫡子義詮留守鎌倉。「觀應擾亂」尊氏之弟直義下野，尊氏召義詮上京取代直義之職，鎌倉由義詮同母弟基氏留守。由於京都對關東鞭長莫及，爲有效控制關東，尊氏在鎌倉設置鎌倉府，管轄關東八國及甲斐、伊豆共十國，且曾短暫統治陸奧南部和信濃。鎌倉府的組織是幕府的縮影，長官稱鎌倉公方（關東公方），由基氏子孫世襲，之後的鎌倉公方常以關東爲基地與幕府對抗。輔佐公方的稱爲「關東管領」，由尊氏生母娘家上杉氏世襲。

此外在陸奧、出羽、山陰、山陽、九州等地設置奧州、羽州、中國（包含山陰、山陽二道，足利直冬後即廢止）、九州等探題，爲區域性的地方政府，相當於數國守護，分別由大崎、最上、澀川等氏世襲。探題之下尚有守護，與鎌倉時代職責相同，強大的守護經常併吞管理莊園的地頭，完全支配領國，此爲守護

人物通　公方

原指天皇及朝廷，室町時代專指將軍家及其一族，居所則稱為「御所」。較有名的有鎌倉公方和後來分出的古河公方、堀越公方和小弓公方，此外還有堺公方和平島公方。

領國制。室町時代守護支配之領國，多的如山名氏擁有十一國，稱「六分一殿」，少的擁有半國。擁有多國領國的守護，往往從該國擇一有力豪族代其統治，是爲「守護代」，這些守護代在後來應仁之亂中，有的趁主家沒落取而代之，成爲下一時代的新勢力。

萬人恐怖，莫可言之！

五代將軍義量夭折，繼承人只能從義持的兄弟中選出，最後由已出家的天台座主義圓抽籤中選，他是唯一一個由抽籤決定的將軍，還俗後改名義教，是爲六代將軍。義教以三寶院僧侶滿濟爲政治上的顧問，成立伏見宮解決稱光天皇崩御後的繼承問題，重新開啓日明勘合貿易但不接受明朝皇帝冊封「日本國王」，既滿足貿易帶來的實質利益，又保全朝廷顏面。

第四代鎌倉公方足利持氏自認比義教更有資格擔任將軍，憤怒不平的持氏拒不派出使者向義教祝賀，甚至拒絕使用新將軍繼位後的新年號「永享」，沿用義量時的年號「正長」。不僅如此，持氏未報備將軍便擅自爲自己元服的嫡子命名「義久」，種種作爲皆已觸犯幕府底線，義教於是發兵征討關東。幕府軍隊一到，關東武士紛紛歸附，持氏自請歸降不得，與其嫡子義久切腹。

當時比叡山延曆寺與足利持氏勾結，義教在出兵征討關東前先命近江守護京極氏、六角氏包圍比叡山下的**門前町**坂本。比叡山衆託幕府管領細川持之等耆宿向義教請降，義教佯裝同意，待比叡山派四位長老前往京都，向幕府交出永不叛亂的誓紙時予以捕殺，還趁寺衆慌亂之際派兵進攻延曆寺，焚毀根本中堂，事後在京都六条河原處決這段

豆知識　門前町

中世以後有力寺院、神社周遭多為神官‧僧侶及其家眷居住，致使人口集中。此外，有力寺院、神社也往往能吸引大量信徒前來參拜，於是出現以參拜者為對象的宿場、商店，由此形成的都市即為門前町。

室町幕府組織示意圖

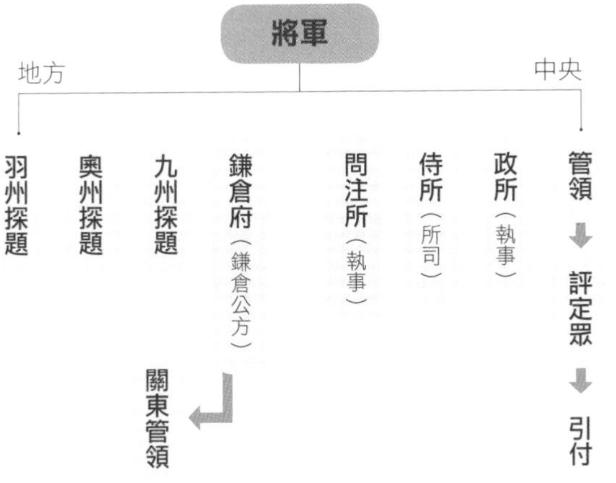

比叡山延曆寺根本中堂／洪維揚提供

期間暗自與延曆寺往來的商人。伏見宮貞成親王聽聞後，在其日記《見聞日記》記下：「萬人恐怖，莫可言之！莫可言之！」

義教隨後聽聞有力守護大名一色義貫和土岐持賴反對自己，不由分說派刺客將其暗殺。義教的「萬人恐怖」使幕府權威於他在位期間達到最高點，各守護大名對義教的畏懼遠勝義滿，義教獨裁蠻橫的作風使守護大名擔心自己成爲下一個被剪除的對象，因而種下殺機。

一四四一年，足利持氏的幼子春王丸和安王丸在押解上京途中被義教派人於美濃斬首，一時間鎌倉公方滅亡，放眼天下再也無人敢在義教眼皮底下叛亂。同年六月，義教受播磨．備前．美作三國守護赤松滿祐之請，未帶隨從只率若干守護大名赴宴。赤松氏派出死士於酒醉方酣之際暗殺義教，一同出席的守護大名雖非狙擊對象，在亂鬥中多有受傷，是爲「嘉吉之亂」。

「嘉吉之亂」帶走幕府最有作爲將軍義教的生命外，也帶走了室町幕府的盛世。之後的將軍不是碌碌無爲、便是沖齡即位，大權旁落，室町幕府從此陷入管領與守護大名間的紛爭擾亂之中。

044 八代將軍足利義政

足利義政及應仁之亂

義教被暗殺時，兒子中最大的義勝不過八歲，被立爲七代將軍。義勝在位未及一年便因墜馬意外死去（另有死於赤痢之說），同母弟三春被擁立爲八代將軍，此時三春也只有八歲，元服後改名義政。

義政本身無政治才能，對執政亦不感興趣，在位初期將政務委託**「三魔」**：乳母今參局、公卿烏丸資任、寵臣有馬持家。當時不少守護大名家內部出現繼承人選爭執不下的局面，將軍基於職責，須盡快決定守護大名家繼承人選，畢竟唯有守護大名家安定，幕府才能隨之安泰。義政對確定守護大名家繼承人選也不感興趣，當中的斯波家、畠山家懸而未決，衍成後來應仁・文明之亂的遠因。

一四五五年，義政二十歲時娶小四歲的日野富子，成婚多年遲未生下繼承人。義政迫於壓力，不得不下令異母弟還俗改名義視，立爲繼承人，還找來管領細川勝元做監護人，並約定將來若生下男子必令其出家。可是義政三十歲時，日野富子誕下男嬰，即後來的義尚。爲了與義視抗衡，富子以四職之一的山名宗全做爲義尚的監護人。

一四六七年元月，畠山金吾家的政長與義就之間兵戎相見，儘管戰爭沒擴及至細川勝元與山名宗全，雙方暗地裡仍在爭取各地守護大名支持。三月改年號應仁，五月雙方全面交戰，「應仁之亂」由此揭幕。一方以足利義視、細川勝元、斯波義敏、畠山政長爲一派，布陣於京都東側，稱爲「東軍」；另一方以足利義尚、山名宗全、斯波義廉、畠山義就爲一派，布陣於京都西側，稱爲「西軍」。

這場亂事打打停停持續十一年，期間東軍主帥足利義視中途出亡伊勢，兩方陣營實際主帥細川勝元、山名宗全，先後於一四七三年辭世，最後在勝負未分的情況下草草結束。京都遭到了前所未有的破壞，自古以來有名的寺社、公家・武家的宅邸，包含花之御所在內者多毀於兵火；鎌倉時代以降仰賴武家鼻息的公卿，遭此大劫益顯窮困，有的如一条教房出走京都，到地方上尋求安定。

應仁之亂使東海・畿內・山陰・山陽地區的守護大名率軍參戰，領國交由守護代治理。這些守護代趁守護離開領國之際，竊取原本屬於守護的領國，造成部分守護大名如斯波、畠山、上杉等名門豪族沒落，而得益的守護代們憑藉個人非凡手腕，在亂世中開創出屬於自己的事業。

銀閣與東山文化

應仁之亂初期，足利義政與後花園上皇、後土御門天皇同淪爲細川勝元的俘虜，身爲將軍的義政任由亂事蔓延而坐視不理。山名宗全、細川勝元身故後，義政效法祖父義滿，索性辭去將軍，讓位給應仁之亂導火線的義尚。他隱居到東山山莊，醉心於修建庭園建築，效法祖父建立隱居之地慈照寺——俗稱「銀閣」。

銀閣寺

銀閣第一層爲現今日式住宅基礎書院造，二層爲禪宗樣式佛殿，如同貼滿金箔而被稱爲金閣之故，「銀閣」名稱的由來也因爲貼滿銀箔。日本飲茶習俗雖可上溯平安時代，可是大盛於民間，乃始於鎌倉時代禪僧明庵榮西；應仁前後則有村田珠光首創侘茶，打破室町初期以來鬥茶競逐的陋習，是後來武野紹鷗、千利休茶道的基礎。一四六二年，六角堂住持池坊專慶受邀至花之御所舉辦的花會，席上將數十枝草花插在金瓶裡，衆人對其技巧大爲讚賞，由此孕育出花道中年代最久遠、廣泛的池坊流。香道方面，有三条西實隆的御家流和志野宗信的志野流；連歌方面，有編撰《新撰菟玖波集》的飯尾宗祇。

庭園建築於此時期成爲將軍、公卿、大名、僧侶的新寵，充滿濃郁的禪宗風格，以枯山水爲主流。代表性庭園有龍安寺方丈石庭，設計者不明，於一九九四年被聯合國教科文組織登錄爲世界文化遺產；另外，大德寺大仙院庭園亦極具代表性。

繪畫方面最重要的首推狩野正信，他融合傳統的大和繪及中國水墨畫的技巧，獲拔擢爲幕府御用繪師，開創狩野派，主宰了室町末期至江戶中期的日本畫壇。兼融大和繪和水墨畫的尚有成立土佐派的土佐光信，同是御用繪師，但相形下名氣不敵狩野派。民間則以集日本水墨畫大成的禪僧雪舟等楊最爲著名，畫作「天橋立圖」如今被列爲國寶。

豆知識　三魔

今參局的「今」、烏丸的「丸」及有馬的「馬」，日文發音皆讀作「ま」，與漢字「魔」的發音相同，故稱之。

045

室町幕府走向式微

戰國時代新界定

應仁之亂期間匆匆接下將軍之位的義尚，年輕卻奮發有爲。亂事結束後，將軍威望跌落谷底，義尚爲重振將軍威望而率軍征討侵呑將軍莊園的六角高賴，於一四八九年病逝戰場。

義尚無子，也未決定繼承人，只得由義政暫代將軍一職。義政原本對政治不感興趣，自然無意再當已不具實權的將軍，他找回當年與自己對立的異母弟義視，收其子義材爲養子來做義尚的繼承人。日野富子與繼任的管領細川政元（勝元之子），對此做法不贊同。義政旋因中風後惡化的病情去世，不久義材生父義視也跟著辭世，義材在政治上失去奥援。而讓抱持敵意的日野富子和細川政元改觀的是，義材主動出擊了六角高賴，結果成功擊敗對方將其流放甲賀。

不過，義材未因此坐穩將軍寶座，日野富子、細川政元及其他幕府要員決定廢黜義材，改立**堀越公方**足利政知次子清晃爲繼任將軍。一四九三年四月，義材連同前管領畠山政長，前往河內國討伐畠山基家，即畠山義就之子。義材才踏上征途，京都馬上遭細川政元武力控制住，忠於義材的勢力悉數被剪除，而當時人在天龍寺出家的清晃也在日野富子的威逼下還俗，改名義澄。政元立即派出軍隊追擊義材與畠山政長，結果義材被捕，因禁龍安寺。之後日野富子與細川政元迅速張羅義澄的即位事宜，此爲「明應政變」。

以往應仁之亂被視爲戰國時代開端，現在學術界卻普遍認爲，這只是將軍及有力守護大名家內部因繼承人選的爭執擴大化，將軍聲望雖下墜，還是受各方承認的。「明應政變」後來演變爲細川京兆家獨占管領一職，幕政大權從此由細川政元獨攬，「下剋上」的現象逐漸風行，做爲戰國時代之起點更具說服力，因此現在普遍採納「明應政變」此說。

擋不住的下剋上風潮

「越前守護代」朝倉敏景，與主君斯波義廉在應仁之亂活躍於西軍，可當管領細川勝元以越前守護爲條件拉攏時，他立即背棄主君，返回越前侵呑斯波家領地，與另一越前守護代甲斐氏作戰。同時沒收不少公家、寺社在越前的莊園，累積實力後，最終實至名歸成爲越前

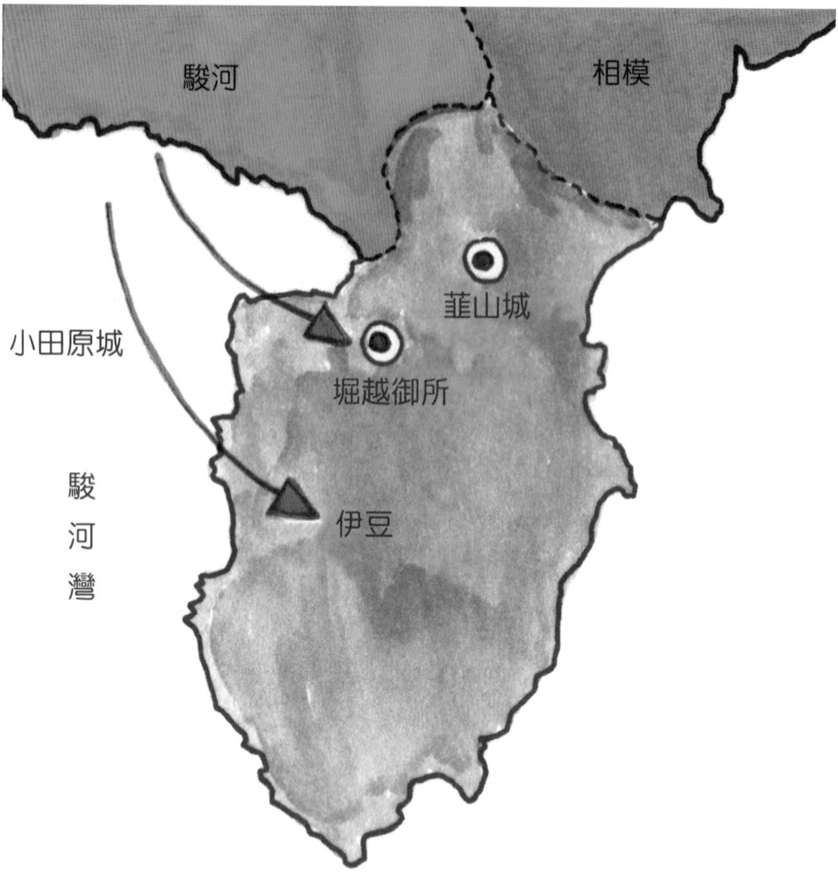

北条早雲進占伊豆／三娃繪

守護。

類似朝倉敏景的作爲，應仁之亂後逐漸普遍。在此之前，即便將軍遇上不少挑戰，但幾都來自守護大名層級，像朝倉敏景以守護代身分侵呑主君領地，至其子氏景完全領有越前國，可謂從未有過，此後竟成爲常態。這種由守護代與類似地方勢力，驅逐併呑守護大名或幕府任命官員之勢力的行爲，叫做「下剋上」。「下剋上」是戰國時代常見行徑，比如將軍爲底下管領所剋、管領爲底下家宰所剋、守護大名爲底下守護代或地方上國人衆所剋等等，室町幕府及先前時代建立起來的秩序到了此時似徹底被顚覆。下位者之所以能顚覆上位者，依憑的是本身能力與所掌控的武力，換句話說就是個以能力及武力爲後盾的時代，只要具備兩者便能憑藉自己雙手在亂世裡開創一片天地；反之，上位者如不具備亂世中生存的實力，光憑藉身分來頤指氣使，只會被無情淘汰，淪爲四處流亡的喪家犬。

北条早雲有「最早的戰國大名」之稱，正是上述以實力推翻不適任上位者之例。有關早雲的出身，近來研究已漸定型，他並非一無所有的素浪人，不過他在應仁之亂期間放棄原有的名位，隻身來到駿河成爲今川家客將，形同一無所有。他幫助外甥當上家督，將目光瞄準駿河東鄰的伊豆，該地統治者第二代堀越公方足利茶茶丸有著弑母殺弟的暴行。

人物通　堀越公方

足利成氏被山內上杉和扇谷上杉逐出鎌倉後，關東大亂。義政為收拾亂局，派異母兄政知東下關東，欲效法當年尊氏以基氏鎮守關東為幕府屏障，孰料政知在箱根受阻於扇谷上杉氏而無法進入關東，不得不棲身伊豆堀越，時人稱為「堀越公方」。

早雲先在今川家賞賜的領地內推行「四公六民」（收成中的四成做爲賦稅上繳，六成歸己）政策，甚得民心，吸引不少伊豆民衆前來投靠。之後早雲率領五百餘人橫渡駿河灣，於伊豆半島西岸上陸襲擊堀越御所，耗近五年時間平定伊豆一國，以北伊豆軍事交通要衝韮山城爲居城，窺伺東邊在扇谷上杉氏統治下的相模，再攻下相模小田原城。早雲成爲最初的戰國大名，小田原城尤成爲早雲之後的北条氏居城。

從朝倉敏景、北条早雲的發跡過程，可看出「下剋上」在明應政變後儼然成爲有能力、有武力者所依循之正軌，守護大名控制領國的盛世已一去不復返。

小田原城／洪維揚提供

046

群雄割據

戰國大名如何定義？

「戰國大名」顧名思義爲戰國時代的大名，是戰國時代的主角，但是它與室町時代的守護大名有何不同呢？具備怎般條件才能視爲戰國大名？

室町時代的守護大名，即便領國大者如山名氏擁有天下六十六國中的十一國，然每一國中的地頭、國人衆都維持在獨立或半獨立狀態，不見得一定聽命守護大名。

室町幕府成立之初，由將軍任命有功武將爲「守護大名」並賜領地世襲，兼授予大犯三條檢斷權、刈田狼藉檢斷權、使節遵行權、半濟給付權、闕所地給付權、段錢・棟別錢徵收權等職權，比鎌倉時代的「守護」擴大許多，此即所謂的「**守護領國制**」。

戰國大名領地從數郡到數國皆有，卻未必大過守護大名，故從領地大小來判斷並不正確，只是比起守護大名，戰國大名權力更集中一元化！簡言之，國人衆與地頭在守護大名之下尚可維持獨立空間；相反的，在戰國大名之下的地頭莊園往往被以「檢地」方式納入大名領地，加強自身經濟實力，最有名例子爲豐臣秀吉的「太閤檢地」，而國人衆或被併入家臣團、或臣屬戰國大名，作戰時有爲大名參戰出兵的義務。

治理領國最有效率之方，莫過於訂出成文法。戰國大名制訂的成文法一般稱爲「分國法」，以鎌倉、室町時代頒布的《承久式目》《建武式目》爲基礎，結合領國的特點

復原的大坂城／洪維揚提供

豆知識　守護大名的權力

「大犯三條檢斷權」，相當於軍事指揮權和警察權；「刈田狼藉檢斷權」，讓守護可搶先收割地頭或國衙莊園的莊稼；「使節遵行權」，守護大名可代替幕府派出使者調解武士家族內部的訴訟；「半濟」，為守護大名有直接收取莊園和公領一半年貢之權利；「闕所地」即闕所之意，各國於交通要道上設置關所以收取往來通行費用；「段錢」，為按莊園田地段數徵收的稅金；「棟別錢」，按領地人民房屋棟數徵收的稅金。

加以細分與強化，成爲自己領國上唯一遵循的依據。不過並非每個戰國大名都有制訂「分國法」。因此用分國法的有無，判定是否爲戰國大名並不是最好的方法。

戰國大名七大類型（依其由來）	舉例
守護大名成長為戰國大名	常陸守護佐竹氏、駿河・遠江守護今川氏、甲斐守護武田氏、近江守護六角氏、周防・長門・石見・安藝・備後・豐前・筑前等國守護大內氏、豐前・豐後・筑前・筑後・肥前・肥後等國守護大友氏、薩摩守護島津氏
守護代或守護代「下剋上」驅逐守護大名取代之	越前守護代朝倉氏、出雲守護代尼子氏、越後守護代長尾氏、細川京兆家家宰阿波守護代三好氏、三好氏的家臣松永氏、越中守護代神保氏、尾張守護代家臣織田氏、備前守護代家臣宇喜多氏
壓制國內守護大名及豪族，由地方國人眾或寺社勢力成長	陸奧國人眾伊達氏・田村氏、安藝國人眾毛利氏、丹波國人眾波多野氏、土佐國人眾長宗我部氏、肥前國人眾龍造寺氏、大和大神神社神官筒井氏
原為幕府官吏或浪人，因緣際會下竊奪守護大名而自立	伊豆的北条早雲和美濃的齋藤道三
本身為幕府地方官吏	上野守護山內上杉氏（同時也是輔佐鎌倉公方的關東管領）
朝廷官制地方國司演變而成	飛驒國司姉小路氏、伊勢國司北畠氏
原為朝廷公卿，應仁之亂出亡後受當地勢力擁戴	土佐一条氏

047

足利將軍有名無實

永正錯亂到兩細川之亂

義澄於明應政變繼位將軍後不過幾年，支持者之一日野富子便去世，但義澄依舊是傀儡，幕政大權爲管領細川政元獨攬，人稱「半將軍」。幕府管領原本應由細川京兆家、斯波武衛家、畠山金吾家輪流擔任，後兩者在應仁之亂期間鬧出家族內訌而式微，細川京兆家因此獨占管領一職，直至三好長慶崛起取代。

大權在握的細川政元也非全無隱憂，他膝下空虛，收養了澄元、高國、澄之三名養子，卻未指定繼承人選，使得家臣由此分裂爲三派。一五〇七年六月，養子澄之收買政元身邊侍衛刺殺政元，是爲「永正錯亂」。但養子澄元在家老三好氏簇擁下出兵撲滅，順勢成爲細川京兆家家督，繼承管領職位。

新管領位子還未坐熱，政元另一養子高國不滿澄元繼承大位而起兵討伐。起初高國不敵澄元，此時盟友大內義興護衛流亡在外的十代將軍義材上洛，對高國而言不只提供兵力，還有前將軍加持，慢慢扭轉劣勢。一五〇八年六月，細川澄元擁護現任將軍足利義澄，與高國與前將軍一派在京都交戰，有大內軍爲後盾的高國獲勝，敗軍帶著將軍義澄逃往近江。義材再度當上將軍，改名義稙，立有功的高國爲管領，大內義興則爲管領代。

前將軍足利義澄三年後於近江病逝，儘管失去籌碼，細川澄元仍號召畿內大小豪族聚集京都洛北的船岡山，再次挑戰細川高國。這是應仁之亂後首度再現多方勢力聚集一堂的混戰，勝算高的澄元因陣營中部分勢力倒戈而功虧一簣。

一五一八年，大內義興從京都返回領地。大內一走，細川澄元立即從四國阿波率三好氏等兵力來犯，令高國敗走近江。不久高國得六角氏、朝倉氏、土岐氏援軍反擊，澄元家老三好之長一族戰死，澄元同年病逝阿波。兩細川之亂最終由高國勝出，然經長年纏鬥，細川家權勢已明顯不如當初細川政元主政的時期。

細川京兆家沒落

細川高國主宰畿內後，仿效養父細川政元獨攬大權，與將軍義稙嫌隙加深。義稙逃出京都輾轉流亡至阿波，阿波細川氏有意奉行義稙上洛交戰，但義稙於此時病逝。

高國統治下的畿內也非一帆風

順，義植無子，繼位人選只得選擇義澄之子，於是十一歲的義晴在一五二一年成爲第十二代將軍。此時畿內亂事又起，高國四處奔波忙於平亂。澄元長子晴元在三好氏長孫元長輔佐下於阿波起兵，一五二七年擊潰高國，偕義晴逃往近江。高國雖有再起之舉，惟大勢已去，最終戰敗自盡。細川晴元則擁立義澄的另一子義維於堺港，準備隨時進京。

細川晴元起兵上洛這段期間，因家臣三好元長過於活躍而起猜忌，藉口要其率軍討伐高國殘餘勢力。三好元長發現他的敵人有更難纏的**山科本願寺**，最後力竭戰死，此結果削弱了細川晴元在畿內的統治力。足利義維的將軍夢亦破滅，失望返回阿波以「平島公方」之名度過餘生。

三好長慶像

一五三七年，細川晴元與足利義晴和解，避居近江多年的將軍返回京都，義晴封他作右京大夫兼幕府管領爲謝。過了兩年，三好元長十八歲長子長慶率軍上洛謁見細川晴元要求繼承亡父在河內的領地，晴元有意收攬便准許，三好長慶於是脫離寄人籬下的生活。長慶憑藉卓越能力和手腕擴展勢力，在三位優秀弟弟及右筆松永久秀協助下，超越父祖幾代累積下來的實力。對比晴元空有管領虛名，外強中乾，長慶即便取而代之亦非不可能。

晴元逐年感受到來自長慶的威脅，關係決裂，長慶便倒戈細川高國養子氏綱陣營。晴元隨即向氏綱宣戰，雙方實力有著懸殊落差。一五四九年展開江口之戰，晴元大敗，仍積極爲打倒長慶奔走，不過沒能成功。細川京兆家已成明日黃花，三好長慶成爲畿內新主宰，此時年僅二十八歲。

豆知識　山科本願寺

淨土真宗本願寺第八世法主蓮如於一四八三年，於今日京都市山科區建立的寺院，是真宗在畿內的根據地。到九世法主實如、十世法主證如，由於面臨戰國亂世，為求自保而將其城郭化。一五三二年七月，細川晴元聯合法華宗向真宗開戰，山科本願寺毀於兵火，真宗撤出京都，轉往難波興建石山本願寺。

048

各地群雄不斷崛起

明應政變後半世紀間，畿內政局經歷一番演變，地方上又是如何呢？

東北方面

室町初期擔任奧州探題、羽州探題的大崎氏、最上氏在應仁之亂沒落，大崎氏反得藉助原爲國人衆伊達氏的力量才能平定地方及家臣團的叛亂，到伊達政宗時期又受壓迫成爲其家臣。羽州探題最上氏雖也歷經興衰，傳至最上義光這代時，一面與伊達氏結成姻親拉其勢力平定領地內的叛亂，同時與伊達氏爭奪奧羽霸權。至關原之戰後，最上義光領有山形五十七萬石，成爲僅次於伊達政宗的奧羽第二大勢力。惜傳至其孫義俊，家族發生動亂遭致**改易**。

應仁之亂後，可與伊達氏勢力並駕齊驅的是以會津盆地爲根據地的蘆名氏。蘆名盛氏曾參與伊達氏家族內亂（天文之亂），與北条氏康．武田信玄結盟以抗關東的佐竹氏。蘆名氏在盛氏逝後不敵伊達政宗入侵，最後滅亡。

關東方面

自義教出兵討伐鎌倉公方以來，分裂成古河公方、山內上杉氏、扇谷上杉氏三股勢力。北条早雲竄起後主要以兩上杉爲擴張對象，其子氏綱立足小田原城爲居城，自稱「後北条氏」。第三代的氏康，於一五四六年河越夜戰大破古河公方及兩上杉氏聯軍，漸有統括關東的氣勢；至第四代氏政時已囊括大半關東。但是，成爲山內上杉氏養子並繼承關東管領的長尾景虎（上杉謙信），以及曾是氏康盟友的武田信玄，因涉及自身利益，時而同盟、時而敵對，是戰國時代至今令人津津樂道的一段篇章。

關東中心的外圍尚有佐竹、里見、宇都宮、結城、那須、小山、大關等戰國大名及國人衆，他們雖非關東主流勢力，卻也在此地區割據史上占一席之地。特別是佐竹氏，北與蘆名、伊達交戰，南與後北条氏競逐關東霸主，展現出清和源氏後裔的雄圖。

甲信方面

室町時代原本由武田氏、小笠原氏擔任甲斐、信濃守護，應仁之亂後守護的統治權威不約而同遭到國人衆及地侍的挑戰，小笠原氏無力維持領地秩序，家族統治搖搖欲墜。武田氏很快平定國內紛亂，信虎時已有餘力對信濃用兵。信虎之子晴信放逐無道的父親後，與南方的今川氏、後北条氏交好，全力侵攻信濃，成功納入版圖。

戰國大名勢力分布圖／三娃繪

北越方面

越後守護代長尾爲景，以武力驅逐越後守護上杉房能，擁立其養子上杉定實爲繼任守護，擁有越後實際統治權，但也因爲「下剋上」使得爲景的餘生皆在平定各地叛亂中度過。爲景長子晴景沉溺酒色，原本降伏的豪族復叛，晴景之弟景虎勇猛無雙，頗得家臣及國人衆擁戴，最後晴景被迫讓位給景虎，也就是後來有「軍神」之稱的上杉謙信。加賀自推翻守護富樫氏後由一向宗（淨土眞宗的俗稱）統治將近一世紀，這段期間加賀阻止近鄰的朝倉

豆知識　改易

江戶時代幕府因大名或旗本犯錯、或是家中出現對立狀況，剝奪其武士身分，沒收領地、居城或宅邸的處分。雖也不乏在改易後提拔大名後世子孫為旗本以延續家世的做法，但被改易的大名、旗本及其家臣泰半淪為浪人，造成嚴重社會問題。

氏、畠山氏、神保氏多次入侵，「進者往生極樂、退者無間地獄」的旗幟飄揚在加賀每個角落。

東海方面

身兼駿河・遠江兩國守護的今川氏，是戰國初期此區最強大勢力。今川義元與武田氏、後北条氏締結「甲相駿三國同盟」後全力西上，併呑鄰近陷入分崩離析的三河。三河原本守護是一色氏，衰退後地侍松平氏竄起，不過松平氏實力不足以平定國內，遭東邊今川氏與西邊織田氏覬覦，最後爲今川義元呑併。

山陰・山陽方面

義滿時期領有十一國的山名氏，如今連維持因幡、但馬都有困難，取而代之的是出雲守護代尼子氏；加上傳統強敵大內氏，使得此區其他守護大名、國人衆、地侍爲求生存，不得不在兩強中選邊站。此區後起之秀爲安藝國人衆毛利氏。毛利元就期間無人能比的謀略讓大內、尼子削弱自身力量，取代了他們成爲山陰・山陽的霸者。

四國方面

四國是個面積較小的島嶼，相對於日本其他地方明顯弱小，但瀨戶內海、紀伊水道、豐後水道均不足以阻絕來自山陽、畿內、九州勢力的入侵。原本四國讚岐・阿波兩國爲細川氏分家的領地，細川氏沒落後，當地國人衆、地侍紛紛崛起，競逐四國的統一。土佐國人衆長宗我部國親，脫逃後附屬於土佐一条氏，返回土佐擴張勢力，至國親之子元親完成土佐統一，成爲四國最強大的勢力。

九州方面

自鎌倉時代以來傳統三強爲大友氏、少貳氏及島津氏，他們在極盛時都身兼數國守護，這種狀況一直持續到戰國時代。少貳氏爲肥前國人衆龍造寺氏取代，龍造寺氏取代主家後與九州北部強敵大友氏作戰，互有勝負。大友氏是鎌倉時代以來的名門望族，大友義鎭先盛後衰，然在筑前・筑後仍有一定勢力，阻止龍造寺氏擴張勢力到九州核心地帶。南方的島津氏苦於家族內部對立，直到島津貴久以分家身分繼承本家家督，完成家族統一後甫北上與大友・龍造寺二氏角逐，在四個兒子義久・義弘・歲久・家久齊心協力下，逐步統一九州。

049 首次接觸歐洲文明

鐵砲傳來

一五四三年八月二十五日，有艘中國船漂流到九州南部大隅半島東南方的種子島，船上載有三名葡萄牙人，一名爲「五峰」（據考證實爲倭寇頭子王直）的中國儒生與島上日本人進行筆談。爲感謝島上日人收留，葡萄牙人將手上奇珍異物獻給島主種子島惠時・時堯父子，這一奇珍異物即是日後改變戰國時代的武器：「鐵砲」。翌年，再有葡萄牙人漂流至島上，惠時命人學習鐵砲的製作技術，於是種子島自行製造出鐵砲數十挺。

以上是《鐵砲記》中關於日本自行製造鐵砲的記載。不過，有關鐵砲傳入日本的時間，不少學者認爲應當比《鐵砲記》要早數年。

種子島惠時將製造好的鐵砲獻給主君島津貴久。此外，當時人在種子島的堺港商人橘屋又三郎，和紀伊根來寺僧侶津田算長（亦稱「杉之坊算長」），各購買鐵砲返回居住地。津田算長請人複製後獻給當時將軍足利義晴，鐵砲於是開始在日本本土傳開，成爲戰爭新寵。除了種子島，和泉國堺港、紀伊根來寺，及近江國友・日野等地都大量生產。

鐵砲最早稱作「火繩銃」，因能夠射下天上飛鳥，在中國又稱爲「鳥銃」。依彈藥重量及槍管口徑，可細分爲小筒、中筒、士筒、馬上筒、短筒、大鐵砲等數種。鐵砲製作所需主要原料有鐵、硫磺和硝石，日本並非硝石產地，必須仰賴海外進口，而當時對外貿易港口以堺港、博多爲主，使兩港口除卻本身商業價值，再添軍事價值。再加上割據各地的大名遍設關所，對來往貨物徵收稅金，鐵砲普遍造價昂貴。

當時鐵砲射程有限，裝填子彈過於耗時，氣候太潮濕更會出現無法射擊的狀況。儘管有諸多不利因素，然只要選在晴日，鐵砲射程內，其威力是傳統刀劍弓矢難以企及的，連騎兵也會被擊倒，因此鐵

人物通　耶穌會

天主教因應宗教革命而自內部發起的改革勢力，由羅耀拉（Ignacio de Loyola）等七名巴黎大學學生發起。成員入會時必須發誓堅守日常生活貞潔、安貧以及對耶穌會（Society of Jesus）和教宗命令絕對服從，其具體任務為教育和傳教，因此耶穌會士紛紛遠赴海外向世界各地傳教。

砲成爲戰國時代戰爭的主力，無役不與。據估計，關原之役前夕日本國內約有五十萬挺鐵砲，是當時世界擁有最多鐵砲的國家，此時距鐵砲傳入還不滿一甲子。

基督教傳入

一五四九年，**耶穌會**傳教士西班牙人沙勿略（Francisco Xavier）在麻六甲遇見亡命此地的日本人彌次郎。沙勿略以之爲嚮導，偕同德特爾（Cosme de Torres）、費南德茲（Juan Fernandez）兩位耶穌會士，前往歐洲人未曾踏足過的日本傳播上帝福音。同年七月二十二日（陽曆八月十五日是聖母瑪麗亞升天日），沙勿略一行於薩摩登陸，受到島津貴久歡迎，貴久原同意沙勿略傳教，因面臨領地內傳統佛教的壓力而告中止。於是沙勿略留下彌次郎，與另外兩人前往平戶，在平戶傳教的成績遠超薩摩。

不過平戶只是蕞爾之地，沙勿略前往京都，盼能像在中國那樣得到皇帝敕許，讓傳教活動更便利。來到京都未能謁見將軍足利義輝，卻目睹自兩細川之亂以來殘破的京都，他失望之餘，回到上洛途中經過的山口傳教，當時山口較日本各地來得安定，而且喜愛京都文化的大內義隆吸引不少京都公卿前來山口尋求保護。沙勿略在山口也吸引許多日本信徒，當中有位全盲的琵琶法師折服於沙勿略說教而受洗，教名羅倫佐，是第一個加入耶穌會的日本人。

沙勿略眼見天主教在日本紮根，信徒穩定成長，便於一五五一年底安心離日，一年多後病逝中國廣東。沙勿略後有葡萄牙傳教士維耶拉（Gaspar Vilela）、佛洛伊斯（Luis Frois）相繼來日，初期仍孤軍奮戰，但織田信長上洛後，終得撥雲見日，實現在京都傳教的願望。

隨著天主教在日本的傳播，有的大名純爲教義所感動，亦有像信長那樣出於貿易或爲取得鐵砲、西洋珍物等目的受洗，這類大名被稱爲「吉利支丹大名」（江戶時代爲避五代將軍德川綱吉名諱，改稱「切支丹大名」）。重要的「吉利支丹大名」有：高山友照・右近父子、小西行長、蒲生氏鄉、黑田官兵衛、大友宗麟、大村純忠、有馬晴信，他們大多位於畿內和九州，讓傳教士有在領地內傳教的自由。

來到日本的南蠻船隻／十六世紀油畫

050

織田信長的崛起

繼任家督到桶狹間之戰

有「戰國風雲兒」之稱的織田信長出身尾張國勝幡城，織田氏原爲尾張守護代，應仁之亂「下剋上」取代主家斯波氏。進入戰國時代後，織田氏分裂爲領有上四郡（丹羽、羽栗、中島、春日井）的岩倉織田家，與領有下四郡（愛知、知多、海東、海西）的清洲織田家。信長之父信秀時凌駕主家清洲織田家，成爲尾張下四郡主人，於是平定上四郡岩倉織田家進而統一尾張，便成了織田信秀念茲在茲的使命。

不過岩倉織田家與美濃齋藤道三結好，信秀幾次率軍征討卻屢屢敗在道三手下。此外信秀還要面對將勢力伸入三河的駿河、遠江守護今川義元，幾經考量後，他決定採取和解以全力對付今川氏，具體的和解方式是成爲姻親。一五四八年，道三將長女歸蝶嫁給了信秀嫡長子信長。

信長幼名吉法師，成親前有諸多奇言怪行又蔑視傳統，因而被稱爲「尾張的大笨蛋」。後來信秀去世，準繼承人的信長穿著奇裝異服出席喪禮，引來衆人非議，教育信長的家臣平手政秀於是切腹死諫，信長受此衝擊，從此在言行上有所收斂。之後與岳父齋藤道三於兩國國境附近的富田正德寺會面，信長表現優異得到道三讚賞，家族再無人嘲諷。不久更平定家中擁戴同母弟信行的勢力，於此展現過人智慧，他只除掉信行，赦免了包括柴田勝家在內的其他家臣。至一五六〇年三月，信長消滅岩倉織田家，統一了尾張。

此時今川義元已併吞三河，並將三河、尾張邊境上數座城寨納入版圖，以三河部隊爲先鋒繼續進攻尾張，直指京都。信長能動員的兵力不超過三千，面對十倍敵方兵力，正面交戰絕無勝算，只有進行偷襲。

一五六〇年五月十九日，信長舞完喜愛的《敦盛》，匆匆前往熱

清洲城／Bariston 提供

田神宮進行戰前祈願，據說樹林中飛出白鷺被認爲是戰勝吉兆。天亮後，信長得知今川義元的本陣位於桶狹間和田樂狹間一帶，頓時天上雷電交加，頃刻間暴雨一瀉而下。他認爲這正是偷襲的絕佳良機，率軍朝桶狹間而去。下午二時左右暴雨方酣，信長一行已現身今川義元的本陣，今川軍旗本對突如其來的奇襲不及反應，今川義元已被信長的**馬廻眾**追上，馬廻衆之一的服部小平太取下義元首級，爲這場戰國最具戲劇性的戰役畫下句點。此役之前，僅有齋藤道三和部分家臣眞正瞭解信長的能力，故可說桶狹間之役使信長一戰成名，天下無人不曉，信長遂以這回勝利爲契機，朝天下布武之路邁進。

人物通　馬廻眾

在騎馬大將周圍進行護衛且身兼傳令的侍衛，通常是由地方豪族的次子或三子組成。信長從馬廻眾選出精銳組成「赤母衣眾」和「黑母衣眾」，做為本陣和前線部隊之間的傳令。

天下布武，護義昭上洛

《信長公記》記載齋藤道三在正德寺與信長會面說過要將美濃留給信長，後來道三與長子義龍作戰時喪命，信長遂以爲岳父復仇爲名出兵美濃。桶狹間之役後信長挾威傾尾張全國之力進攻美濃，卻受阻於《信長公記》一書中評價甚低的齋藤義龍。一五六一年義龍病逝，信長爲全力進攻美濃，先與桶狹間戰後恢復獨立的三河松平元康（後來的德川家康）訂定清洲同盟解除後顧之憂，並將居城從清洲城遷往更靠近美濃的小牧山城。

一五六六年，信長的部將羽柴秀吉毛遂自薦，將拉攏來的美濃國人眾蜂須賀正勝、前野長康等人於長良川西岸墨俣一夜築好堡壘，加速織田軍進攻速度。在此必須澄清的是「墨俣一夜城」並非眞的一夜築成，乃是歷經七天左右時間；而且墨俣該地原就有類似砦的存在，羽柴秀吉只是將那些破損的砦修復，非憑空建造，秀吉也事先備妥了築城建材又利用河川運送到墨俣組裝。另外，墨俣城完工後一年多，織田軍才攻下齋藤氏居城稻葉山城，因此墨俣一夜城在軍事上實質幫助有限，主要是藉由築城動搖美濃國人眾的意志，讓他們因此投靠織田家。

信長翌年（一五六七年）九月攻下稻葉山城後改爲居城，一般認爲他聽

取僧侶澤彥宗恩建議，將中國周文王的封地岐山與孔子誕生地曲阜各取一字改名為「岐阜」，但學者考證後認為這名稱早在此前七十多年間便已有之。年末，信長開始使用「天下布武」印章，足可認為擁有美濃、尾張後，信長萌生以武力取得天下的野心。

機會很快降臨，就在一五六八年六、七月，人在越前的足利義昭先後派遣細川藤孝、明智光秀到美濃與信長接洽，希望他能出兵護送義昭上洛，打倒松永久秀與三好三人眾，擁戴義昭成為足利將軍。

對信長而言，這是從天而降的契機，他趕緊動員領地內的兵力，交好東鄰的武田信玄，以養女嫁與信玄四子勝賴締結姻親。九月七日率領德川、淺井（信長四年前將妹妹阿市嫁給淺井長政）聯軍共四萬餘人（一說六萬人）浩浩蕩蕩上洛，一路上僅遇近江南部六角義賢的抵抗，信長不費吹灰之力攻下六角氏居城觀音寺城。九月二十八日，信長一行進京，足利義昭入住東山清水寺，信長則落腳東福寺；十月十八日，朝廷下達征夷大將軍宣下，足利義昭正式成為室町幕府第十五代將軍。

「桶狹間之戰」錦繪

051 川中島激戰

大戰前的各方局勢

一五四一年六月，甲斐守護武田信虎遭到家中重臣支持的長子晴信放逐，晴信自立家督後，考量當時局勢決定對信濃用兵。信濃因爲地理環境多山，導致切割成衆多而零星的政治勢力，頗適合武田晴信施展遠交近攻的戰術各個擊破。儘管如此，武田晴信入侵信濃並非一帆風順，期間也出現過上田原之戰和砥石崩潰這樣的敗仗，失去被後世稱爲「武田二十四將」中的板垣信方、甘利虎泰、橫田高松等優秀將領。晴信攻略行動雖吃了幾次敗仗受挫，仍未損及武田氏在信濃的勢力，暫挫武田氏的村上義清亦沒能在北信濃立足。

最後，信濃守護小笠原長時和北信豪族村上義清在家臣不斷歸降武田晴信的情況下，只得出走信濃，往北投靠年輕的越後國主長尾景虎。長尾景虎接受無能長兄晴景的讓位，以卓越戰術降伏越後境內大大小小的國人衆、地侍和豪族。

景虎個性豪邁，有燕趙豪俠之風，因而威名遠播。他重視義理，自稱生平戰役皆是爲「義」而戰，善待任何降伏勢力，並曾上洛拜見將軍足利義輝，彼此惺惺相惜。成爲越後國主後，仍奉越後守護上杉定實爲賓；北条氏康驅逐關東管領山內上杉憲政，無處可去的山內上杉憲政亦只能逃往越後，景虎對這位家世高過自己甚多的上杉氏嫡系家督禮遇有加。除卻家世之後一無所有的憲政，幾次欲讓與山內上杉氏家督和關東管領之職，重視名分的景虎堅辭不受，認爲讓與「關東管領」理應於鎌倉鶴岡八幡宮前舉行，有關東豪族見證才可。

一五六一年三月，景虎勞師動衆率領大軍包圍後北条氏的居城小田原城。北条氏康對此早已採取對策，小田原城歷經氏綱、氏康二代經營，不比一般城郭，因此景虎雖兵臨城下卻未能攻陷。閏三月十六日，景虎前往鎌倉接受關東管領之職，成爲山內上杉家養子，改名上杉政虎。

武田晴信先是接受將軍調解，與景虎和睦，並成爲信濃守護。接著趁政虎出兵關東期間，信玄（晴信出家的法名）在川中島附近築海津城，該城的竣工有助信玄鞏固北信的統治，對越後帶來一定程度的威脅，政虎獲報後不得不撤出關東，返回春日山城備戰。

川中島兩軍對峙的騎馬戰，發展出日本中小學盛行的體育競技／三娃繪

鞭聲肅肅夜渡河

川中島之戰共有五次，眞正說得上戰役只有第四次，其餘不是小規模衝突就是兩軍對峙，一般提及川中島之戰，如無特別附記都指這一次。不過弔詭的是，這場戰役在後世說書人口中出現頻率相當高，不乏以此爲主題的小說和學術專書，但後人依舊有許多不明之處。

川中島爲犀川和千曲川匯流處的沖積平原，此役重要地點如**善光寺**、茶臼山、海津城、妻女山、八幡原、雨宮渡皆在這塊沖積平原上。話說上杉政虎返回春日山城後

豆知識　善光寺

位在今長野縣長野市，是日本罕見不隸屬任何宗派的佛寺。據説創建於七世紀中葉，平安末期起數次毀於兵火。第四次川中島之戰後，武田信玄將善光寺的佛像帶回甲府，創建甲斐善光寺。

率軍前往善光寺，在善光寺留下部分留守兵力，八月十六日率一萬三千軍到更南邊妻女山布陣。武田信玄則於同日率兩萬軍出甲府，二十四日在善光寺西南、犀川南岸的茶臼山布陣，二十九日全軍穿越八幡原進入海津城。

根據描述川中島之戰的書籍《甲陽軍鑑》記載，信玄的軍師山本勘助在臨戰前建議兵分兩路，由高坂昌信、馬場信春率領一萬二別働隊直指妻女山；信玄本人率領八千人於八幡原布陣，殲滅了被別働隊追擊從山上逃下來的上杉軍，此即所謂的「啄木鳥戰法」。孰料上杉政虎從海津城炊煙的減少，判斷武田軍有所動靜，反趁黑夜下妻女山從雨宮渡涉水穿過千曲川前往八幡原布陣，即江戶時代後期文人賴山陽詩中歌詠「鞭聲肅肅夜渡河」的情景。

撲空的武田別働隊趕緊下山，往八幡原與信玄本隊會合。九月十日八點左右，濃霧瀰漫的八幡原終於撥雲見日，但出現在武田本隊面前卻是擺出車懸之陣的上杉軍，武田本隊遭逢上杉家中第一猛將柿崎景家為首的上杉軍痛擊。訓練有素的武田軍雖也立即擺出鶴翼陣迎擊，右翼卻受到猛攻而出現破綻，為補救這一破洞，信玄之弟信繁和諸角虎定、初鹿野忠次等人戰死，提出「啄木鳥戰法」的山本勘助也在別處戰死。十二點左右，武田別働隊終於趕到八幡原與本隊會合，一路挨打的武田軍終於有能力反擊，局勢因而逆轉，上杉軍開始出現大量死傷，上杉政虎騎馬衝進武田軍本陣與信玄對砍三刀後離去，到下午四點被武田軍趕出善光寺以北。

以上是《甲陽軍鑑》對第四次川中島之戰的大致記載，卻不乏令人費解之處，像「啄木鳥戰法」和政虎與信玄的「三太刀七太刀」恐怕附會之成分大於眞實。不管怎麼說，這對雙方都是一場死傷慘重的戰役，放諸整個戰國時代也難找到死傷如此慘重的戰役。正因兩邊皆付出慘痛代價，以至雙方陣營皆無力動員兵力護送足利義昭上洛，讓剛崛起的織田信長撿了個現成的便宜。

善光寺史料館

052

信長包圍網

信長征戰畿內

足利義昭成爲將軍，對信長感激之情溢於言表，欲以副將軍兼管領之職酬謝。原以爲守護代出身的信長會感恩戴德，孰料信長毫不猶豫回絕，反要求在堺港、近江大津、草津三地設置代官，做爲直轄地。不久就與足利義昭出現衝突，信長上洛後翌年一月，義昭受到**三好三人眾**襲擊，信長出兵擊退後強加十六條《殿中御掟》限制義昭的權限。將軍竟淪爲供膜拜的人偶，義昭深感不滿，種下對信長的仇恨。

後來信長以義昭之名敦促各地大名上洛，越前的朝倉義景不予理會，信長便於一五七〇年四月出兵征討。信長的出兵，違反了當初與淺井氏結盟時對方提出的不得與朝倉作戰之約定，即便信長頗有斬獲，退路卻被淺井封鎖，不得不以羽柴秀吉殿後才得全軍撤退。

同年六月，信長聯合德川家康向淺井、朝倉宣戰，此即著名的「姉川之戰」。信長獲勝控有近江南部，隨即派兵到攝津與從四國捲土重來的三好氏作戰，是爲「野田城・福島城之戰」。戰爭進行至九月十三日，本願寺十一世座主顯如法王加入三好氏對信長宣戰，稱信長爲「佛敵」，於是本願寺、三好三人眾、阿波三好氏、攝津的池田長政、朝倉義景、淺井長政、比叡山延曆寺、大和的筒井順慶結合成大同盟來對抗信長，即是「信長包圍網」。

不過包圍網內部並非團結一致，部分成員在信長上洛前還彼此殺伐，並沒能維持長久的合作。信長透過義昭要求天皇斡旋調停，以十月底信長與顯如和解爲起始，陸續與其他勢力達成和解，第一次信長包圍網結束。

包圍網從結合到解散

一五七一年五月，信長率五萬餘兵力，兵分三路包圍本願寺位在伊

人物通　三好三人眾

一五六四年三好長慶病逝後，支撐三好政權的三好長逸、三好政康、岩成友通三人，爲三好家一門眾或重臣，以長慶繼承人義繼的輔佐役登上歷史舞台。最初與松永久秀合作，包圍將軍府邸，足利義輝奮勇戰死。之後雙方因利益內鬥，信長上洛後，走投無路的松永久秀投靠信長繼續對抗三人眾。

勢的根據地長島，信長與一向宗的戰爭再起。同年九月十二日，爲斷絕朝倉氏和淺井氏的後援，信長進行包圍戰，焚毀天台宗總本山比叡山延曆寺；根本中堂被焚，僧俗男女三、四千人遭到殺害，與足利義教對付延曆寺極爲相似。燒毀延曆寺的「暴行」爲信長博得「第六天魔王」稱號。

足利義昭「御內書」下達的對象大名和畿內佛教出現跨宗派聯合，信長又追加五條《殿中御掟》，包含義昭要下達「御內書」需事先讓信長過目，不能以義昭名義發給各地大名命令等內容。雖然限制如此嚴苛，義昭仍偷偷將「御內書」下達至畿內各地大名，包含遠在甲信的武田信玄和山陽的毛利輝元（元就之孫）。武田信玄收到「御內書」時，與之作戰的北条氏康去世，遺命長子氏政重新與武田結盟，信玄因而結束與後北条氏的戰爭，顯如法王也策動越中一向宗干擾上杉謙信（政虎出家的法號），使信玄得以在無後顧之憂的情況西上。

一五七二年十月三日，信玄率三萬大軍兵分三路上洛，消息傳入畿內，包圍網成員無不歡聲雷動。信玄上洛的終極目的是打倒信長，攔阻在上洛途中的信長長年盟友德川家康，則是信玄優先要打倒的對象。話說信玄和家康在瓜分今川氏領地曾短暫締結過同盟，此刻終究兵戎相見。信玄大軍從甲府出發，數日內進入遠江家康領地，所到之處當地豪族多望風披靡，即使信玄兵力遠勝家康，雙方之間仍有一言坂、二俣城等零星短兵相接。

罹患肺癆的信玄不願耗時進攻不必要的城砦，刻意繞過了家康居城濱松城往西直行，年輕的家康沉不住氣率軍出城追擊。此舉正中信玄下懷，雙方隨即於濱松西北一處名爲「三方原」的台地進行決戰，時爲公元一五七二年十二月二十二日。家康得到信長援軍，兵力增至近兩萬，雖仍落後信玄，差距亦未如想像的大。雙方開戰後，久經百戰的武田軍迅速取得優勢，過了兩小時，德川軍漸出現潰敗跡象，武田軍乘勝追擊，爲三方原之戰取得最後勝利。

一五七三年二月，武田軍進入三河境內攻下野田城。信玄病勢沉重到無法再往前進，不得不做出折返的決定，四月十二日在返回甲府路上病逝信州駒場。三方原的勝利讓包圍網成員聲勢達到頂點，義昭甚至拒絕信長提出的和解條件。但包圍網最終沒能達成消滅信長的目標，儘管信玄遺言要家臣在三年內保密死訊，不過情報網靈通的信長一個月後便已確定信玄死去。少了勁敵的信長，開始反過來清除包圍網成員。

一武田信玄一

大永元年～元龜四年 一五二一～一五七三

討論戰國時代有哪些戰國大名有角逐天下的可能時，武田信玄是絕對不會被遺漏的人選，如果不是在上洛的過程倒下，信玄很有機會粉碎信長天下布武的野望。不過，信玄的光環成為後繼者勝賴的壓力，信玄時期的缺失也在勝賴時期被放大觀察，成為武田家滅亡的因素之一。

✿「甲斐之虎」生涯

武田信玄本名晴信，是武田信虎的嫡長子，母親大井夫人（名字不詳）為武田氏庶流。晴信雖是長子卻不受信虎喜愛，有意廢嫡改立弟弟信繁，在信虎主政期間屢屢對外用兵，使武田家臣和甲斐百姓苦不堪言。因此晴信在家中重臣板垣信方、甘利虎泰等人的支持下，將父親放逐至駿河，自立為甲斐國主。

晴信繼續父親的對外擴張，他盱衡當時的局勢，認為豪族林立的信濃是最適合的擴張對象。不過信濃的地勢卻拉長平定的時間，晴信費時二十年、歷經數十場戰役包括驚天動地的第四次川中島之戰，才將信濃納入版圖。

第四次川中島之戰結束後，信玄（第四次川中島之戰前夕出家，法名「德榮軒信玄」）應盟友北条氏康之請，出兵上野，斷絕上杉謙信進兵關東的路線。之後發生「義信事件」——幾乎是信虎和晴信父子對立的翻版，信玄不得不幽禁與自己意見相左的長子義信，在其切腹後改立側室諏訪御寮人所生的四子勝賴為繼承人。

信長上洛的同時，信玄與新興的德川家康結盟瓜分昔日盟友今川家領地，此舉招來信玄另一盟友北条氏康與之斷交，並與信玄的死敵上杉謙信締結「相越同盟」，從東、北兩方包夾信玄。納駿河入版圖後，信玄取得長久以來渴望的臨海國度，並接收藏量豐富和礦質精純的富士、安倍兩座金山，此時信玄成為擁有一百二十萬石左右的大名，實力與後來豐臣政權名列五大老的上杉家、毛利家不相上下。

清和源氏義光流後裔的信玄早有上洛野心，足利義昭與織田信長的衝突則為信玄的上洛提供機會。

信玄上洛時已病入膏肓，信玄因而一反平定信濃時採用的「叩石橋而渡」的保守戰略，故布疑陣在三方原與年輕氣盛的德川家康進行決戰而大勝。惟此時信玄病情加劇，不得不放棄上洛心願返回甲斐養病，一五七三年四月病逝信州駒場，享年五十三歲，辭世語為：「大ていは　地に任せて　肌骨好し　紅粉を塗らず　自ら風流。（此身此骨歸大地，不塗紅粉自風流）」舊說信玄死於肺癆（肺結核），但根據醫學診斷，胃癌或食道癌是較可信的說法。

❀「有情為友，有仇則為敵」

在戰場上，信玄主政的武田家令鄰近勢力畏懼，是信長最不想與之交戰的對手之一（另一人為上杉謙信），然在內政方面，信玄的成就與貢獻亦無可挑剔。信玄的治國政策中以治水、開發山地、開礦等方面最為突出，甲斐國核心地帶甲府盆地由於地勢落差大以致河流湍急，飽受釜無川、笛吹川兩河氾濫之苦。信玄在放逐父親自立後的翌年針對釜無川、笛吹川及御敕使川進行整治，費時十九年，第四次川中島大戰前一年於現今甲斐市龍王完成有名的「信玄堤」（全長將近二公里，最初名為「霞堤」，江戶後期改稱「信玄堤」）。信玄治水的同時也對信濃用兵，兼顧內政及對外擴張，誠屬不易！

甲斐國除先天面積狹小外，更不利的是境內多山，平原與盆地只占極小的部分，若只將開發重心關注在平原與盆地上，不僅難以養活甲斐民眾，也浪費了甲斐國的山地資源。為獎勵民眾開發山地，信玄降低賦稅中金錢的比率，允許以開發的資源做為稅收上繳。信玄鼓勵民眾莫只是開發山地資源，應當把資源加工製成產品販售，以販售收入繳納賦稅中金錢的部分，更還鼓勵民眾開發山坡地種植經濟作物和水果。

甲斐國有著藏量豐富的金山，著名的「甲州金」即是從甲斐金山開採出來的金子鑄成。為了淬鍊出質量精純的金子，信玄不惜出資讓猿樂師大藏宗右衛門的次男藤十郎（後來有「天下總代官」之稱的大久保長安）前往長崎學習西洋的精煉法（不確定是否為灰吹法）以增加金山產量。「甲州金」其實並非流通市面的貨幣（從日明貿易輸入的永樂通寶才是），而是武田家的軍用金，至多只流通在武田家統治範圍內。

多數戰國大名都住在地勢險要、戒備森嚴、金城湯池的城郭裡，只有信玄是居住在幾無防衛的簡單行館中，

山梨縣甲府市的武田神社
／江戶村のとくぞう提供

沒有地勢、要塞、城郭的保護，信玄相信民心的擁戴遠遠勝過天然地勢和人為設施，倘失去民心，縱建造再多的難攻不落之城也是無益。本能寺之變後，成為甲斐新主人的德川家康曾去探尋這位讓他吃下畢生唯一敗仗之人物的居館，偏偏不得其門而入，最後下馬徒步。進入江戶時代，以古文辭學聞名的學者荻生徂徠在參觀完躑躅崎館遺跡後，感嘆地道：「與他的事業相比，這座宅邸顯得無比的簡樸！」

❀大河劇裡信玄的形象

與信玄相關的大河劇共有三部，分別為一九六九年的《天與地》、一九八八年的《武田信玄》及二〇〇七年的《風林火山》，飾演信玄的有高橋幸治、中井貴一、四代目市川猿之助，大河劇以外尚有萬屋錦之介、津川雅彥、緒形拳等實力派演員也飾演過武田信玄。

原本預定的主角松平健和候補的役所廣司因故未能演出，故大膽啟用在偶像劇締造收視率佳績的中井貴一為主角。中井拍攝《武田信玄》時未滿二十六歲，年紀雖輕卻成功地詮釋從十八歲到病逝的一代名將，如實表現出信玄有主見且深謀遠慮的沉穩性格（《風林火山》的信玄較少穩重），重要戰爭如第四次川中島、三方原等戰役也都真實還原。

本劇改編自已故作家新田次郎的同名小說，在小說中雖有不少女性角色，但整體而言在全書中所占篇幅有限，然而大河劇中女性戲分大為提升。截至二〇一五年為止，連同「ＮＨＫ新大型時代劇」和「特別連續劇」（スペシャルドラマ）共五十八部大河劇，《武田信玄》的平均視聽率為百分之三十九點二，是史上第二，僅次於前一年《獨眼龍政宗》。

【與信玄有關的景點】

* **要害山城跡**：武田信玄出生地（山梨縣甲府市上積翠寺町）
* **武田神社**：躑躅崎館舊址所在，以武田信玄為主祭神的神社（山梨縣甲府市古府中町）
* **惠林寺**：甲斐武田氏歷代菩提寺（山梨縣甲州市）
* **信玄堤**：武田信玄整治河川所築的堤防（山梨縣甲府市到甲斐市之間）
* **八幡原史跡公園**：第四次川中島之戰戰場（長野縣長野市小島田町）
* **海津城址**：為準備第四次川中島之戰而由山本勘助所築之城（長野縣長野市松代町）
* **三方原古戰場跡**：三方原之戰戰場（靜岡縣濱松市北區根洗町）
* **信玄公祭**：每年四月十二日信玄忌日前的星期五到日三天，有武田二十四將等時代行列。
* **網址**：http://www.yamanashi-kankou.jp/shingen/

上杉謙信

享祿元年~天正六年　一五三〇~一五七八

說到戰國時代最能征善戰、豪邁勇猛的武將捨「軍神」上杉謙信外不作第二人想，日本有名的策略遊戲公司光榮的「三國志」系列說到武力第一，玩家毫不猶豫會想到呂布；而該公司另一名作「信長之野望」系列中武力第一的人選，除上杉謙信外應該沒有其他人選，雖有幾代由新陰流創始人上泉信綱掄元，不過在玩家和戰國迷心目中，上杉謙信才是真正戰國時代武力第一的武將！

❀長尾景虎到不識庵謙信

上杉謙信本名長尾景虎，是越後守護代長尾為景的四男（亦有次男、三男諸說，尚無法確定），長尾氏與其主家上杉氏一樣有許多分支，景虎的生家為府中長尾氏是越後長尾氏的本家，從南北朝時代起歷代皆為越後上杉氏守護代。

景虎童年缺乏父愛和母愛關懷，養成他孤僻寡言的性格。長尾為景繼任的長兄晴景並無治國之才，家臣無不希望作戰時宛如毘沙門天（即佛教中鎮守須彌山北方北俱盧洲的守護神多聞天，被武士視為軍神）化身的景虎取而代之。一五四八年在越後守護上杉定實的調停下，景虎成為晴景的養子，繼承越後長尾家以及越後守護代。

一五五一年，年僅二十二歲的景虎迫使上田長尾家家督長尾政景（其子顯景後來為景虎養子景勝）投降，成功統一越後。翌年關東管領山內上杉憲政的根據地上野國平井城為北条氏康攻下，無處可去的上杉憲政只得流亡越後，景虎絲毫不敢怠慢這位落難的上杉氏家督，建造御館做為其容身之處。

之後景虎多次進軍關東與聲勢如日中天的北条家作戰，景虎雖驍勇善戰，然從春日山城到關東距離過於遙遠，加上越後的冰雪期在在限制景虎在關東的活動範圍，另外，反覆降叛的關東在地武士亦是令景虎頭痛的問題。一五六一年閏三月十六日，山內上杉憲政於鎌倉鶴岡八幡宮在諸多關東豪族的見證下，正式收景虎為養子並讓出關東管領，長尾景虎因而改名上杉政虎。

第四次川中島之戰結束後，武田信玄出兵協助盟友北条氏康掃蕩政虎進軍關東期間依附的豪族勢力，政虎因關東管領的頭銜不得不再率軍遠征，十二月攻下下野國唐澤山城後拜領將軍足利義輝的名諱，改名上杉輝虎。一五七〇年十二月相越同盟締結後，上杉輝虎收北条氏康七男為養子，輝虎為其命名為「景虎」，給以一門眾的待遇，同時出家，法名「不識庵謙信」。

一五七〇年十月輝虎曾輕微中風，雖然很快治癒，卻留下左半身癱瘓的後遺症。一五七八年三月九日謙信動員家臣準備再與信長作戰時倒下，十三日去世。從謙信平時豪飲的習慣來看，死因應該不出腦溢血。

✿「鎧甲在胸前，功勳在腳下……」

謙信一生極重信義，生平不曾為了領土野心而發動對外戰爭。不管是關東管領山內上杉憲政，或是信濃守護小笠原長時、信濃豪族村上義清，只要領地被奪的武將前來投靠，謙信沒有不收容的，甚至還會發起義戰助其奪回領地。出兵關東及長達十二年的川中島之戰皆屬於此類。

重義為謙信留下不少歷史佳話，如不顧今川家和北条家的提議，堅持送鹽到不靠海的武田家領地。在得知宿敵武田信玄病逝後，正在用飯的他不覺丟下筷子道：「我失去一個好對手，世間不復再有這等英雄男子！」或許這是說書人或小說家的創作，只是用在謙信身上，讓人覺得似乎真有其事。

鶴岡八幡宮

不過也因為浪費太多時間在關東和信濃北部，寸土未得的義戰固然贏得讚賞，但發動義戰耗損的兵力和財力皆難以彌補，使得謙信早早就退出競逐天下的資格。然而，為義而戰對謙信競逐天下或許幫助有限，此種義舉卻讓謙信與其他戰國武將相較下，格外令人印象深刻。嚴格說來，謙信在治國方面的成就，與信玄、信長、家康等人相比不算特別傑出，對愛戴他的越後武將而言或許「為義而戰」是最大的魅力，這股魅力一直延續至今。

❀大河劇裡謙信的形象

與謙信相關的大河劇共有三部，分別為一九六九年的《天與地》、一九八八年的《武田信玄》以及二〇〇七年的《風林火山》，飾演謙信的有石坂浩二、柴田恭兵以及搖滾歌手Gackt。

當中詮釋謙信豪邁之氣最傳神的當數Gackt，他在《風林火山》出場甚遲，孰料一出場便搶走男主角內野聖陽和第一男配角四代目市川猿之助的鋒芒，特別是在第四次川中島大戰從春日山城出兵前夕吟誦《春日山城壁書》裡的字句「命運決於上天，鎧甲在胸前，功勳在腳下……」時，似乎讓人有謙信重生的錯覺。

因為Gackt成功的詮釋謙信，二〇〇八年起新潟縣上越市八月下旬舉辦的「謙信公祭」都由Gacktt以謙信造型登場（二〇〇九年和二〇一二年除外）。原本「謙信公祭」是個不超過八萬人的中型祭典，但在Gackt參加後，竟成為每年超過二十萬人的大祭典，從地方性祭典飛躍為全國性甚至跨國性的名祭典！

【與謙信有關的景點】

* **春日山城跡**：謙信的出生地及其居城（新潟縣上越市）
* **林泉寺**：越後長尾氏的菩提寺，也是謙信最初的出家之地（新潟縣上越市）
* **栃尾城跡**：謙信初陣攻下之城（新潟縣長岡市）
* **鶴岡八幡宮**：關東武士的守護神，謙信在此就職關東管領（神奈川縣鎌倉市）
* **八幡原史跡公園**：第四次川中島之戰戰場（長野縣長野市小島田町）
* **唐澤山城跡**：謙信與武田信玄、北条氏康爭奪將近十次的城郭（栃木縣佐野市）
* **手取川古戰場石碑**：謙信對決織田信長的戰役，謙信的最後一役（石川縣白山市湊町）
* **謙信公祭**：每年八月下旬紀念上杉謙信的祭典
* **網址**：http://www.joetsu-kanko.net/special/kenshinkousai/

053

室町幕府覆滅

信長驅逐義昭

武田信玄在三方原之戰痛擊德川家康的消息傳到京都，足利義昭樂不可支，於一五七三年二月揭起反旗，跟信長全面攤牌。信長爲迎戰全力西上的武田軍而坐鎮岐阜，只派部將柴田勝家和明智光秀前往京都。三月，大和多聞山城主松永久秀、河內若江城主三好義繼響應義昭，一時間對信長治下的畿內造成頗大威脅。四月三日信長率軍上洛，燒毀義昭支持者居住的上京區，包圍二条城切斷義昭與松永、三好的聯繫，短短兩日後信長就接受正親町天皇調解，與義昭談和。

七月三日，義昭破棄和解，逃離二条城前往宇治的槇島城，七日信長再次派兵從琵琶湖南岸坂本登陸，包圍二条城，於十六日攻陷槇島城。義昭雖以兒子做爲人質換得性命保全，對信長而言義昭的存在顯得多餘，遂將其流放至河內。依傳統說法，室町幕府至此滅亡，第二次信長包圍網也在信玄病逝、義昭被流放後宣告失敗，同月二十八日，年號由「元龜」改爲「天正」，象徵舊時代結束。

第三次信長包圍網

義昭在流放地河內未逗留太久，輾轉往來畿內和備前，一五七六年三月來到備後鞆之浦。當時這裡屬於毛利家勢力範圍，毛利輝元在該地賜他一片領地，幕府歷代近臣伊勢氏、上野氏、大館氏等武士前來投靠，大有延續室町幕府的跡象，故又稱爲「鞆幕府」。義昭會選此處做爲幕府中興之地非屬偶然，鞆之浦的地理特徵更是重要原因。瀨戶內海一裝滿海水，中央部分的海水就停止流動，船隻也就無法再航行，必須在附近港口靠岸「待潮」。「待潮」時間約爲六小時，只要在瀨戶內海航行，途中必然會遇上一次「待潮」，於是旅人「待潮」休息的港口就因此而繁榮、發展起來，鞆之浦正是這樣的地方。

信長流放義昭後，開始肅清畿內敵對勢力，首當其衝者是淺井氏和朝倉氏。一五七三年八月，朝倉義景居城一乘谷城被信長攻陷，朝倉氏滅亡；接著九月回攻淺井長政居城小谷城，淺井氏滅亡。淺井長政切腹前先將阿市及女兒們送出城，後由信長撫養，三個女兒對未來歷史發展有很深遠的影響。翌年，持續近五年的伊勢長島一向一揆也爲信長平定，兩萬多男男女女盡遭信長放火燒死。

義昭在鞆之浦又發揮他縱橫捭闔的特點，號召天下大名成立第三次信長包圍網。這次包圍網成員計有：畿內紀伊**雜賀眾・根來眾**、丹波波多野氏、石山本願寺、攝津荒木村重、大和松永久秀；畿內以外有甲斐武田勝賴、越後上杉謙信、播磨別所長治、備前宇喜多直家、安藝毛利輝元及瀨戶內海水軍衆。

信長決定先發制人，一五七六年四月第三度對本願寺開戰，明智光秀三面包圍位在今日大阪市的石山本願寺。不過本願寺有毛利水軍從海上提供補給，能夠長時間進行籠城，信長決定出動伊勢灣的九鬼水軍封鎖木津川口截斷毛利水軍到石山本願寺的補給線。毛利水軍主要來自瀨戶內海上的村上水軍，自平安末期起便橫行瀨戶內海上，部分甚至成爲室町初期寇擾朝鮮和中國山東沿海的倭寇，他們有著豐富的海上作戰經驗且吸取大陸方面海戰戰術，和單純出沒在伊勢灣的九鬼水軍相比高下立判。村上水軍運用強力武器「焙烙火矢」（類似今日的投擲武器）擊沉不少信長的船隻，這場海戰稱爲「第一次木津川口之戰」。

信長對石山本願寺用兵的同時，也出兵進擊與本願寺呼應的紀伊雜賀衆和根來衆，攻打反覆無常的松永久秀，還從北陸的越前・加賀與上杉謙信作戰。一五七八年對手上杉謙信倒下，雖減輕在北陸方面的負擔，但信長在畿內出兵攻打忍者之國伊賀，並研發出鐵甲船於當年十二月在木津川口上再度與毛利水軍作戰。面對鐵甲船，「焙烙火矢」發揮不出殺傷力以致敗北，大坂灣制海權爲信長所制，陸上更早已被信長三面包圍，石山本願寺的陷落只是時間問題。

一五七九年，攝津境內的有岡城爲信長長子信忠等人攻下，局面對本願寺更爲不利。翌年三月朝廷派出使者與顯如法王會面，試探議和的可能性，閏三月時顯如向信長提出願交出石山本願寺的誓紙；四月九日，顯如讓位長子教如，是爲十二代座主法王，隱居紀伊。至此，終於結束了前後三次而歷時十年的石山戰爭，足利義昭策動的第三次信長包圍網也隨石山戰爭結束，宣告瓦解。

人物通　雜賀眾・根來眾

「雜賀眾」為紀伊國西北部以雜賀鄉為首等五個鄉的地侍，是配備鐵砲、擁有高度作戰力的傭兵集團，兼營海上貿易。「根來眾」以紀伊國北部根來寺為主的僧兵集團，和雜賀眾同樣是配備鐵砲的傭兵集團。第一次石山戰爭進入野田城・福島城與信長軍作戰，此後都跟隨在顯如法王身邊，一五八五年為秀吉平定。

054

長篠之戰翻開戰史新頁

信玄死後的武田家

武田信玄共有七子五女，長子義信在進攻駿河時與信玄出現歧見，義信甚至想效法父親流放祖父般流放信玄，不過因爲家臣中除教育義信的飯富虎昌外無人響應使得政變失敗，義信成爲階下囚後切腹。

信玄次子龍芳出生時雙眼全盲，自然不可能擁有繼承機會，成年出家，後來還俗繼承信濃小縣郡國人眾海野氏。三子信之十歲夭折，以上三人皆爲信玄正室三条夫人所生，因此信玄在義信切腹後繼承人選只能考慮側室諏訪御寮人生的四子四郎勝賴。可是立勝賴爲繼承人遭到家中重臣們反對，原因主要出於勝賴是被武田家滅掉的諏訪氏後裔，諏訪氏是諏訪大社的大祝，是諏訪大明神的子孫，消滅神的後裔卻立其子孫爲繼承人，無疑是對武田氏的詛咒。

且先撇下迷信因素從現實面來看，勝賴是諏訪氏嫡系後裔，出生後基於安定諏訪地方人心起見，始終待在諏訪，並以諏訪四郎勝賴之名繼承諏訪氏，不曾在甲府居住過，因此他幾乎不熟悉信玄身旁的重臣。義信切腹後，武田家後繼者任誰來看皆非勝賴莫屬，但上述顧忌令信玄遲遲未能決定。一五六七年勝賴生下一子，信玄終於想出折衷方案，以勝賴之子信勝爲繼承人，信勝成年前由勝賴暫代繼承人之職，換句話說依舊給勝賴繼承人資格，可是時效到信勝成年爲止。

信玄病逝前留下遺言要家中保密，三年內盡量不擴張。勝賴卻依舊採取主動出擊的對外擴張政策，領土之大超過信玄生前。一五七五年四月勝賴率領一萬五千大軍進攻三河，五月包圍僅有五百兵士戍守的長篠城，一旦攻下此城，濱松城將被孤立。因此兵力有限的德川家康不斷請求信長派出援軍，這一年畿內相對平靜，信長派出三萬大軍及三千餘挺鐵砲（亦有一千餘挺之說），加上德川家康的八千軍來到三河國長篠城外設樂原一帶布陣等待武田軍騎兵到來。

面對三萬八千織田・德川聯軍，信玄時期的重臣紛紛勸阻勝賴撤兵避免與之作戰。不過對勝賴而言，藉由擊敗織田・德川聯軍有助於建立在家臣團心中的地位，儘管兵力屈居下風，憑藉無堅不催的武田騎兵或可一拚。

長篠之戰影響深遠

信長援軍沒前往長篠城，在城西一處名爲設樂原的窄小谷地開挖壕溝，設下防馬柵防止騎兵進入。

五月二十日夜裡，家康麾下大將酒井忠次偷襲長篠城的衛星城砦鳶巢山砦，讓德川軍源源不絕進入長篠城，切斷武田軍歸路，迫使武田軍必須往設樂原與織田軍主力作戰。翌晨八點左右，武田軍由山縣昌景帶頭衝往織田本陣，有壕溝及防馬柵的阻攔，武田騎兵難以發揮正常實力，織田軍鐵砲掃射攻勢尤使武田騎兵紛紛落馬。武田騎兵一落馬，埋伏在防馬柵兩側的織田．德川聯軍便衝出殺敵。武田軍一共發動五波攻勢，無奈仍突破不了阻礙及織田鐵砲的**三段射擊**，損失慘重。約到下午三點，武田軍再也無法發動攻勢，信玄以來的武田家名將如馬場信春、內藤昌豐、山縣昌景、眞田信綱．昌輝兄弟、三枝守友、原昌胤、土屋昌次、小幡憲重、望月信永等將領戰死，武田軍陣亡萬人以上。只有勝賴和少數的將領如信玄之弟逍遙軒信廉、小山田信茂、穴山信君撤出長篠，返回甲斐。

長篠之戰重挫了武田家，武田家在信玄時期（即便勝賴當上家督的初期）保有競逐天下的資格，這場大戰結果使武田家損兵又折將，之後不僅失去角逐天下的資格，連地方大名聲勢都難維持下去。如此一來，信長毋須調撥兵力戍守與武田家接壤邊境，可將全副心力

三段射擊模式成效驚人／三娃繪

長篠之戰屏風圖

用在對付信長包圍網成員及石山戰爭上，武田家交由僅領三河·遠江兩國的德川家康來對付，已游刃有餘。

這場長篠戰爭情況多半來自《信長公記》記載，部分內容今日觀之不無疑點，首先是當時鐵砲技術應難以維持三段射擊。書中記載武田騎兵因遭鐵砲射擊紛紛倒落壕溝、防馬柵前，實際上山縣昌景等將領是有突破防馬柵，而且造成織田·德川聯軍將近三千人傷亡，並非只是單方面受重創。另外武田軍給人的刻板印象是以騎兵聞名，實際上騎兵比例較想像中少許多，可能不到十比一，亦即此戰中武田騎兵頂多一千五百騎，就算發動五波攻勢也該是足輕（步兵）和長槍兵為主。

長篠之戰固然改變了戰國生態，鐵砲成為決定勝敗的關鍵武器，重要性再無人可忽視，只是這場戰爭的實況恐與後人想像差異甚大。

豆知識　三段射擊

將鐵砲隊分成三隊，一隊進行射擊、一隊等待射擊、一隊裝填彈藥，三隊輪流進行射擊。這是長篠之戰前夕，信長研擬出來對付武田騎兵機動力極高的戰術。

055

「火天之城」安土城

上杉謙信死去

武田信玄病逝後，最令信長畏懼的勢力就數北陸的上杉謙信。過去信長為討好信玄獻上許多奇珍異寶和南蠻舶來品，如今都轉贈謙信做為籠絡。一五七四年，謙信進攻越中一向宗，頗有進展。信長不樂見謙信繼續往西入侵加賀、越前，便餽贈《**洛中洛外圖屏風**》討好對方。此時北条氏政進攻下總，謙信關東管領的頭銜在道義上有維持關東秩序之責，謙信從越後春日山城發兵，穿過上越國境的三國山脈沿上野南下，等進入關東核心時已師老兵疲。其生涯共十七次進出關東，多只在維持搖搖欲墜的秩序。

一五七六年義昭組成第三次信長包圍網，促使謙信和甲斐武田氏、相模後北条氏和解，與多年宿敵一向宗握手言和，再出兵進攻從屬於信長的能登畠山氏居城七尾城，圍城近一年於翌年九月攻滅。圍城期間，畠山家臣曾向信長求援，信長出動前一年編成的北陸軍團（以柴田勝家為首），調動羽柴秀吉、丹羽長秀、瀧川一益共四萬兵力前往支援，柴田軍開赴途中七尾城便已陷落。謙信決定主動出擊，駐紮在加賀南部手取川右岸松任城，待柴田軍渡河時率軍殺出，柴田軍頓時陷入慌亂潰敗。

捷報傳出，包圍網成員歡欣鼓舞。此時北陸大雪紛飛，不便行軍作戰，謙信暫先返回春日山城，等來年三月雪消冰融後再率三軍沿北陸道上洛。一五七八年三月九日，謙信出征前因腦溢血倒下，四日後死去。由於未立繼承人，養子景勝與景虎相爭釀成「御館之亂」。該亂持續至一五八〇年，景勝獲得最後勝利，但長達年餘的內鬥使得邊境洞開，謙信晚年攻下的能登、加賀為信長奪走，越中亦岌岌可危。

安土築城始末

戰國大名幾都有固定居城，儘管偶會隨四處征戰結果增添領地，居城也不變動，如上杉謙信和武田

豆知識　洛中洛外圖屏風

描繪京都市區（洛中）和郊外（洛外）景觀和風俗的屏風繪，由第四代狩野派畫師狩野永德所繪。據考證，成畫於一五六五年，以當時京都市區為底本，呈現數千京都人的職業、服飾髮型等生活樣貌，極具文化和學術價值，足堪媲美北宋《清明上河圖》。目前流傳多個版本，以藏於米澤市上杉博物館的上杉本最珍貴，被定為國寶。

信玄。前者不管在川中島激戰或十七次進出關東，甚或進攻越中、能登，結束戰爭後都會返回越後春日山城；後者儘管擴張至信濃、上野、駿河、飛驒，最終仍從甲斐躑躅崎館出兵上洛，野田城之役獲勝後身體虛弱到不能前行，亦於退回甲斐途中病逝。從這兩個信長最畏懼的對手可發現：大名的居城多半固定，不輕易因領土擴張而遷徙。

織田信長卻非如此，他成為織田家家督後以清洲城（也寫作「清須城」）作居城，為進攻美濃將居城遷移到濃、尾邊境上的小牧山城；攻下美濃後將稻葉山城改名「岐阜城」，又以此為居城實現天下布武。後為突破包圍網，鑑於從岐阜往返京都過於費時，便於接收公卿二条氏宅邸改修成武家樣式，稱為「二条御新造」（非今日二条城）。他在京都待上一陣子，深恐步上室町幕府後塵，亟欲尋找距離京都不遠又可擺脫朝廷約束影響的地方作新居城，相中近江國琵琶湖東南岸安土山。這裡地處東山、東海、北陸三道交界，是東國前往京都的前哨站，且位在琵琶湖東南岸，能利用水運運送物資，加上離京都不到一日行軍路程，若京都有變則當天即可率大軍支援。

信長以重臣丹羽長秀為築城總奉行，實際工程交由曾修繕熱田神宮宮大工（建築或修補神社佛閣的匠人）岡部又右衛門。一五七六年一月動工，三年後完工，是一座五層七階（地上六階、地下一階）的超級巨城，日本第一座擁有天守閣的西式城郭建築。其特點在於城中心取用信濃木曾山區檜木構成，天守閣中央不見用作底盤的礎石，城郭中央有座祭弔死者的摠見寺。由於初次採用西洋城郭樣式，興許在建築上有部分缺陷，安土城並無防範外敵的構造。

一五七六年五月信長正式遷入安土城，找來狩野永德繪製城內的障壁畫（畫在和室拉門上的畫），內部添上各種繪畫，一片金碧輝煌，使安土城成為傳教士佛洛伊斯口中讚不絕口的名城。可惜本能寺之變後，次子信雄為免此城淪落明智光秀之手竟放火燒毀，亦有學者認為是被敗走的光秀重臣秀滿燒毀，莫衷一是。然可確定的是這座名城在本能寺之變發生不久便消逝，存在時間極其短暫。

從信長幾次遷移居城，不難窺出他是出於政治戰略考量，信玄和謙信反較拘泥傳統，或許也是與天下失之交臂的原因之一吧！

安土城圖

056

本能寺之變

信長閱兵與三職推任

自年號由「元龜」改為「天正」，信長好運連連，先是平定伊勢長島一向一揆、長篠之戰重挫武田家，接著強敵謙信倒下，最後是石山戰爭結束乃至信長包圍網徹底瓦解。一五八〇年四月，放諸日本國內，雖有殘存的地區性割據勢力，不過都無法與信長為敵。

早在一五七四年三月，信長就受封從三位參議，此後逐年高昇，四年後已是從二位右大臣兼右近衛大將。其上雖有左大臣，但當時左大臣實力萬萬不及信長。一五八一年二月底，信長在京都內裏東馬場舉辦前所未有的閱兵大典「京都御馬揃」，由信長以正親町天皇的名義舉辦，據《信長公記》記載，連近衛前久（准三宮）、正親町季秀（中納言）、烏丸光宣（中納言）等公卿都參與了，信長家臣中只有正在山陽與毛利家作戰的羽柴秀吉缺席。

大典中，信長家臣以丹羽長秀和柴田勝家為首騎著高大駿馬展現精湛騎術，接受天皇與信長的閱兵。目睹京都御馬揃的民眾無不相信，信長武力統一日本只是時間問題。

翌年二月新成立以信長嫡子信忠統帥的軍團，目標在進攻長年威脅織田・德川的武田氏。此時武田家實力已不若信玄時期，信忠軍團一出立刻如摧枯拉朽，連信玄女婿木曾義昌、穴山信君等將領也倒戈。武田勝賴等一族人三月於天目山自盡，自鎌倉初期始終屹立甲斐的清和源氏後裔武田氏滅亡，信長在天下統一路上又清除一大障礙。

此時朝廷派出使者，向信長試探在太政大臣、關白、征夷大將軍三職中選擇何者？此即後世引起爭

本能寺燒討圖

論的「三職推定問題」。信長當下並未做出明確抉擇，不到一個月便發生「本能寺之變」，信長永遠也沒機會做出回應。若從信長平時以平氏後裔自居來看，或許他會選擇太政大臣，不過以當時實力，同時兼任三職想來也無人可與競爭。信長遲遲未表態，導致朝廷認爲信長把三者都不看在眼裡，疑有取代朝廷之意，因而煽動忠於朝廷的信長家臣明智光秀，據說此是「本能寺之變」的原因之一。不過猜測終歸是猜測，信長內心應有思考選擇何者，畢竟茲事體大不能輕易決定，或許他要等到天下眞正統一再表態，只是意外來得太快！

人物通　小姓

服侍大名的侍童，負責大名生活起居等雜事，身兼扈從等職務。通常來自大名家臣的次男以下，多半在元服前就任小姓，成年後能為主君重用。有些小姓相貌俊美，也成為大名眾道（男色）的對象。

敵在本能寺！

變故發生前，信長屢屢收到羽柴秀吉請求兵援與毛利氏作戰的前線，信長對於遲遲不見進展已感不耐，便要明智光秀先率軍前往備中支援秀吉。一五八二年六月一日，他在京都集結軍隊，這一天包含森蘭丸、力丸、坊丸在內只有少數**小姓**隨侍信長。當日深夜，率領一萬三千援軍的光秀理應出丹波龜山城往西南越三草山前行，光秀卻沿丹波街道而下，穿過老坂峠經沓掛涉桂川，進入洛西直奔洛中。涉過桂川時已是二日，面對滿臉疑

信長放火燒本能寺，美少年森蘭丸在側／三娃繪

問的明智秀滿、齋藤利三等部將，光秀喊道：「敵在本能寺！」（這句話可能出自後人杜撰）接著率軍包圍信長下榻的本能寺。

本能寺軍力僅百餘人，光秀軍團團包圍住本能寺，騷動中夾雜吶喊聲、馬匹嘶鳴聲及鐵砲槍聲。信長意識到發生不尋常事，問四周侍從：「是謀反嗎？誰這麼大膽？」小姓森蘭丸回答：「看旗幟家紋爲桔梗，應該是明智的兵。」信長聽後慘然道：「那就沒辦法了。」信長最初持弓搭箭禦敵，後來弓弦斷裂，改持長槍殺敵，不久手臂受傷，身邊侍從紛紛力竭戰死。信長斷絕求生之念，要女眾撤離退回殿中深處，關上紙拉門放火自焚。附近妙覺寺的信忠本欲前往救援，最後只能困守二条城，到早上十點亦力竭戰死。

「本能寺之變」讓信長在天下布武過程中倒下，可是光秀爲何要叛變？至今仍爲無解之謎，傳統說法有野望說（光秀萌生取而代之的野心）、怨恨說（遭信長侮辱、母親在八上城當人質時受信長背信之累遭害、信長要將光秀的領地收回轉贈他人）。只是這些不能完全解釋光秀的行爲，遂又出現光秀罹患自律神經失調症的焦慮行爲說、天下大勢逐漸明朗而與信長理念不合的衝突說。另有黑幕說，大抵上是指光秀淪爲被利用的對象，至於被誰利用呢？答案包括朝廷、足利義昭、秀吉、家康、丹羽長秀、長宗我部元親、堺港豪商（千利休、今井宗久、津田宗及）、耶穌會。這種說法顯然太單純地將光秀塑造成一個輕易被煽動的人物，似與其平日深謀遠慮的形象相悖。最近則有阻止信長就任征夷大將軍的新說法，以及自稱光秀後人的明智憲三郎所提出叛變是爲了避免走上與佐久間信盛滅亡之路[7]。

信長包圍網

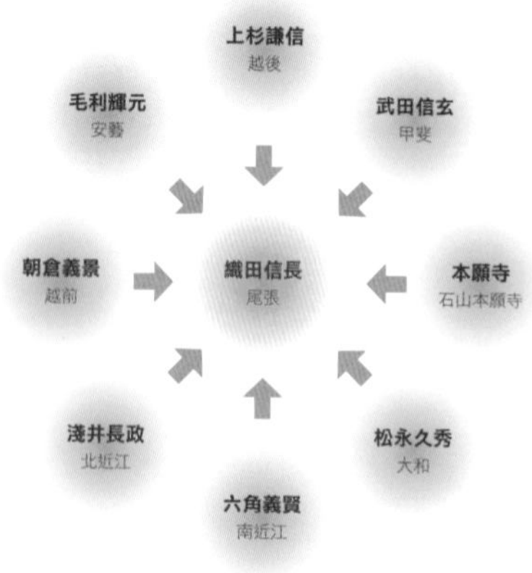

7 可參考臉書粉絲專頁：「明智憲三郎的世界　本能寺の変・明智光秀・織田信長」。

057 信長繼承權爭奪糾紛

山崎之戰為主君復仇

「本能寺之變」發生時，信長底下軍團長幾乎都在外地作戰，計有：在甲信、上野與後北条氏作戰的瀧川一益軍團；在北陸與上杉氏作戰的柴田勝家軍團；準備出海前往四國對長宗我部氏作戰的織田信孝．丹羽長秀軍團（因本能寺之變而未成行）；在山陰．山陽與毛利氏作戰的羽柴秀吉軍團。

當時訊息傳播速度與現代不可同日而語，即便像本能寺之變這樣的大事亦不例外，不過當時人在二百餘公里外的羽柴秀吉竟意外攔截到明智光秀向毛利氏傳達信長已死的消息。秀吉還無法確認消息眞假，旗下軍師黑田官兵衛建議他這是取得天下的機會，秀吉當機立斷，以清水宗治切腹爲條件與毛利氏議和，六月六日從備中高松城上演日本史上有名的「**中國大折返**」。秀吉回到征討毛利家的大本營姬路城後即散盡手邊財產，十二日已現身今日大阪府和京都府交界。信長底下的軍團將領只有秀吉迅速返回京都，自然得到其他家臣的擁戴。

十三日，兵力膨脹到三萬的秀吉軍與只有一萬三千的光秀在攝津與山城交界的山崎進行決戰，對秀吉而言除爲信長復仇外，取勝後還能繼承信長的霸權。

相較於秀吉從姬路城一路常勝，光秀的每一步似乎都迎來意料外的挫折，原本說好投靠的勢力不是裏足觀望（如筒井順慶），便是倒往秀吉（如細川藤孝．忠興父子），就連布陣作戰也教秀吉占了上風。十三日下午四點開始作戰，光秀軍一交戰便陷入不利局面，入夜七點光秀遁入勝龍寺城，取道淀川打算前往坂本城。孰料十四日途經伏見的小栗栖爲山賊襲擊，光秀在此切腹，山崎之戰最後遂由秀吉獲勝。此時柴田勝家和瀧川一益還在前方戰線，德川家康在忍者服部半藏幫助下穿越伊賀，於伊勢國白子正待搭船橫渡伊勢灣回三河起兵，卻在此地聽到山崎之戰結束的消息。

爲信長復仇的戰役於焉在秀吉指揮下落幕，月底接著登場的是尾張清洲召開決定爾後織田家動向的會議，即有名的「清洲（須）會議」。

清洲會議帶來勢力洗牌

六月二十七日，織田家重臣柴田勝家、丹羽長秀、池田恒興、秀吉四人於清洲城召開決定織田家繼承人選的會議，秀吉打了場漂亮復仇

清洲會議中秀吉和柴田對立，另兩人靠往秀吉／三娃繪

戰而得到不少擁戴，丹羽和池田兩人立場傾向秀吉；柴田勝家是首席家老，但變故前夕仍在越中與上杉家苦戰，錯過爲主君復仇的機會，雖然找來瀧川一益來助拳，偏偏瀧川在關東爲後北条氏擊敗致聲望大跌，獲准參加會議卻無發言權。

會議一開始，勝家主張立信長三子信孝爲繼承人。信孝名義上爲信長三子，出生時間其實早於信長次子信雄，原本預定成立征討四國長

豆知識　中國大折返

秀吉在六月三日夜得知本能寺之變，與毛利家提出議和要求。為避免讓毛利家知情，他提議守將清水宗治切腹及毛利家割讓備中・美作・伯耆三國為議和條件，六日秀吉開始撤退。其實毛利家此時約略得知本能寺之變，但毛利兩川之一的小早川隆景認為秀吉器度恢弘，有能力收拾亂局，建議毛利家不應背約追擊，如果秀吉真能建立政權，念及此恩必會讓毛利成為秀吉政權的重鎮。

宗我部氏的軍團便是由信孝與丹羽長秀指揮，由此不難看出信長對信孝的器重。勝家拋出擁立在家臣中極富聲望的信孝，用意在迫使秀吉在同意或不同意中抉擇，秀吉同意則主導權將再回到勝家自己手上；不同意的話也只有擁立信長次子信雄或四子秀勝。信雄曾率軍討伐伊賀反被擊潰，遭信長叱責，在信長兒子中聲望不佳。秀勝已被秀吉認作養子，擁立秀勝等於擁立秀吉，無異將織田家送給秀吉，勢必招致織田家臣的反對。

勝家此舉讓自己立於不敗之地，不過秀吉早胸有成竹，他提議擁立年僅三歲的信忠長子，也就是信長長孫三法師（日後的秀信）。信長先前讓出織田家督之位給信忠，清洲會議目的是決定織田家後繼人選，三法師的順位當然在信孝之前，勝家只顧擁立信孝卻忽略襁褓中的三法師，這是他最大的失算。秀吉一則有爲信長復仇的功勞，發言原就具分量，再則他提議擁立的三法師也較信雄更孚人望。最後拍板定案以三法師爲織田家繼承人，在其成年前以信孝爲監護人，由勝家、秀吉、長秀等宿老重臣輔佐。

豐臣秀吉抱著三法師

此外秀吉還主導論功行賞，凡參與山崎之戰的武將均有賞賜：美濃岐阜城給予信孝；信雄本領伊勢外再加尾張，晉身百萬石大名；勝家除原先的越前．加賀外，額外附上秀吉最初的領地近江長濱城；丹羽長秀除原有的若狹，再加近江高島．滋賀二郡十五萬石；瀧川一益加封伊勢長島五萬石；池田恒興則給予攝津尼崎十五萬石；堀秀政賞賜近江佐和山。至於功勞最大的秀吉，除原有的播磨外則增加山城、河內、丹波三地。秀吉對毫無功勞的勝家、信孝、信雄賜予領地乃出於示好，包括將守寡多年的信長之妹阿市嫁給勝家。庸庸碌碌的信雄萬分感激，有段時間與秀吉站在相同陣線；然而信孝和勝家毫不領情，各自返回領地，隱然成形的兩大陣營在年底進行決戰，可說是秀吉在清洲會議布局的結果。

平心而論，勝家擁立年已二十五歲的信孝，意在繼續維持信長在世時自己在織田家的地位，但柴田勝家是否有能力引導織田家的未來呢？至於秀吉擁立年僅三歲的三法師，抱持的是奪取織田家霸業，由於先前立下功勳使他有權主導一切，與會的織田家臣無一不被牽著走，秀吉儼然是最大獲益者。

058 秀吉力求地位鞏固

賤岳之戰挫勁敵

從柴田勝家和織田信孝離開清洲城那一刻，秀吉自知和勝家之間難免一戰，或者說秀吉在清洲會議布局就爲迎接這一戰。十月十五日秀吉以信長繼承者自居，擴大舉辦信長的葬禮，正親町天皇追贈信長爲從一位太政大臣。柴田勝家、瀧川一益、信雄、信孝等人均缺席，他們在京都妙心寺參加另一場信長法事，明眼人當不難看出兩方搶辦信長葬禮的眞正用意在競爭信長繼承資格。不久勝家派出前田利家等三名使者與秀吉進行和平交涉，使者反被秀吉收買，坦言道交涉是由於北陸突降暴雪不利大軍行動，暗指來年春天雪融後勝家必定動員北陸軍團兵力南下決戰。秀吉當下遣使者前往毛利、上杉家施展外交攻勢締結同盟，毛利家的小早川隆景與上杉家的直江兼續都看出秀吉有望在織田家繼承權爭奪戰勝出，紛紛勸諫自家主君締結同盟或維持中立，必要時給予幫助。

得到領有百二十萬石的兩大名釋出善意後，秀吉對近江長濱城和美濃岐阜城這兩座未被豪雪覆蓋的「孤城」展開攻擊。勝家養子柴田勝豐（長濱城主）僅持數日開城投降，岐阜城主信孝到十二月二十日也投降秀吉，交出三法師並獻上生母和女兒爲人質。新年（一五八三年）正月，瀧川一益在新領地伊勢長島掀起反旗，秀吉爲避免勝家與之呼應，率軍進入伊勢境內平亂，除長島、龜山等少數兩三座城外，在勝家起兵的二月底之前盡數敉平。

秀吉聽到勝家進入近江北境，旋抽調主力北上近江與勝家隔余吳湖（琵琶湖東北方小湖）對峙。四月十六日，已開城投降的信孝與瀧川一益串聯於岐阜城再次舉兵。秀吉不想腹背受敵連忙折回，受阻於揖斐川大水而暫棲大垣城，勝家外甥佐久間盛政見狀便率軍朝秀吉本陣進攻，秀吉盟友丹羽長秀拚死守住賤岳砦。秀吉判斷信孝與一益不成氣候，僅留少數兵力牽制，從美濃大垣再度上演大折返戲碼，到賤岳砦的五十二公里路程只花五小時抵達，他不直接對決勇猛的佐久間盛政，反而進攻敵方援軍重創柴田勝政（勝家另一養子）。此時布陣在勝政附近的前田利家等三將領突然撤走，孤軍佐久間盛政只得退回余吳湖。秀吉下令全軍追擊，後世稱爲「**賤岳七本槍**」的加藤清正、福島正則等人就在這次追擊時立下大功，使秀吉在賤岳之役獲勝。

二十四日，退回越前北之庄城的勝家與阿市在衆叛親離情形下自殺，阿市與前夫淺井長政生下的三個女兒則被送往秀吉陣營，佐久間盛政被捕送到京都宇治川斬首。岐阜城爲信雄攻下，信孝切腹。

小牧・長久手之戰

秀吉爲了與擁立信孝的柴田勝家抗衡，曾擁立信長次子信雄，這對秀吉是一時權宜，非永久之計。賤岳之戰後除掉勝家和信孝，也間接剷除織田家，信雄對秀吉而言，已失去神主牌的重要性。之後兩人關係急速惡化，秀吉將勝家・信孝的領地全部賜給此役有功的丹羽長秀、前田利家、池田恒興等人，仿照信長築安土城，擇昔日石山本願寺舊地築一巨城（後來的大坂城）。

與秀吉交惡後，信雄向東鄰的家康示好。家康在山崎之戰結束後馬上出兵武田家舊領地甲斐及信濃南部，大量招納武田氏遺臣以壯大自身實力，加上原有的三河、遠江、駿河，迅速成爲信雄和關東之間的一股強大勢力。信雄和家康暗中結盟以抗秀吉，信雄並殺害親近秀吉的三位家老。家康於一五八四年三月七日從濱松發兵，與信雄於清洲城討論後立即占領濃尾邊境的小牧山城，隔木曾川與控制犬山城的秀吉軍對峙。戍守犬山城的森長可遣軍布陣城外的羽黑，被家康派軍偷襲。秀吉部署完畢，二十七日率十萬大軍前來犬山城，雙方形成對峙。急於立功的池田恒興、森長可等人向秀吉建議另遣部隊往東襲擊家康發源地三河，未料家康立即派軍從後襲擊這支部隊，池田恒興、森長可戰死，好在隨行的堀秀政拚死擊退追軍才免於全軍覆沒。此後雙方僅見零星衝突，秀吉返回畿內與紀伊、四國等勢力折衝，知道無法以武力戰勝家康，改採外交調停，拉攏意志力薄弱的信雄。信雄與秀吉片面媾和，家康失去作戰理由，勢單力孤下不得不止戈和好，這才是秀吉眞正目的。

結束小牧・長久手之戰，信雄向秀吉稱臣，秀吉聲勢無人可及。信長生前構築的最大勢力範圍，如今只剩越中和甲信尚未被秀吉收服，越中爲佐佐成政領有，翌年八月亦降服。此時秀吉也面臨到當年信長的三職抉擇，相對於信長未正面回應，秀吉倒是很快做出抉擇。

人物通　賤岳七本槍

秀吉身邊七名年輕將領在賤岳之役追擊戰時立下戰功，分別是福島正則、加藤清正、加藤嘉明、脇坂安治、片桐且元、平野長泰、糟屋武則。不過根據《一柳家記》，櫻井佐吉、石川兵助一光、一柳直盛、石田三成、大谷吉繼五人也包含在內。

059

超越夢想的男人

平定紀伊・四國

小牧・長久手之戰結束，秀吉與信雄、家康議和，解除了東邊威脅。他出兵討伐在此戰期間與家康互為奧援騷擾秀吉背後的紀伊根來眾・雜賀眾，這是信長生平未能征服之地。過去此區能取得優秀戰果與配備眾多鐵砲有關，不過此時鐵砲傳入日本已逾四十年，相當普及，秀吉軍隊鐵砲數量多過根來眾・雜賀眾。秀吉率領六萬軍員從岸和田城進攻和泉南部，根來眾・雜賀眾潰敗，三月二十一日秀吉攻下千石堀城後，當地失去反撲之力，根來寺、粉河寺毀於大火。四月紀伊殘餘勢力降服，信長生前未能平定的紀伊，秀吉只花一個多月的時間降服。

信長在世時，曾計畫以信孝、丹羽長秀率領四國軍團從堺港渡海遠征四國，惜因本能寺之變未能成行。這段期間被信長蔑稱「無鳥島的蝙蝠」的長宗我部元親，以土佐為根據地致力四國統一，在小牧・長久手之戰期間與家康結盟。秀吉在大致掌控紀伊後開始布局進攻四國的計畫，以胞弟秀長為總大將，率軍從堺港出發經淡路在阿波登陸，宇喜多秀家、黑田官兵衛從備前出發在讚岐登陸，小早川隆景、吉川元長由安藝出發於伊豫登陸，三路軍總計超過十萬。

甫達成四國統一的長宗我部元親只能動員四萬兵力應戰，縱然兵力多寡非決定勝負之絕對因素，但面對兵強馬壯、裝備精良的秀吉三路大軍，元親只有「**一領具足**」的裝備。七月二日起，元親分別在讚岐、阿波、伊豫三地與秀吉軍隊交戰，均受到不小挫敗，秀吉征討四國期間成為位極人臣的關白，高下勝負已定。八月六日元親向秀長降服，秀吉做出處置：長宗我部元親獲得土佐一國的安堵，然須送出三子津野親忠為人質；伊豫一國賞給小早川隆景，讚岐賜給仙石秀久，阿波和淡路賜給蜂須賀正勝。

結束四國征討，秀吉仍未鬆懈，繼續往北陸征討盤據越中的佐佐成政，未及兩個月佐佐成政歸降。短短半年，秀吉將紀伊、四國及越

長宗我部元親／落合芳幾作畫

中納入領地，前兩者還是信長生前未能平定的勢力。只要降服秀吉便能保全領地，加上被天皇任命爲關白，秀吉聲望之隆可謂更甚信長！

關白大位得來不易

秀吉成爲長濱城主後自稱「筑前守」，實際上沒有官位，直到一五八四年十月結束小牧．長久手之戰，才被朝廷授予從五位下左近衛少將，這是秀吉第一個官位，此時他已四十八歲。一兩個月內秀吉晉身從三位權大納言，討伐紀伊前又成爲正二位內大臣，與已故主君信長平起平坐。對秀吉而言，他既在戰功上超越信長，官位上也要超越才能符合現階段的自己。因此秀吉與右大臣今出川晴季商議讓自己做征夷大將軍。晴季認爲自古以來將軍皆爲源氏後裔，建議秀吉成爲源氏養子，以「源氏長者」身分取得「武家棟樑」頭銜，就不會引起反對聲浪。秀吉遂想到流亡的足利義昭，急忙迎他回京都，義昭拒絕了收秀吉爲養子的請求，據說是因再怎麼時運不濟也不願出賣源氏血統，但實際上秀吉征討九州時才與義昭會面。於是晴季再獻一策，說關白的地位超過將軍，秀吉當上關白才能顯現天下人的威勢。當時關白爲二条昭實，秀吉欲成爲關白理應先當上左大臣，不過秀吉已無耐性按正常管道升遷，他直接找上當時左大臣的父親近衛前久請求收自己爲養子，在金錢攻勢下秀吉成爲近衛前久養子。

一五八五年七月十一日，正親町天皇爲秀吉下達關白宣下，內大臣羽柴秀吉跳過右、左大臣直升關白（仍兼內大臣），此後改名藤原秀吉，這一年秀吉四十九歲。日本史上擔任關白皆出身藤原氏及其分家近衛、九条、一条、二条、鷹司五家（稱爲「五攝家」或「攝關家」），秀吉是第一個更是唯二攝關家以外的外人擔任關白（另一人爲其外甥秀次）。他以近衛前久養子身分成爲關白，未具備藤原氏氏長資格（藤氏長者），亦是前所未有。秀吉能走到這一步固然有運氣成分，但不容否定他自身努力才是最大關鍵。秀吉的成功對出身貧賤者有極大激勵作用，但對上層社會者言，秀吉當上關白是對舊秩序的破壞，因此奈良興福寺塔頭多聞院主英俊在其日記《多聞院日記》記下「這是前所未有之事」。

豆知識　一領具足

土佐的戰國大名長宗我部氏，以武裝農民和地侍為對象組成半農半兵的軍隊組織之稱呼，即兵農合一制。「一領」為鎧甲單位，「具足」為全副武裝的鎧甲，擁有土地三町以上者，平時耕作，戰時穿上「一領具足」投入戰鬥。

060 天地長久，萬民快樂

太政大臣豐臣秀吉

曾與德川家康同盟的盟友都向秀吉降服稱臣，家康這時能依憑的只有先前化敵爲友的北条氏政。氏政主政時期雖是後北条氏領地最大之時，卻不代表後北条氏實力超越氏康時期，秀吉若眞發兵攻來，家康還是可能陷入孤軍作戰的局面。所幸秀吉並未大舉進攻，只是向家康索求次子爲人質，即日後的結城秀康。即便獻上人質，一五八五年**第一次上田合戰**以及家康重臣石川數正投靠秀吉，使原已改善的兩雄關係再度緊張。當時身任關白的秀吉需要家康對即將建立的秀吉政權效忠，爲此策畫家康離開領地到建好的大坂城，當天下大名之面向他稱臣。秀吉讓異父妹旭姬嫁給家康做繼室，家康儘管不願也無法推辭；光是這樣還無法說動家康上洛，秀吉再讓生母大政所前往三河岡崎當人質換取家康上洛期間的人身安全，如此家康再也沒有理由龜縮不前。

一五八六年九月九日，正親町天皇賜秀吉新姓「豐臣」，於是在自古流傳的「源平藤橘」外又添一新姓豐臣，豐臣寓有「天地長久、萬民快樂」之意。十月二十六日家康抵達大坂，翌日家康正式在大坂城謁見秀吉，在天下大名面前臣服給足秀吉面子，大喜過望的秀吉立即脫下身上的陣羽織披在家康身上，天下諸大名見狀無不折服秀吉的雍容大度。

接著家康入京，十一月五日敘正三位權中納言。這段期間皇室發生事故，在位三十年的正親町天皇本欲讓位第五皇子誠仁親王（因其他皇子均早逝），親王卻於七月二十四日因病辭世，天皇只得延遲讓位。親王第一王子和仁親王時年十六，由秀吉主持加冠禮成爲正親町天皇養子。家康上京後的十一月七日，和仁親王接受天皇讓位爲後陽成天皇。秀吉出資贊助即位式，次月成爲太政大臣，「豐臣政權」確立。

北野大茶會與天皇行幸

待九州平定，整個西國已落入

豆知識　第一次上田合戰

德川家康於一五八五年八月討伐信濃上田城主眞田昌幸的戰役。眞田昌幸從一五八二年起數次更替效忠的主君，其反覆無常的程度招來「表裡比興」的外號。家康派出七千到一萬兵力，討伐只有千餘兵力駐守的上田城，竟被熟悉當地環境的眞田軍挫敗。

北野大茶會盛況／三娃繪

秀吉控制。爲向朝廷及民衆炫耀自身權威，秀吉於一五八七年七月二十八日在京都、奈良、堺街道豎立告示牌，只要對茶道有興趣，不拘年輕人、町人或農民得自行攜帶茶釜、釣瓶、茶碗各一參加，無茶具亦可攜帶替代物參加；每人可使用的空間二疊，茶會當日不問穿著、鞋子、席次均能參加，但凡喜愛茶道者連唐人亦可參加。邀請對象尙且及於町人和農民，朝廷和大名中的茶人，還有堺港、博多等商港的豪商自然在秀吉邀請之列。十月一日，祭祀菅原道眞的北野天滿宮前舉辦超過千人規模浩蕩的大茶會，秀吉編號第一，在其著名的黃金茶室裡展示多件秀吉收集的茶具；其後依序爲秀吉重用的千利休、天王寺屋津田宗及、納屋今井宗久（並稱「天下三宗匠」），以及對茶道有研究或感興趣的公卿大名。原本預定爲期十天的茶會在進行一日

北野天滿宮中門／洪維揚提供

後，秀吉聽到肥後蜂起國人一揆的消息，憤怒之餘草草結束。

北野大茶會舉行前的九月，秀吉已在今日京都市上京區❽建成並遷入華麗無比的關白宅邸「聚樂第」。一五八八年正月，秀吉奏請後陽成天皇行幸聚樂第，得天皇敕許。奈良．平安時代天皇行幸朝臣宅邸並不罕見，至鎌倉時代由於幕府遠在東國，天皇自然不可能行幸；室町時代只有後小松天皇行幸足利義滿的北山第（一四〇八年），以及後花園天皇行幸足利義教的室町第（一四三七年）。後陽成天皇行幸聚樂地爲第三次，是戰國時代以來的第一次，象徵亂世結束，儘管實際上還有關東及奧羽地區尚未在秀吉控制之下。

四月十四日清晨，後陽成天皇鳳輦離開御所前往距離十五町（約一點六公里）的聚樂第，秀吉沿途投入六千餘人力警戒，鳳輦之後是六宮（天皇胞弟八条宮智仁親王）和伏見殿等皇族，接著是攝家成員，天皇生母新上東門院亦在行列之中。鳳輦抵到，天皇在公卿攙扶下進入聚樂第，秀吉早已盛裝在內恭迎。十五日秀吉獻上五千五百兩做爲宮中開銷，另還供獻院政所及六宮貢米八百石，並給公家近江高島郡八千石領地，對應仁之亂以來長期處於貧困的朝臣而言，這是筆極大收入。同日秀吉還要求豐臣一族及家臣和天下諸大名交出誓文宣誓效忠朝廷、服從關白！秀吉隆重款待讓天皇及朝臣無不感激涕零，原本預定行幸三日的天皇更延後兩日回宮。自武家成立以來，公武之間緊張關係，到後陽成天皇行幸聚樂第可說是最融洽的時候。

❽ 一条通、下長者町通和大宮通和裏門通之間。

061 天下統一

攻滅島津，平定九州

自鎌倉時代到戰國初期，九州呈現大友、少貳、島津三強鼎立局面。雖有時會因家族內部對立等因素而一時式微，但大致上是：大友氏領有豐後、筑後、肥後三國「三後地區」；少貳氏領有豐前、筑前、肥前三國「三前地區」；島津氏領有日向、薩摩、大隅三國「三奧地區」。三強均勢在一五五○年代破局，少貳氏被國人衆龍造寺氏取代，後在一五七○年今山之戰擊敗兵力數倍的大友家，站穩肥前、筑後。一五七八年，島津家北上在日向耳川大敗大友家。稱霸北九州的大友家接連兩次挫敗，三強鼎立局勢逐漸演變爲龍造寺、島津南北對立。島津於一五八四年沖田畷之戰重挫龍造寺家，獨霸九州統一全島似可預見。

一五八六年四月，大友宗麟因不斷被島津蠶食領地，透過秀吉之弟秀長牽線前往大坂城謁見秀吉。八月，鄰近的毛利輝元揮軍九州攻下豐前小倉城等數城，同時間島津也大舉進攻豐後。十月降服秀吉的四國軍以長宗我部元親、十河存保爲統帥，登陸豐後與島津軍戰於戶次川，元親長子信親與十河存保戰死失利。秀吉下令全國動員，翌年三月一日率二十萬大軍出大坂沿山陽道前進九州，二十五日登陸小倉後兵分兩路：弟秀長領東軍沿豐後南下，秀吉自率西軍經筑前、筑後南下。秀長軍於四月十七日在日向根白坂對戰，島津擅長的「釣野伏」戰術失效遭重創；西路秀吉軍只在筑前古處山城與豐前岩石城，與臣服島津的豪族秋月氏交戰（四月三日開城投降）。秀吉所到之處都有曾受島津威壓的九州豪族率軍加入或請求謁見，得到秀吉許可保全領地的承諾。

四月十九日，秀吉進駐肥後八代城，薩摩近在眼前。島津義久將散布九州的島津軍集中回防薩摩欲做困獸之鬥，但在家臣建議下，他於五月六日剃髮出家，自號「龍伯」，八日以待罪之身前往泰平寺秀吉本陣請降，秀吉九州征討於焉結束。而平定九州過程中，秀吉目睹基督教傳教士的實力，認有威脅初建的豐臣政權之虞，六月十九日便在博多頒布流放傳教士的《**伴天連追放令**》，七月一日才返回京都。

小田原之陣與奧州仕置

一五八五年十月及一五八七年十二月，秀吉分別對九州及關東．奧羽地方發布禁止私鬥的《惣無事令》。關東後北条氏無視此命令，於一五八九年十一月進攻上野國名胡桃城，這座城與沼田城在當時是上杉、後北条及眞田三方爭奪之地。勢力弱小的眞田昌幸丟掉名胡桃城後不訴諸武力，而是向秀吉申訴。秀吉確認後北条氏無意還城，向關東以西及奧羽大名下達動員令，準備用武力征服不順從己意的後北条氏。一五九〇年三月一日，秀吉兵分三路從東山、東海兩道及海上進攻，北条氏政雖自恃有難攻不落的小田原城，北条軍卻士氣低落難以抵擋兩道攻來的秀吉軍，關東要地紛紛失守。七月六日德川家康進入小田原城，北条家投降，十一日北条氏政及其弟氏照切腹，氏政之子氏直被流放紀伊高野山後病逝，關東完全平定。七月十三日，秀吉決定將家康移封至關八州，當時關東除鎌倉、小田原外多是未開發之地，家康經營甚久的三河、遠江、駿河、甲斐四國及信濃南部俱被收回，轉封秀吉的親信。秀吉移封目的明顯是要削弱家康實力，也測試家康的忠誠度，家康如顯出猶豫或不滿之情必招來秀吉猜忌。但家康表現出順從之意，八月一日便遷進江戶城。

緊接是對尚未臣服的奧羽做出領地分配，此即所謂「奧州仕置」。秀吉本人不曾到過奧羽，對該地勢力亦不清楚，全以有無參與小田原之役來處置，像津輕爲信、伊達政宗這樣光在戰役期間露臉卻未動員兵力，領地就能保留，而對於未參與的葛西氏、大崎氏則毫不客氣地收回領地。秀吉將後者領地改封給心腹，卻由於治理不善而在次年爆發一揆，後派兵平定，同時將有煽動之嫌的伊達政宗轉封至陸奧岩出山城，象徵性減封。完成「奧州仕置」，自應仁之亂以來的亂世終見統一局面，迎來短暫的太平。

豆知識　伴天連追放令

「伴天連」乃「Padre」的日譯，葡萄牙語為神父、傳教士之意。秀吉在六月十九日下令禁止基督教在日本傳播，伴天連須在二十日內退出日本，而領主不得強迫領地人民信教。這項法令目的主在驅逐傳教士，未壓迫已受洗教徒，更不禁止商業貿易往來，而且執行並不徹底，六個月後還有不少伴天連滯留日本。

豐臣天下統一進程

- 1582 年山崎之戰（對手：明智光秀）→ 1582 年清洲會議（成為三法師的後見人）
- 1583 年賤岳之戰（對手：柴田勝家）→ 1583 年築大坂城（巨城顯氣勢）
- 1584 年小牧・長久手之戰（對手：德川家康）→ 1585 年平紀伊（對手：根來・雜賀眾）
- 1585 年平四國（對手：長宋我部元親）→ 1587 年平九州（對手：島津義久）
- 1590 年攻小田原（對手：北条氏政）→ 1591 年平奧州（對手：伊達政宗）

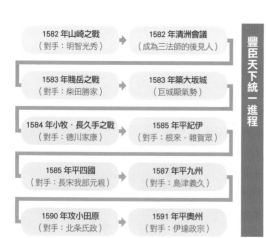

062

太閤檢地與刀狩令

太閤檢地的實施

「檢地」爲日本中世紀至近代所實施農田面積和收穫量的檢查，與中文「丈量」意思相近。律令制時期由於施行公地公民制，可定時檢地，但隨著公地公民制敗壞，逐漸形成了私有莊園，土地因此分成國府管理的國衙領和私有莊園；另有「**不輸不入權**」的阻礙，也就不能針對這些私有莊園進行檢地。等到戰國大名出現，寺社貴族散布在地方的莊園逐漸被併入領地，爲了稅收及兵力來源考量，這些大名開始針對併入的莊園及自身領地進行檢地。北条早雲是最早實施檢地的戰國大名，不過他只在部分領地進行檢地，特別是新納入的領地。

信長上洛後勢力擴大，也在新取得的領地內進行檢地，大大提升農業生產量。秀吉繼承信長也在自己領地內檢地，直到他去世那年爲止已跟著其擴張逐步遍及全國，這是日本首次進行全國性的丈量土地，稱爲「太閤檢地」。「太閤」是一五九一年秀吉將關白讓給外甥秀次之後的稱號。「太閤檢地」使用相同度量衡，精確比較出各領國收成量的差異，秀吉因而掌控全國各地收成量，六十六國約計一千八百五十七萬餘石。他命令各地大名製作每一國一郡的「御前帳」，清楚規定應負擔多少年貢，收成量皆採土地生產單位「石」計算，大名的領地和收入遂漸由「**貫高制**」演變爲「**石高制**」。

豆知識　不輸不入

寺社貴族散布在各地莊園，排除地方國衙及檢非違使進入莊園的權力是為「不入」；莊園只要持有太政官發的「太政官符」或民部省發的「民部省符」，便可以不用將莊園收成繳交地方國衙，進而納入莊園主的私人財產，此為「不輸」。

頒布刀狩令與人掃令

所謂「刀狩」爲禁止武士以外階級持有刀類武器，自「應仁之亂」以來社會動盪致連年征戰，種田的農民耕作之餘，手邊常備有刀類武器以防兵卒、盜賊闖入村莊掠奪或破壞莊稼。遇上打敗仗的武將，持武器的農民亦會淪爲匪徒，毫不客氣地打劫落敗武將身上鎧甲、刀劍等値錢東西，如山崎之戰落敗的明智光秀便是在從山科逃往坂本的途中遭流民殺害。

秀吉於一五八八年七月頒布《刀狩令》，規定農民禁止持有刀、脇

自「太閤檢地」起，豐臣政權陸續頒布命令限制百姓自由，包括武器、遷徙、職業轉換／三娃繪

差、弓、槍、鐵砲等武器，如擁有此類武器導致年貢上繳時有所怠慢，須受嚴厲處分。農民就此被剝奪帶刀的權利，農村武裝於焉遭到解除，儘管實際上執行得不徹底，但戰國時代以來（信長除外）農民平時耕作、戰時投入戰場成爲足輕的「兵農合一」習俗慢慢瓦解，朝向各司其職的「兵農分離」邁進。一五九一年八月再頒布《身分統制令》，禁止武士成爲農民和町人，並讓他們離開農村前往城下定居，

豆知識　貫高制、石高制

鎌倉時代以來田地的收穫量以通貨單位「貫」表示而稱之，稅收標準亦以「貫」為基準的土地制度。「太閤檢地」後到江戶時代，改以收成量多寡表示土地生產力的制度，舉凡年貢、勞務、軍役均以收成量為徵收標準，通常一貫約三石。石高制又可分為依《檢地帳》制定的「表高」與實際收成的「實高」，越到江戶後期則兩者差異愈大。

豐臣時代屏風圖中的大坂城和城下町景況

導致城下町的出現。此外農民只能安於耕作不能從軍以防出現第二個秀吉，也不能轉行當商人或手工藝者，其他行業亦復如此，每個人的身分和職業遂都固定下來成爲世襲，彼此之間沒有流動。

一五九二年，關白豐臣秀次頒布《人掃令》。這是全國性戶口調查，規定每村要將村內的戶數、人數、男女（特別是男丁）數量、職業彙整成書面資料，此爲當政者進一步對人民的掌控。《人掃令》主要目的在掌控每一村男丁的人數，方便秀吉進行出兵朝鮮時加強兵源補充。

從《刀狩令》《身分統制令》到《人掃令》的頒布，可看出民衆的自由逐步受限制，失去防身武器、失去選擇職業與遷徙的自由，連家中成員、職業都難隱藏，人民的一舉一動被牢牢掌控。之後的江戶幕府不僅完全承襲這些舉措，而且變本加厲。日本史學者嘗言江戶時代是日本史上最爲承平、統制力最強的時代，會有此番讚譽非毫無來由，是構築在嚴格的沒收武器、身分統制之基礎上。

063

豐臣政權傾滅

得不償失的朝鮮之役

按葡萄牙傳教士佛洛伊斯的記載，織田信長欲於統一日本後籌組大艦隊，有以武力征服中國分割給自己兒子們的構想，只是信長尚未完成大業便倒於「本能寺之變」。信長後繼者秀吉一五八五年就任關白後，曾向葡萄牙傳教士柯埃留（Gaspar Coelho）要求提供船隻做爲遠征中國之用。

一五九一年八月，秀吉向各國大名宣布來年春進攻朝鮮，要求九州大名於肥前名護屋築一可容納征朝大軍的巨城作征朝政治經濟中心。一五九二年三月，秀吉將近十六萬大軍分成九隊，四月十三日小西行長與宗義智率領第一軍率先渡海從釜山登陸進攻朝鮮，初戰獲捷，加藤清正率第二軍渡海與第一軍會師北上朝首都漢城進攻。當時統治朝鮮半島的李朝⑨內政不修、軍備廢弛，日軍如入無人之地，五月三日進入漢城，加藤清正親執當時國王宣祖之二子臨海君、順和君，宣祖先是逃往平壤、再逃向義州遣報明朝搬救兵，朝鮮全境幾遭日軍所占。正當第一軍與第二軍縱橫朝鮮全境，日軍的補給船隻卻屢屢爲朝鮮水軍將領李舜臣擊沉；缺乏物資補給，再勇猛的軍隊也會失去士氣。七月起明朝派軍增援朝鮮，日軍從摧枯拉朽的優勢陷入苦戰，轉攻爲守而進入交涉停戰狀態。最後由日方小西行長和中方沈惟敬合力演出一場騙局，蒙蔽萬曆皇帝和秀吉，一五九三年七月後和平曙光出現，文祿之役終於落幕。

秀吉彼時雖已老耄，但未昏聵。在伏見城款待明使的他，聽到使節宣讀萬曆皇帝冊封「日本國王」詔書時立即翻臉，動員九州、四國、中國地區大名共十四萬兵力再次投入朝鮮半島，日、中、朝三國重啓戰端，此爲「慶長之役」。

「慶長之役」從一五九七年七月漆川梁海戰揭開序幕，是日軍踏上朝鮮半島前與朝鮮海軍展開的作戰。接著八月南原城之戰、九月鳴梁海戰，十二月爆發大規模衝突蔚山之戰，日軍苦戰獲勝卻無助於結束戰爭。秀吉打算投入更多兵力擴大戰爭，然於一五九八年八月十八日病逝伏見城。在朝鮮的日軍再度於蔚山及泗川、順天等地擊敗明．朝聯軍，退回日本時又於祿梁海戰敗退追擊的朝鮮海軍，名將李舜臣戰死。總計七年出兵朝鮮，寸土未得，也未得到任何賠款，耗費無數錢財兼折損不少兵員，換來的竟是朝鮮和日本百姓數不盡的唾罵，成爲日後豐臣政權傾滅的主因。

浪花歲月，夢還是夢

一五九一年一月二十二日，長久爲秀吉股肱的異父弟小一郎秀長病逝，對根基尚不穩固的豐臣政權可謂無可替代的損失。側室淀君誕下的長子鶴松也夭折，好不容易才盼到繼承人卻承受老來喪子的悲慟，秀吉只好收外甥三好秀次爲養子。同年十一月到年尾，秀次一路從權大納言、內大臣升至關白並取得內覽權力，秀吉同時搬出聚樂第，讓給新關白。秀吉生母**大政所**於一五九二年七月以八十高齡辭世，對秀吉而言不啻又是一重大打擊。

人物通　大政所

平安時代三位以上的公卿正室稱為「北政所」，因其居處在「寢殿造」主要寢殿之北而稱之，後來專指攝政．關白的正室，故秀吉之妻寧寧稱為「北政所」。「大政所」為「大北政所」的略稱，原為攝政．關白生母的敬稱，現在多半專指秀吉生母。

但秀吉不久便動身前往肥前名護屋，一五九三年八月得知側室淀君再生下一子秀頼，他顧不得前線吃緊返回京都探望，並築伏見城給淀君母子，欣喜之情溢於言表。秀次的地位在秀頼出生後出現轉折，秀吉本以爲自己再不會有兒子才動收養之念，如今自然希望秀次能讓出關白並解除養子關係。秀次似乎沒有這層認知，依舊以秀吉養子的身分霸占關白之位。秀吉終於忍不住了，此時不斷有秀次惡行傳出，成爲京都民衆口中十惡不赦的「殺生關白」；這些惡行未必全都爲眞，興許是秀吉部下石田三成等人爲討好秀吉而到處傳播，目的在打倒秀次。對想強逼秀次辭去關白的秀吉來說，「殺生關白」是欲加之罪，他馬上除去養子的關白職位，一五九五年七月十日押解秀次至紀伊高野山青巖寺強迫隱居，十五日即傳達切腹命令。

一五九八年三月，秀吉偕正室北政所赴醍醐寺賞花時倒下，之後病情未見好轉；七月於伏見城指定德川家康爲秀頼的監護人，連同前田利家、上杉景勝、毛利輝元、宇喜多秀家爲「五大老」，以石田三成、淺野長政、前田玄以、增田長盛、長束正家爲「五奉行」，秀吉死後由五大老、五奉行採合議制進行政權運作。八月十八日，秀吉病逝伏見城，辭世之言爲：「浪花（大坂舊稱，也寫成「浪華」）的歲月，夢還是夢。」

9 李氏朝鮮王朝統治期間公元一三九二至一八九七年，之後為日本控制，一九一〇年大韓帝國滅亡。

064 安土・桃山文化

大放異彩的繪畫工藝

一五七三年七月室町幕府滅亡，到一六〇三年二月德川家康於伏見城接受後陽成天皇派出使者傳達征夷大將軍宣下、開創江戶幕府的三十年間，一般稱爲「安土・桃山時代」。「安土」一詞出自信長晚年築的巨城安土城，「桃山」則是秀吉以太閤身分隱居的伏見城之別稱，既取用城郭之名爲首，不難想像城郭在這個時代的比重。

美術史上的桃山時代以繪畫與城郭建築聞名，此時的繪畫多半用來裝飾城郭內部，追求雄大壯麗、豪華絢爛的王者之氣，講究金碧輝煌足以炫耀天下統一的霸業，以障壁畫最爲有名。障壁畫係指在牆壁或紙拉門上作畫，有時亦包含屏風畫在內，常採花鳥山水主題，但爲襯托王者之氣多以金色爲底色。**狩野派**第四代當家狩野永德最精於障壁畫，安土城、大坂城、聚樂第皆有他的畫作，可惜今日不存。屏風畫則是日本古已有之的繪畫式樣，爲城郭中不可或缺的裝飾品。屏風畫主題常見戰爭以及場面浩大的行列隊伍，前者如《關原合戰圖屏風》《大坂之陣圖屏風》，後者如《洛中洛外圖屏風》《聚樂第屏風圖》，相對於障壁畫，這些屏風圖多數流傳至今，狩野永德也是這方面的行家名手。

工藝方面以陶瓷最爲有名，陶器方面當數尾張的瀨戶燒、近江的信樂燒及京都的樂燒（依顏色可分爲「黑樂」和「赤樂」）爲代表；瓷器方面則以出兵朝鮮期間帶回俘虜的朝鮮瓷工在肥前有田一帶的有田燒（也稱爲「伊萬里燒」）最具盛名。此外在漆器上繪製紋樣（蒔繪）的漆工、服飾的染織工、製作能面和能裝束的工人、製作甲冑和刀劍的匠師也都在這時期大放異彩，取得極高成就。

劃時代的城郭建築

城郭建築堪稱安土・桃山文化的象徵，特別是融合西洋建築式樣，建築安土城開始出現劃時代的改變。安土・桃山時代之前，各地大

人物通　狩野派

始祖是從室町中期成為幕府御用畫師的狩野正信，此派到幕末約四百年時間主宰日本畫壇，堪稱日本繪畫史上最大派別。擅長繪製內裏（京都御所）、城郭、寺院的障壁畫及屏風畫，以初代正信、正信長子元信（二代）、元信之孫永德（四代）名氣最為響亮，幕末趨於沒落。

名、豪族、國人衆多半在山區圈繩定界，於山地築城可利用險要地形加強防守不易爲敵軍攻陷，但也因山區交通不便、腹地有限導致勢力難擴大，這種「山城」在戰國時代估計超過四萬座。進入安土・桃山時代，圈繩定界逐漸從山區移至小山丘或台地，甚或乾脆在交通便利的平地上，前者稱「平山城」，後者稱「平城」；兼有補給便利、腹地廣大易擴張勢力的諸多優點，至於被詬病的不利防守也在引進西洋城堡建築後不再成爲缺點。

姬路城

築城地點圈繩定界之後，會在城郭預定地點外圍挖掘數丈寬的壕溝，是預防外敵入侵的第一道保險。突破壕溝後尚須面對陡峭的土壘及石垣，通過這段障礙才算進入城郭。由於在平地圈繩地界，平城面積通常比山城大上許多，再加上壕溝和土壘，還有可能高達三十公尺幾近垂直的石垣，對攻城敵軍而言可能比攻下山城更加困難。

一般從正門「大手門」進入後（城郭面積較大者另有數個側門），將面臨從城郭角落「隅櫓」射下的弓箭或鐵砲，此乃城內最重要的攻擊設施，可細分爲平櫓、渡櫓、二重櫓、三重櫓、重箱櫓、多聞櫓，數量愈多則攻城時可能遭受更多傷亡。城郭的象徵建築稱爲「天守閣」，名稱由來迄今未有定論，且並非每座城郭都有天守：天守通常位於本丸最高處，平時是城主的私人空間，戰時則爲召開軍事評議的處所，重要性不言可喻。城內泰半由本丸、二丸、三丸、西丸組成，若受限地形也許只到二丸。

由於年代久遠加上天災人禍，目前城郭僅剩十二座天守，由東而西分別是：弘前城、松本城、犬山城、丸岡城、彥根城、姬路城、備中高松城、丸龜城、高知城、松江城、松山城、宇和島城，其中松本、犬山、彥根、姬路四城被指定爲日本國寶，姬路城更是日本唯一被列入世界文化遺產的城郭建築⑩。

⑩二〇一五年三月，歷經六年整修的姬路城重新對外開放，想體驗日本城郭建築的民眾不妨前往參觀。

065 關原合戰前風雲四起

後太閤時代政局變化

太閤時代無比順從的德川家康，以秀賴監護人身分自行其事，打破秀吉生前規定諸大名不能私下締結婚姻的規定，與伊達政宗、福島正則、蜂須賀家政等有力大名結爲姻親。此外豐臣政權內部文治派與武功派嚴重對立，同給予家康有機可趁，再團結的政權也難免存在派系對立，豐臣政權亦不例外。秀吉弭平信長勢力未能觸及的各地割據勢力過程中，武斷派武將如加藤清正、福島正則從賤岳之戰到小田原之陣無役不與，然隨著天下平定這些武將卻漸爲秀吉疏遠，他們把原因歸咎於秀吉身側文官領袖石田三成。

石田三成是秀吉被信長封爲長濱城主後發掘的人才，豐臣政權下占有一席之地的內治派領袖，內治派多數出身近江，也稱「近江派」。這一派官吏雖不長於戰場殺陣，但對諸如太閤檢地、刀狩等政策的頒布有莫大貢獻，故在執行這些政策時難免會出現文官與武將的衝突。

更直接的衝突是出兵朝鮮之際，三成多次於補給時對小西行長和加藤清正有明顯差別待遇，導致得不到補給的清正心生不滿。非僅如此，任總奉行的三成在寫給秀吉的報告中總是偏袒有深交的行長、汙衊清正獨斷專行，導致清正被秀吉召回命於伏見城謹慎。一五九六年九月五日發生「慶長地震」，清正率先救出秀吉並擔任護衛，重新得到秀吉信任。先前「秀次事件」也是因爲三成在秀吉面前咬耳朵導致牽連廣泛，這些遭其中傷的武將便以福島正則和清正爲首，群聚起來。

秀吉臨死前任命五大老之一的前田利家負責教育秀賴，利家與秀吉幾爲同齡，同樣是昔日信長手下，秀吉與北政所寧寧的婚姻便由利家主婚，他和秀吉的交情自非家康可比擬。論資歷和聲望，利家與家康相去不遠，只要利家健在，武斷派武將清正等人再怎麼厭惡三成也不會被家康拉攏。可惜一五九九年閏三月三日利家亦一病不起，不久清正與正則等七位武斷派武將包圍三成宅邸，三成不得已逃往家康宅邸請求保護，家康一面斥責七位武將，卻也罷免三成要他返回居城佐和山城隱居。自此家康以天下人姿態主持封賞，施恩給有力大名。秀吉遺命由家康坐鎮伏見城，到了九月家康便大搖大擺遷進大坂城西丸，翌年正月更大方接受諸大名的新春恭賀，其地位在不知不覺中超越秀賴。

會津征伐，引蛇出洞

家康藉由逼迫三成隱居來收服五奉行，爲進一步確認自身權威，他接著挑戰同爲五大老的利家長子利長。一五九九年重陽節有謠傳利長與五奉行之一淺野長政計畫暗殺家康，此事眞實度尚可質疑，卻被家康抓住機會下令動員各地大名討伐。利長聲望不若乃父，爲保全前田家忍痛將生母芳春院送往江戶當人質，這是江戶城收留大名人質之始。

降伏前田家後，家康顧盼自得，續對上杉家開刀。上杉家在秀吉去世那年剛由越後移封會津，謙信的養子景勝長年在上方侍奉秀吉，好不容易獲准返回領地，整備境內道路、加強城防工事也無可厚非，竟被鄰近大名最上義光等人密告說有不軌之舉。家康先於四月一日派使者前往會津責問，遭到景勝家老直江兼續回覆《**直江狀**》的羞辱，家康佯作憤怒，內心爲找到理由討伐而雀躍不已。其實家康討伐會津也不過做做樣子，他眞正期待的是親率大軍開赴會津之際，誘使蟄居的石田三成在畿內起兵聲討自己，到時便有理由折返討伐三成。以三成的人望，家康相信追隨他討伐會津的武將十有八九會站在自己身邊。

六月初家康率軍出征，一路慢條斯理，毫無肅殺之氣。七月二日進入江戶城仍未傳來三成舉兵的消息，老謀深算的他不免焦急起來，拖延數日繼續領軍朝會津出發；十二日三成終於舉兵，自知不具人望的他推戴五大老之一的毛利輝元爲統帥，十九日進攻具指標意味的伏見城；二十四日行軍至下野小山的家康終獲引蛇出洞的消息，得到所有將領一致擁護，他志得意滿地調轉大軍返回江戶。

儘管八月一日攻下伏見城，但是進攻一座只有一千八百人防守的弱城竟然費時超過十日，足見西軍人數雖衆但貌合神離，整體戰力遠不如東軍，這點在關原之戰期間尤爲明顯。與三成同爲五奉行的增田長盛等人不時將三成的計畫祕傳至江戶，三成的戰術戰略在家康眼中毫無祕密可言。由於京都難守易攻，不適合成爲決戰戰場，因此西軍將領朝東邊的美濃推進；家康九月一日才從江戶出兵，確定前線武將不會倒戈才於十一日進入尾張清洲城，接著十四日進入離預定戰場關原只有幾公里外的大垣城，一場決定天下大勢的戰役即將點燃！

豆知識　直江狀

一六〇〇年四月景勝家老直江兼續對家康派出使者前來責問的回覆狀，直江兼續道破家康出兵會津的真正意圖，並直言指出真正破壞秩序、危及豐臣政權的人不是上杉，而是家康。倘家康仍執意討伐會津，上杉必嚴陣以待。

066

關原合戰開打

決定天下的合戰經過

一六〇〇年九月十四日夜，西軍陣營傳出家康繞過大垣城進攻三成居城佐和山城，再進攻伏見、大坂等城的傳聞。石田三成聽到居城成爲東軍目標後，下令西軍撤出大垣城連夜趕往大垣西邊的關原，當夜下著滂沱大雨，西軍就在這裡迎戰後到的東軍。十五日清晨雨停，遍布濃霧，濃霧散去後關原之戰揭開序幕！

西軍有地形上的優勢，然開戰後除宇喜多直家、石田三成、小西行長、大谷吉繼四將部隊外，其餘西軍將領均按兵不動；對比擁有二百五十五萬石、官居正二位內大臣的德川家康，與只有十九萬五千石、從五位下治部少輔石田三成，誰有較大勝算不言而喻。西軍雖僅有四支部隊參戰，但個個士氣高昂，諸多東軍部隊反而陷入苦戰。家康在戰前透過密集書信促使多數西軍武將保持中立，對此役抱持樂觀態度，惟西軍頑強抵抗，加上原本說好倒戈的部隊未有行動，特別是率領一萬五千兵力的小早川秀秋。率領三萬八千大軍經中山道的家康三子秀忠理應在幾日前於岐阜城與家康會師，此時也遲遲未見蹤影，這都是東軍陷入苦戰的原因。

中午時分，家康命人對布陣松尾山上的小早川秀秋部隊開砲，此舉催促他實現倒戈的承諾。小早川失去判斷力，揮軍下山攻擊，苦撐的大谷吉繼部隊被攻破，大谷吉繼自盡。接著宇喜多、小西、石田等部隊相繼潰敗，紛紛撤走，然而在家康本陣桃配山東邊的毛利軍始終沒有動靜，甚至不戰而退。

島津義弘按兵不動，待確定西軍已無獲勝機會便自行撤出戰場。由於島津家在這場戰役中並非對東軍開戰，因此多數東軍將領未追擊島津軍，只有家康四子松平忠吉及部將井伊直政率軍窮追；島津略有犧牲但仍擊退追擊部隊，最後成功撤回九州。

下午五點左右，在東軍掃蕩下，西軍部隊放棄抵抗。這場「決定天下的戰役」不到一天便分出勝負，從此家康成爲實際的天下人，被奪走權力的豐臣政權岌岌可危。

戰後見分曉

關原之役告結，獲勝關鍵的小早川秀秋爲得到家康信任，請纓攻打三成居城佐和山城，十八日攻下，三成族人切腹；二十一日，藏匿伊吹山中的石田三成被捕，同捕獲的還有「**吉利支丹大名**」小西行長；二十三日毛利家外交僧安國寺惠瓊在京都遭縛，惟宇喜多秀家不知所蹤（後來被發現藏匿在島津家，最後被流放至八丈島）。十月一日，三成、行長、惠瓊遊街後在京都六条河原斬首。

之後兩年做出戰後處置，參加西軍的大名除有具體倒戈行動者，其餘遭到減封到改易不等的處分，總共沒收七百三十餘萬石。家康一部分用在充實自己領地使其達到四百萬石，尚不包括京都·堺·長崎等大都市以及藏量豐富的佐渡金山·石見銀山·生野銀山；此外大部分用在籠絡嫌厭三成才與家康站在同陣營的豐臣武將，如加藤清正、福島正則、淺野幸長、細川忠興、池田輝政等人均得到四十萬石以上的俸祿。

遭減封最多的爲毛利家和上杉家，都被削減近四分之三領地，尤以毛利家爲最。毛利輝元雖被三成等奉行推戴爲西軍名義上的領袖，但輝元的堂弟吉川廣家（元春之子）透過黑田長政與家康有密謀，在關原之戰期間只要不動一兵一卒，戰後便能保全領地；廣家爲此使盡渾身解數阻擋毛利軍參戰，駐紮在南宮山上四萬多西軍也連帶在戰爭期間無法下山參戰，這股兵力若與三

人物通

吉利支丹大名

「吉利支丹」為天主教的日譯，指受洗成為信徒的大名，主要有高山右近、大友宗麟、大村純忠、有馬晴信、蒲生氏鄉、黑田官兵衛等人。這幾位大名在領地內推廣天主教，甚至將部分領地捐贈教會，在秀吉頒布《伴天連追放令》後，部分吉利支丹大名因政治壓力只得改宗，進入江戸時代由於鎖國禁教而絕跡。

關原合戰示意圖

關原合戰屏風圖（局部）

成等部隊攜手夾擊家康則勝負難料。毛利領地最後被削減到只剩周防、長門二國共三十六萬餘石，種下毛利家對德川的怨恨。至於島津雖在西軍陣營中，除撤退之際外也未與任何東軍部隊交戰，仍被家康視爲敗戰的一方。家康雖有處置島津之意，卻無法像秀吉一樣出兵討伐，只能略減爲六十萬石做象徵性處分。

最令人關注的是對秀吉遺孤秀賴的處分，這是豐臣恩顧大名關注的焦點，家康不便也不能做出改易處分，幾經思考後將秀賴削減成領有攝津．河內．和泉三國六十五萬石的大名。關原戰後，秀賴名義上雖仍是太閤秀吉的繼承人，實際上已淪爲地方大名，原本的君臣關係逆轉過來，秀賴反須仰賴家康鼻息才能生存。

大河劇人物介紹 5

織田信長

天文三年～天正十年　一五三四～一五八二

織田信長，對戰國迷而言是再熟悉不過的名字，以信長為主角或第一配角的戲劇、小說、動漫多到數不清，以信長為主角的遊戲「信長之野望」系列更發行至第十四代！大多數戰國迷即便對其他武將生平說不清楚，對信長想必能侃侃而談，因此本篇僅針對戰國迷較少提及的信長個性的缺陷與其內政措施來談。

「第六天魔王」

信長生於尾張國那古野城，幼年時據說動輒咬傷奶媽，後來找池田恒興生母當奶媽才解決問題，之後恒興生母被信長生父信秀納為側室，池田恒興與信長變成名義上的同父異母兄弟。有些學者從這件事認為信長天生脾氣暴躁，但信長並非只是脾氣暴躁，從他饒恕追隨同母弟信行的柴田勝家一事來看，與其說信長有寬容的一面倒不如說他有識人之明，這點在他任用羽柴秀吉、明智光秀更可看出。

不過信長遭部下背叛的次數，也與他的識人之明同樣輝煌。淺井長政、荒木村重、松永久秀及明智光秀在人生不同階段因著不同的原因背叛信長，扣除反覆無常、習慣性叛變的松永久秀外，其他三人都是能力卓越、品行高潔的武將，但是這三位武將卻不約而同對信長叛變；明智光秀的叛變更是讓信長「天下布武」的事業功虧一簣。

除明智光秀叛變原因較為複雜、學界還未能取得一致觀點外，淺井長政和荒木村重的叛變可說都是因信長而起。信長空有識人才能卻無掌控人心的技巧，不僅不如盟友德川家康，更遠不如受他提拔的部將羽柴秀吉。

信長個性缺點除前述的脾氣暴躁（握有權力的人脾氣暴躁通常與個性殘忍畫上等號）外，還有缺乏耐性，特別是缺乏與下屬溝通的性子。燒毀比叡山根本中堂以及殺害兩三千名僧侶．女子，將宿敵朝倉義景、淺井久政．長政父子的頭骨做成酒杯、平定伊勢長島一向一揆後屠殺兩萬餘名非戰鬥成員、荒木村重叛變後將留在有岡城的婦孺百餘人及後來抓到的荒木一族全部處斬等行為，突顯出信長兇殘的一面。古今中外以武力統一的政權中，殺戮固然是不可或缺的必要之惡，但信長的行為已明顯超出必要之惡，若非信長有超越時代的內政措施和明確的政治理念的話，光是他被稱為「第六天魔王」的諸端殘忍嗜殺惡行，與齋藤道三、松永久秀、宇喜多直家等三位惡名昭彰的戰國梟雄實無太大差別。

現代企業中，主管與下屬間流暢的溝通管道被視為是優秀企業的必備條件，不過在封建制度下，主君與部屬間少有溝通管道。缺乏溝通，對下屬而言難免會有不被信任的感覺，或許這是明智光秀發起「本能寺之變」的原因之一吧！

獨樹一格的內政措施

內政是信長的強項，信長的施政不僅在戰國時代獨樹一格，甚至後繼者秀吉．家康制定的政策也與信長的施政息息相關，是以此處談論信長極具特色的內政措施。

信長生父信秀先後以古渡城、末森城為居城（均在名古屋市），信長當上家督後於一五五五年從主君織田信友手中攻下清洲城，即將居城遷移至交通要衝的清洲城，以清洲城為居城期間，歷經桶狹間之戰並完成尾張統一。一五六三年前後，為入侵美濃，又遷徙至濃尾國境的小牧山城；位在山上的小牧山城並不適合長期做為居城，一五六七年攻下美濃稻葉山城後信長改名為岐阜城，以此城做為「天下布武」事業的起步。隔年信長得到護衛足利義昭上洛的機會，上洛後信長以武力為後盾，肅清盤據畿內大大小小的勢力，拉開與國內其他戰國大名的差距。一五七九年信長再將居城遷徙至琵琶湖南岸，居東山．東海．北陸三道交界處的安土城。大多數戰國大名擇定居城後終其一生都不還移，信長則出於現實需要，屢換居城。

「樂市樂座」為只要繳交一次費用便可以在該大名領地內自由進行貿易而不得再徵收其他名目的稅目，排除中世紀以來獨占的座．問丸．株仲間等既得利益團體。這以往被認為是信長的創舉，不過目前學者認為在信長之前已有其他大名在局部地區實施「樂市樂座」，信長則大舉在自己領地內推廣，因而被後人誤認為是「樂市樂座」最早的提出者。伴隨「樂市樂座」的是「關所廢除」，廢除室町時代以來設置在交通要道針對商旅以通過為由徵收的稅賦，這對守護大名而言是筆可觀收入，但阻礙了商業的發展。信長在實施「樂市樂座」的同時，廢除關所，損失部分收入之餘卻換來商業的興盛。

戰國時代歷時百年，因在信長上洛前並無明顯較大的勢力，另一重要原因在於戰役規模過小，不易憑藉一次作戰消滅對方，加之作戰時間有限，導致戰國時代年復一年充斥小型戰役，卻始終不見突破性的進展。信長捨棄當時普遍存在的「兵農合一」，提出作戰與農作分開、各司其職的「兵農分離」。尾張的兵源既不能與吃苦耐勞的甲斐、越後相比，也不敵鄰近的三河，既然無法克服先天差異，就只能創造讓尾張能夠得利的後天制度。信長能夠後來居上，不光得利於地理環境上靠近京都的優勢，而是能正視現實，建立「兵農分離」制度讓自家軍隊在戰國時代占得先機。

戰國時代歷時百年的因素還在於大名在作戰時事必躬親，親身作戰不僅勞累且有暴露在敵軍面前的風險。戰國大名並非不知道親自作戰的危險，卻苦於替代方案窒礙難行而不得不勉力為之。對此，信長在天正年間（一五七三年七月至一五九二年十二月）提拔數位功績卓著的家臣為軍團長，分配

復原的岐阜城天守

軍團長攻略的對象，底下配置參謀、武將（稱為「與力」）及兵力，授予軍團長進攻敵城的權力。如此一來信長不用出征便有數位軍團長在各地作戰，信長只要坐鎮岐阜城（一五七九年後移至安土城）與朝廷折衝即可，這的確是極有見地的制度。

《King of Zipangu》裡的信長

只要以戰國時代為背景的大河劇，多多少少都能見到信長的蹤跡，不過以信長為主角的其實只有一九七三年的《国盗り物語（國盜物語）》（嚴格說來信長是後半部的主角）及一九九二年的《信長King of Zipangu》，飾演信長的分別是高橋英樹和緒形直人。

緒形直人為已故演員緒形拳次男，雖已在一九八八年出道演出，直到本劇才首度擔綱主演。劇名之所以取《King of Zipangu》，在於以葡萄牙出身的耶穌會傳教士路易士．弗洛伊斯的觀點來看信長。歷史上信長曾與弗洛伊斯在二条城（並非江戶時代的二条城）會面，准許在畿內傳教布道的權利，由於此一因緣，弗洛伊斯始終正面看待信長，淡化信長性格中受人詬病的部分。

或許是外貌因素，緒形直人飾演的信長始終給人柔弱的形象，在面對家中統一、燒毀比叡山、放逐足利義昭、逼迫家康處理信康事件，皆沒表現出應有的霸氣，面對人生的落幕本能寺之變時也很難感受到悲劇英雄的悲壯氣息。這位「信長」終究給人太過稚嫩的印象。

【與信長有關的景點】

＊**那古野城**：信長的出生地（愛知縣名古屋市中區）

＊**正（聖）德寺跡**：信長與岳父齋藤道三會見之地（愛知縣一宮市）

＊**清洲城**：信長繼承家督後的居城（愛知縣清須市）

＊**桶狹間之戰古戰場**：信長奇襲今川義元之地（有愛知縣名古屋市綠區和豐明市二說）

＊**小牧山城**：信長為了用兵美濃而將居城遷徙至此地（愛知縣小牧市）

＊**岐阜城**：信長「天下布武」的出發點（岐阜縣岐阜市金華山）

＊**安土城跡**：信長生涯最後一座居城（滋賀縣近江八幡市安土町）

＊**本能寺**：信長自裁之地（事變發生時：京都府京都市中京區蛸藥師通。現址：京都府京都市中京區寺町通）

豐臣秀吉

天文六年～慶長三年　一五三七～一五九八

由於日本沒有朝代更替，朝廷官位都由名門望族世襲，不同階級之間少有流動，武家政權出現後武士任官逐漸普及，不過平民翻身仍被視為遙不可及。然而戰國時代末期有一個出身貧困農家的平民，憑藉個人不懈的努力以及掌握住適時降臨的時機，扶搖直上成為輔佐天皇的關白，這個人就是繼承信長遺志、完成日本統一的豐臣秀吉！

天生善於攏絡人心

平民出身的秀吉與繼父竹阿彌不合，曾離開尾張短暫出仕今川義元的家臣遠江國引馬城（也寫作「曳馬城」，德川家康攻下此城後改名「濱松城」並做為居城）支城頭陀寺城城主松下加兵衛之綱，秀吉表現出色，卻受到同僚排擠，不得不辭職求去，日後秀吉發跡後找來松下之綱賜予頭陀寺城附近久遠城一萬六千石領地。之後秀吉據說曾流浪東海道以販賣針為業，到一五五四年左右才重回尾張出仕信長，成為遞送草鞋、牽馬的僕役。

電影《清須會議》（這部電影並不完全忠於史實）有段提及為了讓支持的人選成為織田家新家督，首席家老柴田勝家和秀吉各自使出渾身解數攏絡有決定人選權利的家老池田恒興，勝家開出的條件是贈予越前的螃蟹，相較之下秀吉開出大坂．尼崎十二萬石領地；在這種情形下，池田恒興會向誰靠攏應是再簡單不過的選擇。或許勝家認為分封領地是家督的權力，自己只是首席家老，故不便以領地做為誘餌，不過以名產做為拉攏的代價，證明勝家根本不懂人心，要成大事者必須有吸引大眾跟隨的能耐，要吸引大眾不能只靠個人魅力或是高倡大義名分，有時候還必須誘之以利。柴田勝家既無個人魅力，也沒有為信長復仇的大義名分，又不曉如何誘之以利，儘管有著織田家首席家老的身分，連一開始和他站在一起的次席家老丹羽長秀最後也棄他而去，遑論翌年賤岳之戰臨陣退縮的前田利家！

秀吉由於早年流浪期間累積的見聞歷練，不僅豐富視野，也養成他開朗樂觀、處在不利局面也不輕易放棄的個性，秀吉擔任織田家部將期間的作為固然從不好的方面可說是居心叵測，但不能否認待人接物方面，秀吉比其他戰國武將多了圓滑、包容及體貼。當秀吉從「中國大折返」回到京都揭起為主君報仇的旗幟時，得到包括明智光秀的姻親細川藤孝．忠興父子在內多數織田家部將的擁戴，他們擁戴秀吉不完全因為秀吉是最早返回畿內之故，而是有不少部將已看出秀吉具有統一天下的器量。不光織田家內部如此，當時與織田家敵對的上杉家家老直江兼續，以及毛利「兩川體制」之一的小早川隆景，也看出信長死後只有秀吉能繼承統一天下的遺志，他們紛紛說服自己的主君與秀吉結盟，必要時給予一定程度的幫助。

❀粗暴殘忍的性格面

秀吉有其心思細膩的一面，但平民出身的他同時亦保有粗俗鄙陋的一面。如果秀吉以區區城主身分終其一生，粗俗鄙陋倒也無傷大雅，隨著秀吉在清須會議後勢力急遽擴大而最終統一日本，為鞏固得來不易的政權，秀吉不只是粗俗鄙陋，也逐漸顯露出粗暴殘忍。

秀吉在統一天下過程中尚懂得克制自己情緒，不過更大的原因還在於有異父弟小一郎秀長、蜂須賀正勝（小六）等若干秀吉老班底將領在的緣故，從秀長曾對前來乞求的大友宗麟說道「私事去找利休，公事來找小一郎秀長，凡事如此，即可高枕無憂。」這段話固然透露出秀長在豐臣政權中無可替代的重要性，但也表現出豐臣政權的脆弱，一旦失去利休、秀長，豐臣政權將出現大廈傾圮的困境。

這種憂慮在一五九一年二月秀長、利休先後辭世（秀長病逝，利休被秀吉下令切腹）後成真，先是出兵朝鮮，超過二十萬的軍隊集中在九州肥前名護屋等待渡海前往朝鮮。為了供應二十萬大軍的糧餉，秀吉向民眾全面徵稅；戰國時代的稅賦已是嚴苛（比起江戶時代則算寬鬆），還要額外負擔二十萬大軍的糧餉，苦不堪言的程度不言而喻。

若說秀吉為了自身的野心出兵朝鮮，那麼「秀次事件」足以表現出秀吉自私又殘忍的一面。「秀次事件」和「應仁之亂」的導火線一樣起因於繼承人的紛爭，哪知秀吉未記取歷史教訓（這與他不學無術、不諳歷史典故有關），過早轉移權力給秀次，秀賴出生後也未能主動出面與秀次交涉。以秀次的立場而言，他本人更應主動歸還關白以及解除與秀吉的養子關係。兩人卻都沒有嘗試為鞏固豐臣政權而努力（若秀長還在世絕不可能坐視不理），因而讓秀吉決心撲滅秀次家族，秀吉撲滅秀次時為求除惡務盡，除了讓秀次切腹外，還將秀次一族將近四十人全部集中在六条河原斬首；不僅如此，還藉由石田三成等文治派部將以搜查之名，羅織武功派將領的罪名。豐臣政權的滅亡很大原因來自於秀吉出兵朝鮮和「秀次事件」，可是這兩起事件都有可能避免的，或是將傷害減至最低，秀次原有可能成為秀賴的後盾——儘管這個後盾並不可靠，但在人丁單薄的豐臣家族中也是不得不的選擇。秀吉卻斷絕這種局面出現的可能，直接敲響豐臣政權的喪鐘！

✿大河劇裡秀吉的形象

和信長一樣以戰國時代為背景的大河劇，大多都能見到秀吉的蹤跡，以秀吉為主角的大河劇有一九六五年的《太閤記》及一九九六年的《秀吉》，分別由緒形拳和竹中直人飾演秀吉（二〇一四年《軍師官兵衛》竹中再度擔綱秀吉的角色）。值得一提的是連秀吉的糟糠之妻寧寧亦成為大河劇主題——一九八一年《おんな太閤記（女太閤記）》便是從寧寧的觀點來看秀吉一生，飾演寧寧的是佐久間良子（平幹二郎前妻、平岳大生母），飾演秀吉的是大河劇常客西田敏行。

近年詮釋秀吉角色最成功的演員當數竹中直人，他飾演的秀吉帶有極為濃厚的農民氣息，不管是農

伏見城大小天守閣

民的純樸、善良或是狡獪、貪婪，竹中總能恰如其分拿捏。統一天下後的場景，竹中漸次表現出天下人的殘忍性格，像是烹殺幼年玩伴石川五右衛門。

《秀吉》改編自前經濟企畫廳長官（一九九八年七月至二〇〇〇年十二月）堺屋太一《秀吉》《豐臣秀長》《鬼と人と　信長と光秀》等三部作品，主要劇情為表現出秀吉「超越夢想的男人」，著重在秀吉從社會底層往上爬的經過，至於秀吉若干殘暴的事跡，諸如出兵朝鮮和「秀次事件」在本劇則略過不提。

【與秀吉有關的景點】

＊**豐公誕生之地碑**：秀吉的出生地（愛知縣名古屋市中村區中村公園）

＊**長濱城**：秀吉最初擔任城主之城（滋賀縣長濱市公園町）

＊**大原觀音寺**：秀吉與石田三成最初會面（三次獻茶）之地（滋賀縣米原市）

＊**姬路城**：秀吉「中國攻略」的據點，被列為世界文化遺產（兵庫縣姬路市本町）

＊**備中高松城跡**：秀吉水攻此城後遇上「本能寺之變」（岡山縣岡山市北區高松）

＊**山崎之戰古戰場**：秀吉與明智光秀的決戰地（京都府乙訓郡大山崎町）

＊**賤岳之戰古戰場**：秀吉與柴田勝家的決戰地（滋賀縣長濱市木之本町大音）

＊**大阪城公園**：秀吉建築的大坂城所在地（大阪府大阪市中央區）

＊**北野天滿宮**：北野大茶湯的舉辦地（京都府京都市上京區御前通）

＊**聚樂第址**：秀吉任關白時建築的政廳，「秀次事件」後燒毀（京都府京都市上京區中立賣通一帶）

＊**名護屋城跡**：秀吉為出兵朝鮮而築之城（佐賀縣唐津市鎮西町）

＊**伏見城**：秀吉讓出關白後以太閤身分居住之城（京都市伏見區桃山）

＊**豐國神社**：紀念秀吉的神社，建於秀吉逝後周年（京都市東山區大和大路正面茶屋町）

＊**豐國廟**：秀吉的埋骨之所（京都市東山區阿弥陀が峰）

067

江戶幕府成立

江戶・駿府兩頭政治

一六〇三年二月十二日，後陽成天皇派出參議勸修寺光豐為敕使至伏見城，任命家康為武家棟樑、源氏長者、淳和・獎學兩院別當、右大臣以及征夷大將軍。自足利義昭為信長流放，約隔三十年後武家政權復興，這固然是家康對朝廷施壓的結果，卻也是朝廷對家康致力於統治秩序恢復的肯定。三月十二日，家康從伏見城移居二条城，十五日前往御所謝恩，然後在二条城答謝敕使、接受公卿對就任將軍的祝賀儀式。不過此時家康名義上仍為豐臣政權一員，面對大坂派出使者質問越過秀賴接受朝廷將軍宣下、成立幕府一事時，以「家康只是暫時執掌政權，最終會遵照秀吉遺言還政秀賴」之類的空言承諾。

一六〇三年七月，家康實現秀吉臨終遺言，讓十一歲的秀賴與自己七歲孫女千姬（秀忠之女）完婚，一時間，大坂沉浸在秀賴元服後家康將實現還政諾言的迷夢中。

一六〇四年起，家康動員豐臣政權的大名普請包含江戶城在內的諸多城郭，稱為「天下普請」。其用意除了有計畫消耗大名的財力、藉由城郭普請來測試大名忠誠度外，亦等同向大坂宣告：江戶才是號令全國大名的所在。

一六〇五年四月十六日，家康突然辭去將軍位，策動朝廷下達征夷大將軍宣下給家康三子秀忠（秀忠欠缺源氏長者、獎學院別當等頭銜）。秀忠雖在關原之戰貽誤軍機被家康斥責，終其一生未曾在作戰方面有過顯赫戰功，但處於征戰殺伐之氣逐漸平息的時代，秀忠溫馴守成的個性比家康其他兒子更具備第二代繼承人資格；更重要的是，傳位於秀忠就表示征夷大將軍從此由德川氏世襲，非德川氏出身者不得成為將軍，即便德川家女婿如秀賴者亦要向德川將軍稱臣。家康辭去將軍即搬出江戶城，遷移至氣候溫和的駿府，以大御所身分繼續領政。秀忠貴為二代將軍卻乏實權，對於重大事件更無裁斷權，比如三代將軍人選便是由家康以**大御所**身分決定。於是幕府出現江戶（將軍）・駿府（大御所）兩頭政治，但必須憑靠駿府方面的決定才能拍板定案，與室

人物通　大御所

原為鎌倉時代隱居的親王・公卿・將軍之居所，後轉為對其人的尊稱。江戶時代專指隱居的前將軍敬稱，包括初代將軍家康、二代秀忠、八代吉宗以及十一代家齊四人。

町初期尊氏和直義之間並不相同。

誰是真正天下人

秀忠就任將軍的同時，秀賴也在家康奏請下從內大臣晉升右大臣，家康派使者前往大坂要秀賴上京答謝並向秀忠祝賀。當時人臣升官親自向朝廷答謝乃是義務，家康要秀賴答謝、順便向秀忠祝賀不全是強人所難，但秀賴生母淀君堅拒向秀忠祝賀。

一六一一年，在位二十六年的後陽成天皇有意讓位第三皇子政仁親王，日期定在三月二十七日。家康有意出席新君登基，從駿府上洛滯留京都伏見城，同時命信長之弟織田有樂（長益）敦促秀賴上京會面，否則以武力相見。對秀賴過度保護的淀君當然反對，不過在豐臣恩顧大名加藤清正、淺野幸長等人力陳利害下同意。當日後陽成天皇在二条城讓位政仁親王（四月十二日登基為後水尾天皇），翌日，七十歲的家康於二条城與十九歲的孫女婿秀賴會面，史稱「二条城會見」。這是秀賴自七歲進入大坂城後首次出城，在加藤清正、淺野幸長、池田輝政護衛下現身世人面前，秀賴魁梧體格及其秀氣臉龐博得群眾喝采，讓隨侍在家康身側的九子義直、十子賴宣相形失色。

家康與秀賴隨後前往東山豐國神社祭拜秀吉，結束這次歷史性會面。用生命完成護衛任務的加藤清正在會後激動道：「我今天總算報答太閤殿下的恩情。」正當所有人以為這次會面化解了江戶、大坂兩邊心結進而促成真正和平到來時，豐臣恩顧大名卻接二連三殞落：先是淺野長政於四月七日死去，接著六月十七日堀尾吉晴、六月二十四日加藤清正，一六一三年一月二十五日池田輝政、同年八月二十五日淺野幸長相繼在壯年辭世。尤以加藤清正和淺野幸長的死在今日看來令人質疑。

家康會見秀賴時已下決心在有生之年消滅大坂，豐臣恩顧大名們辭世則削弱大坂潛在的力量，有助於消滅豐臣政權。接下來數年，家康以為太閤祈求冥福的理由，勸請大坂整修畿內寺院以消耗秀吉遺留財富。一六一四年重修完畢的方廣寺梵鐘銘文出現「君臣豐樂」、「國家安康」等字眼，被家康的智囊團林羅山等人指出有詛咒家康之意，以此為契機，家康動員全國大名討伐大坂，此即終結豐臣政權的「大坂之陣」。

二条城／洪維揚提供

068

大坂之陣

大坂冬之陣

一六一四年九月，大坂的使者片桐且元返回大坂，傳達江戶方面提出的三個條件：一、秀賴定期往來江戶；二、淀君前往江戶當人質；三、秀賴離開大坂城，更換領國。淀君無法同意如此屈辱的條件，她的情緒經常主宰大坂方面的決定，於是難免兵戎相見。爲了備戰，大坂方面一擲千金大舉招募浪人，關原之役後衆多西軍大名遭到改易，連帶產生大批失去主家和俸祿的浪人，他們未必對豐臣家抱持好感，卻對害其淪爲浪人的德川家深痛欲絕，儘管各抱持不同目的前來，把大坂城當成人生最後舞台、務求綻放瞬間華麗光彩這點並無二致。

在家康動員下，二代將軍秀忠也有所作爲。對秀忠而言，進軍大坂不可重蹈關原之役的覆轍，十月二十三日出江戶城後率領六萬大軍一路進行奔逸絕塵般的急行軍。身爲總大將的他，率先於十一月十日進入伏見城。大坂城聚集近十萬浪人，以真田昌幸之子信繁（幸村）、後藤基次（又兵衛）、長宗我部盛親、毛利勝永、明石全登五人名聲最著。十九日於大坂城外木津川口出現零星衝突，歷經十餘日戰鬥，這些浪人雜牌軍無法與各大名正規軍匹敵，因此三十日大坂方面決定棄守外圍城砦籠城。

以難攻不落著稱的大坂城，唯一有機可乘的是城南靠近天王寺附近的台地。真田信繁在此處從東、西、南三面挖掘壕溝，只有北邊與大坂城相連的小砦「**出丸**」投入五千兵力以防江戶軍攻入。十二月四日起，前田利常、松平忠直、井伊直孝、藤堂高虎共三萬軍進攻出丸，血戰一晝夜無功歸還，大大打響真田信繁及出丸的名號。

家康判斷強攻出丸會造成更大犧牲，遂改以大筒砲轟淀君所在的天守閣。花容失色的淀君透過二妹常高院，與家康使者本多正純、阿茶局（家康側室）在十二月十九日達成議和，內容爲：一、保證秀賴人身安全及本領安堵；二、不追究處分城內諸將；三、淀君無須擔任人質，改由大野治長、織田有樂充

豆知識　出丸

位於大坂城南邊平野口附近一處台地，冬之陣前夕由真田信繁築成東西約一百八十公尺的防禦工事，十二月四到五日間抵擋住東軍三萬人的猛攻，從此改稱「真田丸」，冬之陣結束後拆除。NHK以《真田丸》做為二〇一六年大河連續劇主題。

德川大軍進攻大坂城，豐臣秀賴堅守城內，淀君已備妥小刀殉身／三娃繪

任；四、大坂城僅能保存本丸，二丸和三丸必須破壞，外壕必須填平。對家康而言，第四點才是議和眞正目的。此役稱爲「大坂冬之陣」，雖未能一舉摧毀豐臣家，但塡平大坂城外圍無異於除去豐臣家賴以爲傲的屏障。

大坂夏之陣

一六一五年一月十九日，依議和規定拆了大坂城，然而江戶方面拆過頭，連應保存的本丸也拆掉，眞田信繁修築的「眞田丸」也在拆除之列，象徵太閤驕傲的大坂城只剩天守閣。大坂方面再怎麼愚昧，如今也認清家康用心險惡，大坂城既爲一座裸城，處心積慮消滅豐臣家的家康定會再以種種理由挑起戰端。

三月，家康藉口大坂城內浪人有備戰意圖、破壞和平協議，提出將

豐臣大坂城極樂橋

秀賴移封至大和或伊勢，還有驅逐大坂城內浪人的抉擇。家康當然知道這兩項選擇都不會被大坂遵從，他早有再戰決心。四月四日藉口參加九子義直的婚禮從駿府動身，伴隨家康的是天下大名及將近二十萬大軍；婚禮結束後家康西上二条城，二十四日對大坂下最後通牒，此即被稱爲戰國最後一役的「大坂夏之陣」。

由於大坂城已無法防守，只得在城外迎戰兵力兩倍之衆的江戶軍，實際上大坂的劣勢不光單純兵員上兩倍的差距。幕府如果失敗還能動員更多兵力繼續作戰，大坂方面卻沒有多餘浪人可再招募，野戰失敗亦無處可退。五月六日起，大坂軍在城外與幕府軍打了幾場慘烈的戰役，折損後藤又兵衛等衆多名將。七日眞田信繁與毛利勝永於天王寺做最後突襲，突破諸多武將陣勢，諸將旌旗東倒西歪，信繁一舉強行突襲衝進茶臼山家康本陣，家康本陣的**馬印**在三方原之役後再度倒下。然而信繁早已是強弩之末，與毛利勝永力竭戰死。

至此大坂已無力再戰，幕府軍開始放火，五月八日淀君與秀賴雙雙自盡，豐臣政權滅亡，秀吉血脈就此斷絕。百餘年來的戰國之世隨著豐臣家滅亡而結束，迎來的是德川家主政的新時代。

豆知識　馬印

戰國時代武將在戰場上標示自己所在的長柄旗印，通常大將鎮守本陣，因此馬印多半也在本陣。知名武將馬印有武田信玄的「風林火山」旗．諏訪明神旗、上杉謙信的「毘」字旗和草寫的「龍」字旗、豐臣秀吉的葫蘆瓢旗等。

069 幕藩體制逐步告成

頒布武家與公家法度

一六一五年七月十三日，豐臣家滅亡後兩個多月，改元「元和」，世稱「元和偃武」。「偃」者，停止；「偃武」，停息武備，亦即天下不會再出現動盪戰爭。然而光是更改年號無法保證戰爭不會再起，要徹底斷絕戰爭必從制度著手，於是改元前的七月七日由「黑衣宰相」以心崇傳起草、秀忠擇伏見城頒布《武家諸法度》，主要內容規定爲：大名須專精文武弓馬之道、嚴禁築新城，舊有居城之土壘・石壘毀壞時需先向奉行所申報，俟其同意方可修建，修建規模須與原先相同；一萬石以上之藩主、城主或將軍之近習，若無幕府允許，不可私下締結婚姻。此法度頒布後，歷經三代家光、四代家綱、五代綱吉、六代家宣、八代吉宗多次增補而愈趨完善。秀忠時內容有十三條，到家光時擴充至十九條，包括「參勤交代」制具體明文化、禁止五百石以上船隻建造等等；家綱時追加到二十一條，明文嚴禁基督教；綱吉時起條文有減少傾向。上述所提及的內容是歷次增刪中始終不曾去除的項目。《武家諸法度》乃幕府統制各藩藩主的根本法令，也是江戶幕府最重要的法令。

七月十七日，大御所家康、二代將軍秀忠與關白二条昭實三人於京都二条城，聯署頒布同樣由以心崇傳起草的《禁中並公家諸法度》，內容共十七條。「禁中」指天皇及皇族，「公家」指公卿貴族。將軍須由天皇任命，從這點來看是居於臣下，但臣下竟然制訂法令要天皇遵守，是日本史上首度由人臣針對天皇行爲制訂法度約束其遵守。第一條規定天子在各種藝能之事當中，第一要務爲學問，如《貞觀政要》《寬平御遺誡》《群書治要》《禁秘抄》，此外對於和歌的學習也不能偏廢；第二條以下則是明文規定公卿任免、改元、天子朝服、諸公卿家昇晉、攝家**門跡**，以及

僧正、門跡、院家的任命，嚴格規範朝廷的一切作爲。儘管規定天皇須勤於學問，實際上天皇也不能親政，勤於學問云云看來實爲諷刺。

有別於《武家諸法度》，《禁中並公家諸法度》頒布後到幕府瓦解爲止都不曾增刪。這兩条幕府最有力的法度頒布後，幕府已能有效控制日本，心滿意足的家康不久在新年正月鷹狩時倒下。三月朝廷下達太政大臣宣下，生涯已無遺憾的家康於四月十七日逝去，享年七十五歲，朝廷追贈「東照大權現」。

豆知識 門跡

皇親貴族擔任特定的寺院住持，通常是寺格較高的寺院。平安時代宇多天皇於仁和寺出家，仁和寺便稱「御室御所」。《禁中並公家諸法度》規定的門跡有親王門跡、攝家門跡、清華門跡、公方門跡等，其中親王門跡雖計十三處寺院，然只有輪王寺（日光）、仁和寺、大覺寺是純粹親王的門跡。

幕藩體制確立

頒布了《武家諸法度》《禁中並公家諸法度》，江戶幕府著力鞏固其獨特的政治體制，亦即「幕藩體制」。這個詞彙最早爲東京大學名譽教授古島敏雄於一九五三年提出，雖不見得能精確完整說明江戶時代的幕藩關係，然有鑑於它已得到普遍使用而今尚未出現能夠完全取代的詞彙，因此姑且以「幕藩體制」稱之。

「幕藩體制」的「幕」指幕府，代表中央；「藩」指各藩，代表地方。將軍是幕府最高領導者，同時也是俸祿最多的大名約當四百萬石，由德川家康的子孫世襲。將軍底下置一「大老」、「老中」四至五人、「若年寄」四人，皆由譜代大名擔任。惟大老非常設官職，只有在非常時期才從十萬石以上譜代大名中選出，包括酒井、土井、井伊、堀田四家，整個江戶時代不過十三人擔任大老。老中從二萬五千石的譜代大名中選出，指揮監督大目付、町奉行、遠國奉行、駿府城代，每個月由一名老中主持政務，稱「老中首座」，遇要事採合議制。若年寄由俸祿較少的譜代大名中選出，任務爲輔佐老中管理旗本、御家人。若年寄底下爲大目付，受老中管轄，定額四到五人，由三千石到五千石之間的旗

園部藩參勤交代行伍圖／三娃繪

本擔任，任務爲監視大名、高家及朝廷。大目付底下爲目付，受若年寄管轄，定額十人，由一千石的旗本擔任，任務爲監視其他旗本、御家人。此外還有町奉行（負責江戶的行政、司法，分爲南北兩處）、寺社奉行（統管全國寺社）、勘定奉行（負責幕府財政及天領管轄），統稱「三奉行」。

幕府的地方機構分爲京都所司代、城代（大坂、駿府）、遠國奉行、郡代、代官，其中以負責對朝廷監督及交涉的京都所司代，還有監督西國大名的大坂城代最重要。幕府天領以外則分封各大名（指一萬石以上），大名領地稱爲「藩」，依與德川將軍的親疏關係分爲「親藩」、「譜代」、「外樣」。

親藩	為將軍手足，包括江戶初期的**御三家**（尾張、紀伊、水戶）、中期的御三卿（田安、一橋、清水）及御家門（會津、越前）、御連枝（御三家的支藩）。在所有大名中，親藩（特別是御三家）官位最高，尾張和紀伊兩家均為大納言，水戶為中納言，將軍家若無後便由三家三卿提供繼承人，因此是幕府中除將軍家外地位最崇高者。
譜代	關原之戰前就歸順家康的大名及德川舊姓松平家歷代家臣，是家康取得天下的功臣，也是最信任的大名。幕府成立後重要官職如大老、老中、若年寄、京都所司代、大坂城代、寺社奉行均由譜代擔任，不過譜代大名領地普遍不大，最大的是彥根藩井伊家（三十五萬石）。
外樣	關原之戰後才臣服家康的大名，曾與家康對立過，幕府不甚放心，多次轉封領地後將其安置於生產力落後之偏遠地。一般說來外樣大名領地較大，如全國最大藩加賀藩前田家多達一百零二萬五千石，全國三十萬石以上的大藩多屬外樣。

人物通　御三家

德川家康將晚年生下的九子義直、十子賴宣、十一子賴房，分別封於尾張、紀伊、水戶，這三家負有屏障將軍家之責，後人稱為「御三家」。依家康想法，僅尾張和紀伊兩家具擔任將軍的資格，而水戶徒有輔佐將軍之資格，此從水戶的官職和領地均不如尾張、紀伊兩家即可看出。因此家康心目中的御三家應為將軍家、尾張家、紀伊家才是。

幕藩體制

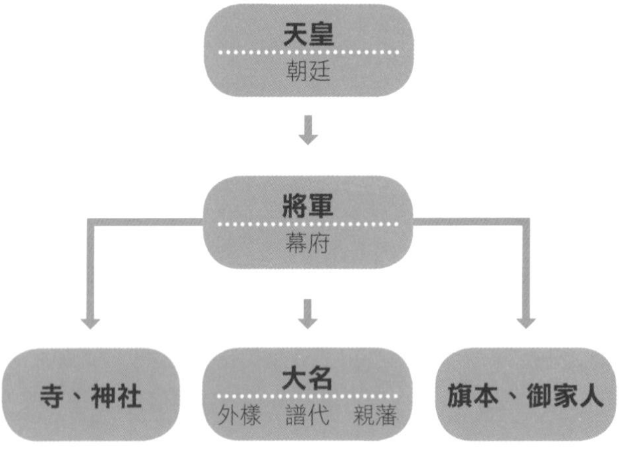

070

禁教與鎖國

德川幕府初期的禁教

秀吉平定九州後頒布《伴天連追放令》，爲日本禁教的開始，然法令執行不徹底，只追放傳教士而不追究已受洗教徒，倒像是排斥外國傳教士。一五九六年七月，一艘從馬尼拉出航的西班牙船隻「聖腓力號」遇難漂流到土佐浦戶灣，船上的西班牙教士不諱言指出他們欲以傳教爲手段廣收教徒，再由國王派軍隊在信徒裡應外合下征服日本。秀吉得知後大爲震怒，下令逮捕傳教士及信徒，計有六位傳教士（四名西班牙人、葡萄牙人與墨西哥人各一）及十八名日本教徒被捕，他們在京都一条戾橋被切下左耳再帶到市區遊街，中途又加上兩名信徒，一五九七年二月五日（陽曆）於長崎遭到磔刑，這是日本最初的殉教，稱「慶長大殉教」。

進入江戶時代，教徒已超過七十萬，對幕府而言是一股無法忽視的潛在威脅。一六一二年五月，幕府下令因「**岡本大八事件**」扯出的吉利支丹大名有馬晴信切腹；一六一三年家康命以心崇傳起草〈伴天連追放文〉由秀忠頒布。幕府依照此令，派兵破壞京都與長崎的教會，一六一四年將吉利支丹大名高山右近、內藤如安與百餘名教徒流放馬尼拉，盛極一時的吉利支丹大名紛紛改宗，就此成絕響；拒絕改宗的教徒，不是堅持信徒身分殉教就只能隱瞞教徒身分。

家康死後，秀忠再次發布禁教令，範圍擴大到全國，凡窩藏傳教士者皆以火刑處死並沒收家產。一六一九年十月，五十二名信徒在京都遭火刑；一六二二年九月，五十五名教徒於長崎西坂之丘被處死，其中二十五人火刑（七名西班牙傳教士、一名義大利神父、十三名日本傳教士、三名日本人與一名朝鮮人），三十名日本信徒在火刑台前斬首。後者是江戶時代規模最大的殉教，世稱「元和大殉教」，與「日本二十六聖人」並稱日本歷史最廣爲人知的殉教事件。此後日本傳教士與信徒再也不敢公然進行宗教活動，面臨兩個多世紀受迫害的苦難歲月。

島原之亂，達成鎖國

禁教之後，迎來鎖國政策。最初進入日本的歐洲勢力是西班牙和葡萄牙，關原之戰前夕荷蘭人來到日本，家康開始禁教時英國商船也來日。日本慣稱西、葡兩國爲「南蠻人」，荷、英兩國爲「紅毛人」，南蠻人與紅毛人不僅種族相異，來日本的目的也不大一樣。前者以耶穌會傳教士為主，來日目的首在傳播上帝福音，為方便傳教而順便提供製造鐵砲所必需的原料，非看重貿易價值；紅毛人信仰宗教革命後的新教，來日是為了貿易。雖在東方人眼裡都是廣義的基督教，然在宗教革命期間天主教與新教處於對立關係，因此南蠻人與紅毛人的相處並不融洽。英國最晚來到日本，扎下根基不深，眼見幕府因禁教逐漸對貿易做出限制船隻停泊長崎、平戶，遂於一六二三年抽身離開日本。荷蘭為獨占對日貿易，主動提供關於西班牙的情報，使幕府與西班牙斷絕往來。

一六三二年一月大御所秀忠病逝，親政的家光於翌年發出「鎖國令」：無「奉書船」的船隻嚴禁出海，滯留海外五年以上的日本人不得歸國。之後每年頒布一次「鎖國令」，規定愈益嚴苛，只有中國與荷蘭船隻能夠進入長崎，前往東南亞的日本人不准歸國（即便滯留時間不超過五年），葡萄牙人被遷徙至長崎之外的人工島出島。

一六三七年十月，肥前島原半島因藩主橫征暴斂導致發生反抗幕府的農民一揆，此即有名的「島原之亂」。雖說是農民一揆，然多數成員為禁教令發布後隱瞞身分的教徒。幕府原先只派當地島原藩率軍平亂，卻反被擊敗，進而派出御書院番頭板倉重昌率領鄰近各藩軍隊進攻，歷經三次猛攻，板倉戰死。幕府只得再派出有「智慧的伊豆」之稱的老中松平信綱，統率西國十三藩共十二萬餘軍隊，得荷蘭軍艦的幫助於翌年二月進行總攻擊，一揆據守的原城（原為有馬家居城）被攻陷，領導人天草四郎時貞以下盡遭屠戮。

「島原之亂」平定，幕府頒布第五次鎖國令，禁止葡萄牙船隻停泊日本港口，至此日本完成鎖國。直到一八五四年三月三日與美國海軍准將培理簽訂《日美和親條約》為止，只有中國、朝鮮、琉球、荷蘭四國和日本有所往來，其中朝鮮和琉球與日本通信，中國和荷蘭與日本通商，通商地點限於長崎出島。※

人物通　岡本大八事件

岡本大八為本多正純的家臣，一六〇九年有馬晴信在長崎攻擊葡萄牙船隻，岡本大八言可化解而向晴信索賄。事件遲遲未有下文，晴信向本多正純探聽後東窗事發，岡本大八被處火刑，有馬晴信則被判切腹。由於晴信是教徒不能自盡，由家臣將其刺死。

※作者按：鎖國為幕府統治下的日本帶來兩百多年的和平，放眼當時世界相當罕見，故也不能說鎖國為日本帶來負面影響。然反對者仍認為鎖國讓日本失去邁向資本主義的機會，這種說法近年愈來愈不被學術界接受，對當時日本而言，鎖國乃萬不得已中最好的選擇。

071

奇事不斷的五代將軍綱吉

犬公方綱吉

一六八〇年五月，年僅四十歲的四代將軍家綱突然陷入病篤狀態。面對絕嗣危機，大老酒井忠清提議仿鎌倉幕府前例，迎有栖川宮幸仁親王為宮將軍，但老中堀田正俊獨排眾議，認為應以將軍之弟上野館林藩主綱吉為繼任人選。堀田呈報家綱後得到首肯，七日家綱奏請朝廷封綱吉為從二位權大納言，八日家綱辭世。

八月綱吉受封正二位兼右近衛大將，同時獲征夷大將軍及源氏長者宣下，正式成為江戶幕府第五代將軍，這時年已三十五歲。十二月九日大老酒井忠清被免職，兩日後擁立有功的堀田正俊繼任大老，綱吉直到四年後正俊在江戶城內被刺殺後方才親政。堀田正俊大老遇刺後，綱吉理應從老中當中擇一信任人選委以政務，卻反將政務委託給信任的「側用人」，也就是綱吉還是館林藩主時期的心腹。綱吉時期的側用人以柳澤保明（後來接受綱吉偏諱改名吉保）、牧野成貞最為有名，柳澤保明甚至跳脫家世限制而擁有大老格。

綱吉就任將軍離戰國時代已有百年之久，他幼年在家光安排下受儒學薰陶，就任後大力推廣儒學，在湯島建立聖堂以及幕府直轄的儒學教育機關昌平坂學問所（昌平黌），因此儒生輩出，諸如新井白石、室鳩巢、荻生徂徠、山鹿素行都是當代以降的大儒，綱吉更親自為幕臣講解四書。綱吉雖以儒學造詣深厚著稱，但他真正出神入化的是能劇，非僅深諳每部能劇的由來典故，且還親自演出、糾正能劇演員的錯誤，經常強制側近及各藩大名觀賞他演出的能劇，對能劇的瞭解當世無人能及。

綱吉治世最令人詬病的應數《生類憐憫令》。他繼任將軍前曾育有一子，一六八三年夭折後未再有子，僅有的一女也於一七〇四年早逝，於是便有僧侶隆光指出將軍若要生下繼承人必須戒殺，尤其

犬公方下令不准殺狗，人命不值／三娃繪

不能殺害綱吉出生狗年的犬類。一六八七年二月制訂《生類憐憫令》，最初規定江戶城內的狗必須擁有戶籍，狗的毛色、年齡皆須呈報，無人飼養的流浪狗集中飼養。後期變本加厲，自江戶推廣至全國、由狗類推廣至所有生物，凡有所凌虐便受斬罪及流罪處分，人命不如牲畜，推行此令的綱吉反被譏爲「犬公方」。但其實在綱吉之前就已有生類憐憫的想法，且綱吉頒布此令也不只是保護犬類而已，而是對所有動物一視同仁。

元祿赤穗事件

一七〇一年三月十四日早上十一時左右，擔任敕使饗應役接待朝廷使節的赤穗藩主淺野內匠頭長矩，在江戶城內通往白書院的松之大廊下對著這段期間指導他招待敕使及院使（院的使節）的**高家肝煎**吉良上野介義央喊道：「你還記得我的遺恨嗎？」隨後一刀砍傷吉良義央。由於在江戶城內傷人嚴重違反幕府規定，淺野長矩遭制伏後當晚被綱吉下令切腹，翌日命赤穗廢藩。赤穗藩被接收後，家老大石良雄將藩的財產換算現金發給藩士做爲退職津貼，隱匿京都山科爲主君復仇做準備。武士社會中，爲主君報仇是爲美德，即便江戶開府已近百年不再出現征戰殺伐，爲主君報仇之風仍未因承平之世到來而消退，這爲大石等人的報仇行爲增添可行性。

一七〇二年十二月十四日深夜，大石良雄率領包含長子主稅在內共四十七名攻入本所松坂町的吉良宅邸，取下吉良義央首級，戰鬥過程中吉良家死亡十五人、負傷二十三人，大石這方毫髮無傷。大石手提吉良的首級，一行人在山舞銀蛇的白雪皚皚下前往高輪泉岳寺淺野長矩墓前祭拜，然後派人去幕府大目付處自首。赤穗浪人事件轟動整個江戶，不僅武家社會，就連一般平民也爲其義舉感動不已，幕府決定先將這些浪人收押在泉岳寺附近四個藩的宅邸，這四藩紛紛以最高規格款待爲主君報仇的義士。

民情明顯傾向赤穗義士，然爲維持統治秩序，幕府仍做出處死赤穗義士的處分，只是將斬首改爲切腹。斬首與切腹在現代人看來都是

人物通　高家肝煎

室町時代以來沒落或滅亡的武家名門如今川、武田、畠山、吉良、六角、京極、大友等共二十六家由江戶幕府提拔為旗本以延續命脈，接受老中支配，此即高家，意為「武家中的公卿」。高家具體職責是做為將軍代表，向伊勢神宮、日光東照宮、久能山東照宮、上野寬永寺、鳳來山東照宮（與日光、久能山並稱「三大東照宮」）參拜祭祀，且為幕府派往朝廷的使者或是接待京都前來的敕使・院使。高家領袖則稱「高家肝煎」。

死罪，無所差別，但對武士而言在程度上截然不同：「斬首」是處死庶民的方式，武士以這種方式死去毫無價值；「切腹」乃武士特有的結束生命方式，死於切腹代表個人榮譽與天地共存。

一七〇三年二月四日，除逃亡的寺坂信行外，四十六士盡皆切腹。四十多年後，二代竹田出雲將赤穗義士改編成歌舞伎劇本《假名手本忠臣藏》，全劇共十一段，第十一段的「仇討」造成座無虛席、萬人空巷的轟動，成爲江戶時代人氣最旺的歌舞伎劇目，此後凡是以赤穗義士爲背景的戲劇皆稱爲《忠臣藏》。不過，值得一提的是《忠臣藏》雖保有赤穗義士的故事情節，人名與時空背景卻不相同，這是爲了不涉及批評幕府作爲的做法。

赤穗藩四十七名藩士為主君復仇，構成忠臣藏的故事／三娃繪

072

元祿文化新潮流

元祿時期爲公元一六八八年至一七〇三年，此時期以京都、大坂等上方⑪爲中心發展出「元祿文化」，重要推手爲町人、沒落武士或是放棄武士身分的庶民，與奈良．平安時代以貴族爲主的宮廷文學及鎌倉．室町時代以禪僧爲主的五山文學大不相同。元祿文化主要以文藝和美術工藝爲代表。

松尾芭蕉／葛飾北齋畫

文藝風大放異彩

文藝方面有松尾芭蕉的俳諧、井原西鶴的**浮世草子**及近松門左衛門的人形淨琉璃，被稱爲「元祿三文豪」。

首推以俳諧（明治時代後稱俳句）聞名的松尾芭蕉，素有「俳聖」之稱。出身伊賀國下級武士的家庭，早年侍奉當地藩主藤堂氏，藩主去世後他脫藩成爲浪人，前往京都拜在北村季吟門下學習俳諧，一六七二年以後定居江戶，始以創作俳諧聞名。一六八九年三月在弟子的陪伴下，芭蕉從江戶出發，行經東北、北陸至美濃大垣，沿途記錄風光美景，附上多首有感而發的俳諧，這部紀行文即是大名鼎鼎的《奧之細道》。

井原西鶴出身大坂町人，本人亦是俳諧師，然在歷史上留名卻是浮世草子的好色物，如《好色一代男》《好色一代女》《好色五人女》，此外還有町人物如《日本永代藏》《世間胸算用》。西鶴在好色物中眞誠描寫出人類的性慾與戀愛，他不以描寫性慾爲可恥，反而認爲如實表現方是眞正寫出浮世百態。西鶴在《日本永代藏》《世間胸算用》則反映出對綱吉提倡儉約令的反感，認爲町人崇拜金錢、追求利潤、致富後縱情享樂並無不妥，強調金錢對社會的重要性。

豆知識　浮世草子

以井原西鶴的《好色一代男》為開端，接連產生相似主題的一系列作品。「浮世」既可指現世，亦有好色之意，是元祿時期以大坂為中心將廣泛民眾生活入題的讀物，欲與江戶初期讀物「假名草子」區別而稱「浮世草子」。

近松門左衛門出身福井藩下級武士，對繼承家業不感興趣的他投入人形淨琉璃、歌舞伎的劇本創作，最受歡迎的則是人形淨琉璃。一六八三年爲淨琉璃創始者竹本座擁有人竹本義太夫延攬，撰寫數部劇本，由竹本義太夫演出，其中以《曾根崎心中》（「心中」爲殉情之意）《國姓爺合戰》最受好評，後者曾創下連續演出十七個月的紀錄。江戶時代除之前的「能樂」外，還興起「人形淨琉璃」及「歌舞伎」，能劇幕與幕之間串場的「狂言」也獨立出來，構成日本傳統四大戲劇。

庶民為題的美術工藝

繪畫方面，京都的尾形光琳以**大和繪**爲基調，畫作具豐富的裝飾性，除繪畫外再輔以書法和工藝，並經常以對比手法加以描寫，代表畫作《燕子花圖屏風》和《紅白梅圖屏風》均可看出這些特點。除繪畫外光琳在漆器和陶器等工藝品的紋樣設計也堪稱一絕，尤其是畫在漆器上的「蒔繪」，被稱爲「光琳模樣」。

繪畫方面值得一提者是「浮世繪」的誕生，元祿時期的浮世繪不同於江戶末期使用版畫而採肉筆，與一般繪畫用畫筆作畫無異，此時期的菱川師宣被公認爲「浮世繪之祖」。菱川師宣亦町人出身，相當瞭解平民的趣味，他選擇的繪畫主題多半以遊里和春畫爲主，遊里即妓院也，既是妓院自然少不了遊女（妓女）與嫖客。菱川師宣畫筆下的女性著色豐富、筆法清新，生動表現出女性輕盈的體態，甚得庶民大眾喜愛。師宣其他主題如役者（能・歌舞伎的演員）繪、相撲繪也都是以庶民爲題材的畫作，浮世繪可說是將繪畫由武士貴族階級傳播深入到庶民大眾。

另外在染色方面有宮崎友禪的「友禪染」。宮崎友禪出身不明，早年爲在扇子上染色的扇繪師，後擴及風呂敷、文箱（放置書狀的箱子），兼做書籍封面設計，最後定居鴨川岸邊，從事在絹織物白布上繪圖並染在布料上的染色業，此即友禪染。晚年被延攬至加賀藩，因此友禪染分成「京友禪」與「加賀友禪」兩派。

豆知識 大和繪

日本繪畫的樣式概念之一，因中國風的繪畫稱為「唐繪」，日本風的繪畫便以「大和繪」稱之，亦稱「倭繪」、「和繪」。通常指平安時代「國風文化」的日本繪畫，以《源氏物語繪卷》等繪卷物為代表。

⑪「上方」為江戶時代對京都等畿內地方的稱呼。

073 將軍世系的轉變

家宣與正德之治

一七〇九年一月，始終沒能再盼到一子的綱吉病逝。早在一七〇四年，綱吉收養甲府藩主德川綱豐爲養子，綱豐之父綱重爲家光三子、綱吉的兄長，綱豐依血緣是最適當人選。成爲繼任將軍人選的綱豐改名家宣，在綱吉逝後正式成爲六代將軍，此時四十八歲。就任將軍後，他將擔任甲府藩主期間的親信新井白石和間部詮房帶進江戶，取消讓民衆痛感不便的《生類憐憫令》，赦免了受這道惡法所牽連入獄、流放達萬人者；六月，綱吉寵信的側用人柳澤吉保遭到免職。這兩件事情都是家宣與新井、間部商議後做出的決定。

家宣的**御台所**出身攝家之首的近衛家，與家宣感情融洽，使得自幕府開府以來緊張的朝幕關係獲得改善。家宣在新井白石的建議下，奏請朝廷在傳統的伏見宮、有栖川宮、京極宮（原爲八条宮，之後改稱桂宮）外再增設一親王家，以東山天皇第六皇子直仁親王爲新設的閑院宮之祖，並獻上領地千石做爲閑院宮的所領，因此統稱江戶時代四世襲親王家。當皇族缺乏繼承人時，可由四世襲親王家提供人選。家宣在位三年病逝，以今日醫學角度來看似是死於流感，其生前曾有數子，可惜除四子鍋松外盡皆夭折，於是四歲的鍋松被立爲七代將軍，是爲家繼。新將軍仍由新井白石、間部詮房主政，生母月光院母以子貴有問政的機會，與家宣御台所天英院對立。

一七一三年四月底家繼夭逝，家宣的血統斷絕，繼任將軍勢必再度從其他世系中選擇。天英院屬意家宣之弟松平清武，但清武時年五十一且已繼承越智松平家（上野館林），明顯被排除在將軍資格之外，血緣雖近卻不爲老中接受。月光院主張由紀伊藩主德川吉宗繼任，吉宗三十三歲正值英年，最後拍板定案。

家宣、家繼之世前後八年，一改綱吉晚年的苛政，稱爲「正德之治」，其幕後功臣爲新井白石。

暴坊將軍吉宗改革之路

德川吉宗即朝日電視台《暴坊將軍》裡的主人公，原爲第二代紀州藩主德川光貞四子，依常理無擔任藩主的資格。但兄長早逝讓他成爲第五代紀州藩主，再因七代將軍家

浮世繪的八代將軍

繼夭折，在月光院推舉下成為八代將軍。這情況代表將軍世系已從秀忠轉移到賴宣，此後到十四代將軍家茂都出自紀州家血緣。諷刺的是推舉吉宗成為將軍的間部詮房，在吉宗當上將軍後反先遭到革除，連新井白石也一併去職，表面上看來是廢除側用人，實則是換上從紀伊帶來的新一批側用人如加納久通、有馬氏倫、小笠原胤次。即便避嫌而起名「御側御用取次」，仍無兩樣。

見幕府百病叢生，吉宗推動享保改革並從自身做起，穿著簡約、飲食求簡單清淡，將私人方面節省下的金錢以恢復武家精神為由用在鷹狩上面。尤其重視法治，禁止連坐，為落實對訴訟的重視，他啓用家宣時代的目付大岡越前守忠相為江戶南町奉行，大岡秉持公平的態度裁判訴訟，是幕府時代難得一見的清官。江戶時代多為木造建築，極易引起大火，自江戶開府後即有「明曆大火」和「天和大火」兩次災難，明曆大火甚至燒毀江戶城天守，吉宗認為有必要建立完善的消防制度，大岡忠相將先前零散的消防組織擴大為四十七組，每組有其負責的地域和標幟，哪裡發生火災就由該組去負責。為了整飭不法的官吏，吉宗在江戶市內多處放置目安箱（匿名意見箱），鼓勵民眾投遞陳述意見，於每月二、十一、二十一日由吉宗本人於評定所打開此箱，在消極方面有效遏止官吏的惡行，積極方面則收到民眾關於財政改革、社會福利等方面的意見，小石川養生所這一免費醫療設施的設立即是拜目安箱之賜，痲瘋病、肺結核等當時醫療技術無法救治或民眾無力負擔的病患送到這裡醫治。

對於後宮大奧，吉宗也大力整頓，大量裁減了人員，使幕府財政開支達到一定效果。吉宗在位三十年，大致上讓幕府振衰起敝，被稱為「幕府中興之主」，但實際上經濟未因而好轉，只是在社會尚稱太平的情況下被掩蓋住。晚年吉宗讓位給有言語障礙的長子家重，自稱大御所，另授予次子宗武、四子宗尹（三子夭折）各十萬石，賜宅邸於江戶城田安門、一橋門附近，因此宗武稱為「田安家」，宗尹稱為「一橋家」。家重當上將軍後比照吉宗，拉拔次子重好為「清水家」，這三家稱為「御三卿」，地位僅次於御三家，同樣有繼承將軍的資格。

人物通　御台所

平安時代對三位以上的公卿正室原稱為「北政所」，後來專指攝政和關白的正室，三位以上公卿之正室改稱「御台盤所」，略稱御台所或御台。鎌倉時代源賴朝之正室北条政子稱為「御台所」後，逐漸成為將軍正室的代稱。

074

蘭學的發軔

蘭學從何而來

家光鎖國後，長崎成爲日本唯一開放的港口。雖說是唯一，能前來長崎的船隻也只有荷蘭和中國兩國，不久明王朝亡於李自成等流寇之手，「衝冠一怒爲紅顏」的吳三桂引清兵入關，整個漢人江山被滿人攻占。清王朝初期爲打擊海上明朝流亡勢力實施海禁，能前來長崎進行貿易的只有荷蘭一國。

六、七代將軍治世「正德之治」的眞正推手新井白石雖是儒學者，卻也關心西洋的學問，他撰寫的《采覽異言》是日本最早的世界地理書，以利瑪竇於明萬曆年間繪製的《坤輿萬國全圖》爲底本介紹世界各洲各國。白石另著有《西洋紀聞》，是他親自審問偷渡被捕的義大利傳教士席度契（Giovanni Battista Sidotti）的對話記錄，內容包含西洋各國歷史、地理、民情風俗及基督教教義，礙於當時尙處鎖國而未能公開此書。以一個儒學者而言，白石能夠放下尊嚴向他們心目中的「蠻夷」紆尊降貴，是非常難得的。

吉宗就任將軍後，和同時期的康熙皇帝一樣，出於對西方實學的興趣於一七二〇年頒布弛禁令，准許輸入與基督教教義無關的西洋自然科學書籍，並命當代學者青木昆陽、野呂元丈學習荷蘭語。一八一五年，高齡八十三的蘭學醫杉田玄白在其著作《蘭學事始》回憶蘭學的發端，便是以青木昆陽、野呂元丈學習荷蘭語爲濫觴。

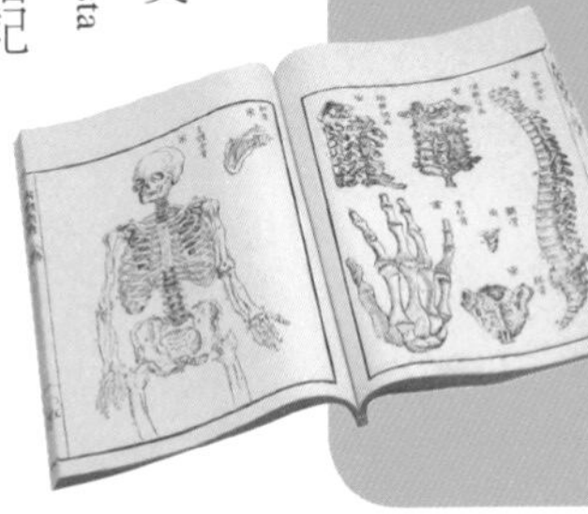

《解體新書》內頁圖示

蘭學新知獨步日本

蘭學愛好者最初以吉宗爲主，除他之外多爲下級武士，慢慢地普及到各藩藩主。薩摩的島津重豪便是有名的「蘭癖大名」，因爲他的揮霍導致薩摩舉債度日，深受他薰陶的曾孫島津齊彬後來之所以遲遲無法當上藩主，原因在於有重度的「蘭癖」。

蘭學自吉宗扎根開始飛快增長，不少儒學者、陽明學者、藩醫等飽學之士紛紛轉向。特別是藩醫，傳統漢方醫（中醫）的理論無法解釋西醫的解剖、開刀理論，而解剖、開刀才能對外科患者根治病痛。青木、野呂之後蘭學大盛，前野良澤、中川淳庵、杉田玄白原本皆爲漢醫，但都對蘭學產生興趣。他們曾拿著荷蘭人翻譯的《解剖圖譜》

到江戶小塚原刑場對照死刑犯處決後臟器的位置，發現幾乎吻合，指出了不少中醫書上的謬誤，因此下決心要將該書譯成日文。以當時日本人的荷文程度翻譯解剖學專業書籍，箇中困難實非外人能夠想像，歷經四年主要由杉田玄白完成，於一七七四年以《解體新書》之名出版，該書的用語如神經、軟骨、動脈、韌帶至今仍爲醫學界沿用。醫學方面堪稱蘭學重鎮，即便有杉田玄白的《解體新書》，外科醫學仍不斷的進步，大槻玄澤指出其師譯作中的若干錯誤於一七九八年出版《重訂解體新書》，到十九世紀初還有宇田川玄隨翻譯的《西說內科撰要》、杉田玄白之子立卿翻譯的《眼科新選》以及高野長英撰寫的《醫原樞要》。

蘭學雖以提振醫學爲前提而發展，到後來不止是醫學，擴展到幾乎涵蓋當時所有自然科學領域，也包含語言學（見左側表示）。

日本尚未與歐美國家全面接觸之前的鎖國時期，荷蘭稱職扮演引介歐洲文化到日本的仲介角色。開國後，蘭學被更爲先進的洋學取代，不過多數洋學者在開國前都曾是蘭學者。換言之，開國後蘭學者完成使命退居幕後，改由洋學者承續擔起啓蒙開化日本國民的使命。相對於當時中國閉關自守後對世界一無所知，英國即將對大清帝國展開鴉片戰爭的行動，日本在戰爭前便已透過長崎出島荷蘭商館長甲必丹（荷蘭語Kapitan的音譯，即英文的captain）遞上的**《荷蘭風說書》**知悉英國動靜。

豆知識　荷蘭風說書

鎖國時期幕府要求前來長崎貿易的外國人（中國人、荷蘭人）遞交海外情報，透過翻譯給長崎奉行，中國人提供的情報為唐風說書，荷蘭則為荷蘭風說書。透過風說書傳遞的情報，日本即便處在鎖國狀態也能夠得知美國獨立革命、法國大革命等世界大事。

語言學	玄白和良澤的弟子大槻玄澤曾赴長崎學習荷文，荷文造詣當然比玄白、良澤等人高深，著有學習荷蘭文的入門書《蘭學階梯》，在「蘭學」後來被「洋學」取代之前有志於學習蘭學者人手一本。稻村三伯以《蘭學階梯》為教材苦學荷蘭文，後來和宇田川玄隨、岡田甫說編纂日本最早的荷日辭典《波留麻和解》，該書收錄超過六萬個荷文單字，對於荷文的學習更為便利。
博物學	有野呂元丈撰述的《阿蘭陀本草和解》，是日本最初的西洋博物學書；比野呂晚一個世代的平賀源內著有《物類品騭》，內容深度較野呂的著作更為廣博。
兵學	出身長崎町年寄的高島秋帆透過荷蘭文學習西式砲術甚有心得，一八四一年幕府舉辦的砲兵演習中熟練地使用西洋大砲，獲幕府聘用並自成一家，幕府旗本、韮山代官江川太郎左衛門拜在高島門下學習砲術。

075

重商主義下的經濟改革

田沼意次推動財政改革

一七四五年九月，在位三十年的吉宗讓位長子家重，家重有嚴重的語言障礙而無法親政，「側用人政治」必然復甦。小姓起家的田沼意次，伴隨家重在位晉升「御側御用取次」，後被提拔爲一萬石大名，成爲橫跨家重、家治時期最有權勢的側用人。

家重去世後，十代將軍家治遵從乃父遺言對田沼信任有加，六年間田沼晉級兩萬石城主，同時成爲家治的側用人，擁有擔任老中的資格。家治在位時（一七六〇至一七八六年）對田沼始終信任，田沼自一七六九年被任命爲老中，直至家治逝世爲止。田沼擔任老中期間在日本史上稱爲「田沼時代」，也是有名時代劇《天下御免》的背景時代。

田沼意次主政後進行改革，主要針對財政方面，有鑑於吉宗的享保改革只是復古式的理想主義，並不能應付逐漸成熟的商業資本，因此田沼的改革捨棄傳統以農爲本的重農主義，採取徹底的重商主義。首先重鑄南鐐二朱銀與五匁銀兩種新幣，不過這兩種通貨在田沼下台前便已停止鑄造，之後松平定信上台後下令回收改鑄，可見田沼在改革幣制方面算是失敗。在經濟方面認可同業組織「**株仲間**」成立，給予特定商人優惠獨占的特權，但會徵收「運上金」、「冥加金」等稅目做爲幕府稅收，田沼此舉爲幕府帶來極大收入，一七七三年起菱垣廻船也在徵稅範圍內。開墾新田方面，出資重金開發今日千葉縣北部印旛沼、手賀沼，惜因技術方面及其他因素，到田沼去職爲止都未能如期完工。此外還計畫移民七萬人開發蝦夷地（北海道），不過受限於幕府財政而流產。

大致說來田沼的財政改革，與先前的享保改革及之後的寬政・天保兩次改革相較，算是成果斐然。但是田沼本人及其主政時期卻深爲時人及後人詬病，這與田沼在掌政過程中玩弄權謀不無關係，此外還公然收賄，按餽贈金額多寡安排職務，賄賂他的人當官後必然也接受賄賂，故此普遍引起民衆反感。接踵而來的災禍，包括一七七二年江

人物通　株仲間

江戶時代由幕府或各藩許可獨占的商工業者之同業組合，著名的有江戶的「十組問屋」和大坂的「二十四組問屋」。由於是幕府給予獨占的權利，故有向幕府繳交稅金的義務。

戶明和大火、一七八二年起「天明大饑饉」及一七八三年淺間山大噴發，使農民無以爲生紛起暴動，田沼的聲望急遽直下。田沼本人也諸事不順，一七八四年擔任幕府若年寄的長子意知在江戶城內爲旗本刺殺，對田沼始終深信不疑的家治於一七八六年因腳氣衝心病逝。家治的養子家齊成爲第十一代將軍，田沼時代遂告結束。田沼去職後聲望探底，最後被妖魔化，成爲腐敗政治的代名詞。

輸給貪腐風氣的嚴吏

家齊出身御三卿之一，生父一橋治濟是一橋家始祖宗尹四子，由於家治的獨子家基死去而成爲養子。繼位時年僅十五，他罷免田沼意次，改任白河藩主松平定信爲老中首座。松平定信同樣出身御三卿之一，是田安宗武七子，輩分上算家齊的叔父。

「天明大饑饉」在東北除了米澤和白河兩藩外皆造成嚴重傷亡。松平定信治理白河藩政績顯著，被推舉爲老中首座，進而主持寬政改革。松平定信在白河藩主時期便厭惡田沼意次，主持寬政改革時自然全盤否定前人改革，主張回歸吉宗時代的享保改革。改革的中心思想在於勤儉和節約，這只是沿襲享保改革，並無新意。爲解救旗本、御家人瀕臨破產的困境，定信頒布《棄捐令》，超過六年以上的債務不用償還，五年以內的借貸降低利息，與室町時代的《德政令》實無二致，但此令一出，原本對寬政改革抱持期待的商人紛紛棄定信而去。

其次是改革風俗，定信決心整飭田沼時期賄賂的敗壞風氣，嚴禁賭博、賣淫和男女混浴，不許創作並出版傷風敗俗的作品，爲此不少歌舞伎等戲劇，還有黃表紙、洒落本等帶有色情意味的文學創作均遭禁

田沼意次一手進行改革，另一手卻收賄賣官／三娃繪

止：浮世繪這種以大衆生活爲主題的版畫也受到打壓，著名畫家東洲齋寫樂失去金主蔦屋重三郎的支持而消失。

寬政改革在歷史上以嚴苛聞名，不得人心。當時的庶民曾寫下一首狂言批評松平定信：「白河（指白河翁，即定信本人）清澈魚難以存活，原先混濁的田沼（指田沼意次）令人懷念。」水至清則無魚，一味過度要求下，良法也會變成與民爭利的惡法。定信在學術上謹守官學朱子學，餘外的學說在他眼中皆爲妖邪之說，甚至爲此參考柴野栗山制定統一思想的政策，名爲「寬政異學之禁」，凡不屬於朱子學皆在禁止之列。國學、古學、陽明學盡皆被禁，吉宗時期成長的蘭學也被列爲異學，定信藉此控制民衆的思想與箝制言論。一七九三年，松平定信因過於嚴格遭罷職，寬政改革隨之無疾而終。

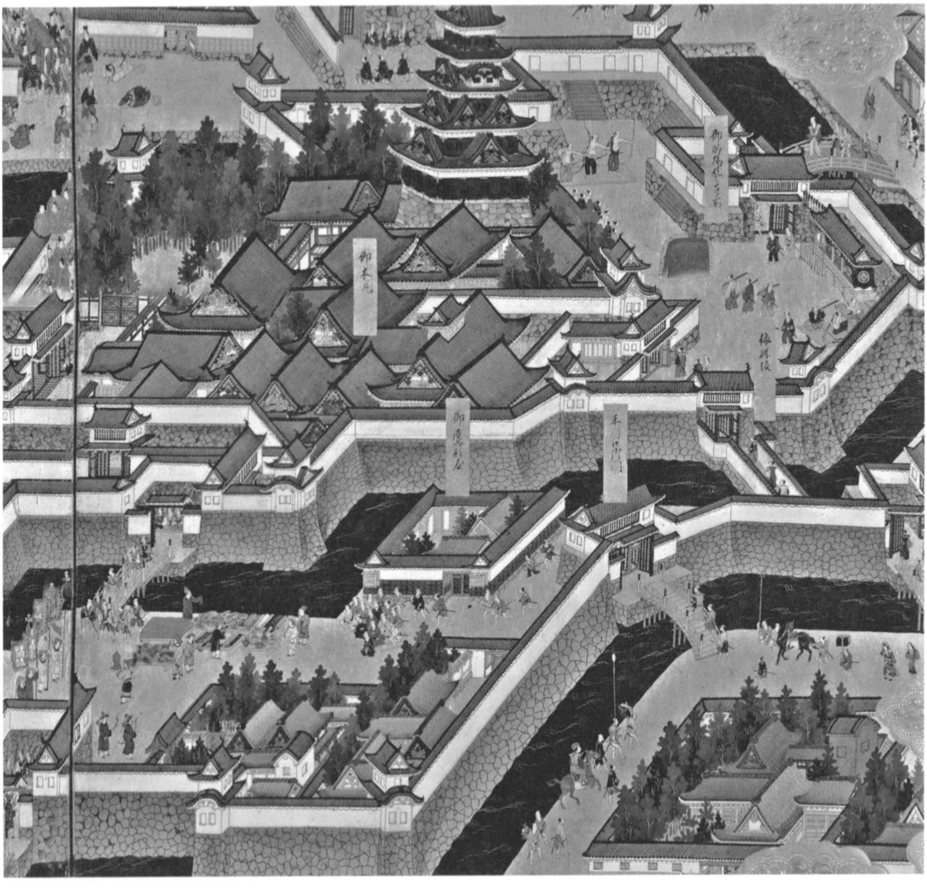

早期江戶城街景

076

江戶幕府下坡期

德川家齊的大御所時代

一七九三年七月，松平定信主持改革招致民怨而去職，家齊改任命松平信明爲老中首座，定信提拔的老中戶田氏教、本多忠籌留任。

家齊在位五十一年，是所有征夷大將軍之最，也是唯一一個歷任內大臣、右大臣、左大臣、太政大臣的將軍。儘管定信去職時家齊已經二十一歲，但對親政似乎興趣缺缺，他娶外樣大名島津重豪三女茂姬（五攝家筆頭近衛家收爲養女，以近衛寔子名義出嫁）爲御台所。這是首度與將軍家結爲親家的外樣大名，島津重豪因將軍岳父的身分得以任意舉債沉醉在蘭癖的嗜好中。

家齊一生有十六名妻妾，共爲他生下二十六子、二十七女，即便半數以上夭折，猶有相當人數活到成年。由於只有一人能繼承將軍，家齊爲其他無緣寶座的子女尋找出路：兒子送給缺乏繼承人而苦惱的藩主當養子，女兒則與有力的親藩或譜代聯姻。不管送出兒子或嫁女兒，家齊都附贈一筆爲數可觀的金錢，讓財政困窘的幕府捉襟見肘。

爲滿足家齊的揮霍，幕府多次進行貨幣改鑄，每次均發行過量造成物價翻騰，受害的總是廣大民眾，導致一八三七年二月在大坂發生**大塩平八郎之亂**。他讓位給四十五歲的次子家慶，以大御所姿態繼續執掌權柄。

至一八四一年一月底家齊去世後，家慶方有親政機會。此時幕府財政持續惡化，到了不得不再次推動改革的地步，遂由老中首座水野忠邦推動天保改革。

天保改革與先前的享保改革、寬政改革在性質上並無不同，結果也步上同樣失敗的命運。水野忠邦因而去職，此後幕府在內憂外患下，加上後繼的將軍闇弱，再也無力推動全面性改革。

人物通　大塩平八郎之亂

一八三七年二月，隸屬大坂町奉行的前與力大塩中齋平八郎目睹大坂居民陷於饑饉缺米，賣掉藏書將所得全部捐獻。米價卻因荒年而居高不下，大塩數次向町奉行所提議未果，憤而號召門生、鄉黨進攻豪商。歷時四十餘日最後為大坂町奉行平定，這是島原之亂結束後歷經二百年再度發生的戰役。

江戸開出化政文化

相較於充滿濃厚京都氣息的「元祿文化」，「化政文化」是指文化、文政年間（一八〇四至一八三〇年）以江戶為中心發展的江戶本土文化。化政文化不像元祿文化只集中在少數幾位文豪身上，而是廣泛普遍於町人階層中。

化政文化主要表現在文學和美術兩方面，如下表所示。

文學方面				美術方面			
草雙紙	滑稽本	人情本	讀本	浮世繪			
				內涵	役者繪	武者繪	名所繪
附有圖畫的娛樂本、赤本、黃表紙、合卷之統稱，代表作有戀川春町的《金金先生榮華夢》，故事模仿唐傳奇《枕中記》。	以滑稽為主題，描寫當時庶民風俗與生活。主要有十返舍一九的《東海道中膝栗毛》（徒步旅行之意）和式亭三馬的《浮世風呂》《浮世床屋》（「床屋」為理髮廳之意）。	以庶民的戀愛和情慾為主的讀物，主要代表作有為永春水的《春色梅兒譽美》，不僅情節與明清的戀愛小說極為相似，連大圓滿的結局也如出一轍。	寬政以後江戶掀起傳奇小說的風潮，化政年間達到全盛期，這種受中國白話小說影響，遣詞用字力求通俗，雖取材於歷史事件，但情節並不完全遵照史實，以因果報應為主要結局，過程力求勸善懲惡的小說。最初的讀本為《雨月物語》，作者為上田秋成，內容類似蒲松齡的《聊齋》。進入化政時代後，瀧澤馬琴的《椿說弓張月》和《南總里見八犬傳》都是長篇巨作，豐富的劇情與人物令民眾愛不釋手。尤其後者費時二十八年，作者晚年因病疾失明，仍無損此書地位。	以庶民作題材的「浮世繪」合於化政文化主軸，大為勃興，此時的浮世繪脫離菱川師宣時代的肉筆畫，改為先雕刻在版木上、上色後再印在紙上的版畫。化政時代的浮世繪不再是描繪遊女的體態，改成役者繪、武者繪、美人畫、名所繪四大主題，出現了鳥居派和歌川派兩大門派。	役者指歌舞伎演員。此類即以役者為主題的人物畫，通常做為歌舞伎的宣傳海報，著重在役者誇張的表情，東洲齋寫樂是擅長役者繪的畫師，作品《三代目大谷鬼次的江戶兵衛》是其傑作。	以傳說、軍物語出現的人物為主題描繪合戰場面，化政時代以歌川派門人歌川國芳為代表，甚至還流行以國芳武者繪做為身體的刺青，幕末維新時期國芳門人月岡芳年、河鍋曉齋繼承國芳的畫風。	化政時代新興的浮世繪主題，有葛飾北齋以富士山為主題的《富嶽三十六景》、歌川派門人廣重的《東海道五十三次》，此外廣重還有《名所江戶百景》《六十餘州名所圖會》，俱為名所繪的名作。

077

幕府對蘭學的鎮壓

列強船隻出沒日本沿岸

十八世紀中葉後俄羅斯船隻就頻頻出現日本外海，至一七八二年，負責運送紀州藩收成稻米前往江戶的迴船問屋船頭（船長）大黑屋光大夫在駿河灣附近遇上暴風，歷經七個月的漂流來到阿留申群島。光大夫從同樣漂流島上的俄羅斯人學習俄文，一七九一年被帶到俄都聖彼得堡謁見女皇葉卡婕琳娜二世，翌年再由俄國派出使節送回日本。

一七九三年起俄羅斯船隻出沒在得撫島（千島列島）、蝦夷地一帶探測調查，引起幕府對北防的重視，派遣幕臣近藤重藏、探險家最上德內到國後島、擇捉島上調查，一八〇二年在箱館設置蝦夷奉行做爲指揮蝦夷地的基地，先後將箱館以東和以西的蝦夷地收爲幕府天領。鄰近蝦夷地的津輕、南部原本分別只有四萬七千石和十萬石，爲防禦俄羅斯人的入侵分別提升至十萬石和二十萬石，並准許津輕藩重建二百年前已燒毀的天守閣。

一八〇八年，幕府派往樺太（中方稱庫頁島，俄方稱薩哈林島）探險的間宮林藏與松田傳十郎證實樺太是座島嶼，與俄國沿海州（俄方稱薩哈林州）隔著一條狹窄的海峽，依發現人間宮之名命名「間宮海峽」（中方稱韃靼海峽）。一八一一年，俄羅斯船艦逮捕迴船商人高田屋嘉兵衛，翌年才放還。

一八〇八年，英國軍艦「飛頓號」在東亞追擊拿破崙帝國治下的荷蘭船隻，因缺乏飲用的淡水故冒險掛上荷蘭國旗進入長崎補給，長崎奉行松平康英不得已許其所請，英艦退去後松平切腹以示負責。此後十餘年，英船取代俄船不斷出沒日本外海，幕府爲維持鎖國的祖宗家法，於一八二五年向沿海各藩發布《異國船驅逐令》（又稱《無二念驅逐令》），只要看見外國船隻接近日本沿岸便可發砲驅逐，更可逮捕上岸登陸的外國人。至一八四二年鴉片戰爭清廷戰敗消息傳來，幕府立即廢止《異國船驅逐令》，改爲針對遇難船隻有限度給予燃料、飲用水補給的《薪水給予令》。

西博德事件與蠻社之獄

一八二三年八月，德國醫師及博物學者西博德（Philipp Franz von Siebold）應荷蘭邀請前來日本，成爲長崎出島荷蘭商館的醫生。西博德博學多聞，精通外科和婦產科，他的診所兼學塾「**鳴瀧塾**」終日人潮川流不息，除了上門求診的患者外，更多來自各地的藩醫、翻譯及蘭學者登門求教。

一八二六年西博德跟隨荷蘭商館甲比丹到江戶謁見將軍，逗留期間凡是不能前往長崎的蘭學者包括幕府官員、蘭癖大名（如島津重豪、奧平昌高）、民間學者紛紛向其請教，其中交情最深的爲幕府天文方兼書物奉行高橋景保。基於學術交流，西博德以歐洲地理學作品《世界周航記》《荷蘭王國海外領土全圖》向高橋景保交換伊能忠敬實測的《大日本沿海輿地全圖》縮圖及《蝦夷圖》。

西博德用望遠鏡查看長崎港／川原慶賀畫

離開江戶返回長崎後，西博德仍繼續與高橋景保保持通信，然而這已違反幕府規定，加上探險家間宮林藏的密告，兩人由此成爲幕府監視、偵查的對象。一八二八年十月西博德任期屆滿即將返國，九月的颱風使得西博德預定搭乘的船隻觸礁擱淺，船上行李四散各地，當中有西博德欲帶回的日本全圖及幕府眼醫土生玄碩贈予的附有三葉葵紋的帷子（和服禮服）。在當時這屬於叛國罪，於是幕府下令徹查，結果高橋景保被處死刑，死在獄中；高橋的兩個兒子流放遠島，高橋的弟子五十餘人以及天文方和長崎奉行所的官吏和通譯均受處分，贈送禮服的土生玄碩也受到改易處分，此即「西博德事件」。西博德本人則被逐出日本，於幕末時期的一八五九年以荷蘭貿易會社顧問身分再度來日，之後被幕府聘爲對外交涉顧問。

西博德被驅逐，其門人小關英三、高野長英連同蘭學愛好者渡邊崋山，接手同爲西博德門人吉田長淑創辦的「尙齒會」，改名「蠻社」。

一八三七年七月美國商船「摩理遜號」在江戶灣的浦賀一帶出現，幕府誤以爲是英國軍艦，依《異國船驅逐令》砲擊將其擊退。摩理遜號退走九州想在那邊補給，九州薩

豆知識 鳴瀧塾

西博德於長崎設立的診所兼蘭學塾，專攻西洋醫學和自然科學，與江戶大槻玄澤的「芝蘭堂」、大坂緒方洪庵的「適塾」、佐倉佐藤泰然的「順天堂」為蘭學的四大學塾。

川原慶賀畫筆下的長崎港／川原慶賀畫

摩藩也依據《異國船驅逐令》不給予上岸機會。蠻社成員得知摩理遜號登陸日本目的是送回漂流海上的日本漁民時，渡邊崋山寫下《愼機論》、高野長英也寫下《戊戌夢物語》反對幕府一味驅逐外國船隻之政策。此時的蘭學者非常清楚歐美列強不管在軍事或經濟方面均遠勝日本，憑藉《異國船驅逐令》只能一時擊退歐美船隻，一旦開戰則毫無勝算。幕府卻以渡邊等人妄評爲由，命崋山回領地蟄居，長英處以永久拘禁之處分，此即所謂的「蠻社之獄」。

一八三九年五月渡邊崋山被捕，高野長英跟著自首，小關三英當下自盡。崋山後來雖被釋放，一八四一年切腹，高野長英遲至一八五〇年亦不堪幕府的壓力而自盡。「蠻社之獄」名義上雖爲幕府對言論的限制，實則爲朱子學對蘭學的反撲！

078 西南雄藩崛起

幕藩體制到十八世紀不僅是幕府，各藩在財政上也都面臨崩盤的危機。到十九世紀初幕府進行第三次改革的同時，各藩也在進行財政改革，特別是位處日本西南的外樣諸藩。幕府三次改革歷經數年到二十餘年均告失敗，各藩財政改革雖也歷時十幾二十年，卻在一定程度上卓然有成。財政改革成功的西南外樣諸藩實力大增，幕末因爲黑船叩關，幕府允許各藩（包括外樣）上書表達因應之道，限制一旦開了縫就再無法恢復原狀。活躍幕末的西南諸藩慣稱爲「西南雄藩」，大致說來包含薩摩、長州、土佐和肥前四藩，本文僅敘述薩摩和長州。

豆知識　北前船

江戸時代由於鎖國之故，日本沒有遠洋航線，只有沿著海岸線航行的近海航線，主要可分為西廻和東廻兩條航路。西廻又稱為「北前船」，從蝦夷地的箱館出發，沿日本海至下關海峽，經瀨戸內海到大坂；東廻則從酒田經津輕海峽沿太平洋南下繞過房總半島，從伊豆半島的下田進入江戸灣。

長州

江戸時代領地只剩周防、長門二國共三十六萬九千石的長州，由於領地被削減至四分之一，江戸初期已感財政困難，二百年間屢次進行改革，但只要遇上一位不肖藩主，改革成果一代就消耗殆盡。一八三七年，十九歲的毛利敬親繼承藩主之位，面對近一百五十萬兩的負債，敬親任用藩士大組（長州藩身分制度的一種，在寄組之下）出身的村田四郎左衛門（號清風）爲家老進行改革。村田除在消極方面要全藩從藩主到庶民節儉開銷外，其積極開源方是改革成功的原因，他鼓勵民衆開發山林資源，砍伐林木者予以課稅。其次善用下關海峽這一獨特地理環境，對來往的**北前船**依船隻噸位收取不等的過路費，由於整年往來絡繹不絕，過路費成爲長州藩穩定可靠的額外收入。

村田清風計畫在三十七年內還清債務，但村田後來得罪太多人而

北前船／三娃繪

去職，繼任的坪井九右衛門即便在政治立場上相對立，財政改革方面卻沿襲村田。不過坪井一改村田計畫，於一八四四年主政後迅速還清債務，還建議藩主毛利敬親主持全藩性的軍事操練，這必然耗費不少銀兩；然而此時長州財政穩定，表高雖只有三十六萬九千石，實高已達百萬石實力。

到「黑船事件」正式進入幕末之前，長州已完成財政改革。本身擁有雄厚實力，又面對聲望逐漸低迷的幕府，長州蠢蠢欲動亟想一雪關原恥辱。可是村田清風和坪井九右衛門因政治主張歧異造成內部對立，多少削減長州的實力，使得長州主宰幕末政局的時間延後許多。

薩摩

關原之戰中薩摩雖居敗戰的西軍陣營，但家康忌諱薩摩的實力未削減俸祿，依舊保全固有的薩摩、大隅兩國及日向國一部分。一六〇九年，首任藩主島津家久（藩祖島津義弘三子）率兵征服琉球，使薩摩俸祿高達七十二萬石（表高為七十七萬石），是幕府時代僅次於加賀的第二大藩。

由於幕藩體制的缺陷加上貨幣經濟出現，即便大藩如薩摩藩也陷入財政困境，而島津重豪的揮霍使得薩摩必須向大坂商人舉債才能維持。一七八七年重豪讓位給長子齊宣，退隱後舉辦三女茂姬與將軍家齊的婚禮，累積了薩摩負債。一八〇九年，齊宣之子齊興繼任藩主，薩摩負債高達五百萬兩，薩摩一年收入也只十四萬兩左右，拿來付年息六十萬兩都不夠，財政改革勢在必行。

一八二七年，齊興提拔為其泡茶的茶頭調所笑左衛門（廣鄉）進行改

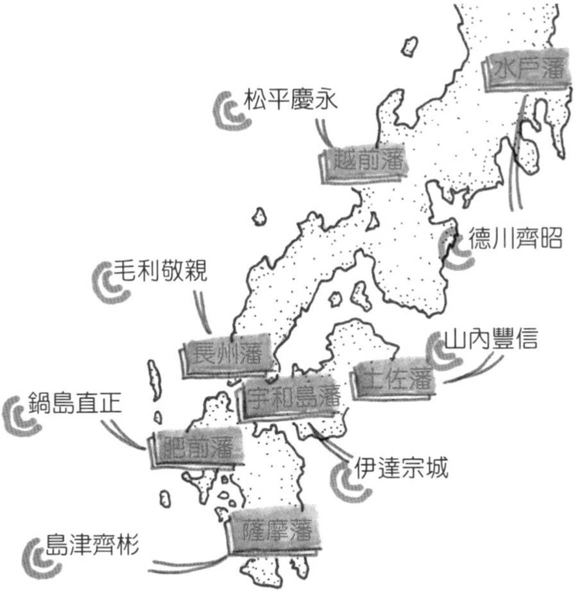

幕末雄藩分布示意圖／三娃繪

革，一八三八年甚至任命出身寒微的調所爲家老。調所找來借貸薩摩的大坂商人，強迫他們接受五百萬兩債務在二百五十年後無息償還。解除後顧之憂後，調所積極開發新田，由於薩摩地勢不適合種稻，遂就強迫薩摩人民改植砂糖，砂糖的收成全由薩摩藩徵收並建立專賣制度，排除外地商人介入。然後將砂糖運往奄美大島、喜界島、德之島三地，與琉球、中國進行密貿易（走私貿易），取得可觀利潤，不到幾年便還清負債，還有剩餘。

島津齊彬在薩摩設立的集成館工業區／攝於 1872 年

改革成功的齊興志得意滿，戀棧藩主之位，儘管長子齊彬在江戶聲名遠播，年過四十卻猶是世子身分。原來藩內老臣對先前藩主重豪重金揮霍導致薩摩債台高築的印象深刻，由重豪帶大的齊彬深受影響，對蘭學抱持高度興趣，在老臣們眼中與重豪的形象重疊，即位後必然舉全藩之力發展蘭學，調所改革的成果會斷送在齊彬手上，因此反對齊興讓位齊彬。齊興晚年寵幸側室由羅，有意立由羅之子久光，家臣因而分裂爲齊彬派和久光派。

完成薩摩藩政改革的調所也傾向久光，齊彬爲嫡長竟有被廢黜的可能，支持齊彬的家臣遂向幕府老中阿部正弘舉發調所進行走私貿易的行爲。調所爲維護齊興，切腹扛起所有責任，此舉加深齊興傳位久光的信念。支持齊彬的家臣只得使出暗殺由羅的極端手法，可惜失敗，高崎五郎右衛門等三位支持齊彬的家臣切腹，五十餘名齊彬派的藩士遭流放遠島處分（包括日後「維新三傑」之一的大久保利通之父），世稱「由羅騷動」或「高崎崩」。之後有幾名藩士脫藩（放棄藩籍成爲浪人）前往福岡藩向藩主黑田長溥（島津重豪之子，輩分上是齊彬的叔公，不過比齊彬年輕）求助，於是黑田長溥向與齊彬友好的阿部正弘申訴，終於讓將軍家慶強迫齊興隱居，四十三歲的齊彬終於當上藩主。齊彬繼位後一如當初反對他的家臣預測，大肆推動蘭學，然而齊彬並非追求個人享樂，他所推動的都是能讓薩摩強大的基礎建設。在齊彬大刀闊斧的推行下，薩摩逐漸累積能量，在幕末成爲傲視日本的第一雄藩！

德川家康

天文十一年～元和二年　一五四二～一六一六

不管出於個人情感的喜歡或討厭，德川家康都是戰國時代甚至日本史上最重要的歷史人物之一。的確，舉凡戰國時代用來評比武將優劣的項目，家康大概沒有一項可以拿第一，加上不討喜的矮短癡肥外型（歷女對家康敬而遠之），使他注定離不開「老狐狸」之類的稱號。

但是這樣一位武將卻有辦法結束戰國亂世，維持長達二百二十年左右的繁榮盛世，不僅是日本史上最安定的時代，放諸同時期的世界也幾乎絕無僅有，這就是德川家康的能耐！

✿「杜鵑不啼，等待牠啼」

家康最令人津津樂道的事蹟在於等待，這是他得天下最大的資本。杜鵑不啼，信長會殺了牠，秀吉會逗牠啼，家康則是等待牠啼。這一在日本幾乎家喻戶曉的故事仍是對家康個性最貼切的形容，家康漫長的一生大半時間都在等待，等待強大對手的死去，為此他忍辱負重寧可葬送長子、正室的性命，也不破棄「清洲同盟」；寧可接受秀吉硬塞給他的繼室朝日姬，也不揭起反抗秀吉的旗幟。等待有利時機的到來，為此他節制飲食、注重養生，培養鷹狩為嗜好鍛鍊身體。

等待時機亦即意味著「忍耐」。武俠小說作家金庸先生在《倚天屠龍記》後記提到：「……中國成功的政治領袖，第一個條件是『忍』，包括克制自己之忍、容人之忍、以及對付政敵的殘忍。第二個條件是『決斷明快』。第三是極強的權力慾……。」家康完全具備上述條件，殺死長子和正室、接受朝日姬為繼室，與其說是等待時機，倒不如說是克己的忍耐。「克己之忍」的階段大致到秀吉去世為止，之後進入「容人之忍」階段，主要容忍石田三成及豐臣政權。家康並非沒有除掉石田三成的機會，只因為三成是秀吉死後唯一會舉兵反抗家康的人，無論如何必須讓三成活到舉兵之時。因此當前田利家病逝後，加藤清正、福島正則等七位武將包圍三成屋敷欲除掉三成時，家康反而收容三成並斥責前來要人的七武將。

關原之役結束，若按信長的個性大概會一舉進攻大坂城結束豐臣政權，但貿然結束豐臣政權將會招致豐臣恩顧大名的反感，況且進攻金城湯池的大坂城也要有死傷慘重的心理準備。家康採取的是叩石橋而渡的步步進逼，咎責對象只及於實質參戰的西軍將領，正當大坂城內的豐臣政權以為家康只追究戰敗的西軍諸將而額手稱慶時，家康和謀士本多正信做出的戰後處分讓大坂方面為之氣結：只允許保有攝津．河內．和泉三國六十五萬石領地，其餘全部沒收。擔任西軍名義上統帥但實際上未參戰的毛利家，從原先的一百二十萬石削減剩三十六萬九千石，十一國領地也只剩下周防．長門二國，甚至連城下町也不能設在下關、山口，只准在靠日本海的萩，埋下長州對幕府的仇恨。

翌年朝廷派出敕使到伏見城傳達封家康為征夷大將軍、右大臣、淳和．獎學兩院別當、武家棟樑及源氏長者的宣旨，倒轉了豐臣、德川兩家的身分。面對大坂的責難，家康回以「只是暫代征夷大將軍，待秀賴成年便會交出政權」。為了證實所言不虛，家康履行秀賴與千姬（家康繼承人秀忠的長女）成婚的約定，一時間家康得到猶如周公般的評價，但究竟是否為真，只有他自己最清楚。

家康的將軍任期只有短短兩年，之後讓位給繼承人三男秀忠，周公神話徹底毀滅。成為大御所的家康繼續致力於「容人之忍」——與豐臣恩顧大名締結姻親以削弱豐臣政權的力量，同時有計畫要秀賴以為秀吉祈求冥福為由大興土木，目的在消耗大坂城的財富。

「容人之忍」只到大坂冬之陣前夕，接著進入「對付政敵的殘忍」階段。必須說明的是這一階段並不止於大坂夏之陣消滅豐臣家而已，還要消滅豐臣恩顧大名。家康在消滅豐臣家後已完成他的使命，改易豐臣恩顧大名的任務則到秀忠時代（甚至到家光）才算完成，家康建立的江戶幕府至此終於穩如泰山。

❀「人的一生猶如負重荷遠行，切勿急躁。」

大多數戰國武將在生命即將結束時會留下回顧一生的「辭世」，有些「辭世」甚至成為後人琅琅上口的名句。依照《東照宮御實紀》記載，家康據說留下兩首辭世，只是無法確定是否的確出自家康之手，辭世著眼於藝術性，對凡事務實的家康而言應不會有太大與趣。相較之下，家康另外遺留的《東

日光東照宮

照宮御遺訓》站在務實角度上，以一個創業者的立場對其子孫諄諄教誨要守住得來不易的基業，必先從德行做起：「人的一生猶如負重荷遠行，切勿急躁。常思不如意事便不會有不足之感，萌生欲望時當思困窮之際。忍耐為無事長久之礎，嗔怒為內心之敵。只知求勝而不知失敗者，將受其害。反求諸己，勿責他人，過猶不及。」

江戶城櫻田門

❀大河劇裡家康的形象

以戰國中末期為背景的大河劇，定會出現家康的角色（包括二〇一六年的《真田丸》），以家康為主角的大河劇有一九八三年的《德川家康》及二〇〇〇年的《葵．德川三代》，由瀧田榮、津川雅彥（一九八七年《獨眼龍政宗》亦飾演家康）飾演家康。《德川家康》改編山岡莊八的長篇同名小說，該書寫作有其特殊目的，反不易看出家康的真正面貌。《葵．德川三代》全劇從關原之戰開始，正符合上述的「容人之忍」階段，全劇以家康之孫，即御三家之一的水戶家第二代藩主——有「水戶黃門」之稱的德川光圀的視角來看神君家康，不時可見家康權謀的一面，也包括遇事膠著時咬指甲的壞習慣。

家康卸下「東照大權現」的神化形象後，其實與尋常祈求自家昌盛的戰國大名並無太大差別，但是他深謀遠慮、開創和平之世的貢獻在日本歷史仍應占有一席之地。

【與幸村有關的景點】

- ＊**大樹寺**：三河松平家的菩提寺（愛知縣岡崎市鴨田町）
- ＊**岡崎城**：德川家康的出生地（愛知縣岡崎市康生町）
- ＊**色金山歷史公園**：家康擊退池田恒興．森長可等將領之地（愛知縣長久手市）
- ＊**江戶城**：小田原之役後家康的居城，今日的皇居（東京都千代田區千代田）
- ＊**小山評定跡**：會津征伐途中得知石田三成舉兵，家康的折返地（栃木縣小山市中央町）
- ＊**桃配山**：關原之戰家康本陣所在地（岐阜縣不破郡關ヶ原町）
- ＊**二条城**：家康成為將軍後在京都居住之地（京都府京都市中京區二条通堀川）
- ＊**駿府城**：成為大御所的家康隱居之地（靜岡縣靜岡市葵區）
- ＊**久能山東照宮**：家康最初的埋葬地（靜岡縣靜岡市駿河區）
- ＊**日光東照宮**：三代將軍家光為紀念祖父而建的祭祀家康之建物，現為世界文化遺產（栃木縣日光市山內）

真田幸村

永祿十年～慶長二十年　一五六七～一六一五

二〇一六年的大河劇《真田丸》是以信濃上田豪族真田氏為主角的戲劇，這幾年拜遊戲設定之賜，能力卓越的真田三代（幸隆、昌幸、信幸．幸村）在玩家之間有著居高不下的人氣，尤其是昌幸．幸村父子為最，甚至有蓋過主家武田家的傾向。

✿對抗四鄰強敵

真田家從可靠的歷史真田幸隆起，便開始在四周強大勢力的夾縫中求生存。一五四一年五月海野平之戰，真田家與海野氏、禰津氏、望月氏為武田信虎、村上義清、諏訪賴重聯軍擊敗，失去領地的真田幸隆只得逃往上野，寄身在山內上杉憲政麾下第一猛將長野業正戌守的箕輪城。十年後真田幸隆運用謀略，一日內取得讓武田晴信至為頭痛的砥石城，北信濃一帶原本與村上義清結盟對抗武田家的豪族見狀紛紛歸附武田家，嚴重威脅到村上義清的統治。兩年後村上義清、高梨政賴等北信濃豪族在領地日蹙的情況下，投奔越後的長尾景虎，用計取得砥石城的真田幸隆居功厥偉，不僅恢復位在小縣郡的真田本城，並蒙晴信賜予砥石城，編入信濃先方眾。

武田家滅亡後，失去主家屏障的真田家督真田昌幸不得不投靠織田家，成為被信長賦予攻略關東的瀧川一益之與力。不久本能寺之變發生，瀧川一益為雄踞關東的北条氏挫敗，真田昌幸立即背棄瀧川投靠北条氏；隨著德川家康進入武田家舊領，昌幸隨又向家康靠攏。當家康意識到與北条氏爭奪邊境領地會讓自己失去角逐天下的機會，遂以昌幸的沼田城做為與北条氏握手言和的條件。不甘成為大國談判桌上犧牲品的昌幸，又再背離家康投靠上杉景勝。

真田家在一五八二年武田家滅亡後不到一年的時間換了四次主人，但與更換主人次數也很多的藤堂高虎不同的是，昌幸乃出於自家的保全故不斷改變投靠對象，期間即便展現令眾人嘆服的智略如第一次上田合戰也沒能改變自己弱小大名的事實；與藤堂高虎不斷更換主人最終成為領有三十二萬三千石的國持大名相較，只能說人要飛黃騰達除了能力外，際遇造化尤不可缺。

論實力，真田家根本無法與四周勢力（不管是幸隆時的村上家、武田家或是昌幸時的織田家、北条家、德川家、上杉家）抗衡，硬拚結果只會讓自家走上滅亡的命運，因此昌幸只有抓準時機改變投靠對象以冀在強敵的夾縫下生存。以今日標準看或會認為昌幸是個十足的牆頭草，但對昌幸本人而言是不得已為之的無奈之策，倘不能設身處地從真田家處境來看待昌幸反覆無常的立場，就不能對昌幸做出客觀的評價。

✿大坂夏之陣的虛像

說到昌幸的次子真田幸村（本名信繁，江戶初期軍記物語始見「幸村」，有鑑於「幸村」名氣超過「信繁」，本文以「幸村」稱之），讀者腦海中多半浮現大坂夏之陣時，身著紅色繡有「六文錢」家紋的「赤備」鎧甲，率領一批騎馬武士衝

真田本城跡

向家康本陣，家康本陣的馬印被衝倒、一片狼藉的景象。

必須指出這是小說戲劇和動漫的公定形象，非真實狀況，公定形象深植人心以至於掩蓋真實，反而造就出大坂夏之陣的虛像。據記載，幸村一六一四年九、十月間才進入大坂城，若從進城之日開始打造鎧甲，非僅趕不上冬之陣，還有可能也會錯過夏之陣。所以幸村的「赤備」應只有少數幾具鎧甲，騎馬的人數大概也很有限，大部分兵士只是徒步的足輕，並在身上配戴紅旗而已。至於所謂的「真田十勇士」已確定是明治末年位在大阪立川文明堂出版的「立川文庫」虛構的人物，真田幸村在大坂之陣雖乏十勇士助拳，唯仍確定該有類似十勇士（或者更多）之類的能人異士與他並肩作戰。

✿大河劇裡幸村的形象

一九六三年開播的NHK大河連續劇，與幸村相關的有七部，大多數只是夏之陣的驚鴻一瞥，對幸村有深入介紹的只有一九八五年NHK新大型時代劇《真田太平記》及二〇一六年的《真田丸》，分別由草刈正雄（《真田丸》飾演真田昌幸）與堺雅人飾演幸村。《真田丸》剛播映，以目前的戲分還無法明確評斷堺雅人詮釋的幸村之優劣，美日混血的草刈正雄頗能表現出幸村的公定形象，演技上完全不輸北大路欣也（電視劇《風雲！真田幸村》）、松方弘樹（電影《真田幸村的謀略》）。

【與幸村有關的景點】

* **真田本城**：幸隆時期的真田家據點（長野縣上田市）
* **岩櫃城**：真田昌幸任郡代管理之城（群馬縣吾妻郡東吾妻町）
* **沼田城**：昌幸奉勝賴之命攻下之城（群馬縣沼田市）
* **上田城**：真田昌幸所築之城，兩次上田合戰的主戰場（長野縣上田市大手一丁目）
* **犬伏宿**：昌幸・幸村父子與信幸分道揚鑣、投靠各自陣營之地（栃木縣佐野市）
* **九度山**：關原之役後昌幸・幸村父子被流放、蟄居之地（和歌山縣伊都郡九度山町）
* **安居神社**：真田幸村戰死之地（大阪府大阪市天王寺區逢阪）

079 日本在重砲之下開國

黑船來了！

一八五二年十一月二十四日（陽曆），美國海軍准將培理提督手持美國大總統美拉德·費爾摩爾致德川將軍的國書，搭乘旗艦「薩斯魁哈那號」及軍艦「密西西比號」、「薩拉托加號」、「普利茅斯號」共四艘蒸氣船從美國東岸出航，橫渡大西洋、印度洋，穿越麻六甲海峽於一八五三年五月二十六日抵達琉球進行補給，六月十四到十八日在江戶南方小笠原群島進行探測。

七月八日（陰曆六月三日），培理率領的四艘船艦通過浦賀水道，在浦賀（今橫須賀市）下錨。浦賀奉行戶田伊豆守氏榮派出與力（與同心一起輔佐奉行的次官）中島三郎助和香山榮左衛門來到美方旗艦上詢問培理來意，並要求艦隊駛往長崎與該地奉行交涉。培理深知與鎖國官員交涉，武力恫嚇往往是達到目的的最快方法。中島等人一聽到培理不排除發砲攻擊江戶便一改強硬口氣，要培理等待三日好向幕府請示。當時老中首座阿部正弘與其他老中討論後，覺得爲了不讓日本步上中國後塵，應暫且接下美國大總統的國書才是。陰曆六月九日這天，浦賀奉行戶田氏榮、井戶弘道在會見場所久里濱，正式從培理手中接下了美國總統國書，而培理臨去前聲明來年四、五月間會率領更多船艦前來。

美國船艦與之前俄、英兩國帆船不同，船體憑藉蒸汽機關推進，有著巨大煙囪吐著煙霧，船身塗上黑色柏油以防生鏽，整艘船遠遠看去彷如黑色怪物。當阿部老中與眾商議接受國書與否時，培理艦隊的密西西比號正在江戶灣內進行探測，江戶百姓未見過這種口吐黑煙的巨船，將蒸汽船稱爲「黑船」。培理率領四艘黑船前來要求日本解除鎖國的大事，即稱爲「黑船事件」或「黑船來航」。四艘黑船到來讓幕府上下亂成一團，當時有好事者寫下一首狂言諷刺幕府的狼狽：「上喜撰⑫喚醒泰平夢，只要四杯夜不成寐。」

六月二十二日，十二代將軍家慶病逝。家慶一生雖有十四子十三女，然只有四子家祥活到成年，於是三十歲的家祥成爲幕府第十三代將軍，就任後改名家定。

日美和親條約

七月一日，阿部正弘在江戶城內廣召包括外樣大名在內的各藩藩主、旗本、御家人，會上出示培理遞交的美國大總統國書，向武士階層徵求對策。此可謂江戶開府二百多年來未曾有過之事，本無發言權的外樣大名回應格外踴躍。各藩藩主、旗本、御家人回覆的意見不下十數種，大致簡分成攘夷、和親及折衷三種，而受幕府長期鎖國加上東方傳統華夷思想的影響，大多數藩主傾向攘夷。不過近期出沒在日本外海的俄、英、美三國早非兩個世紀前的西、葡之流，正由於鎖國之故，當時全國上下能清楚意識到日本缺乏攘夷實力的僅有少數幾人，島津齊彬即是這鳳毛麟角之一。齊彬的意見既非攘夷也非和親，乃是採取「暫延決定期間，待軍備修整後拒絕」的折衷辦法。

一八五四年一月十六日，培理再度抵達浦賀，這次他除率領上次艦隊中的三艘外，又添「凡達利亞號」、「馬其頓號」、旗艦「波哈

培理艦隊在江戶灣內巡探，引起日本百姓圍觀／三娃繪

坦號」、運輸艦「南安普敦號」、補給艦「拉興頓號」、「供應號」共九艘船艦。阿部老中派出大學頭林復齋為首席代表，外加若干人來到培理下錨地武藏國橫濱村，在這裡設置臨時招待所。培理態度一如去年強硬，但他不光只是擺出強硬態度，還拿出歐洲工業革命後的代表物品：電報機和蒸汽火車頭。幕府官員為這兩項玩意兒的便利感到訝異的當兒，亦深感缺乏先進設備的日本根本不可能攘夷。

三月三日（陽曆三月三十一日），日、美雙方在橫濱簽訂日本近代第一個條約：**《日美和親條約》**，也稱為《神奈川條約》。條約要點簡言如下：一是開放下田、箱館二港，其次是提供美國船隻柴薪、用水、糧食、煤炭，再者是保護受難船隻及難民，最後是給予美國最惠國待遇。其中以給予最惠國待遇影響最大，英國、俄國、荷蘭在之後一年多內跟著威迫日本簽訂內容相仿的和親條約，自三代將軍家光起維持二百一十五年的鎖國政策至此遭到廢棄。此外，阿部老中曾就接受美國國書一事向長久被排除在決策圈外的外樣大名徵詢意見，雖說是大敵當前下不得已之舉，但外樣各藩一旦參與就不易再置身事外，群以「雄藩」姿態參與幕政遂此成為常態。

培理（中間）與兩位美國使節

豆知識　日美和親條約的內幕

《日美和親條約》與同時期清朝簽訂的《南京條約》或之後的《日美修好通商條約》相比，少了割地賠款、開港，也未讓外人劃分租界，嚴格說來不算是不平等條約。培理到底為何草率簽訂這一條約呢？原來培理在遞交國書前已知費爾摩爾總統連任失敗，而繼任的皮爾斯總統反對前者的對外政策，他才會急切在被取消職務前達成使日本開國的任務。

⑫「上喜撰」為產於宇治的高級綠茶，與蒸汽船同音。

080

幕藩體制出現動搖

哈里斯來日設領事

一八五六年七月二十一日，美國人哈里斯（Townsend Harris）於伊豆下田登陸，下田奉行訝異他的到來。哈里斯引用《日美和親條約》第十一條規定「兩國之中任一方認爲有必要，在本條約調印之日起經十八個月後，可由美國政府在下田設置領事」（日方將「兩國之中任一方」譯爲「雙方皆承認的狀態」）。幕府派新上任的下田奉行井上信濃守清直與哈里斯交涉，井上以日本去年遭逢「**安政大地震**」致國內情勢混亂爲由，要哈里斯晚一兩年再來，哈里斯仍堅持前往下田赴任。八月五日，哈里斯以下田玉泉寺爲領事館，在這裡初升起外國國旗，是美國首任駐日公使。他在日記記述道，在領事館升起美國國旗乃象徵日本從鎖國狀態中覺醒的吉兆，代表埋葬了舊日本。觀諸日後歷史，哈里斯的感觸的確是先見之明。

哈里斯上任後態度積極，致書幕府表明拜謁將軍的意願，並對前來的目付岩瀨忠震和井上清直暢言國際局勢，岩瀨等人聞所未聞。哈里斯辯才無礙又條理清楚，打動了岩瀨，但會談結束前卻也不忘以武力爲後盾加以恫嚇。岩瀨返回後開始遊說幕府要人贊同哈里斯來訪，儘管御三家的水戶「老公」（對年長貴人的敬稱）德川齊昭堅決反對，繼阿部上任的老中首座堀田正睦評估形勢，決定史無前例邀哈里斯訪江戶。

一八五七年十月二十一日，哈里斯登江戶城謁見將軍家定，這只是禮貌性會見，之後哈里斯與堀田進行《修好通商條約》的簽訂。新約卻引來幕臣和大名更大反彈，堀田決定親自走訪京都，盼爭取到朝廷敕許以杜絕反新約勢力。堀田爲此於翌年三月讓關白九条尚忠在朝廷提出新約議案使孝明天皇同意，九条關白提出前即先遭到以中山忠能爲首共八十八名堂上（有昇殿資格）公卿反對，原就厭惡洋人的孝明天皇有這些人助拳（含括明治時期右大臣岩倉具視），公然拒絕下達敕許。得不到敕許的堀田無法說服幕臣和大名，縱使哈里斯不斷搬出黑船恫嚇，他

豆知識　安政大地震

安政年間（一八五四至一八六〇年）日本各地頻頻傳出地震災情，不過「安政大地震」一般指一八五五年十月二日晚間十點發生在關東南部、芮氏規模七的江戶地震。據事後調查，此次地震共有四千七百四十一人罹難，包括水戶藩大儒者藤田東湖，有一萬四千三百四十六戶住宅毀壞，尤以旗本和御家人宅邸毀損最為嚴重。

對遲遲無法簽約也束手無策。

日美修好通商條約調印

除卻堀田老中得不到天皇敕許而無法簽訂新約，幕府內部亦有將軍繼嗣問題導致對立。堀田有意推薦以賢君著稱的越前藩主松平慶永擔任大老解決當下問題，不過親藩大名出任大老在江戶幕府並無前例，又與島津齊彬、宇和島藩主伊達宗城等外樣大名過從甚密，恐會引進外樣勢力，家康立下的幕藩體制勢將面臨嚴重挑戰。出身親藩．譜代大名的老中松平忠固、新宮藩主水野忠央等擁護幕藩體制者，便趁堀田上京期間整合幕府意見兼拉攏**大奧**，決定由近江彥根藩主井伊直弼擔任凌駕老中首座之上的大老。

彥根藩是譜代最大藩，該家族先前有四人擔任大老，故就出身而言直弼出任大老可謂實至名歸。堀田正睦失落地回到江戶，向家定報告前往京都交涉的經過後，力薦松平慶永擔任大老以突破僵局，只是幕府無意接受，翌日（四月二十三日）正式任命井伊為大老。

井伊當上大老，有兩件大事迫在眉睫，一為接手堀田老中日美修好通商條約的簽訂，一為決定家定的繼任人選，哪邊處理不得宜都有可能加速幕府瓦解。井伊認為日本已成列強入侵目標，即便討厭外國勢力，以當前國力實無能力驅逐，與其盲目攘夷步中國後塵，不如趁對方艦隊尚未集結於日本外海，主動簽訂新約，犧牲部分權益總比割地賠款好。因此井伊無視尚未得到天皇敕許，逕與哈里斯於六月十九日簽訂日美修好通商條約，內容共十四條，要點為：除下田、箱館外加開神奈川（神奈川開港六個月後下田封港）、長崎、新潟、兵庫四港及江戶、大坂開市；喪失關稅自主權和承認領事裁判權；禁止輸入鴉片；承認美國人有宗教自由，但美國人不得破壞日本境內的佛寺和神社。

基於最惠國待遇，井伊七月到九月間先後與荷、俄、英、法簽訂同樣內容的修好通商條約，連同先前的美國，統稱「安政五國條約」。

堀田與松平忠固兩位老中六月遭免職，補上與井伊互動良好的間部詮勝、松平乘全。由於井伊無視京都朝廷與哈里斯及其他四國簽約，已引起朝廷不滿，加之在人事布局上排除立場相左的堀田老中，在在凸顯井伊大老的獨裁專斷。直到今日，仍難以打破他對內獨斷專行、對外哈腰鞠躬的歷史形象。

豆知識　大奧

江戶城本丸為幕府政廳，此處稱「表」，將軍私邸稱「大奧」。介於兩者之間稱「中奧」，是將軍的正室（御台所）、子女以及奧女中（在大奧工作的女官）居住之場所。

081 井伊大老排除異己

將軍繼嗣成難題

家定在祖父家齊死去那年（一八四一）被立爲世子，既是未來將軍人選，更是德川將軍家唯一男嗣，幕府上上下下自然希望家定盡早成婚，誕下繼承人。然而家定體質虛弱，據傳罹患過腦性痲痺，與家定見面的哈里斯在日記裡也有類似記載，應爲事實；此外據說年幼時罹患天花，雖然痊癒卻在臉上留下疤痕，除老中首座阿部正弘和奶媽歌橋外，甚少在人前出現。

家定被立爲世子的次年娶前關白鷹司政熙之女任子爲正室，這位御台所數年後罹患天花而逝，於是幕府又安排同爲前關白一条忠良之女秀子爲家定繼室。這位公家之女無法融入武家社會，民間傳聞她身形矮小（不到一百二十公分，疑似骨骼變形），與家定的婚姻只維持半年便病逝。

兩位御台所先後嫁入江戶不久就辭世，都沒能爲家定生下繼承人，家定本身在生理上的缺陷恐才是最主要原因。既然無法寄望家定生下繼承人，只好著落在有繼承資格的三家三卿身上，符合資格的人選有二：一爲一橋家家督一橋慶喜，他是水戶家德川齊昭之子，擁護他的有生父齊昭、水戶藩主德川慶篤（慶喜之兄）、尾張藩主德川慶勝、越前藩主松平慶永、薩摩藩主島津齊彬、宇和島藩主伊達宗城、土佐藩主山內容堂等親藩和外様大名，稱爲「一橋派」；另一爲紀伊藩主德川慶福，他的生父是家齊之子，輩分上是家定堂弟，擁護他的有井伊大老、會津藩主松平容保、紀伊藩家老水野忠央等譜代勢力以及大奧，稱爲「南紀派」。

從江戶時代歷史來看，大奧對於擁立誰爲將軍有著極大發言權，傾向南紀派不光是著眼於血統而已。德川齊昭就任藩主期間曾多次染指大奧女中，因此不但受到大奧厭惡，連帶也厭惡齊昭之子慶喜，大奧的動向決定了將軍繼嗣問題最後由南紀派勝出。

島津齊彬在將軍繼嗣問題之初，爲確保一橋慶喜能夠成爲家定養子，收叔父之女篤子爲養女。篤子在一八五六年十一月以五攝家筆頭近衛家養女之身分成爲家定第三任御台所，即後來的天璋院篤姬。只是齊彬的努力不敵齊昭惡劣形象，最終敗北。

一八五八年七月六日，《日美修好通商條約》簽訂後半個多月，家定腳氣衝心而逝，死時年僅三十五歲。十月二十五日，十三歲的慶福成爲第十四代將軍，改名家茂。

安政大獄牽連廣

井伊直弼就任大老後，跳過年長的一橋慶喜而決定慶福爲家定養子，讓寄望在慶喜身上的一橋派成員大感失望；此外又強行與哈里斯簽訂新約，令朝廷對井伊的獨斷爲之震怒。

井伊未得敕許就獨斷行事，島津齊彬眼見幕府將再走回由譜代幕閣決定一切的時代，據說曾有率精兵五千上洛接受朝廷差遣以對抗江戶的計畫。上洛計畫是眞或假不得而知，不過齊彬在領地內採用近代軍團訓練方式卻屬實。七月八日，齊彬在鹿兒島城下的天保山訓練場結束閱兵後突然倒下，藩內醫生均束手無策。七月十六日，齊彬將異母弟久光叫到床前交代後事，立久光之子茂久爲繼任藩主，久光做爲茂久的監護人。當日齊彬這位江戶時代最英明的藩主與世長辭，得年五十歲。齊彬死後，其父齊興以茂久年幼爲由代爲掌政，盡廢齊彬之政，並罷黜齊彬提拔的人才（如西鄉隆盛）。一年後齊興逝去，改由久

家定時產生繼任者問題，分成擁護一橋慶喜的一橋派和擁護德川慶福的南紀派／三娃繪

光代茂久掌政，久光在薩摩藩雖有「國父」（藩主之父）美稱，然保守程度與齊興幾無二致。

井伊直弼出生在譜代最大藩，所受的教育自然以維護幕府聲望爲優先，目睹開國後親藩和外樣有聯合起來對抗譜代的傾向，身爲大老的他當然無法坐視幕藩體制受到挑戰。在將軍繼嗣問題和日美修好通商條約簽訂後，井伊指責尾張、水戶、越前三藩藩主擅自登城⑬。井伊以將軍名義，在七月初對三人做出「謹慎隱居」的懲處，亦即褫奪三人藩主之位並限制其行動。此時井伊應只著眼於懲處這三家親藩，然而一八五九年八月八日孝明天皇向水戶藩下達《戊午密敕》。爲何朝廷會對御三家的水戶下達密敕？因爲水戶家從二代藩主光圀提倡大義名分的「**水戶學**」以來，成爲江戶三百藩中最爲尊崇皇室的藩。

《戊午密敕》內容大致爲致力於公武（朝廷和幕府）合作、實施攘夷，並無傳言中有討幕意圖。但對幕府而言，朝廷越過幕府向藩下達密敕已違反幕府定例，另外天皇還免除了親近幕府的關白九条尚忠「內覽」權力。井伊還聽說京都一帶爲下達密敕而沸騰，因此決定清除京都的潛在叛亂勢力。在其耳目老中間部詮勝、京都所司代酒井忠義的追捕下，共有一百多人被捕，井伊對這些人毫不寬貸，包含皇室親王、朝廷公卿、親藩・外樣大名、幕臣、各藩家臣均予以嚴懲，此即有名的「安政大獄」。一橋派成員盡皆受到蟄居、隱居、辭官、謹慎處分，其中以對水戶藩的懲處最重，埋下日後「櫻田門外之變」的伏筆。另外齊彬提拔的西鄉隆盛、長州藩志士的導師吉田松陰也受到流放、處死不等處分，這是江戶時代以來牽連最眾的政治彈壓行動。井伊先前作爲雖引起不小爭議，唯仍有不少擁護聲浪，但一說到「安政大獄」便幾乎聽不見爲井伊辯解的聲音。井伊之所以在歷史上被定位成反派人物，關鍵在於「安政大獄」，可說是他一生中最大的汙點。

豆知識　水戶學

二代藩主德川光圀迎接亡明儒者朱舜水到日本，協助水戶修史過程形成的學問。光圀不滿林羅山以武家觀點編纂的《本朝通鑑》，設修史局「彰考館」另修史書。修史過程中秉持「大義名分」的精神完成《大日本史》，認為武士盡忠的對象不應是主君、將軍，而是天皇。該書三大特色為：將神功皇后列入后妃傳；將大友皇子列入本紀，承認其曾經即位的事實；以南朝為正統。影響所及，此後日本史書均師法《大日本史》的編排方式。

⑬依《武家諸法度》，大名登江戶城拜謁將軍有固定日期，就算有突發事件也須事先安排時間。

井伊直弼像

082 天皇與幕府攜手合作

公武合體論奏效？

井伊大老意圖藉由空前的「安政大獄」，以提振因開國、簽訂修好通商條約後受到影響的幕府聲望，不過太高壓的做法也招致始料未及的反彈。一八六〇年三月，十七名水戶浪士與一名薩摩藩士共十八名（爲了不連累主家均脫藩），在井伊大老從宅邸登江戶城必經的櫻田門外埋伏，待行列經過時予以襲擊，結果地位只在將軍之下的井伊大老斃命，此即「櫻田門外之變」。

井伊死後，從寺社奉行受其提拔的安藤信正繼任老中首座，與東山再起的久世廣周成爲最高權力者。安藤首先善後遇刺的彥根藩井伊家，並對水戶藩寬大處理。不過安藤老中最重要使命是改弦更張井伊對朝廷的高壓政策，他的調和之道爲：讓孝明天皇之皇妹和宮，下嫁同齡的將軍家茂。透過這起公家與武家的婚姻締結，促使朝廷與幕府能在攘夷與開港等事情上統一立場、達成共識並緊密合作，此即「公武合體論」。

家茂之前的歷代將軍雖不乏與皇室結親，但對象僅限於**四世襲親王家**，與今上天皇的姊妹結親，家茂實爲首例。當時和宮雖與有栖川宮熾仁親王有婚約在先，不過在幕府提出保證重新鎖國與攘夷的承諾下，獲天皇首肯讓和宮下嫁關東。

一八六一年四月，和宮內親王宣下，賜名親子內親王。十月二十日，和宮的轎子從桂御所（桂離宮）出發，在岩倉具視、千種有文兩名敕使及十二個藩的護衛下，行經中

櫻田門外之變／月岡芳年畫

德川家茂與和宮成親，代表公家朝廷與武家幕府結合，盼能達成一致對外／三娃繪

山道前往江戶。由於盛傳反對和宮下嫁的尊攘派成員會在半路襲擊，幕府動員了二十九個藩的兵力警衛，十一月十五日和宮一行進入江戶城。兩位敕使針對當時「幕府欲以和宮為人質脅迫天皇讓位」的傳聞詰問安藤、久世兩位老中，老中的回覆不能滿足敕使，最後由家茂親自寫下誓書由敕使帶回京都才讓朝廷釋懷，在江戶初期根本不可能發生這種事。

不過，縱使有將軍親筆的誓書仍不能令尊攘派人士釋懷。一八六二年一月十五日，六名水戶藩脫藩浪人在江戶城坂下門外刺傷安藤老中，負傷的安藤老中於四月去職，公武合體論在幕府逐漸失去支持者。從「櫻田門外之變」到「坂下門外之變」，持續發生的襲擊幕閣事件使幕府聲望逐漸在朝廷、各藩、民眾中急速下墜。

二月十一日，家茂與和宮親子內

親王成親。成親後，和宮拒絕接受「御台様」稱呼而沿用朝廷的「和宮様」，因此與名義上的婆婆天璋院篤姬對立甚深，不過在家茂面面俱到的應對下未出現實質衝突。

長井雅樂的航海遠略策

一八六一年，朝廷和幕府兩方普遍沉浸在公武合體可將日本重歸鎖國時，長州藩士長井雅樂向藩主毛利慶親提出「航海遠略策」做爲藩論。「航海遠略策」不只受毛利慶親重視，也受到京都朝廷及提倡公武合體論的幕臣們一致歡迎，該年十一月長井雅樂甚至跟隨藩主前往江戶與安藤、久世兩位老中會面。

簡單說來，「航海遠略策」主旨如下：在成爲事實的開國及與外國修好通商的基礎上，斷無可能重回鎖國狀態，唯有積極加強與歐美列強航海通商，期能培育出凌駕世界五大洲的實力；在此目標達成前，朝廷需撤回早日回復鎖國攘夷的命令，由幕府以「統一政局、安定國內」爲國論。以今日來看，要完全實現「航海遠略策」有一定難度，但並非全然不可行。惟對堅決實行攘夷的朝廷及尊攘派志士而言，「航海遠略策」立場明顯傾向幕府，甚且非僅不提攘夷，還積極鼓勵與外國貿易往來，使尊攘派不滿。

「坂下門外之變」導致安藤、久世兩位老中先後去職，由更爲保守者繼任老中，尊王攘夷思想一時間瀰漫整個京都。長州方面，在安政大獄中罹難的吉田松陰之門生成爲尊攘派的主力，他們處處反對長井雅樂及其主張的「航海遠略策」。在松陰門徒久坂玄瑞的遊說下，主張「航海遠略策」的長井雅樂反倒成爲誹謗朝廷的罪人，察覺朝廷氛圍出現變化的毛利慶親將長井雅樂免職定罪，帶回長州藩內謹慎閉居。一八六三年二月，長井雅樂被下令切腹，長州一變成爲尊王攘夷的大本營。此後尊攘派甚囂塵上，直至接二連三受到嚴重打擊、賠上巨大代價後，長州才知道攘夷根本不可能實現。

人物通　四世襲親王家

江戶時代制定的制度，不問與今上血緣的遠近，代代都能得到親王宣下而維持親王身分的宮家共有四家，稱為「四世襲親王家」。分別為：伏見宮（成立於南北朝時代，是四世襲親王家歷史最悠久的一家）、桂宮、有栖川宮（以上兩家成立於江戶初期）、閑院宮（成立於江戶中期）。現在的皇統為伏見宮的血緣，幕末時該宮人丁最旺，熟知的中川宮朝彥親王、小松宮彰仁親王、北白川宮能久親王均出自伏見宮。四世襲親王家中桂宮於一八八一年斷絕，有栖川宮亦於一九一三年絕嗣，但由昭和天皇三弟高松宮繼承。一九四七年在盟軍總部的壓力下，伏見宮、閑院宮等十一個宮家宣布脫離皇籍，有栖川宮因由高松宮繼承而得以保留。

083 文久幕政改革

島津久光上洛

一八五九年九月，齊彬死後執掌藩政的島津齊興去世，齊彬異母弟久光以子貴成爲薩摩藩實際領導人。由於齊彬生前有率藩軍上洛的意圖，以繼承齊彬遺志自許的久光打算率軍上洛，在朝幕之間斡旋仲裁，完成齊彬實現公武合體的遺志。不過當時薩摩只有在安政大獄中被流放奄美大島的西鄉吉之助熟悉京都公卿與各藩志士，久光若要上洛打響知名度，非得借重西鄉的人脈爲他打點一切，爲此在久光謀士大久保一藏（利通）的建議下赦免並召回西鄉。

由於久光並非世子，既無應有官位，在幕閣和其他大名之間也無相對人望，加上生性保守而格局不如齊彬宏大，深受齊彬影響的西鄉斷言久光上洛對時局於事無補。

一八六二年三月十六日，久光率領千名藩軍從鹿兒島出發，西鄉奉命在下關與久光的軍隊會合。西鄉在下關聽到傳聞說各地尊攘志士動身前往京都追隨久光，因爲久光上洛後將從朝廷手中接下武力討幕的密敕。

久光上洛固然屬眞，卻不是爲武力討幕而來。由於薩摩人混在前往京都的尊攘志士中，西鄉不顧他們犧牲，遂撇下久光自行前往京都。久光素來與西鄉不睦，對西鄉無視己命異常震怒，四月六日抵達姬路後下達流放西鄉至德之島的命令（後來又遷至沖永良部島），與西鄉一同行動的村田新八則被流放至喜界島。

四月十六日，久光一行抵達京都，立即連繫島津家深交的公卿近衛家，由近衛忠熙·忠房父子向朝廷活動，敦請朝廷派敕使向幕府施壓進行幕政改革。另外，聚集京都的薩摩尊攘派有馬新七等人，計畫與各藩尊攘志士襲擊與幕府關係良好的關白九条尚忠、京都所司代酒井忠義。久光得知這項與其主張背道而馳的消息後，旋派出奈良原喜八郎等九名薩摩示現流高手前往剿滅，於是二十三日在京都伏見寺田屋發生薩摩的內鬥，此即「寺田屋騷動」。結果有馬新七等九名尊攘派成員當場死亡，剩下的西鄉信吾（從道）、大山彌助（巖）等二十一名年輕藩士放下武器，返回薩摩聽候發落。「寺田屋騷動」後，薩摩放棄尊王攘夷，統一以公武合體做爲藩論，清除藩內尊攘勢力的久光得到天皇讚許，賞賜短刀，允許薩摩藩兵駐屯京都。

五月九日，久光向朝廷建議派

生麥事件中，外國商人因不懂日本禮俗而慘遭殺害／三娃繪

遣敕使東下江戶一事被接受，臨行前敕使們曾草擬向幕府要求的三事策：一、將軍德川家茂上洛；二、以沿海五大藩薩摩、長州、土佐、仙台、加賀爲五大老；三、以一橋慶喜爲將軍後見職（監護人），以前福井藩主松平慶永爲大老。在各大名間素無聲望的久光從此打響知名度，躍上幕末政治舞台。

親藩介入幕政

一八六二年五月二十一日，大原

人物通　武家傳奏

室町．江戶時代幕府的職名，職務為向朝廷傳達武家的奏請，江戶時代兼任幕府向朝廷派出的敕使。江戶初期由幕府在家格為擔任大納言的公卿中選出長於學問、擅於言論者任職，朝廷只有認可權，定額兩名，俸祿為二五〇俵（一俵約等於現在的六十公斤）。江戶中期以後改由朝廷任命、幕府同意。

重德和島津久光兩位敕使在千名薩摩藩軍的護衛下來到江戶。江戶時代的敕使向來由連絡朝幕的**武家傳奏**擔任，朝廷逕自派出敕使而不由時任武家傳奏的廣橋光成、坊城俊克兼任，亦可看出幕府聲望衰落。

六月七日敕使抵達江戶後旋即向板倉勝靜、脇坂安宅兩位老中傳達朝廷要求的改革指示，歷經近二個半月協商，幕府在朝廷威逼下進行一次較爲徹底的改革，通稱爲「文久幕政改革」（之前有「安政幕政改革」，之後還有「慶應幕政改革」），重要的部分如下：一、解除安政大獄受處分的一橋派成員，恢復其原來的官職，已死去的齊昭則追贈官職；同時並處分安政大獄期間的老中，擔任大老的彥根藩削減十萬石。二、以一橋慶喜爲將軍後見職；以松平慶永爲政事總裁職；在京都所司代之外另設京都守護職，由會津藩主松平容保擔任，統轄指揮京都所司代、京都町奉行、京都見廻役、大坂城代以及近國大名。三、緩和大名的**參勤交代**，改爲每三年前往江戶一次，停留江戶的時間也從一年縮減爲百日。四、將原來的外文翻譯機構蕃書調所改名爲洋書調所。五、新設近代陸軍，傳入步兵、砲兵、騎兵等西洋兵制。

朝廷提出的要求，幕府幾乎照單全收，敕使東下目的顯已達成，八月二十一日離開江戶返回京都。途經武藏國橘樹郡生麥村時，遇見英國籍貿易商理察遜等四人騎馬，與久光的大名行列並排而行。按照規定理察遜四人應下馬跪在路旁等候行列經過，然而理察遜一行不願下跪，其中一人的馬匹受到驚嚇衝進久光行列中，久光的護衛奈良原喜八郎立刻拔刀砍傷理察遜等三人，三人在數日後皆傷重死去，此即「生麥事件」。「生麥事件」引發翌年七月的「薩英戰爭」，薩摩見識到英國海軍的強大，戰敗後放棄攘夷想法，恐是事件當時久光一行人所想像不到的。

豆知識　參勤交代

江戶時代幕府統制大名的制度。家光時修訂《武家諸法度》，將參勤交代明文化，關東以外的大名一年在江戶、一年在自己的領國（關東大名每半年交替），交替的時間為每年四月，大名的正室及世子必須長留江戶做為人質，世子只有成為藩主後才能返回領國。有要務在身的譜代大名可免除參勤（如擔任老中或大坂城代），負責與朝鮮貿易的對馬藩每三年才參勤一次，參勤時間也只需四個月。御三家中的水戶家因常駐江戶城內，成為唯一免除參勤交代的藩。隨著各藩的地理位置和石高不同，連帶所需的參勤時間及參勤人數也有不同（最近的下妻藩只需耗費數日，最遠的薩摩藩則費時超過二個月），加上投宿地點有嚴格限制，是有計畫消耗各藩財政的勤務，讓各藩沒有餘力累積過多金錢來反對幕府。

084

尊攘派全面潰敗

家茂上洛與八一八政變

島津久光和大原重德離去，經土佐藩策動，朝廷於該年十月再度派出三条實美和姉小路公知爲敕使前往江戶催促進行攘夷。在敕使咄咄逼人的態勢下，幕府不得已做出一八六三年五月進行攘夷的承諾。爲實現承諾，家茂是年四月二十一日上洛，這是自三代將軍家光於一六三四年七月以來相隔二百三十年，德川將軍再度上洛。

自前一年七月前關白九条尚忠的家臣島田左近因遭暗殺（他當密使使不少人無辜被列入「安政大獄」名單），梟首於京都四条河原後，整個京都陷入「天誅」的恐怖氛圍，尊攘派並視推動公武合體的岩倉具視等人爲「四奸二嬪」，誓言除掉他們。這股風潮到家茂上洛達到最高點，長州的攘夷派、土佐藩士武市半平太成立的「**土佐勤王黨**」及九州各地攘夷志士，與朝廷中的攘夷派公卿結合。此時期於公卿間居中穿線的武市與三条・姉小路敕使一同前往江戶，是武市生涯最風光的時候。

家茂上洛時，天皇正前往賀茂神社（上賀茂神社、下鴨神社）、石清水八幡宮等京都有名的神社行幸，祈求攘夷成功。尊攘派原本策畫家茂隨侍在側，讓天皇在神前賜予家茂攘夷節刀，逼迫將軍即刻進行攘夷，孰料計畫外洩，家茂知悉後稱病不去，改派將軍後見職一橋慶喜隨行。

尊攘派提出的攘夷期限已到，於是長州從五月十日起對通過下關海峽的外國船隻進行砲擊，受害的船隻包括美、英、法、荷四國。長州不知砲擊的是毫無武裝的外國商船，竟對砲擊成果沾沾自喜，認爲歐美列強不過爾爾。氣焰高漲的尊攘派再一步策畫天皇於八月中行幸大和，天皇對尊攘派的盛氣凌人、經常假天皇之名發出僞敕，漸生反感。另外，對長州亦感不滿的會津

上賀茂神社

下鴨神社／劉恩綺提供

藩、薩摩藩聯合頗受天皇信任的獅子王院宮朝彥親王，及近衛忠熙．忠房父子、松平容保等公武合體派成員會見天皇，祕密召集會津、薩摩等諸藩兵力包圍御所，緊閉御所外圍九個宮門，進行驅逐長州等尊攘派勢力的軍事政變。

八月十八日天未明時，御所決定以下三件事：一、大和行幸無限延期；二、禁止三条實美等尊攘派公卿上朝；三、解除長州藩戍守堺町御門的任務。之後繼續頒布處分毛利敬親（慶親）．定廣（元德）父子，將三条實美等七位公卿逐出京都（七卿落）、長州藩兵離開京都等命令，稱爲「八．一八政變」。不只長州，所有尊攘派勢力都遭到整肅，曾經主導土佐的尊攘勢力土佐勤王黨也被藩內「老公」山內容堂鎮壓，除坂本龍馬、中岡慎太郎等數人外盡遭屠戮。

池田屋騷動與禁門之變

尊攘派的大和行幸遭到無限延期，約好一同起義的其他志士卻不知情。八月十七日，吉村寅太郎等三十餘名土佐脫藩浪士擁急進尊攘派公卿中山忠光（明治天皇生母中山慶子的同母弟）在大和襲擊五条代官所舉兵，世稱「天誅組之變」。九月二十七日主力遭到擊潰，吉村等人戰死，餘黨與福岡脫藩浪士平野國臣會合；平野擁公卿澤宣嘉，於但馬國生野銀山繼續起事，十月十三日旋被平定。

長州藩被薩摩、會津聯手解除御所的護衛職務，與各地攘夷勢力不得不暫時離開京都。長州藩士無不視此爲奇恥大辱，期待有一天能打倒薩摩、會津，使攘夷勢力重回京都，此後長州藩的所作所爲都是爲重回京都而努力。一八六四年五月底，隸屬京都守護職底下維持京都治安的組織新撰組，偵查到一起計畫：長州志士祕密潛入京都，欲在祇園祭前後對御所放火，趁亂殺死一橋慶喜、松平容保，挾持天皇至長州。經過一番布局，新撰組局長近藤勇、副長土方歲三分率隊士，突襲位於三条木屋町長州、土佐攘夷派志士密會的池田屋，混戰中攘夷派志士戰死近十人，傷重切腹和被捕死於獄中的有十餘人，其餘束手就擒。長州不僅損失慘重，挾持天皇的計畫更因此外洩，長州在激進派來島又兵衛等人力主下，打著「向天皇陳訴藩主的冤情」名義，提前率領藩兵上洛。

於是長州藩家老益田右衛門介、藩士久坂玄瑞從山崎天王山，家老國司信濃、藩士來島又兵衛從洛北嵯峨天龍寺，家老福原越後從伏見的長州屋敷，兵分三路朝御所進攻。七月十九日，三路長州軍於蛤御門前會合，集中兵力猛攻。駐守該門的會津與桑名兩藩不敵敗走。就在長州即將攻入御所時，西鄉吉之助率領的薩摩藩兵從乾御門趕來，以優勢火力擊退長州，來島又兵衛被槍彈擊中戰死，至今蛤御門仍留有當年雙方激戰時的彈痕。

久坂玄瑞、入江九一、寺島忠三郎等松下村塾的俊材，退至鷹司邸，想要向當時的關白鷹司輔熙陳情，但鷹司關白早已不知去向，入江九一撤退時遭到殺害，絕望的久坂和寺島互刺而亡。長州被迫退出京都，沿西國街道經播磨退回領國，堅持不肯撤退的頑固藩士聚集於天王山上，最後俱被消滅。

由於長州對御所開砲，朝議於七月二十三日決定對毛利敬親父子發出追討令，宣布長州為「朝敵」，準備動員全國各藩征討長州（第一次征長之役）。長州除了防範幕府舉全藩之力來犯外，先前在下關海峽遭受砲擊的外國商船也組成艦隊前來復仇，長州陷於困境之地。此外，一八六四年三月水戶藩的激進攘夷派天狗黨在筑波山舉兵，兵敗後沿中山道前往京都求助現任藩主之弟一橋慶喜，慶喜卻下令討伐，窮途末路的天狗黨次年投降，首領武田耕雲齋以下三百五十餘名藩士盡被處斬，攘夷勢力至此全面潰敗。

人物通　土佐勤王黨

一八六一年，土佐藩士武市半平太（號瑞山）於江戶成立以土佐鄉士層為主的尊攘組織，全盛期成員共有二百多人，包括日後以「船中八策」、「大政奉還」在歷史留名的坂本龍馬。武市以這個組織暫時打倒長期以來在土佐主政的上士，發揮他的長才，代表土佐周旋於京都公卿間。然而「八．一八政變」後，攘夷派變成過街老鼠，武市為掌政而暗殺家老吉田東洋一事成為被捕的罪證，接著整個土佐勤王黨成員除龍馬外幾乎都遭到殺害，造成明治時代土佐人才的斷層。

禁門之變發生地——蛤御門／洪維揚提供

085

公武合體難逃破局

「禁門之變」後朝議定調長州為「朝敵」，奪其官位，任命前尾張藩主德川慶勝為征長總督，越前藩主松平茂昭為副總督，薩摩藩士西鄉吉之助為參謀，傳檄西國二十一藩出兵（後增至三十五藩共十五萬大軍），準備於十一月十八日進攻。

事變後掌握長州實權的俗論派以椋梨藤太為首，主張對幕府恭順，認為幕府之所以進攻長州應由引起「禁門之變」的激進派負起責任。為此長州下令改革有功的周布政之助及三位家老切腹以扛起責任。十一月十六日，福原、益田、國司三位家老的首級送至廣島征長大本

高杉晉作功山寺舉兵

「禁門之變」全面敗北的長州，尚未走出失敗的陰霾，又遇上前來復仇的英、美、法、荷聯合艦隊砲擊下關。早在四國艦隊來犯前，在英國留學的伊藤俊輔（博文）和井上聞多（馨）聽聞此事後，放棄留學返回長州。六月十日，他們在橫濱與英國首任駐日公使阿禮國會面，要求暫時中止攻擊長州。阿禮國於是讓伊藤、井上搭乘軍艦前往長州。

孰料伊藤施展三寸不爛之舌也無法改變攘夷派的想法，甚至被斥為賣國賊。英國終決定對長州開戰，四國艦隊計英艦九艘、荷艦四艘、法艦三艘、美艦一艘共十七艘，以英國海軍提督庫柏中將為總司令，八月五日午後開始砲擊下關岸邊砲台，短短三小時，壇浦一帶的砲台盡被毀壞。六日聯軍登陸，儘管長州有不論身分的軍隊「**奇兵隊**」，仍不敵近代陸軍。七日長州力竭投降，八日高杉晉作冒家老宍戶備前之子宍戶刑部之名，由伊藤、井上兩人為通譯，在四國艦隊旗艦「優利亞拉斯號」上與庫柏中將展開談判。向來主張攘夷的長州見識到歐美科技的進步及武力的強大，知道以日本目前的力量攘夷只是空談，逐漸放棄攘夷。

人物通　奇兵隊

一八六三年六月七日，高杉晉作獲豪商白石正一郎的資助，於下關白石宅邸成立由武士、町人、農民的混合編成之部隊，因有別於當時以武士組成的正規軍，故稱「奇兵隊」。「奇兵隊」真正發揮武力是在高杉晉作的功山寺舉兵，第二次征長之役擊退幕府的兵力，之後的鳥羽．伏見之戰、戊辰戰爭追隨新政府轉戰各地。一八六九年十二月新政府縮編長州諸隊，引起由奇兵隊帶頭的「脱隊騷動」，遭新政府派出的木戶孝允（桂小五郎）鎮壓消滅。

1865 年的奇兵隊雄姿／三娃繪

營檢視無誤，西鄉參謀向長州支藩岩國藩主吉川經幹傳達接受長州投降的條件：一、毛利父子呈上謝罪書；二、三条實美等五卿（七卿中的錦小路賴德病逝，澤宣嘉在「生野之變」離開長州），移往筑前太宰府；三、毀壞未經幕府許可建造的山口城。自「八．一八政變」以來經歷一連串失敗的長州只能照單全收，確認三條件都落實後，十二月二十七日征長軍拔營撤兵，第一次征長之役未實際作戰就宣告結束。

以椋梨藤太爲首的俗論派掌控長州藩政後，大舉整肅敵對的激進派。桂小五郎在「禁門之變」後潛伏京都，依靠藝妓幾松的救濟逃出京都滯留但馬，因而躲過俗論派的清算。高杉晉作亦被迫辭去職務，他心有不甘，十二月十五日於下關長府（長州支藩）功山寺集結山縣有朋、伊藤俊輔等奇兵隊士八十餘人舉兵，得到長州藩士的響應支持，一舉推翻俗論派，並迎回桂小五郎，從此左右長州藩政。

不歡而散的參預會議

八．一八政變後，公武合體派重新取得政權，朝廷中的中川宮朝彥親王（即前述的獅子王院宮）、鷹司輔熙關白都缺乏主導政局的能力，因此命公武合體派大名上洛共商國是，包括一橋慶喜、島津久光、松平慶永、伊達宗城、山內容堂及松平容保。除島津久光外其他成員興趣缺缺，久光十月初便上洛，一八六三年底才全員到齊，這段期間唯一成果是罷免親近幕府的關白鷹司輔熙，改命二条齊敬為最後的關白。

在久光建議下，久光在內共六位被朝廷任命為「參預」，準備來年於二条城內召開參預會議。可是久光只是藩主之父，本身無官位，照朝廷規定不得參加朝議，為此朝廷緊急於一八六四年一月中旬敘久光為從四位下左近衛權少將。從一月八日起至二月二十六日前後進行多次參預會議，主要議題圍繞在長州藩處置問題和橫濱鎖港問題。

幕末政治史中，參預會議的六位藩主是當代公認一流政治人物，但聚集在一起不代表就能發揮能力相乘效果，反因彼此看法不一致而流於意氣之爭，連帶使會議陷入僵局。松平容保和山內容堂從頭到尾都沒出席，慶喜不願見薩摩崛起而在會議中屢與久光衝突，慶永和宗城則消極抵制慶喜。二月十六日慶喜在酒宴中對中川宮和其他三人破口大罵，參預會議至此形同破局。

二月二十五日會議尚未結束，山內容堂便早早離去。三月六日久光派家老小松帶刀向朝彥親王以病痛為由辭去參預及官位，返回薩摩，之後慶喜（三月二十五日辭去將軍後見職）及其他參預也先後辭去。久光原想藉參預會議參與幕府的改革，可是慶喜在會議中處處抵制，使久光在會議後立場傾向朝廷。失去外樣雄藩支持的幕府，雖還能在參預會議後勉強撐起「**一會桑體制**」，但「一會桑」已無力統馭外樣雄藩，就連要控制朝廷也感吃力。這場參預會議讓與會大名感到慶喜實無開放權力讓外樣參與的誠意，故此外樣雄藩從支持公武合體急速轉成建立雄藩聯合陣營對抗幕府的路線。

豆知識　一會桑體制

也稱為「一會桑政權」，最早由學習院大學教授井上勳提出，經大阪經濟大學教授家近良樹大力提倡後，逐漸為學界接受。「一會桑體制」指參預會議結束後至慶喜就任將軍為止，以京都為中心由一會桑共同構成的體制，前後歷時約兩年九個月。「一」指一橋慶喜，時任禁裏御守衛總督；「會」是會津藩主松平容保，時任京都守護職；「桑」是桑名藩主松平定敬（容保之弟），時任京都所司代。

086 尊王與倒幕匯流

薩長同盟促成

參預會議結束，一橋慶喜辭去參預和將軍後見職，轉任禁裏御守衛總督兼攝海防禦指揮，此後以職務之故長駐京都、大坂。高杉晉作取得長州領導權後，慶喜動作頻頻，一八六五年閏五月讓家茂第三次上洛（第二次上洛是在參預會議進行期間），策動將軍向朝廷交涉再次征討長州的敕許，然後動員西國諸藩，由將軍親自統率征討長州，重征行動無疑欲消滅長州。

長州一旦滅亡，薩摩唇亡齒寒下自然成爲幕府下一個目標，遂漸由家老小松帶刀和藩士西鄉吉之助、大久保一藏主導，傾向與長州結盟對幕府強硬。只是自八．一八政變以來，兩方結下深刻仇恨，禁門之變後長州志士更在腳穿的木屐寫下「薩賊會奸」表示對薩摩、會津兩藩的仇恨。要與長州結盟，若由薩摩出面自無成功的可能，倘由長州出面則提出者也肯定不能見容於長州。因此締結薩長同盟勢必得由薩長之外的第三人來促成，這個人不能是薩摩或長州出身，然又必須與薩摩和長州的要人有深交，上天於是將此一歷史任務交由土佐出身的坂本龍馬、中岡愼太郎兩人完成。

一八六五年閏五月神戶海軍操練所解散，受薩摩藩資助於長崎成立龜山社中（後來的海援隊），龍馬以薩摩藩的名義向英商葛拉博購買武器、軍艦，暗中廉價轉售於長州。對薩、長而言，龍馬不只是生意上的夥伴，也是絕佳的仲裁者。幾經折衝，終在一八六六年一月二十一日於京都一条戾橋附近的小松帶刀宅邸，在龍馬和中岡斡旋下簽訂改變時代的祕密同盟。薩摩方面有小松帶刀、西鄉吉之助、大久保一藏、伊地知正治、奈良原繁等人，長州方面則有木戶準一郎（桂小五郎）、品川彌二郎等人。

薩長同盟內容共六條，要點如下：一、幕府與長州開戰時，薩摩急速派兵二千至京都與駐守京都的兵力會合，並派兵一千至大坂，固守京坂二地。二、戰情若對長州有利，薩摩應奏請朝廷進行調停，使事態轉向對長州有利的方向。三、如果是對長州不利長州也不至於在一年半載內覆滅，這段期間薩摩應視情況予以伸出援手。四、如果幕兵未戰便東歸，薩摩應竭盡其力奏請朝廷爲長州赦免冤罪。五、如果薩摩的努力受到一會桑的阻礙，則薩摩擁戴朝廷爲了正義與之周旋對抗。六、長州冤情若能昭雪，薩長雙方應誠心合作以謀皇國，爲恢復皇威而協心盡力。

薩長同盟雖使木戶與薩摩握手言和，但不代表內心的芥蒂能夠消除。二月五日，木戶要求龍馬在原稿上以硃筆具名保證，才算對同盟的認同。

第二次征長之役

進入一八六六年，幕府開始全面動員西國諸藩，準備再次征長。由於簽訂薩長同盟之故，薩摩斷然拒絕幕府再次徵召。先前參與征長的諸藩則因耗費過大顯得興趣缺缺，上次征長過程中幕府展現出的專橫作風尤引起更多藩的消極抵制，因此第二次征長，幕府幾乎只能以譜代諸藩和外樣小藩爲主力。

一八六六年六月七日，幕府艦隊砲擊周防大島，兵力占優勢的幕府分四路從藝州口（山陽道）、大島口

西鄉隆盛和桂小五郎在坂本龍馬幫忙下握手合作，達成薩長同盟／三娃繪

著劍道服的高杉晉作

（瀨戶內海，以上十三日）、石州口（山陰道，十六日）、小倉口（北九州，十七日）進攻長州，因而又稱爲「四境戰爭」。

爲打贏這場戰爭，木戶準一郎一年前便任用福澤諭吉的適塾同窗村田藏六（大村益次郎）進行軍事改革，加上龍馬透過葛拉博購進的歐洲新式米尼步槍和蓋貝爾步槍，有了新的軍事制度和火力強大的新式武器。儘管兵力上不如幕府軍，但是以奇兵隊爲首的諸隊士氣高昂、視死如歸，加上先進武器在手，戰力強大；反觀諸藩聯軍士氣低落，不少藩只是派兵充場面，非真心爲幕府而戰。一與長州交手，聯軍幾乎潰敗，長州軍甚至深入石州口攻下濱田城，並占領石見銀山。

小倉口方面由抱病的高杉晉作親自指揮。奇兵隊士在龍馬船隻「Ｕｎｉｏｎ號」運輸下，跨越關門海峽到小倉藩領地內作戰。同樣採用近代化軍制的佐賀藩袖手旁觀，小倉、肥後等藩苦戰至七月底不敵長州的猛烈進攻，小倉城毀於兵火。此時家茂死於大坂城的消息傳來（七月二十日腳氣衝心而逝，得年二十一歲），小倉等諸藩失去戰意，一橋慶喜透過朝廷向長州提出休兵協定，第二次征長之役在幕府喪盡顏面的情況下結束。

原本一橋慶喜盤算著藉由征討長州重振幕府聲望，沒想到堂堂幕府竟敗給西南邊陲的外樣大名，原應統率大軍討伐朝敵的將軍不僅未能出征討賊，還因此送上性命！連與政治無緣的平民也能看出幕府日薄西山，垮台只是時間問題。而接二連三的戰爭使得米價翻騰，以米維生的民眾受不了居高不下的米價，紛在全國各地展開名爲「**世直**」的一揆。

豆知識　世直一揆

日本締結《安政五國修好通商條約》後，因大量輸出生絲和茶導致物價攀升。內政方面，「天誅」等攘夷派的暗殺行動造成商家恐慌囤積起米糧，導致一般物價攀升外，米價也跟著翻騰。「禁門之變」前後，近畿民眾出現對豪商、高利貸商人的「打毀」行動，由於幕府心力全投入對付尊攘派，對民眾的破壞行動已無力顧及。一八六六年過後，世直一揆蔓延至全國各地，成為幕府滅亡的推手。

087 船中八策實現大政奉還

船中八策扭轉乾坤

一八六七年初，龍馬與土佐藩參政（類似家老）後藤象二郎在長崎的清風亭會談。後藤赦免龍馬脫藩之罪，改龜山社中爲「海援隊」，由土佐藩出資贊助拓展業務，後藤以心腹岩崎彌太郎擔任海援隊經理，控管該組織的財政。

同年五月四日起京都越前藩邸召開「**四侯會議**」，結束後後藤象二郎偕同龍馬從長崎搭乘土佐藩船「夕顏丸」到兵庫轉往京都。六月九日，龍馬在「夕顏丸」內提出堪稱日後日本建立新國家體制基本方針的〈船中八策〉，該策由海援隊士長岡謙吉記錄。全文如下：

一、天下政權奉還朝廷，政令應出自朝廷。

二、設上下議政局，置議員以參贊萬機，萬機宜由公議決定。

三、備有才之公卿、諸侯及天下人才為顧問，賜以官爵，汰除自古以來有名無實之官。

四、與外國交際廣採公議，應重新訂定適當的規約。

五、折衷古來律令，應新訂無窮之大典。

六、應擴張海軍。

七、置御親兵以守衛帝都。

八、應制訂金銀物貨與外國平均之法。

大政奉還為幕府解套

是年六月二十六日，慶喜取得兵庫開港敕許，加上法國公使羅許協助派出軍事顧問團爲幕府訓練新式陸軍，一時間幕府聲勢大振。素來被揶揄「醉時勤王，醒時佐幕」顯示立場搖擺不定的山內容堂，待參政後藤遞上〈船中八策〉後也逐漸被說服，改以將軍慶喜交還政權的「大政奉還」，取代以往的佐幕做爲藩論。

「大政奉還」成土佐藩論之前，薩摩曾於該年五月由西鄉與土佐上士乾退助（板垣退助）就武力討幕取得共識，只要京都傳出薩摩舉兵消息，乾退助亦立即率領土佐藩兵上洛，與薩摩並肩作戰。可是「大政奉還」既做爲藩論，武力討幕也隨之消失。十月三日，土佐新藩主山內豐範（容堂養子）以藩主名義單獨向幕府遞交「大政奉還」建白書。慶喜回應前，薩長的武力討幕派和土佐的大政奉還派仍暗中角力，西鄉等人認爲要讓將軍交出政權不憑藉武力不可能做到，只要討幕密敕到手，立即進行討幕。

十月十三日，慶喜在二条城白書院召集上洛的四十餘藩重臣，諮詢是否應接受大政奉還。最終慶喜於次日決定接受，土佐的藩論奏效。正當龍馬等人爲日本免於內戰額手稱慶之際，西鄉等人念茲在茲的討幕密敕卻也在不久後下達，但因慶喜已決定奉還政權，討幕密敕失去大義名分，朝廷不得不於二十一日宣布討幕延期。

對西鄉等大多數薩長志士而言，討幕不光是推翻幕府，尤是建立功動從底層翻身的大好機會，縱使他們與幕府未有深仇大恨（長州志士除外），仍贊成武力討幕。反之，如讓慶喜大政奉還，在未來以天皇爲中心的新政府裡，慶喜仍會因大功進入新政府核心，薩摩、長州依舊居於慶喜之下，這是他們反對大政奉還的原因，也連帶憎恨提出大政奉還的龍馬。

由於將軍交還政權給天皇，不管未來建立何種政府，效命德川將軍的大多數幕臣、旗本和御家人必然失去代代相傳的俸祿。對這些人而言，他們的敵人不是接受大政奉還的慶喜，也不是對武力討幕躍躍欲動的薩長志士，而是最早提出大政奉還的龍馬。慶喜接納大政奉還之策，不管是討幕或佐幕陣營，皆已將龍馬視爲敵人，欲除之而後快。

誰暗殺了龍馬？

龍馬完成使命後，緊接於十月十六日在薩摩二本松藩邸擬定新政府官員名單。憑著〈船中八策〉和「大政奉還」的功績，龍馬要成爲新政府的核心官員絕非難事，不過龍馬拒絕塡入自己的名字，以「當世界的海援隊」做爲自己的心願。八天後離開京都前往越前，龍馬向松平慶永請求赦免該藩志士三岡八郎（由利公正）負責新政府財政，十一月五日返回京都迎接人生的最後一幕。

一八六七年十一月十五日傍晚，中岡愼太郎拜訪人在四条河原町近江屋的龍馬。晚上八點多，六名自稱是**十津川鄉士**的訪客前來拜訪，登上二樓龍馬所在的房間後即亮刀

豆知識　四侯會議

一八六七年五月於京都召開的諸侯會議，採合議制做為將軍慶喜和關白二条齊敬的諮詢機關。四侯會議成員除將松平容保改為二条齊敬外，成員與參預會議完全相同，差別在於將軍後見職一橋慶喜改換身分為將軍德川慶喜。英國公使巴夏禮率領英、美、法、荷四國艦隊強行停泊於兵庫沖，逼迫幕府開港，因此兵庫開港與否也成為議題。參預會議與會的參預身分對等尚且失敗，四侯會議只是諮詢機關，對慶喜更乏約束力，失敗實不令人意外。五月下旬四侯會議破局，此後薩摩積極向公卿岩倉具視、中山忠能、正親町三条實愛靠攏，為取得討幕密敕而努力。

襲擊。由於事發突然，身中三刀的龍馬當場斃命，中岡在三日後傷重不治。

暗殺龍馬的執行者是誰，幕後主使者又是何人，百餘年來始終是個謎！事發後一段期間，新撰組成員中的原田左之助被認爲是暗殺龍馬的執行者，該組局長近藤勇爲此遭斬首下場。大正時代以降，普遍認爲京都見廻組局長佐佐木只三郎及組員今井信郎、渡邊吉太郎（篤）、高橋安次郎、桂隼之助、土肥仲藏、櫻井大三郎等七人是暗殺龍馬的凶手。龍馬早年是江戶三大道場之一北辰一刀流的塾頭，有免許皆傳資格，應不會輕易被一般劍客暗殺，京都見廻組名氣或不如新撰組，但實力絕非龍蛇混雜的新撰組所能比擬。而除新撰組、京都見廻組外，還有紀州藩士報復說、薩摩藩陰謀說、後藤象二郎說、外國陰謀說、討幕派．幕府派共謀說等種種說法，不難窺出「大權」交接前後，龍馬在政治上是多麼孤立！

根據最新研究顯示，會津藩士手代木勝任轉達京都守護職松平容保的命令，要胞弟佐佐木只三郎實行暗殺龍馬的任務。所以暗殺龍馬，興許是由會津藩下令、京都見廻組執行的政治暗殺事件。

人物通　十津川鄉士

居大和國南部十津川鄉的鄉士集團。幕府時期十津川鄉雖屬於幕府直轄的「天領」，但幕末時與薩摩、長州等藩一同擔任護衛宮廷的任務。一八六三年八月「天誅組之變」有眾多十津川鄉士參與，成為該事變的主力，與長州、土佐志士均建立深厚交情。

龍馬毫無防備遭到襲擊身亡，凶手成謎／三娃繪

088 王政復古

王政復古大號令

一八六六年底，主張攘夷卻不願倒幕的孝明天皇崩御，改由十五歲的第二皇子祐宮睦仁親王即位。幼君即位，佐幕與倒幕勢力在天皇周遭的公卿間角力競逐，期能取得對己有利的地位。

再說龍馬遭暗殺，大政奉還論失去了最重要擁護者，於是薩摩的西鄉和大久保慫恿藩主島津茂久前往周防三田尻，與長州世子毛利元德（定廣）及木戶、廣澤眞臣等人會面，締結討幕協定。十一月二十三日，島津茂久率領三千薩摩軍上洛，長州也派出二千五百藩軍在備後待命上洛（此時未解除朝敵身分，不能進入京都）發動政變推翻大政奉還，薩摩、土佐、安藝、越前、尾張等藩決定十二月九日實施王政復古。

十二月八日傍晚，關白二条齊敬主持朝議，做出底下結論：一、恢復三条實美等五卿的官位，允許返京；二、赦免公卿岩倉具視的蟄居（主張公武合體以致被罷官、落髮）及還俗；三、撤去毛利父子朝敵身分，並恢復毛利父子及其三支藩（長府、德山、清末）的官位，准許入京。

此次朝議至翌晨方才結束，結束後剛獲赦免的岩倉具視立即著朝服上朝，接著西鄉指揮前述五藩藩兵包圍御所各城門，免除會津、桑名二藩的警備任務。不久，**帥宮**有栖川宮熾仁親王、山階宮晃親王、仁和寺宮嘉彰親王三位親王，加上其他贊同政變的公卿陸續進宮。

之後年輕的天皇於御學問所頒布《王政復古大號令》，這是岩倉與大久保一藏經過再三討論後由國學者玉松操起草，規定如下：一、敕許批准德川慶喜大政奉還及辭職將軍；二、廢止攝政．關白及幕府；三、暫置總裁、議定、參與三職，萬機親裁。

施行千年的攝政．關白，歷時近七百年的幕府及武家政治，皆隨《王政復古大號令》頒布而畫下句點。新設的三職中，總裁一人，由有栖川宮熾仁親王擔任；議定數人，由山階宮晃親王、仁和寺宮嘉彰親王及家格較高的公卿和上述五藩藩主擔任；參與

人物通　帥宮

律令時代太宰府長官稱為「太宰帥」，規定必須是三品或四品親王才能擔任，與中務卿、兵部卿、式部卿、彈正尹相同。擔任太宰帥的親王俗稱「帥宮」，擔任彈正尹的卿王則俗稱「尹宮」，著名的帥宮為尊治親王（後醍醐天皇）。鳥羽．伏見之戰時盛行的軍歌「宮さん宮さん」，指的即是帥宮有栖川宮熾仁親王。

亦數人，由家格較低的公卿和五藩各三名藩士擔任。

小御所會議暗潮洶湧

選出新政府官員後，傍晚時分這批官員以天皇爲首，在清涼殿以東和紫宸殿東北的小御所召開首次會議（西鄉擔任警衛缺席），世稱「小御所會議」。

山內容堂首先發言，認爲應該邀請德川慶喜參加，德川慶勝、松平慶永附和，不過倒幕派公卿不贊同，當時公卿中最富權謀的岩倉具視認爲德川氏上凌皇室、下抑公卿諸侯，慶喜非辭官（辭去內大臣）納地不足以彌補其過。容堂與岩倉各執一詞，雙方僵持至深夜仍未達成共識，不得已天皇下令休息片刻。

大久保一藏與岩倉是與會成員中最堅持要慶喜辭官納地，只是大久保身爲參與，在會上並無發言權，趁休息片刻偕西鄉對岩倉說，處非常時刻只能用短刀解決，口舌無法解決問題。休息過後，岩倉依舊堅持己見，容堂與慶永沉默以對，小御所會議最終在薩摩與岩倉的堅持下，以慶喜辭官納地作結。

消息透過德川慶勝、松平慶永的傳話到人在二条城的慶喜，底下會津、桑名、津、大垣諸藩以至見廻組、新撰組人人鼓譟，一致要求慶喜以清君側名義向討幕派宣戰。此時二条城的幕府駐軍約在一萬上下，再加上大坂的幕軍及巡弋攝海的幕府海軍少說也有一萬五、六千，而倒幕派兵力不到五千，即便添上十二月十日夜晚才進京的長州軍也不滿七千，倘此時慶喜宣戰，薩長未必能勝。

不過慶喜卻宣布十二月十二日退出二条城，集中兵力於大坂，並宴請包括英、法在內的各國公使，目的是向各國公使宣揚儘管已接受大政奉還，幕府依然擁有強大力量及和諸列強的交涉主導權。討幕派政府雖通過王政復古，但該政府無權無勢，財政基礎薄弱，縱做出慶喜辭官納地的決議也無法付諸實行。

各國公使幾乎一致支持幕府，五藩中的尾張、越前、土佐三藩立場也傾向慶喜。公卿如岩倉等人起初站在倒幕立場，但千餘年來公卿就像風向雞，立場搖擺不定，看著倒幕派聲勢鼎沸便往倒幕派一面倒；如今慶喜有挾列強支持反撲的態勢，與薩摩結爲盟友的岩倉似乎有所動搖。

與和宮訂過婚的有栖川宮熾仁親王／三娃繪

大河劇人物介紹⑨

—坂本龍馬—

天保六年～慶應三年　一八三六～一八六七

幕末時期在人氣與對日本的貢獻上可與西鄉一較高下的，應只有坂本龍馬了。龍馬不僅是幕末人氣王，放諸整個日本歷史也絲毫不遜色。日本雜誌若是出現滯銷情況，只要推出龍馬專刊往往銷路長紅，由此可見龍馬多麼受到日本民眾喜愛！

✿司馬遼太郎筆下的國民英雄

一九六二年六月二十一日起在《產經新聞》晚報刊載司馬遼太郎的巨作《龍馬行》，連載將近四年，於一九六六年五月十九日結束。連載期間的一九六五年四月，MBSテレビ（每日放送）已將《龍馬行》改編成三十一集的連續劇。一九六八年NHK大河連續劇敲定為《龍馬行》，這是第二次改編，由當時東映小生北大路欣也主演。之後又於一九八二年、一九九七年、二〇〇四年三次改編成戲劇（分別於東京電視台（テレビ東京）、TBS電視台、東京電視台播出），總計五十年間就有五次改編的記錄。

一九六二年以前司馬遼太郎已出版過數部長短篇歷史小說，包括第八回講談俱樂部賞（一九五九年）得獎作品《ペルシャの幻術師（波斯的幻術師）》以及第四十二回直木賞（一九五九年下半年）得獎作品《梟の城（梟之城）》兩部得獎作，此時遼太郎讀者群不算多，也還談不上對日本的影響力。

一九六六年《龍馬行》一連載完畢，文藝春秋立刻出版五卷單行本（一九八八年發行新裝版），一九七四年六月文藝春秋推出《文春文庫》，出版八卷文庫版（一九九八年重新發行新裝版），一九八一年收錄在文藝春秋發行的《司馬遼太郎全集》三到五卷中。

吉川英治筆下的宮本武藏達到禪劍合一境界，完美的劍豪形象深植日本人心中；山岡莊八筆下的德川家康是日本走出戰敗的心靈支柱，神格的形象也幾乎在日本人心目中定型。自一八八三年自由民權運動家坂崎紫瀾在《土陽新聞》（「立志社」機關報）連載（汗血千里駒）以降，百餘年來以龍馬為主角的傳記、小說如過江之鯽，幾乎每隔數年至十餘年便會有作家從全新角度出發撰寫以龍馬為主人公的小說。

即便如此，司馬遼太郎《龍馬行》在日本人心目中的地位依舊無可動搖，不少日本人是透過《龍馬行》認識坂本龍馬，堪稱龍馬傳記的定本；不過也因為是透過《龍馬行》認識坂本龍馬，認識的並非真實的坂本龍馬，而是司馬遼太郎筆下的坂本龍馬。《龍馬行》讓遼太郎嘗到成名滋味，可以說沒有《龍馬行》就沒有後來多產的司馬遼太郎。此後出版社、雜誌社相繼向他邀稿，電視台節目或其他團體的演講邀請也從未斷過，之後每一部長篇或短篇歷史小說連載結束後一兩年內就會抱回一座獎項，單行本發行後幾年內推出文庫本，然後改編成電視戲劇或大河劇，再過幾年後單行本和文庫本推出新裝版。

「小力敲就小聲的響、大力敲就大聲的響」

一八六二年底遇上勝海舟前，龍馬只是個在劍術修行上造詣深厚的劍客（有北辰一刀流免許皆傳的資格），對於開國或佐幕並無深刻認識。從他加入武市半平太成立的「土佐勤王黨」以及劍術修行期間寫給土佐父兄的書信來看，他的思想與當時盛行的攘夷主張並無不同，事實上他與勝海舟初次相遇時正是他偕同千葉道場少主千葉重太郎要暗殺勝海舟，卻反被巧舌如簧的勝海舟說服，進而與重太郎一同拜在勝海舟門下。

進入勝海舟門下龍馬猶如置身山上向下俯瞰般視野開闊，藉著勝海舟的人脈得以結識幕臣大久保一翁（忠寬）、老中板倉勝靜、政事總裁職松平春嶽、開國學者佐久間象山．橫井小楠。龍馬一生雖未能出國完成航行海上的宿願，但是透過與這批當時日本最瞭解外國的人士的交談，也間接對外國有了基本的認識（如選舉制）。

龍馬進勝海舟門下之前已經脫藩，後雖在海舟斡旋之下赦免脫藩之罪，但是龍馬的心已不

坂本龍馬與中岡慎太郎像／洪維揚提供

在土佐藩，也不再對「土佐勤王黨」抱持關心，專注於成立神戶海軍操練所（神戶市中央區新港町）。由於龍馬的心思都放在海軍上，「八．一八政變」後取得主導權的公武合體派開始追殺攘夷派，已經引退的土佐「老公」山內容堂架空養子山內豐範（最後的土佐藩主）的權力，配合幕府以涉嫌暗殺家老吉田東洋之罪緝捕「土佐勤王黨」成員，龍馬因吉田東洋暗殺時已脫藩得以除罪，最終再度走上脫藩之路。

一八六四年「禁門之變」後，龍馬拿著勝海舟的介紹信前往京都二本松薩摩藩邸拜會西鄉，龍馬從頭到尾都沒有提及來訪的目的，西鄉也沒有追問龍馬與勝海舟的關係，淨是揀些無關緊要的話題。返回神戶後，勝海舟向龍馬問及對西鄉的觀感，龍馬的回答很有意思：「真是深不可測啊！猶如敲鐘一般，小力敲就小聲的響，大力敲就大聲的響。」勝海舟聽後在日記上寫下「評論者與被評者都是一流的人物」（勝海舟撰寫的《氷川清話》亦有此段記載）。一般提到龍馬和西鄉，經常會提及這則逸話來作評論。

✿超越時代的思想

龍馬思想不僅前衛，而且先進，當維新志士還周旋於如何推翻幕府，龍馬的思緒已飛躍到推翻幕府後應該建立怎樣的政府上。龍馬在建構新政府之同時，也正推動以廣袤的世界五大洲為對象的海運與貿易。維新回天與推動海運及貿易這兩件完全不著邊際的事務卻能並行不悖，放眼幕末應該也只有龍馬有這等能耐！

龍馬聽到慶喜願意接受以山內容堂名義上書的大政奉還案後，激動地道：「余誓為此公捨上一命。」龍馬未因此沖昏頭，反而連夜草擬新政府要員名單。照理而言，新政府要員名單應由當時權勢最大的薩摩藩承擔統括才是，但當時薩摩藩的西鄉和大久保對各藩志士缺乏像龍馬那樣深入的瞭解。

龍馬不只將自己從新政府名單中刪除，山內容堂的名字也從名單中消失，土佐的名額壓縮到只剩後藤象二郎。容堂喜怒躍然紙上，缺乏圓融與妥協，經常因為個人情緒與他人起爭執；做事三心二意，從他「醉時勤王，醒時佐幕」的謔稱便可窺一二，若讓容堂成為新政府高官恐怕政務推行多半會擱淺在容堂身上。因此龍馬決定土佐的名額只保留後藤一人，觀後藤在日後自由民權運動的表現，擔任新政府參議已是他能力的極限，既然龍馬已決定不擔任新政府官員，人才凋零的土佐藩分配一個名額實已足夠。

西鄉看到龍馬的新政府名單自然訝異萬分，遂問龍馬為何不出仕，龍馬答說不想當不自由的官員。西鄉接著再問那龍馬想當什麼，龍馬不急不徐地回答說要當世界的海援隊。在場的西鄉、大久保、小松帶刀就像見到稀有物種般驚訝地直盯著龍馬，古往今來凡是在推翻前政權過程中立下大功的人，幾無例外無不在新政權擔任要職成為開國元勳。就拿之後的太政官為例，大多數成員在維新回天立下的功勳都不足以與龍馬相提並論，他們腐化的程度卻比任何人都來得快。除去自己可鄙的私心，讓心靈保持如白紙般的純潔，不這樣做就難以吸引他人匯聚在自己的身邊，身邊能聚集愈多人就愈能產生智慧與力量。龍馬成立海援隊時既無顯赫地位也無可自由支配的金錢，卻能吸引脫藩浪人的加入，就是因為龍馬能保持無私的心。難怪海援隊的祕書陸奧陽之助（維新後改名陸奧宗光）會說那時候的龍馬是比西鄉還要偉大的人物！龍馬和西鄉不是僅憑一件事情就能比出高下優劣的，陸奧的評語當然有他的主觀意識。

據統計，全日本各地約有一〇六個龍馬會，日本國以外也有十一個（包括台灣龍馬會），二〇〇三年高知縣知事橋本大二郎（橋本龍太郎之弟）先生決定將位在南國市的高知空港（國內機場）之暱稱命名「高知龍馬空港」，這是日本唯一一個冠上人名的空港。日本史上有不少呼風喚雨的人物，但是死後還能讓後人如此懷念的，捨龍馬外再無第二人，足見龍馬的魅力不受限於時代與國界！

坂本龍馬之妻阿龍

龍馬的女性關係

幕末志士除了正妻之外通常還會有其他相好的戀人，極富個人魅力（不管對男性或女性）的龍馬，他的異性關係自然也異常豐富。日本作家阿井景子曾寫過一本《龍馬と八人の女性（龍馬與八名女性）》的書籍，以下簡單介紹幾位龍馬曾經喜愛過的女性。

第一位是青梅竹馬平井加尾，她是土佐勤王黨的幹部平井收二郎之妹，小龍馬三歲，和龍馬的戀情因為加尾被派往公卿三条家當侍女而不得不含淚斬斷情絲，不久土佐勤王黨遭容堂清算，結束了加尾在三条家的使命。一八六六年加尾招小她四歲的同藩志士西山志澄為婿，會津戰爭時西山是板垣退助率領的迅衝隊成員，在該役立下戰功，維新後成為御親兵一員，後來隨板垣於明治六年政變下野。

之後追隨板垣為自由民權運動奔走，當選過四次眾議院議員，一八九八年隈板內閣被板垣指派為警視總監。隨著夫婿官運亨通，加尾算是擺脫早年為兄長操弄的不幸命運，一九〇九年以七十二歲高齡辭世。

龍馬生命中的第二位女性是在千葉道場劍術修行時邂逅的千葉佐奈子，她是千葉道場館主千葉定吉之女，與龍馬計畫一同暗殺勝海舟的重太郎之妹。龍馬劍術上的天賦很快就在千葉道場修行期間展現出來，成為僅次於重太郎的塾頭，自幼對家學耳濡目染的佐奈子會被龍馬吸引是很自然不過的事。隨著龍馬修行期滿、不得不返回土佐，臨別時龍馬曾扯下身上和服的一隻袖子贈予佐奈子，儘管龍馬在池田屋事件後就不再踏上江戶，佐奈子始終留著龍馬給她的那隻印有家紋的袖子。維新後佐奈子先是任職於學習院女子部舍監，後來轉行以艾灸為生，一八九六年五十九歲辭世。佐奈子始終以龍馬未婚妻自居，終生未嫁（近年發現佐奈子於一八七四年有過一段短暫的婚姻），墓碑位於山梨縣甲府市清運寺。

龍馬之妻阿龍全名楢崎龍，生父在安政大獄被捕，赦免後病逝，一家遂流落京都。龍馬於池田屋事件後返回京都時與阿龍邂逅，將她安置在寺田屋女將登勢底下工作。薩長同盟簽訂後翌日，龍馬在宿處寺田屋遇襲，多虧阿龍夜奔至二本松薩摩藩邸搬救兵。事後龍馬偕同阿龍前往薩摩的溫泉地靜養（有學者指出這是日本歷史最初的蜜月旅行），這是龍馬生涯中難得的閒暇時刻。之後龍馬將阿龍安置在長崎、下關兩地，龍馬死後阿龍輾轉流浪各地，也曾待過土佐龍馬老家，不過阿龍在每一地點都待不久，一度回到京都靈山為龍馬守墓。一八七五年成為小她五歲的近江商人西村松兵衛的小妾定居橫須賀，一九〇六年以六十六歲之齡辭世。

《龍馬傳》裡的坂本龍馬

大河劇共有九部與龍馬相關的戲劇，以龍馬為主角的則有一九六八年的《龍馬行》和二〇一〇年的《龍馬傳》，分別由北大路欣也及福山雅治飾演龍馬。《龍馬傳》雖以龍馬為主角，但以海援隊經理、三菱財閥創辦人岩崎彌太郎的觀點論述，這種方式深具創意，為大河連續劇沿用。福山雅治或許是初次演出古裝劇之故，戲分的掌握度功力不夠，屢屢為飾演岩崎彌太郎的香川照之搶戲。香川照之是日本實力派演員，演好人、壞人、丑角、性情剛烈的、性格扭曲的在他詮釋下栩栩如生，誇張的肢體動作加上豐富的臉部表情，使他在《龍馬傳》的表現成功超越福山雅治。福山雅治的龍馬一如其他飾演過龍馬的演員，充滿親和力及個人魅力，只是劍術上的造詣似乎差了些，拔刀動作遠不如抱著吉他，反映在全劇中動刀的場景極其有限，笑容及表情也略顯單調。

部分情節由於參考最新學界研究成果而有突破性的描寫，比如說將執意大政奉還的龍馬與力主武力討幕的薩長造成的對立，刻畫得相當成功。觀賞此劇可發現龍馬在大政奉還前後，不管是在佐幕派或討幕派面前都顯得四面楚歌。

《龍馬傳》還有一點相當成功的就是戲裡面沒有真正的壞人，有的只是立場的不同，為著不同的利益產生不同的立場，不同的立場導致利益有所衝突，進而出現對立局面。新撰組、見廻組、吉田東洋、武市半平太、平井收二郎、岩崎彌太郎、西鄉隆盛、大久保利通、德川慶喜……在戲中都與龍馬有立場上、利益上的對立，但嚴格說來他們都不是壞人，只是出發點不同而已。

寺田屋

【與坂本龍馬有關的景點】

*坂本龍馬誕生地之碑：龍馬出生地（高知縣高知市上町）
*才谷屋跡：龍馬家的本家（高知市上町）
*桶町千葉道場：龍馬在江戶學習北辰一刀流的道場（東京都千代田區八重洲）
*江戶土佐藩屋敷：龍馬在江戶劍道修行的住處（東京都中央區築地）
*神戶海軍操練所跡碑：龍馬學習操縱海軍船艦之地（兵庫縣神戶市中央區新港町）
*寺田屋：龍馬在京都主要的下榻地（京都府京都市伏見區南濱町）
*龜山社中跡：後來的海援隊，現為龜山社中紀念館（長崎縣長崎市伊良林）
*近江屋：龍馬與中岡慎太郎的遇難地（京都市中京區鹽屋町）
*京都靈山護國神社：龍馬及中岡慎太郎的埋骨之地（京都市東山區清閑寺靈山町）

【紀念館】

*坂本龍馬紀念館：以龍馬為主題的博物館（高知市浦戶城山）
*北海道坂本龍馬紀念館：展示龍馬及移居北海道的坂本家子孫之史料（函館市末廣町）
*龍馬生まれたまち紀念館：龍馬出生地擴建而成的紀念館（高知市上町）
*龍馬歷史館：以龍馬為首的土佐群像蠟像館（高知縣香南市野市町）

【銅像】

*桂濱坂本龍馬銅像：日本最早的龍馬銅像（高知市浦戶）
*北海道坂本龍馬紀念館龍馬銅像（函館市末廣町）
*靈山紀念館龍馬．中岡銅像（京都市東山區清閑寺靈山町）
*圓山公園龍馬．中岡銅像（京都市東山區）
*龍馬歷史館龍馬銅像（高知縣香南市野市町）
*才谷龍馬公園龍馬銅像（高知縣南國市才谷）
*維新之門龍馬銅像（高知縣高岡郡檮原町）
*風頭公園坂本龍馬之像（長崎縣長崎市伊良林）

新撰組隊員

篤姬

大河劇人物介紹 10

天保六年～明治十六年 一八三六～一八八三

除卻幕末時期倒幕派的豪傑西鄉和龍馬，本篇介紹幕府方面的逸才，她是位不讓鬚眉的巾幗英雄——十三代將軍的御台所天璋院篤姬。

✿從今和泉島津家到島津宗家到近衛家

篤姬原名於一，成人後改名敬子，出自薩摩藩今和泉島津家，屬於島津宗家的眾多分家。今和泉家前身為和泉家，在島津家第四代家督忠宗封其次男忠氏時成立，忠氏的子孫於室町初期戰死，和泉家斷絕。一七四四年五月，第五代薩摩藩主島津繼豐命七弟忠卿繼承已斷絕三百餘年的和泉家，以「今代之和泉家」稱之，簡稱今和泉家，領有一萬五百餘石。

忠卿五傳至忠剛，即是篤姬之生父。忠剛其實出自島津宗家，是第九代薩摩藩主島津齊宣七男，齊彬的生父齊興是忠剛的大哥；換言之，忠剛是齊彬的叔父（忠剛大齊彬三歲），篤姬與齊彬是堂兄妹關係。一八五一年齊彬成為薩摩藩第十一代藩主，一八五三年三月齊彬收養十八歲的堂妹於一為養女，八月從鹿兒島出發，十月進入江戶三田薩摩藩邸。

齊彬收養篤姬為養女，目的在於讓篤姬成為十三代將軍家定第三任御台所，以御台所的身分左右家定，使他決定一橋刑部卿慶喜成為繼任將軍人選。齊彬的想法並非天馬行空。齊彬的曾祖父，也就是有「蘭癖大名」之稱的第八代薩摩藩主島津重豪，就把三女於篤（也叫篤姬）先讓近衛家收為養女，再以近衛寔子之名成為第十一代將軍家齊的御台所。

齊彬將篤姬帶到江戶藩邸後，開始在京都展開活動。在幕藩體制下，藩主活動區域只限於江戶與自身領國，齊彬遂命令深得他信任的西鄉吉之助（維新後改名西鄉隆盛）在京都與堂上公卿聯繫，西鄉的名字因而得以在京都公卿中流傳。後來西鄉成為「安政大獄」緝捕的名單固然拜此之賜，戊辰戰爭能成為輔佐東征大總督有栖川宮熾仁親王的參謀也拜此之賜。

一八五六年七月篤姬成為右大臣近衛忠熙（近衛文麿的曾祖父）的養女，改名藤原敬子，十二月正式進入江戶城大奧成為第十三代將軍的御台所。

✿自御台所到回歸平凡

家定是家慶唯一活到成年的子嗣，據說家定幼年曾罹患天花，在御醫搶救下雖然痊癒，但在臉上留下疤痕的後遺症，因此家定盡量避免在公開場合露臉，平常除奶媽歌橋外誰也不見。家定的肖像畫雖未將疤痕入畫，不過東方國家君王肖像畫的真實性多半令人存疑，家定的肖像畫並不能做為認識其容貌的依據。

民間傳說家定的資質低下，松平春嶽亦有指家定是「凡庸之中最下等」的記載，但有幕臣為家定開脫說「說凡庸是與松平春嶽、島津齊彬比較之故，當時三百大名中應有不少比家定公遜色」。家定的資質之所以有如此懸殊評價，應與他幾乎不在人前露臉有關。美國首位駐日公使哈里斯曾與家定照過面，據他日記記載，家定動作有腦性麻痺患者的典型症狀。

在篤姬之前，家定有過兩位御台所。這兩位御台所皆出身五攝家（鷹司家與一条家），都在二十多歲去世，當然也未育有一子半女。齊彬要篤姬當御台所的目的是藉由篤姬的影響力使家定立一橋慶喜為家定的後繼者，而不是為家定生下男性繼承人，可見齊彬早就知道家定無法生育。篤姬與家定的婚姻只有短暫的一年七個多月，家定死後十天，養父齊彬也跟著離去，八月篤姬落髮，戒名「天璋院殿從三位敬順貞敬大姉」，簡稱天璋院。

齊彬要篤姬促成家定立一橋慶喜為繼承人的計畫，隨著家定、齊彬的去世而終止，之後井伊直弼大老掀起安政大獄，十月德川慶福就任將軍（改名家茂），篤姬的使命可說完全失敗。在個人情感上，篤姬對家茂的好感甚於慶喜，這種傾向或許受到大奧氛圍的影響，畢竟慶喜的生父齊昭曾多次染指大奧女中而為大奧厭惡。家茂能夠在將軍繼承人選中勝出，很大原因出在大奧支持井伊大老的緣故，統領大奧的篤姬很難不受到大奧內部的影響。

慶喜成為將軍後的某些作為也強化篤姬對他的厭惡，像是慶喜駐足京都、大坂的時間遠多過江戶，對篤姬等大奧而言或是對幕臣而言，會有慶喜「看重京都更甚於江戶」、「立場傾向公家」的看法。慶喜出身御三家之一的水戶藩，深受該藩提倡的「水戶學」（尊王大義名分）影響，對朝廷的尊崇置於幕府之上。「鳥羽．伏見之戰」慶喜不願與有「錦之御旗」（官軍象徵）的薩長軍作戰，在得知被朝廷指定為「朝敵」後更是戰意全消，不僅草草結束「鳥羽．伏見之戰」，更直接放棄幕府在上方的重鎮——大坂城。

大奧內進行的歌詠競賽／楊洲周延畫

之後慶喜連夜搭乘軍艦返回江戶城，懇求篤姬與靜寬院宮（和宮）出面向朝廷斡旋撤銷慶喜的朝敵惡名。不管幕府存亡，只在乎自己是否背負朝敵罪名，看在篤姬眼裡當然會覺得慶喜是敗掉德川江山的罪人。「鳥羽．伏見之戰」前夕薩摩藩派出使者表示要迎接薩摩出身的篤姬回娘家，篤姬的態度影響著幕府士氣，如果篤姬背棄幕府返回薩摩，不用等到「江戶無血開城」，幕府士氣早就垮掉，整個江戶也就因而陷入大亂。篤姬知道自己的表態是關鍵，她認為自己嫁入江戶就是德川的人了，江戶和薩摩兵戎相見，自己唯有誓死保護大奧、保護江戶。

維新回天之後，篤姬還出江戶城，負擔起撫養繼承德川宗家的田安龜之助（後來的貴族院議長德川家達）之責，拒絕接受島津家金援。篤姬對幕臣窩囊的表現應該是極為憤慨吧！在官軍兵臨城下時只會新亭對泣、毫無作為，與官軍作戰動輒歸附投降、毫無堅持，對比之下篤姬一心護持德川宗家及江戶城，更顯難得！

❀大河劇裡篤姬的形象

與篤姬相關的大河劇有三部：一九九〇年的《宛如飛翔》、一九九八年的《德川慶喜》以及二〇〇八年的《篤姬》，分別由富司純子、深津繪里、宮崎葵飾演篤姬。《宛如飛翔》《德川慶喜》等劇的篤姬只是出場數集的一般角色，《篤姬》改編自已故作家宮尾登美子的《天璋院篤姬》，是第一部以篤姬為主人公的歷史小說。改編小說的戲劇因載體不同頗難忠於原著小說，因此戲劇虛構了篤姬與薩摩藩家老小松帶刀的情愫，雖與史實有所出入，卻能增加收視率。

此外原著小說幾乎圍繞在篤姬周遭，很少從大環境去俯瞰幕末，但是戲劇如果只拘泥在篤姬周遭便難引起觀眾收看的興致，因此戲劇不時也穿插幕末主要的事件，諸如「櫻田門外之變」、「薩英戰爭」、「禁門之變」、「薩長同盟」、「龍馬暗殺」等原著小說未提及之事件。

《篤姬》劇情豐富，觀看此劇就像在閱讀幕末歷史，此外偶像明星宮崎葵引領觀眾幾乎看盡篤姬的一生，加上超強卡司的加持，使得本劇收視長紅，為近幾年收視普遍不振的大河劇繳出一張亮眼的成績單。此劇在日本和台灣普遍獲得好評，特別在台灣，不少年輕人對幕末日本的印象多半源自《篤姬》，足見此劇的影響之大。

【與篤姬有關的景點】

＊**今和泉島津家本邸跡**：篤姬的出生地（鹿兒島縣鹿兒島市大龍町）

＊**今和泉島津家別邸跡**：今和泉島津家領地住所（鹿兒島縣指宿市今和泉）

＊**鹿兒島城**：別名「鶴丸城」，篤姬成為齊彬養女後，在此居住過兩、三個月（鹿兒島市城山麓）

＊**江戶城大奧**：篤姬成為御台所後到「江戶無血開城」後的居住地（東京都千代田區千代田）

＊**篤姬之墓**：位在東京上野寬永寺家定之墓旁（東京都台東區上野）

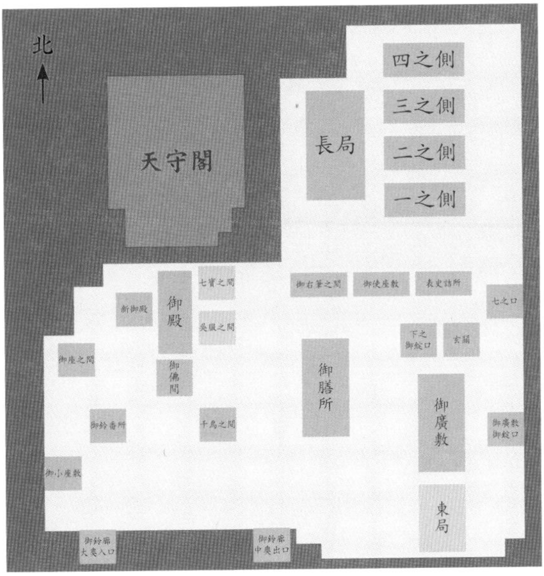

大奧平面圖

肆 王政復古篇

明治時代（戰前）

一八六七年，德川慶喜實現大政奉還
一八六八年，戊辰戰爭爆發
一八七一年，推行廢藩置縣，同年派出岩倉使節團
一八七四年，提出《民選議院設立建白書》
一八七七年，展開西南戰爭
一八八五年，內閣制確立
一八八九年，頒布《大日本帝國憲法》
一八九四年，發生甲午戰爭
一八九五年，下關簽約後引起三國干涉
一九〇四年，日俄戰爭
一九一〇年，合併朝鮮

維新回天推翻幕府，
效法奈良時代以前大權集中天皇的時代，
建立以天皇為中心的絕對主義，
相當於日本史上的明治、
大正以及戰敗為止的昭和時代。

大正時代

一九一二年，大正政變，隨後掀起民主運動
一九一四年，第一次世界大戰
一九一五年，對中國提出二十一條要求
一九一八年，出兵西伯利亞
一九一九年，參與凡爾賽議和
一九二四年，護憲三派進行第二次護憲運動
一九二五年，制訂普選法

昭和時代（戰敗為止）

一九三一年，滿州事變
一九三二年，成立滿洲國，同年日本國內發生五・一五事件
一九三六年，二・二六事件
一九三七年，盧溝橋事變引發中日全面戰爭
一九三八年，推行《國家總動員法》
一九四一年，偷襲珍珠港，開啟太平洋戰爭
一九四五年，八月美方投下兩顆原子彈，日本接受〈波茨坦公告〉，宣告投降。同年盟軍設置GHQ接管日本

089

維新回天

——戰前——

鳥羽・伏見之戰

任由幕府繼續存在，討幕派成立的新政府最後必然被財政拖垮，西鄉因此派出同藩志士在江戶製造動亂，讓討幕派化被動爲主動。幕府在西鄉的挑釁下，以出羽庄內藩爲主的數藩於一八六七年十二月二十五日包圍並燒毀薩摩在江戶三田的藩邸。江戶薩摩藩邸被燒毀的消息傳到大坂城，城內的幕府主戰派逼慶喜討薩除賊。

一八六八年一月二日，幕府陸軍及會津、桑名二藩，連同新撰組從大坂城出兵，在鴨川與宇治川匯流處的淀小橋兵分兩路沿鳥羽、伏見兩街道而上，欲圍攻御所。翌日下午五點左右，薩摩在鳥羽街道的小枝橋對幕軍開砲，同時在伏見街道的伏見御香宮附近，薩、長、土三藩藩兵也與以會津藩兵爲主力的幕府軍交戰，鳥羽・伏見之戰正式開戰，廣義的戊辰戰爭揭開序幕。

伏見方面，幕府軍戰至半夜撤退。四日天皇任命仁和寺宮嘉彰親王爲征討大將軍，授予象徵官軍的「**錦之御旗**」，率領薩、長、藝（安藝）三藩兵力與原本軍隊會合。如此一來官軍兵力達五千，雖只有幕府軍力的三分之一，但因是官軍之故，士氣高昂；相對的，幕府軍則因面對官軍而士氣低靡，原本想退入譜代大名稻葉氏的淀城，可是稻葉氏得知薩長軍成爲官軍後緊閉城門，拒絕幕府軍進入。

五日又傳來一起打擊幕府士氣的消息，將軍慶喜在天皇側近的慫恿下被指爲朝敵，原本接受幕府動員令參戰、自藩祖藤堂高虎以來與幕府親近的外樣大藩津藩得知將軍成爲朝敵後，毫不客氣調轉砲口對準幕府軍。其他協同幕府參戰諸藩除會津、桑名外，雖不至於像津藩倒戈，士氣卻低沉到無法作戰，五、六日間的淀、橋本、葛葉等戰役幾乎都是未戰而退，幕府軍只得放棄圍攻御所的計畫撤回大坂城，結束歷時四天的鳥羽・伏見之戰。

江戶無血開城

幕府軍在鳥羽・伏見之戰儘管先後遭遇淀藩和津藩的倒戈，然也只折損二百多名兵員，仍保有將近官軍三倍的實力，若再加上江戶的旗本、御家人以及關東・奧羽立場傾向佐幕之藩的兵力，實力遠遠大過新政府。只要慶喜一聲令下，整軍再戰，鹿死誰手猶未可知。慶喜一月六日退回大坂城也是如此激勵部下，孰料當夜他便帶著松平容保、松平定敬及少數護衛，偷偷溜上幕府軍艦「開陽丸」逃回江戶。慶喜這種陣前逃亡的行爲重挫大坂城士

德川慶喜找上來自薩摩的篤姬和來自皇族的和宮，幫忙向西鄉說情讓討幕軍停止攻擊，協商達成江戶無血開城／三娃繪

氣，開陽丸船長兼海軍副總裁榎本武揚對慶喜的舉動非常生氣，把停留在攝海上的幕府船隻全部召集，將大坂城內的資金連同傷兵移到軍艦上，放火燒掉大坂城，尾隨慶喜返回江戶。

　幕府放棄大坂之舉，無異壯大官軍聲勢，朝廷七日發出慶喜追討令，十日剝奪慶喜與松平容保等人的官位，同時決定出兵關東。有栖川宮熾仁親王爲東征大總督，另置參謀數人，實際參謀爲西鄉吉之助，兵分三路（北陸、東山、東海）進攻，每一路各置總督兼鎮撫使及參謀。諸藩態度到此也有所改變，從原先的觀望到投效朝廷，派出兵員加入討伐幕府的行列；後來與薩、長、土並稱「倒幕四大雄藩」的肥前（佐賀），便是一例。

　慶喜搭乘開陽丸回到江戶，即赴大奧會見十三代將軍御台所天璋院篤姬與十四代將軍夫人靜寬院宮（和

宮），請她們分別向朝廷與薩摩哀求保留德川將軍家血脈。這兩位女性與新政府有深厚淵源，理應是當時幕府方最合適的人選。慶喜成爲朝敵後的作爲，似與當初一橋派欲擁立爲將軍繼承人時的英明睿智有段差異，但若從慶喜出身水戶藩、自幼受到水戶學「大義名分」的影響來看，便不難理解他寧願歸順也不想成爲朝敵的心理。然而並非所有幕臣都像慶喜這樣願意歸順朝廷，當時的陸軍奉行並小栗忠順、海軍副總裁榎本武揚、步兵頭大鳥圭介等主戰派，提出在箱根與官軍作戰，榎本率領船艦進入駿河灣砲擊的計畫。決心歸順的慶喜根本聽不進去，將小栗等主戰派成員一律免職，換上態度沒那麼強硬的勝海舟爲陸軍總裁。

二月十二日慶喜進入上野寬永寺謹慎，將德川將軍家（宗家）家督讓給養子田安龜之助（德川家達，貴族院議長），江戶城安危也就落在勝海舟身上。此時前線的狀況是，近藤勇、土方歲三等新撰組員組成的甲陽鎮撫隊在幕府天領甲斐一帶爲官軍擊敗，西鄉往前推進至駿河，準備於三月十五日向江戶城發動總攻擊。

三月九日，勝派遣山岡鐵舟爲使者前往駿府與西鄉會面，山岡連同天璋院、和宮的請願書與勝親筆懇求西鄉停止攻擊江戶城的書信一併遞交西鄉。西鄉當場提出中止進攻江戶的七項條件，但山岡對將慶喜引渡到岡山藩表示難以贊同，第一次和談破局。三月十三日，勝與幕府會計總裁大久保一翁（忠寬）在江戶高輪薩摩藩邸進行爲期兩日的談判，最後達成六項協議：一、慶喜前往故鄉水戶謹慎；二、幫助慶喜的諸侯一律寬大處理，不判死刑；三、幕府的武器、軍艦在處置後一律轉交官軍；四、居住在江戶城內者，移往城外謹慎處分；五、江戶城讓渡手續完成後即刻交還田安家；六、盡可能爲平定士民暴動而努力。

以上即是俗稱的「江戶無血開城」。達成協議後不到一個月，四月十一日官軍接收江戶城，二十一日東征大總督有栖川宮熾仁親王進江戶城。江戶城雖免於官軍砲火的洗禮，但並不表示所有江戶居民都樂於接受官軍到來，狹義的戊辰戰爭在無血開城後甫要開始。

豆知識　錦之御旗

象徵天皇軍隊（官軍）的旗幟，通常有兩面，底色均為赤錦，一面用金色線繡上象徵皇室的十六瓣菊紋，另一面也用金色線繡上天照皇太神。通常由天皇將此兩面旗授予率領官軍的大將，由他討伐朝敵。錦之御旗最早出現在「承久之亂」的後鳥羽上皇時期，鎌倉末期後醍醐天皇撤至笠置山時也曾豎立。

090

戊辰戰爭

任京都守護職時的松平容保

奧羽越列藩同盟結成

官軍進入江戶城後，部分幕府旗本和一橋家家臣組成「彰義隊」往上野東叡山寬永寺集結，擁立日光輪王寺門跡公現**入道親王**（後來的北白川宮能久親王）與大村益次郎率領的長州軍在上野進行作戰。在大砲轟擊下，五月十五日彰義隊被擊潰，親王和隊員經陸海路往北逃去。

早在一月十七日，新政府便命令東北第一大藩仙台藩征討已成為朝敵的松平容保之會津藩，官軍戰情一路告捷，遂又派出奧羽鎮撫總督公卿九条道孝及參謀，前往仙台藩催促征討會津及庄內藩。仙台、米澤等東北大藩反而要求中止攻擊會津，九条等人因新政府一連串勝利而堅拒，於是會津和庄內於四月十日結為同盟。五月三日，仙台、米澤、盛岡等二十五個奧羽大小不等的藩加入會津和庄內，結成「奧羽列藩同盟」；六日，越後的新發田、長岡等六藩也加入，演變為擁有三十三個藩的「奧羽越列藩同盟」。

奧羽越列藩同盟仿照新政府，以輪王寺宮（能久親王）為東武皇帝，仙台藩主伊達慶邦、米澤藩主上杉齊憲為同盟總督，前幕府老中小笠原長行、板倉勝靜為參謀。官軍所在的越後先行開戰，對象是七萬四千石的越後長岡藩，在家老河井繼之助的改革下，小藩越後長岡頗不易對付。山縣有朋、黑田清隆（薩摩）指揮官軍在此處鏖戰超過三個月，死傷逾千人（包括西鄉二弟吉二郎），越後長岡也付出含河井在內約四百人的傷亡。

另一方面，官軍也在進入江戶城同時掃蕩關東的幕府軍，大鳥圭介

人物通　入道親王

得到親王宣下後以親王身分出家稱為「入道親王」，先行出家然後才得到親王宣下則稱為「法親王」，不管「入道親王」或「法親王」，只能在被稱為「親王門跡」的十三間寺院擔任住持：日光的輪王寺，京都的青蓮院、三千院、妙法院、聖護院、照高院、曼殊院、毘沙門堂、圓滿院（以上屬天台宗）、仁和寺、大覺寺、勸修寺（以上屬真言宗）、知恩院（淨土宗）。

土方歲三占領五稜郭，進行最後對抗／三娃繪

及新撰組先後在下野日光・宇都宮及下總市川・船橋迎戰官軍，均不敵敗北，新撰組局長近藤勇於四月二十五日在中山道板橋宿斬首。近藤被斬首，罪不在戊辰戰爭，而是幕末時奉松平容保之命誅殺尊攘派浪人任務，以及當時官軍認爲他是龍馬暗殺執行者之故。

日光・宇都宮戰爭、市川・船橋戰爭及前述的上野戰爭結束後，官軍大致已控制關東。八月中旬北越戰爭結束，越後全境盡入官軍之手，面對誓死抵抗的會津藩，官軍以東山道參謀板垣退助、伊地知正治（薩摩）爲進攻會津的統帥。

會津戰爭、蝦夷國覆滅

奥羽越列藩同盟甫結成時聲勢浩大，大有與新政府分庭抗禮之勢，惟經北越戰爭的挫敗，幾個小藩陸續向新政府投降。板垣退助、伊地

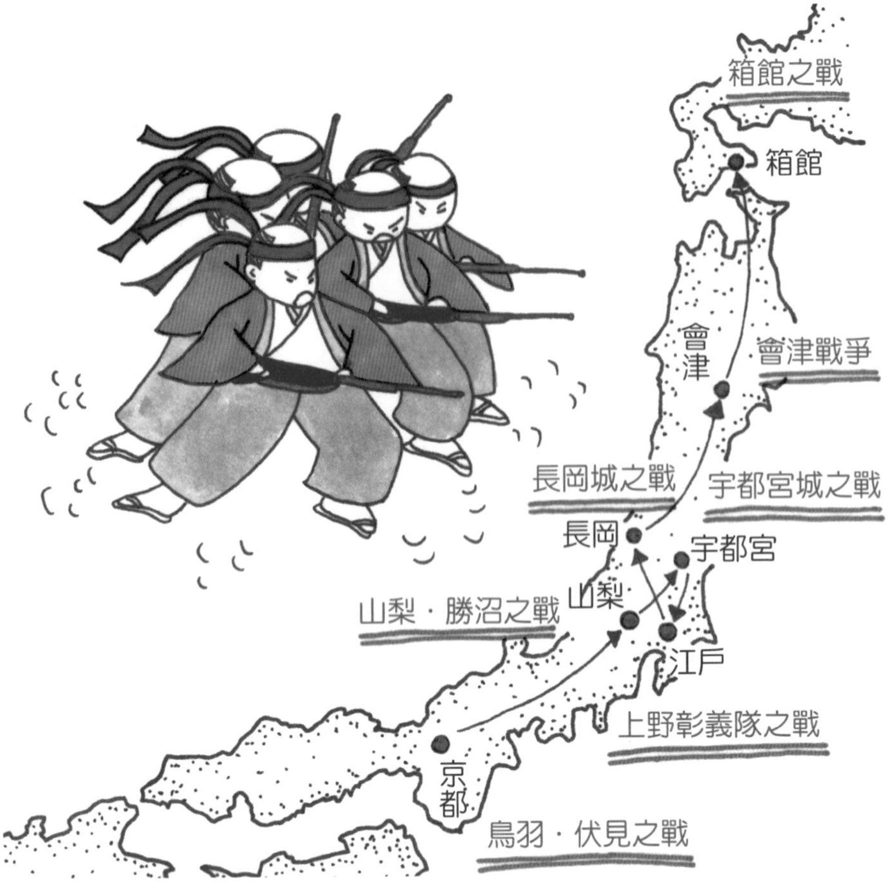

戊辰戰爭攻防路線圖／三娃繪

知正治指揮官軍繼續從宇都宮越過白河口推進，擋在前方的是京都守護職松平容保的會津藩。

八月二十一日，板垣突破會津藩境母成峠口，一路突進。此時會津藩上下充分表現出武士精神，除卻藩士，連老人、女性、幼童都拿起武器作戰，但苦戰多日後撤回居城若松城，準備籠城繼續應戰。面對四斤山砲這最強大砲的猛轟，儘管城內陷入火海，使飯盛山上二十名正值少年的白虎隊士誤以爲城落自盡（只有一名獲救），會津仍不輕言投降。包含民衆在內將近萬名兵力戰死三千，爲保存藩的實力，家老西鄉賴母力勸松平容保歸順新政府。九月二十二日會津開城向軍監中村半次郎（桐野利秋）投降，田中土佐、神保內藏助兩位家老已經戰死，存活的家老萱野權兵衛一肩扛下藩主藩民對抗官軍的所有責任，翌年五月切腹。

綜觀整場戊辰戰爭，新政府對會津藩的處置最爲苛刻，松平容保雖在中村半次郎等人奔走下免於切腹，但終身禁錮。一八八〇年被赦免後成爲日光東照宮宮司，直至一八九三年病逝。二十三萬石會津藩被撤銷，連同藩民在內舉藩移至青森縣下北半島，更名斗南藩，該藩名義上三萬石，實收七千石。一九八六年長州藩城下町萩市欲與會津若松市締結姊妹市仍遭會津若松市民拒絕，不難想像會津若松市民對會津戰爭的怨恨有多深刻。

會津戰爭結束後，仙台、米澤等大藩也歸順新政府，奧羽越列藩同盟名存實亡。不願歸順的分子如榎本武揚、大鳥圭介、小笠原長行、板倉勝靜、土方歲三駕著幕府船艦從松島灣出發，十月二十日登陸蝦夷地。之後占領箱館**五稜郭**、松前福山城，十二月十五日攻占整個蝦夷地，榎本被推舉爲蝦夷地總裁，建立榎本政權，或稱爲「蝦夷共和國」。

一八六九年三月二十五日，政府軍在今岩手縣宮古灣進行戊辰戰爭中唯一的海戰，幕府軍戰敗，失去制海權。五月十一日政府軍登陸蝦夷地，在山田顯義（長州）、黑田清隆的指揮下，十八日榎本武揚、松平定敬、大鳥圭介、小笠原長行、板倉勝靜、永井尚志向政府軍投降，土方歲三力竭戰死。自鳥羽・伏見之戰以來，歷時一年半的戊辰戰爭至此全部結束，日本隨即進入建設近代化國家的階段。

豆知識　五稜郭

一八五四年箱館開港後幕府在此地建立的星形要塞，由任職箱館奉行所的武田斐三郎在法國船艦副艦長的指導下設計，至一八六六年才竣工。原本是幕府做為開發蝦夷地的要塞，未久卻成為戊辰戰爭最後舞台，今日為函館最具代表性的觀光地。

戊辰戰爭中薩摩藩藩士

091

明治天皇誕生

五条御誓文

當官軍挾鳥羽．伏見之戰勝利氣勢東下江戸，一月十七日新政府發布《王政復古大號令》，同時制定總裁、議定、參與三職擴增名額（增加長州、肥後、宇和島三藩），並增設神祇、內國、外國、海陸軍、會計、刑法、制度七科。二月三日將三職七科改爲三職八局（海陸軍更名軍防，增設總裁局，科、局類似後來的省），從頻繁更動官制，不難看出新政府對於該採取怎樣的政體尚未有共識。

勝海舟和西鄉達成無血開城的同時，十七歲的祐宮睦仁親王在京都御所正殿紫宸殿，率領包含朝廷公卿、諸藩大名在內的百官群臣舉行天神地祇御誓祭。時任議定兼副總裁的三条實美，代天皇宣讀新國家五條基本方針，此即有名的〈五條御誓文〉（見左頁）。並對群臣賜敕：「爲達成我國未曾有之變革，朕以躬先衆，向天地神明立誓，大定國是，立萬民保全之道，望衆亦基此旨趣，協心努力！」

〈五條御誓文〉由肥後藩學者橫井小楠的高徒越前藩士三岡八郎（由利公正），於鳥羽．伏見之戰前夕起草。此戰結束後，土佐藩上士福岡孝弟修改三岡的草案，在「萬機決於公論」這條加上「興列侯會議」，並將「士民一心」改成「上下一心」。木戸孝允等新政府核心成員認爲新國家體制應以天皇爲中心，因此頒布前再將福岡的草案修飾改成三条宣讀時的版本。〈五條御誓文〉是明治維新的基本綱領，明治維新的三大主張：富國強兵、殖產興業、文明開化，都概括在內。此外在不同時期，〈五條御誓文〉也被賦予不同的解釋，戊辰戰爭期間它是推翻代表保守、腐敗之幕府的響亮口號；十多年後要求設立民選議院的聲浪高漲，「萬機決於公論」成爲自由民權運動的主要訴求。

明治天皇
／攝於 1888 年（明治二十一年）

翌日，新政府頒布與〈五條御誓文〉的精神相違背、限制民衆的〈五榜揭示〉，其要點見左頁。除第四點外幾乎完全沿襲幕府作法，如果說〈五條御誓文〉是推進時代進步的巨輪，那麼〈五榜揭示〉便是在開時代的倒車。

改元明治

閏四月二十一日，新政府頒布《政體書》，序言說到「天下權力皆歸太政官，不使政令有出於二途之患，分太政官之權為行政、立法、司法，則偏重之患亦少」，正式以太政官做為國家權力的最高組織。為了符合《政體書》精神，制定太政官制，打散原先的三職八局，設置行政官、議政官、神祇官、會計官、軍務官、外國官、民部官、刑法官等八官，當中的刑法官為司法機關，議政官設上下二局隸屬立法機關，其餘皆行政機關。既然要仿照西方三權分立，卻又為了「祭政一致」設置神祇官，翌年再將神祇官獨立出來凌駕太政官之上，足見此時日本人對三權分立認識不清，誤以為傳統的太政官制與三權分立可並行不悖。

七月十四日，太政官下令改江戶為「東京」。當時戊辰戰爭尚在如火如荼進行中，幕府在關東附近仍有深厚影響力，因此太政官於二十三日將在水戶謹慎的慶喜移封至駿河寶台院，成為領有駿河、遠江七十萬石的大名，以緩和幕府方面的抵抗意志。

新天皇睦仁親王於一月十五日元服，式部卿伏見宮邦家親王（山階宮、仁和寺宮、中川宮、輪王寺宮的生父）為其加冕。三月十八日冊立准三宮九

五條御誓文

一、廣興會議，萬機決於公論。
二、上下一心，盛行經綸。
三、官武一途迄至庶民，各遂其志，要使人心不倦。
四、破舊來之陋習，基天地之公道。
五、求知識於世界，大振起皇基。

五榜揭示

一、遵守五倫道德。
二、禁止徒黨、強訴、逃散。
三、嚴禁切支丹、邪宗門。
四、履行萬國公法。
五、禁止離開鄉村。

豆知識　一世一元令

一位皇帝（或天皇）治世內只採用一個年號，中國從明太祖起迄至清宣統帝遜位為止，除明英宗、清太宗外都遵行一世一元令。日本則自明治天皇起，經大正、昭和迄於今上天皇（日本對現任天皇的尊稱）亦採用一世一元令，此外越南最後的王朝阮朝（一八〇二～一九四五）也實施一世一元令。受到陰陽家讖緯學說影響，逢辛酉年會出現革命、甲子年會出現革令的事情，對統一王朝而言，革命或革令免不了發生流血事件，因此逢辛酉、甲子年便更改年號。這種學說由遣唐使帶回日本後亦深深影響日本，如幕末一八六一年為辛酉年，年號從「萬延」改為「文久」；一八六四年為甲子年，再把年號從「文久」改為「元治」，此即一例。

条夙子爲皇太后（英照皇太后），値得一提是她並非天皇生母，終孝明天皇之世也未被立爲皇后。

八月二十七日於京都御所舉行即位式，九月八日，根據《易經・說卦傳》：「聖人南面而聽天下，嚮明而治」，決定以「明治」爲年號。明治元年上溯至一八六八年一月一日，並規定從此以後「**一世一元**」，即便逢辛酉、甲子年也不更改年號。於是一八六八年一月一日（陰曆）至一九一二年七月三十日爲日本史的明治時代，而以明治爲年號的祐宮睦仁親王即是有「東方大彼得」之稱的明治大帝。

明治元年《武州六郷船渡圖》（局部）／歌川芳年繪

092

奠都東京

東京江戶，西京京都

早在一八六八年一月二十三日，大久保利通隨侍天皇行幸大坂後提出遷都大坂的構想。江戶無血開城後，遷都大坂論轉變成江藤新平、大木喬任等佐賀藩士提出的奠都東京論；之所以轉變，主要出於政治上的考量，畢竟幕府在關東還有深厚影響力，奠都東京有助於消弭幕府的影響力。

九月二十日在群臣建議下，明治天皇從京都出發，東下巡幸江戶城。九月二十二日，明治天皇歡度改元後的第一個天長節（即天皇誕辰，一八七三年後改成陽曆生日十一月三日），十月十三日抵達江戶城，以西丸做爲皇居，以實際行動證實奠都東京並非謠傳。天皇十二月返回京都，在議定松平慶永的建議下廢止「中宮」稱呼，立已故左大臣一条忠香三女美子爲皇后（昭憲皇后），十二月二十八日舉行立后儀式。

此時戊辰戰爭最激烈的北越戰爭、會津戰爭都告結束，局勢逐漸對新政府有利，政治考量已不是左右奠都東京的主因，擺脫京都公卿氣息更形重要。雖然奠都東京已成事實，但慮及不刺激京都民衆，稱京都爲西京。一八六九年三月七日，天皇車駕從京都出發，二十八日抵東京定爲首都，超過千年歷史的古都京都畫下句點，從此日本進入「東京時代」。昭憲皇后於該年十月五日始從京都出發，二十四日抵達東京，其他機構諸如刑部、兵部、大藏各省遲至一八七一年才遷至東京。

版籍奉還與廢藩置縣

戊辰戰爭後，新政府將沒收的幕府天領置八府十二縣，此爲新政府的直轄地，也是太政官稅收來源，此外還有大大小小共二百七十三個「獨立」的藩，於是出現府、縣、藩三治制局面。太政官當務之急，是從二百七十三個藩主手中收回人

明治天皇東京巡幸

民與土地。一八六八年十一月，姬路藩主酒井忠邦提出將藩改爲府縣、諸大名將領地歸還太政官的建議，但酒井僅是譜代身分，他的提議得不到大藩藩主的認同。

一八六九年初，大久保利通和吉井幸輔（友實）勸說島津久光，希望能由他帶頭奉還版（領地）籍（人民），得到久光首肯。一月二十日，倒幕四大雄藩薩、長、土、肥四藩藩主聯名向太政官提出《版籍奉還建白書》（建議書），倒幕功勞最大的四藩向且如此，其他藩主無不跟進，到六月所有藩一律奉還版籍。就這樣，太政官不費一兵一卒便從全國藩主手中收回戶籍與土地。版籍奉還後，太政官改藩主爲知藩事，以幕府時代俸祿的十分之一爲家祿，將幕府時代朝廷公卿一百四十二家、諸藩藩主二百八十五家改稱「華族」（藩主又稱爲「武家華族」）；各藩藩士不分身分統稱「士族」，士族的俸祿由藩直接支付而非藩主，藩主與士族間也不再像幕府時代的上下主從關係。

七月八日，太政官再度進行官制改革，採用《大寶令》的官名，置神祇官於太政官之上，神祇官的長官爲「伯」，下爲「大副」、「少副」、「大祐」；太政官由左右大臣（左大臣始終空缺）、大納言、參議構成內閣（此時的內閣不同於內閣制的內閣），下轄民部、大藏、兵部、刑部、宮內、外務六省，各省長官爲卿，底下爲大輔、少輔、大丞、少丞。陸海軍方面設置大將、中將、少將等階級，官吏則分爲敕任官、奏任官、判任官。

不過，版籍奉還未能徹底剷除

豆知識　御一新

當時人對明治維新的稱呼，通常指《王政復古大號令》頒布經版籍奉還到廢藩置縣，這段以太政官為主做出重大作為的時期。

豪奢的東京華族會館／攝於 1912 年

封建制度，只是差強人意的改革，與矢志建立近代國家的「**御一新**」並不相符，因此木戶、大久保等人認為有必要再做一次積極的改革即「廢藩置縣」，以便讓太政官徹底掌控人民與土地。不過要讓「廢藩置縣」實現，薩摩藩的動向，特別是島津久光和西鄉隆盛尤為重要。因此一八七〇年十二月，大納言岩倉具視做為敕使，率大久保利通、山縣有朋前往鹿兒島，既要敦促島津久光上京，也要促請在野的西鄉隆盛出面。

翌年一月（一八七一年），西鄉得到久光允許，與大久保來到山口與木戶商談，之後再前往四國高知與板垣退助協商。三方咸認有必要進行比版籍奉更進一步的改革，但必須在新政府擁有武力的前提下方能夠進行，於是由三人各自在藩國中招募藩士。二月十三日薩、長、土共募集一萬人（實際上只有八千餘）上京，這是新政府最初的軍隊，職責為護衛天皇和御所（皇居），稱為「御親兵」，翌年改稱「近衛兵」。

有了御親兵當後盾，太政官再次進行官制改革（到七月二十九日止）。這次的改革直到一八八五年內閣制實施為止都未再變動，此次官制改革的特色：（一）將神祇官降格為神祇省；（二）取消大納言；（三）加強參議的權力；（四）親王・公卿・藩主階層退出權力核心；（五）參議幾為薩、長、土、肥四藩壟斷。因此有學者認為這是繼《王政復古大號令》後再一次的政變。

七月九日，西鄉、大久保、木戶、山縣、井上馨等薩長官員聚集木戶私邸，定於十四日斷然實行廢藩置縣。該日太政官召集在東京的知藩事，下達廢藩置縣詔書，有不從者西鄉便以御親兵恫嚇，結果順利完成廢藩置縣，盡廢二百六十一藩改為三府三〇二縣（同年十一月合併成三府七十二縣，到一八九三年成為一廳、三府、四十三縣）。英國駐日公使巴夏禮對日本只以一紙敕書盡收二百七十藩實權，認為是「神佑，非人力可及也」！

一八七一年太政官組織如下

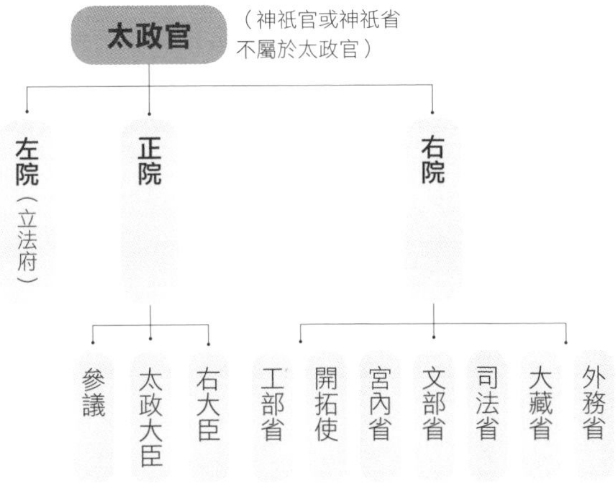

093

岩倉使節團出訪

岩倉使節團任務成敗

完成廢藩置縣和修改太政官制使新政府政權更加強化，此時太政官派遣一龐大使節團出使歐美。由於使節團以右大臣岩倉具視爲特命全權大使，因而習慣上稱爲「岩倉使節團」。岩倉使節團的使命有三：一、自安政年間（一八五四至一八六〇年）以來與西方各國締結的不平等條約表明修正態度；二、訪問當時有締結條約的國家，向該國元首進呈國書；三、考察瞭解西洋各國先進的文物制度。尤以擺脫不平等條約的束縛、訂定平等新約是使節團出訪最主要的目的，也是建立明治新國家的終極目標。

使節團成員主要由使節、留學生、隨員構成，共一〇七人，岩倉大使以下由大久保利通（大藏卿）、木戶孝允（參議）、伊藤博文（工部大輔）、山口尚芳（佐賀出身，時任外務少輔）四人擔任副使。副使底下有不少書記官、隨行，他們負責考察歐美先進國家的制度，隨行之一的久米邦武著有《特命全權大使米歐回覽實記》記載岩倉使節團出訪始末。隨團有多達四十三名留學生，大多數是舊日藩主或維新元勳的第二代（如大久保利通次子牧野伸顯），但亦有像中江兆民這樣的平民，值得注意的是包含津田梅子、山川捨松、永井繁子等五位日本最早的女留學生（最後只有津田、山川、永井三人留學）。

使節團於一八七一年十一月十二日於橫濱搭乘美國蒸汽船「亞美利加號」，橫渡太平洋，十二月六日抵達加州舊金山。在美國停留時間長達八個多月，倒非使節團成員醉心美國的文物制度，而是進行談判時，被美方刁難使節團未取得全權委任狀而不肯與之交涉談判。爲此大久保與伊藤只得暫時離團，回國取得全權委任狀再渡海前往美國，此時已是一八七二年六月十七日，美國卻以時機尚早爲由拒絕交涉談判。

七月三日使節團於波士頓搭乘英國船隻「奧林匹斯號」前往歐洲，十四日於英國利物浦上岸。由於在英國交涉條約改正同樣受到阻礙，料想在其他國家也會碰壁，遂將重心轉移至考察各國文物制度上，停留英國的四個月期間主要進行政治制度、工業、貿易的考察。

十一月十六日使節團離開英國渡過多佛海峽，於加萊港登上歐陸，陸續拜訪法、比、荷、德、俄、丹麥、瑞典、義、奧、瑞士十國（原定的西、葡二國因故未能成行），當中以一八七三年三月十五日（此時已採用陽曆）接受完成統一的德意志帝國宰相俾斯麥之邀宴，最令使節團成員印象深刻。俾斯麥一席言論讓在場聆聽的大久保、伊藤等人動容，同樣是小國，普魯士統一的過程與日本極爲相似，當然比英、法等大國更值得日本借鏡，日後伊藤自稱「東方俾斯麥」應與此次出訪不無關係。

岩倉使節團由岩倉具視領軍，率大久保利通、木戶孝允、伊藤博文、山口尚芳等人參訪歐美／三娃繪

一八七三年三月二十八日使節團結束德國行程前往俄都聖彼得堡，不過對大久保而言他的行程已經結束，遂從柏林前往馬賽搭船經蘇伊士運河繞過印度洋，悄悄於五月二十六日在橫濱上陸；四月木戶亦中途脫隊，於七月二十三日返回日本。爲何使節團最重要的兩位副使竟不跟完全程，選擇中途離席呢？因爲東京的太政官出現意見分歧，嚴重到可能造成分裂局面。

太政官分裂

太政官未跟隨岩倉出訪的成員以三条實美太政大臣爲首，稱爲「留守政府」。三条以下的成員爲西鄉隆盛、板垣退助、大限重信（以上爲參議）、副島種臣（外務卿）、大木喬任（文部卿）、德大寺實則（宮內卿）、後藤象二郎（**左院**議長）、江藤新平（左院副議長）、井上馨（大藏大輔）、山縣有朋（兵部大輔）。臨去前，岩倉、大久保等與留守政府之間有十二條約定，包括中外重大事項要互相報告、出訪期間留守政府勿進行重大改革、不可任意增加官員名額……等等。

然在使節團出訪期間，留守政府實施許多民生相關政策，諸如：戶籍法實施（壬申戶籍）、地租改正、徵兵令頒布、制定學制、開通鐵道、採用陽曆。這並非留守政府成員齊心一致之故，毋寧說留守政府成員之間互有心結，特別是鳥羽·伏見之戰後才加入官軍的佐賀藩（江藤、大限、副島、大木），在維新功勳上矮薩長一截，對西鄉、山縣、井上有著強烈的排斥意識，尤以江藤新平爲最。

一八七二年四月底江藤轉任司法卿，向井上馨要求撥出預算建立裁判制度與律法修整，井上以缺錢爲由拒絕，但卻接受同爲長州出身的山縣有朋的預算要求，明顯偏袒的作風令江藤忿不已，以司法卿職權挖掘長州的弊案、醜聞。在江藤鍥而不捨的追查下，一八七二年七月查出與山縣有關的貪瀆事件「山城屋事件」。這起事件不僅江藤在查，薩摩的陸軍將領桐野利秋也在查，兩人目的儘管不同，卻因共同利益聯手合作，最後因西鄉看中山縣有組織的才幹，要山縣辭去陸軍大輔和近衛都督（繼任者爲西鄉）後不予追究；事實上也是因爲陸軍省內沒有可以取代山縣的人才，不得不在其短暫去職後予以復職。但關係人之一的山城屋和助難逃切腹命運。

江藤不因整倒山縣就罷休，繼續將矛頭對準圖利同藩商人岡田平藏接手尾去澤銅山（秋田縣）的井上馨。西鄉對井上素無好感，經常罵他是「三井的掌櫃」，沒有西鄉的庇護，井上於一八七三年五月中旬黯然下台，與他一起下台的有日後被稱爲「日本資本主義之父」的大藏少輔澀澤榮一。

大久保正是在井上去職後不久返回國內，擺在他面前的難題不光是大鬧留守政府的江藤新平而已，還有更爲棘手的征韓論爭。

豆知識　左院

一八七一年太政官改制後與正院、右院（各省）成為太政官的主體，由正副議長及一到三等的議員和書記構成。左院的任務為制訂國憲，因此諸如一八七四年《民選議院設立建白書》等成立議院的建議均是向左院請願，一八七五年成立元老院後與右院一起廢止。

094

武士特權的取消

四民平等

江戶時代階級森嚴，不同階級之間除不能通婚，連服飾、起居、用語也都有嚴格的區分。縱自江戶中期起，透過貧窮武士收爲養子的關係讓町人擁有武士身分、苗字和配刀權利已成爲普遍現象，但對大多數平民而言，看到武士要退至路旁跪地禮讓通過，應是更深刻印象。

改元明治後，太政官積極朝廢止武士特權、四民平等的目標努力。一八七〇年九月准許平民擁有苗字，長久以來只有公卿、武士擁有苗字，町人則連同屋號和名字並稱（如紀伊國屋文左衛門，紀伊國屋是店名，文左衛門是名字），至於平民只有名字。以往武士的全名相當複雜，包含氏、姓、苗字、官名、名諱，有時還會加上通稱和法名。以武田信玄爲例，其全名爲「源（氏）朝臣（姓）武田（苗字）大膳大夫（官名）晴信（名諱）入道（出家的身分）德榮軒信玄（法名全稱）」，明治以後武士的全名簡化爲苗字加上名諱，「姓」和「苗字」幾乎成爲同義詞。

平民長期不能冠上苗字，故對於苗字的重要性不怎認眞看待，多半就地取材，例如住在稻田附近的就以田中、田邊爲苗字；住在河流附近的就以川邊、川中、川上爲苗字；甚至有的取舊日藩主之姓做爲自己的苗字，造成今日日本苗字衆多，據估計超過十五萬之譜！

一八七一年四月准許平民騎馬，八月下令散髮、廢刀（非強制實行），廢止存在超過千年以上的**穢多**・**非人**等賤民階級稱呼，自今以後身分、職業與平民同等；同時准許平民穿著幕府時代禁穿的羽織和袴，並有選擇職業的自由。隔年一月二十九日制定皇族・華族・士族・平民等身分，除皇族外各階級間可以通婚。

一八七三年二月，廢止幕府時代武士「試刀」特權，武士的「仇討」美德（爲主君報仇）也遭禁止。一八七六年三月頒布《廢刀令》，明文規定禁止穿大禮服、軍人、警察以外的人佩刀，自此幕府時代武士階級的特權幾乎完全被取消，加上武士階級難以適應幕藩體制終結後的新時代，因此屢屢發生士族叛亂，但另一方面也促成士農工商進一步的四民平等。

實施徵兵制

《王政復古大號令》初頒布時，在三職七科中設置海陸軍務科做爲新政府的軍務機關，之後陸續改制爲軍防事務局和軍務官，一八六九年七月改制爲兵部省，任命大村益次郎爲兵部大輔。大村從「奇兵隊」經驗中體會到打破身分制的重要，著手實施廢刀令、制訂徵兵令、設置鎮台（日本陸軍的最大編成單位，後爲師團取代）、成立兵學校等朝全民皆兵制邁進。只是大村的改革嚴重剝奪士族特權，引發反彈，同年九月四日大村於京都三条木屋町的旅館遭到同藩七名士族刺傷，兩個月後傷重不治，留下一連串未能實施的計畫。

明治時代推行四民平等，高高在上的武士禁止帶刀，平民不用再跪路邊讓路，也不存在賤民階級／三娃繪

大村的遺願由同藩的山縣有朋繼承。山縣與高杉晉作、久坂玄瑞同樣出自吉田松陰的松下村塾，高杉成立奇兵隊後任命山縣爲軍監，這是山縣與軍隊結緣之始。大村遭難時，山縣與西鄉從道（西鄉隆盛之弟）赴歐考察各國軍制，翌年八月歸國後就任兵部少輔，之後升任兵部大輔繼承大村遺志致力於徵兵制的確立，同時並決定海軍採用英吉利式、陸軍採用法蘭西式的制度（後因普魯士於普法戰爭獲勝，轉而採用德國制度）。

一八七二年二月底廢止兵部省，因應世界趨勢於五月設置陸軍省、海軍省，山縣有朋和勝海舟分別爲首任陸軍大輔、海軍大輔（陸軍省、海軍省初設時最高長官爲大輔）。

一八七二年十一月底先是由天皇發布徵兵令，接著太政官發布告諭，說明基於四民平等立場，平民亦有盡心報國的義務，在西方將徵兵稱爲「血稅」，以其生血報國也。沒想到「血稅」兩字竟遭民衆誤解爲抽取生血以繳納賦稅，致使接下來的兩年以西日本爲中心出現暴動，稱爲「血稅一揆」。

十餘日後，一八七三年一月十

日正式實行徵兵令，從此作戰不再是武士特權，依規定軍種分爲海軍和陸軍，其徵兵辦法如下：一、海軍置橫須賀、室蘭、舞鶴、吳、佐世保等五鎮守府，兵員一萬，軍艦三十餘艘。二、陸軍分爲，滿二十歲的男性服三年兵役的常備役，常備兵役服完後接下來四年爲後備役，以及常備和後備之外年滿十七歲到四十歲之間的國民三軍（一八八九年後增加預備軍），兵種有步、騎、砲、工、輜重五種。全國置仙台、東京、名古屋、大阪、廣島、熊本等六鎮台，平時維持三萬一千六百八十員的常備兵力，戰時則擴增至四萬六千三百五十員的軍隊。

對於長久不曾當兵的平民而言，他們不會因爲天皇或太政官的一紙徵兵令而改變，小說或電影中日本人踴躍從軍的形象是在甲午戰爭前夕才建立起來的。制訂徵兵令的同時也制訂《常備兵免役概則》定出免役條件，符合以下十二種情況者可免除兵役：（一）身高不滿五尺一寸（約一五五公分）；（二）身體虛弱有宿疾或殘障者；（三）於官省府縣奉職者；（四）海陸軍生徒或於兵學寮就讀者；（五）於文部、工部、開拓及其他公塾就學的專門生徒及於洋行修業者，另外學醫及獸醫還有教師證明者；（六）一家之主（戶長）；（七）嗣子；（八）獨子獨孫；（九）被判處徒刑以上的罪犯；（十）父兄俱在但罹患疾病或事故而代父兄治家者；（十一）養子或以有養子的約定卻未前往養父之家者；（十二）有其他兄弟正在服役當中。

除卻上述十二種情況，若能繳納二百七十圓找人代替自己服兵役，即可免除常備和後備的兵役，此外戶籍設在北海道及沖繩（一八七九年以後）亦可不用服兵役。尋常農家多半活用（六）、（七）、（八）、（十）、（十一）等項規定規避兵役。總之，徵兵令頒布初期，民間並沒有太大的響應，隨著太政官逐漸鞏固政權、提高聲望後對徵兵規定逐漸緊縮（廢除戶長、嗣子以及戶籍在北海道、沖繩免除兵役的規定）後，才徹底實施全民皆兵制。

人物通　穢多・非人

「穢多」、「非人」之稱呼始於平安時代，江戶時代甫被歸為賤民。「穢多」指從事死牛馬的處理（江戶時代禁止屠宰）、獸皮加工、皮革製品製造和販售、下級刑吏和捕吏。「非人」則是以看守墓園為業、街道的清掃者、在街頭賣藝的行乞者或遊民。一般說來非人的地位比穢多更低，是江戶時代身分最低的，關東的賤民受淺草彈左衛門（官名）管理（西國則不清楚）。四民平等只是名義上的解放，實際上他們仍受到鄙視，被稱為「部落民」，住所與一般民眾隔離，且不得與其他階級通婚。

095

征韓論下的複雜牽扯

征韓論

「征韓論」被認爲是近代日本對外侵略之始，這一點應無疑義。但「征韓論」究竟是什麼，爲了不引起誤解，特別是近代受日本侵略最深的中、韓兩國，故有必要就「征韓論」的起源及演變略作說明。

江戸時代幕府將與朝鮮的交涉和貿易，委託給距朝鮮最近的對馬藩處理，對馬由此三年才參勤交代一次。對馬在朝鮮釜山設置「草梁倭館」，做爲與朝鮮進行交涉的窗口。御一新後，太政官將日本建立天皇親政的國家之通告、與希望與朝鮮建立國交之事委託對馬藩和朝鮮交涉，朝鮮卻以日本外交文書格式與江戸時代迥異爲由拒絕。消息傳回日本，引起一小部分武士的反感，提倡征韓。木戸孝允是太政官中最早提議征韓的人，然而木戸的征韓與其說是軍事行動，倒不如說是書生之見。

版籍奉還後，太政官將與朝鮮的交涉從對馬藩手中收回，派出佐田白茅、森山茂兩位外務省官員當代表前往交涉，將「草梁倭館」改名「大日本公館」，仍爲朝鮮拒絕。之後日本先後派出澤宣嘉、副島種臣兩位外務卿前往朝鮮交涉均不得其門而入，於是逐漸萌生挾武力爲後盾與朝鮮交涉的「征韓論」，不過這做法很難保證不會演變爲動用武力迫使朝鮮交涉的情況。

西鄉的征韓論與挾武力爲後盾的征韓論有些微不同，歷經明治初年政治上的改革（如版籍奉還、廢藩置縣）和社會上的改革（如四民平等），武士特權幾乎被剝奪殆盡，與平民無異。而武士受到的教育又使他們大多數無法從商，身爲維新元勳的西鄉眼見幕府時代四民之首的武士竟淪落到舉債度日的困境，難免會思考倒幕行動究竟是否正確。另外，西鄉在版籍奉還、廢藩置縣扮演終結幕藩體制、斷送舊日主君地位的角色，讓**島津久光對西鄉和大久保極度不諒解**，久光屢次形容西鄉是「日本的安祿山」。

武士的慘狀、主君的批評令西鄉感到痛苦，征韓論的出現正好讓西鄉覺得可以找到武士的出路，使士族的氣節和勇氣躍動起來。不過西鄉專注的部分不在於以國內失意的武士爲先鋒來攻打尚處於鎖國狀態的朝鮮，這是西鄉與同時期支持征韓的板垣退助、江藤新平最大的不同處；西鄉的征韓論是派遣自己爲使節前往朝鮮勸說開國，讓朝鮮敞開國門與世界交流。

由此看來，西鄉的「征韓論」不僅與十多年後造成朝鮮動盪的壬午、甲申兩事變大不相同，與同時期的木戶、板垣、江藤等人以失意武士爲先鋒的侵略主張也有所不同，非如中、韓學者所言是近代侵略朝鮮的元凶。不過西鄉出使朝鮮確有遭殺害的風險，他本人認爲倘若在出使過程中死去，正是死得其所，既可從主君的批評中解脫，又能讓太政官與失意武士達到一定程度的和解。

明治六年政變

一八七三年六月十二日西鄉首度在廟堂上提出派遣自己爲使節出使朝鮮的提議，留守政府雖以太政大臣三条實美爲首，但西鄉在留守政府的分量卻是無人可比。儘管三条勸西鄉等岩倉、大久保等人歸國後再於廟堂提出，最後仍懾於西鄉的威嚴，於八月十九日向天皇奏請得到同意，附帶條件爲必須等到使節團成員歸國後才能行動，正是這個附帶條件造成後來的翻盤。

留守政府中公開反對派遣西鄉爲使節的大隈重信，雖與西鄉同爲太政官核心的參議，但論聲望與功勳皆不能與西鄉相比。大久保利通雖

人物通　久光與西鄉、大久保的恩怨

西鄉與大久保自幼為好友。齊彬死後，西鄉因安政大獄之累被流放至奄美大島，大久保則以圍棋親近久光，得到久光的信任。西鄉與久光個性嚴重不合，赦免後不久又再度被久光流放至德之島和沖永良部島。禁門之變後薩摩的決策幾乎由小松帶刀、西鄉和大久保三人決定，久光猶如被架空。據說討幕時大久保為了讓久光出兵，曾說過之後會成立島津幕府一類的話，因此推翻幕府後久光對大久保說道：「俺何時可以當上將軍啊！」這則逸話興許出於杜撰，卻能看出大久保在一定程度上欺騙久光。

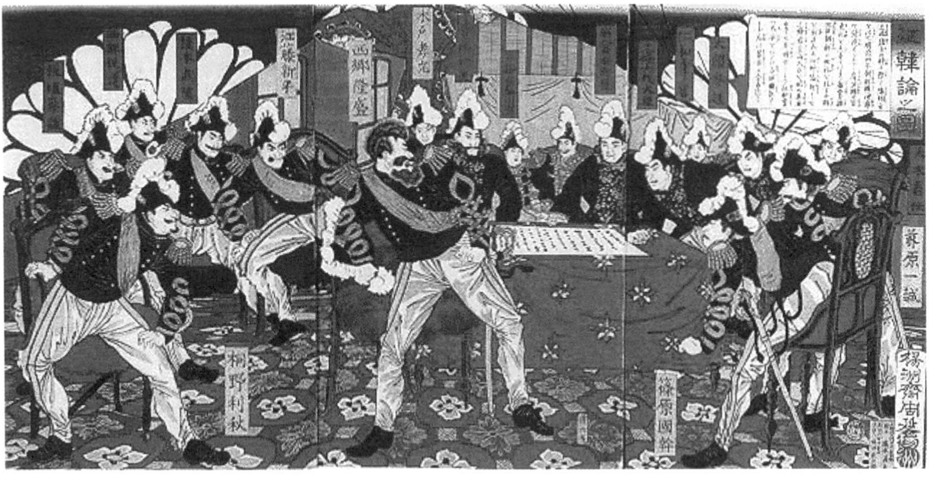

征韓議論圖

已於五月二十六日返回日本，然而按兵不動，透過大隈的報告掌握留守政府成員的動向。

九月十三日所有使節團成員歸國後，開始密談如何否決留守政府通過的征韓主張。他們一致認爲應該讓大久保成爲參議，只有大久保成爲參議，才夠格在廟堂上與西鄉就征韓議題進行辯論（此時大久保爲大藏卿）。大久保不願與一起參與倒幕的幼時好友翻臉，只是出於建立近代國家的使命，十月十三日他同意就任參議。

翌日雙方於廟堂上召開閣議，實際上是西鄉與大久保的對決。大久保認爲當今之計應優先充實內政，待國力強盛後再行打算。西鄉則以天皇早已同意派遣自己爲使節出使朝鮮，今日之議只是要告知使節團的成員，召開閣議純屬多餘。此後數日雙方僵持己見。十月十七日大久保、木戶辭去參議；隔日三条病倒，改由岩倉代理太政大臣。在大久保的建議下，十月二十三日岩倉直接向天皇奏請無限延期派遣朝鮮使節，西鄉因而敗陣。二十四日，西鄉辭去參議以及近衛都督和陸軍大將（當時日本唯一的陸軍大將），與大久保簡短交談後返回故鄉鹿兒島，此後兩人再也未見面。

太政官只准許西鄉辭去參議和近衛都督，爲他保留陸軍大將的官階，板垣退助、後藤象二郎、江藤新平、副島種臣四位在征韓論與西鄉意見相合的參議於二十五日一起辭職。廟堂一下子少了五位參議（當時參議只有九人），補上伊藤博文、寺島宗則（薩摩）、勝海舟三人爲參議。另外由於西鄉辭去近衛都督，近衛兵中薩摩出身的將校桐野利秋、篠原國幹（皆爲陸軍少將）等近六百人與西鄉共進退，他們此後成爲太政官的噩夢！

西鄉等五位參議和近六百名近衛將校辭職稱爲「明治六年政變」（或「征韓論政變」），從這次政變後的參議成員不難看出土佐勢力已經退出廟堂，即便之後板垣和後藤曾短暫被召回政府任官，但土佐再也不復政變前的勢力。此後的土佐以在野姿態爲民選議院的設立奔走，得到「自由是出自土佐的山間」（自由は土佐の山間より出づ）之讚賞。

096 有司專制

內務省成立

一八七三年十一月十日，明治六年政變後不到一個月，新成立內務省，參議大久保利通轉任內務卿，原職大藏卿改由心腹大隈重信擔任，另一心腹伊藤則擔任工部卿，整個廟堂除大隈、大木及勝海舟外幾爲薩長壟斷。內務省在近代日本政治握有極大權力，底下設置勸業、警保、戶籍、驛遞、土木、地理六寮及測量司，內務省的設置象徵大久保獨裁政權的確立。其主要任務之一爲：一手掌控全國警察權，使內務卿成爲全國行政警察之長。翌年一月於東京設置由內務省直轄的警視廳，以薩摩藩士川路利良爲首任大警視，將先前的「邏卒」改名「巡查」；至於各府縣警察則受府縣長官的指揮。爲提高警察的地位，規定爲少數可佩刀的職業之一。

大久保考察歐美時曾目擊歐美國家富裕進步，痛感殖產興業的重要，因此內務省的另一任務爲：快速推動日本走向資本主義道路。

政權獨歸有司

一八七四年一月十二日，因征韓論下野除西鄉外的板垣、後藤、江藤、副島四位參議，與由利公正、岡本健三郎、小室信夫、古澤滋八人成立「愛國公黨」，愛國公黨是否可視爲日本最早的政黨，至今仍有爭議。一月十七日，八人聯名向左院遞交《民選議院設立建白書》，以爭取成立民選議院爲目標。

建白書開宗明義提到「臣等伏察方今政權之所歸，上不在帝室，下不在人民，而獨歸有司」，明確指出大久保的獨裁政權即爲「有司專制」。江藤新平於一月十三日署名完《民選議院設立建白書》後便趕回故鄉佐賀，與同樣辭官返回故鄉的前秋田縣權令（縣令）島義勇受失意士族擁戴，二月一日分別率領失意士族成立的征韓黨、憂國黨襲擊御用商人小野組，掀起「佐賀之亂」。

江藤掀起「佐賀之亂」無非希望身在薩摩的西鄉起而響應，只要西鄉也舉兵，天下不平士族就會跟著響應，進而一舉打倒大久保政權。孰料，儘管江藤於二月十五日攻下佐賀城，西鄉卻未如他所願跟著舉兵，因此各地士族也未能造成蜂起之勢；大久保政權不只沒被打倒，大久保本人還於二月九日取得在佐賀擁有行政、軍事、司法全權處理的委任狀，調度指揮東京、大阪兩鎮台兵力（後來加入廣島鎮台）撲滅叛軍。

大久保二月中旬登陸九州後即刻率軍與佐賀軍交戰，佐賀士族意外敗給徵兵制的鎮台兵。二月二十三日征討總督小松宮嘉彰親王抵九州時，佐賀軍已被大久保率領的鎮台軍擊潰，同日江藤逃往鹿兒島向西鄉要求協助被拒，接著前往土佐與板垣會面亦遭拒絕。

三月島義勇與江藤先後被捕，江藤認爲自己應會被押回東京審判，比照在蝦夷地對抗官軍到最後的榎本武揚下獄關個幾年就能獲釋。未料大久保竟直接在佐賀設置裁判所審判，四月十三日將江藤與島二人斬立決並梟首示眾，消息傳回東京太政官，其他參議無不駭然。

大久保獨攬政權，內政外交上以強硬手腕推動日本走向強盛／三娃繪

「佐賀之亂」的處置可看出大久保不凡的手腕及其冷酷的一面，連下野的西鄉也稱讚「廟堂上只要有大久保在就能安心」。然而他不僅在內政方面有一套，在外交上也讓鄰近的大清國爲其無知付出代價。

出兵台灣

一八七一年十月，一艘由宮古島出航的船隻遇颱風漂流到台灣南部八瑤灣，船上六十九名島民除三名溺死外，登陸的六十六人有五十四人遭到台灣原住民殺害。生還的十二人在漢人幫助下逃到台灣府，由清廷官員輾轉助其返回宮古島。原本應是琉球和台灣之間的衝突，卻因爲日本廢藩置縣時將琉球隸屬於鹿兒島縣（翌年脫離鹿兒島縣改置琉球藩），使得原該是清廷內政問題，頓時升高爲日本與清廷間的國際問題。

一八七三年五月，外務卿副島種臣前往北京就台灣問題進行交涉。面對副島外務卿不斷追問，清廷吏部尚書、總理各國事務衙門行走的毛昶熙答以「生番（指台灣）係我化外之民，問罪與否，聽憑貴國辦理」，讓副島外務卿抓到語病，種下日後無窮後患。毛昶熙是道光年間進士，太平天國之亂期間是規畫全局的指揮人物，見識在當時清廷中屈指可數。就連這樣的人也昧於時勢說出不得體的話，足見向來以天朝自比的清國在世界上是多麼自大無知！清國知識分子在外國官員面前又是多麼的愚昧！

爾後副便因征韓論下野，但是「台灣乃一化外之地」卻從此深植太政官腦海中。當大久保爲西鄉下野後各地不平士族的暴動而焦頭爛額時，他立即於一八七四年二月做出向台灣出兵的決定，顯是讓不平士族有發洩的機會。這時江藤新平和島義勇已在佐賀掀起叛亂。

問斬江藤和島之前，大久保成立「台灣番地事務局」，由大藏卿大隈重信兼任局長，任命陸軍大輔西鄉從道爲陸軍中將兼台灣蠻地事務都督，前美國駐廈門領事李仙得爲顧問，準備隨時出征。大久保的征台行動幾乎得到多數太政官支持，惟長州藩龍頭木戶孝允反對，主張內治論的木戶四月十八日遞出辭呈。在西鄉已辭職的當下，若再讓木戶去職太政官恐有旦夕不保之虞，加上英、美兩國不願提供船隻搭載日軍，大久保不得不中止征台計畫。但西鄉從道不願放棄這一立功的機會，透過大隈重信的引介，**三菱商會**社長岩崎彌太郎動員旗下船隻一肩扛起運送兵員的任務，才沒讓征台的軍事行動灰頭土臉。

豆知識　三菱商會

前身可追溯至幕末時期土佐藩成立的「商貿組織土佐商會」，維新後土佐商會遷移至大坂，改稱「大坂商會」，一八六九年改名「九十九商會」。廢藩置縣後，後藤象二郎要彌太郎擔起土佐的藩債，代價是讓予九十九商會及其船隻，奠定彌太郎在海運業發展的基礎。一八七三年，彌太郎將九十九商會改名「三菱商會」，融合土佐藩主山內家和岩崎家的家紋做為三菱商會商標。

於是西鄉從道率領三千六百名不平士族，乘著「日進」、「孟春」兩艘軍艦及三菱商會的十三艘船隻，浩浩蕩蕩於五月四日從長崎出發，二十二日就在台灣瑯嶠灣社寮（屏東縣車城鄉）登陸。六月一日兵分三路向當地原住民排灣族進攻，由於雙方兵器、戰術的差距，對日軍而言猶如摧枯拉朽，一個月下來僅僅以戰死十二人的代價獲勝，不過死於瘧疾者卻多達五百二十五人。

清廷五月下旬派船政大臣沈葆楨來台，同時李鴻章的嫡系軍隊淮軍亦不斷來台，清、日雙方勢力呈現消長之勢；加上昂貴的軍費已讓國力弱小的日本難以爲繼，因此大久保繼任日本駐清公使柳原前光爲全權大使，於九月前往北京總理衙門與清廷官員交涉。

十月清廷與大久保簽訂北京專約，承認此次日本征台實爲保民義舉，必須支付日本五十萬兩。連同購船費用在內，日本此次征台耗費超過千萬兩，卻只取得五十萬兩的賠款，然而日本最大的收穫不只是此次軍事行動的合法化，而是數年後吞併琉球。至於清廷藉由支付五十萬兩，獲得列強對台灣東南地區主權支配的承認，台灣人民可謂受到最大的傷害。最大獲益者則是三菱商會的主人岩崎彌太郎。

097

新時代下的士族反亂

士族造反三場亂事

太政官一八七一年八月下令准許廢髮散刀，數年下來成效不彰，一八七六年三月底再頒布強制執行的《廢刀令》。同年八月實施「**秩祿處分**」，自明治政府建立以來，頒布一連串政策將士族逼上造反之路。十月起，「西南」地區的不平士族陸續發生叛亂，最先揭起反亂序幕的是敬神黨於十月二十四日在九州熊本起事。

熊本士族太田黑伴雄率領其成立的狂熱攘夷士族團體「敬神黨」（也稱「神風連」）近二百名成員，進攻熊本鎮台司令官種田政明陸軍少將（薩摩）及熊本縣令安岡良亮（土佐），兩人遭突襲後逃逸，數日後傷重死去。由於敬神黨人堅持使用傳統刀劍武器作戰，讓熊本鎮台兵有反擊機會，事發次日在熊本鎮台參謀副長兒玉源太郎陸軍少佐等將領的指揮下當天迅速平定，敬神黨戰死和切腹達一百二十餘人，其餘盡被逮捕。

九州北部方面，舊秋月士族宮崎車之助等約二百多人（一說為近四百人）呼應敬神黨之亂，於十月二十七日殺害福岡縣警察在舊秋月藩所在地起事。隸屬於熊本鎮台的步兵第十四聯隊（在小倉）之聯隊長乃木希典陸軍少佐率軍迎擊，三十一日擊潰秋月黨，秋月之亂平定。

倒幕主力長州藩城下萩也發生士族反亂，曾是廟堂參議一員的前原一誠（他還是松下村塾出身），因病辭職回鄉。長州幕末主力奇兵隊在維新後被丟到一旁，見況憤而起義的奇兵隊員慘遭木戶等人鎮壓（脫隊騷動），對失意士族抱持同情，因而被長州失意士族擁為領袖。十月二十八日，前原指揮成立的殉國軍襲擊縣廳，與政府軍在市街進行激戰，長州出身的陸軍少將三浦梧樓率領廣島、大阪兩鎮台部分兵力費時約一星期將其平定，前原一誠搭乘小船逃往島根縣被捕，押回萩斬首；主持松下村塾的吉田松陰叔父玉木文之進因門下參與亂事者眾，引咎切腹。值得一提的是，後來的政友會總裁、陸軍大將田中義一亦是亂事成員之一，惟因年幼未被究責。

從敬神黨、秋月到萩的三場亂事，不平士族付出生命，以實際行動向太政官做出最大的抗議，未死

豆知識 秩祿處分

「秩祿」分為依家格等級而支付的「家祿」和支付維新功臣的「賞典祿」。太政官在版籍奉還、廢藩置縣，以承擔華族、士族的秩祿為條件達成和平改革，然而這筆金額嚴重壓迫國家的財政，於一八七六年八月全部廢除。

於這三場士族反亂的不平士族紛紛湧向九州南部的鹿兒島，將最後希望寄託在天下士族崇敬的對象西鄉隆盛身上。對東京太政官，特別是大久保利通而言，只要西鄉和薩摩士族不起事便毋須擔心，然而隨著不平士族一場又一場的反亂被鎮壓，西鄉和薩摩士族的動態成爲日本關注的焦點。進入一八七七年，警視廳派出二十餘名警察以返鄉爲名（被稱爲「東京獅子」）監視西鄉等人的行動，結果引起大久保等人最不想見到的結果，也就是敲響了西南⑭之役的戰鼓。

西南之役

西鄉辭官後，以倒幕維新時立下功勳賞賜的「賞典祿」二千石（此外還有鹿兒島縣令大山綱良的八百石和桐野利秋的二百石）成立「私學校」，這是後來西南戰役薩摩軍的主力。雖名爲「私學校」，卻與當時教授西方知識的學校大異其趣，重現幕府時代漢文爲主的教材，並重視劍術修練。簡言之，私學校的教育著重文武合一、重視道德更甚於知識。

一八七七年一月底，二十餘名「東京獅子」未得鹿兒島縣令允許便擅自搬走彈藥，被捕拷打下供出此行目的在於刺殺西鄉（是眞有其事或是拷打後做出的假證詞則不得而知），私學校生徒獲知後群情激動，經校內幹部討論，決定擁戴西鄉前往東京向太政官問明事情眞相。

二月十四日，西鄉領七大隊約一萬三千名薩摩武士冒雪出發，主帥西鄉穿著當時日本唯一一件陸軍大將軍服，兩旁民眾高舉「新政厚德」旗幟爲遠行的薩摩武士送行。西鄉此去，與使出權謀術數的鳥羽．伏見之戰大不相同，幾乎沒有爲這支一萬多人部隊定出任何戰略或戰術，是西鄉沉湎在那次戰役的勝利以致高估薩摩戰力、或從一開始便將勝敗置之度外，則不得而知。

二月十九日太政大臣三条實美下達討賊令，以有栖川宮熾仁親王爲征討總督，實際司令官爲陸軍中將山縣有朋和海軍中將川村純義。二十五日褫奪西鄉陸軍大將及桐野利秋、篠原國幹陸軍少將的官位，定調薩摩軍爲賊軍。

薩軍出發後，九州不平士族紛紛前來投靠，人數膨脹至三萬，照這樣一路前進，追隨的士族應有機會突破十萬，如此看來推翻太政官並非難事。薩軍卻執著於要攻下熊本鎮台所在的熊本城（司令官爲陸軍少將谷干城），在這裡發動熊本和田原坂兩場激戰，耗時近兩個月不說，還導致篠原國幹、西鄉小兵衛（西鄉么弟）、永山彌一郎等將領的犧牲。熊本鎮台兩個月血戰爲政府軍爭取到充裕的時間，透過三菱商會船隻的運輸，運送將近六萬官軍到九州，薩摩軍對熊本城過度堅持終於導致最後的失敗。

受官軍包圍，薩軍勢力範圍逐漸縮小，九月困守在鹿兒島城山，西鄉及薩軍敗局已定。九月二十四日官軍發動總攻擊，中彈的西鄉切腹而由別府晉介爲其介錯，維新第一元勳兼日本唯一陸軍大將結束性命，爲數不多的薩軍跟隨切腹，幾無向官軍投降。歷時七個多月的西南之役畫下句點，這是日本最後一場內戰。

暗殺大久保利通

一八七七年五月二十六日，西南之役如火如荼進行的同時，人在京都養病的內閣顧問木戶孝允（因征台而辭職的木戶，後來拒絕復職參議）在京都病逝，臨終前仍對辛苦建立的日本抱持關心。

西南之役落幕，除代表不平士族以武力做爲反抗手段方式的失敗外，還象徵大久保獨裁政權的穩固。但儘管不平士族不再發起武裝反亂，也不代表他們默認大久保的獨裁政權。

一八七八年五月十四日清晨，大久保與前來私邸求教的福島縣令山吉盛典談及：「要貫徹實現維新需要三十年，明治元年到十年是戰亂紛擾的創業時期；明治十一年到二十年是整頓內治、殖產興業的時期，我在這個時期會以內務卿之職全力以赴；明治二十一年到三十年就交由後進來做。」此話可看出大久保到一八八七年（明治二十年）才打算退出第一線。大久保說完後離開自宅，乘坐馬車前往千代田區太政官府上班，途經紀尾井坂（今有清水谷公園）時遭到石川縣士族島田一良等六人襲擊，大久保當場斃命。自此「維新三傑」全殞落，日本政壇提前世代交替。

接替大久保成爲內務卿的是伊藤博文，此後太政官爲薩長壟斷。伊藤博文能力固然不輸大久保，用人也尚能做到打破門閥的藩籬，但他不像大久保那樣律己甚嚴，在建立近代國家方面亦不如大久保嚴謹。

大久保嚴禁軍人干政，山縣有朋雖是陸軍卿也不例外，後來兼職參議也沒有發言權。伊藤晉身內務卿，山縣開始培植勢力。大久保死後的十二月，山縣接受從德國考察陸軍歸國的手下陸軍少將桂太郎的建議，將原本隸屬陸軍省的參謀局獨立爲參謀本部，變成不受太政官控制的軍令機關。他將統帥權獨立出來，只對天皇負責，內閣制實施後亦不受內閣監督，之後以「陸軍的大御所」之姿君臨政壇，成爲明治．大正時期最具權勢的人物。

⑭ 針對東京而言，指今日本州最西部和九州。

098

自由民權運動

國會期成同盟

西南戰爭失敗後，不平士族意識到不能再以武力向太政官抗爭，改以設立民選議院做爲抗爭手段。西鄉死後，能夠領導他們以設立民選議院爲目標向太政官抗爭的，只有土佐出身的前參議板垣退助。

一八七八年四月，板垣恢復先前成立的政治社團「愛國社」（一八七五年二月成立，西南戰爭期間廢除），以愛國社做爲全國性國會開設運動的中心。同年九月在大阪召開第一次愛國社大會，此後每半年於大阪召開一次。

推動自由民權運動時期的板垣退助

一八七九年十一月七日第三次愛國社大會鑑於已有九十餘名社團代表與會，足見成立民選議院已是大勢所趨，太政官再不能以「人民仍處蒙昧狀態」拒絕成立民選議院。雖然三次大會還有討論條約改正等其他議題，但仍以民選議院和國會爲主，一八八〇年三月十五日舉辦的第四次愛國社大會決定更名「國會期成同盟」以符合大會內容，召開地點也移至東京。

大會推選片岡健吉爲議長、西山志澄爲副議長，兩人皆是土佐士族，在戊辰戰爭時皆爲板垣退助的下屬，明治六年政變與板垣同進退。四月，片岡與福島縣豪農河野廣中赴東京向太政官遞交國會期成同盟的二府二十二縣九十七名代表制定、共八萬七千人連署請願的《允可國會上設上願書》，請求立即開設國會。

愛國社大會改組「國會期成同盟」到遞交《允可國會上設上願書》前後，可說是開設國會、設立民選議院最高峰時期，太政官屢屢拒絕政治社團請願，但感受到民心難以抑止，除動用警察機關加以彈壓外，也制訂修改諸如《集會條例》《新聞紙條例》《讒謗律》等法規限制人民的集會請願、出版等自由。

明治十四年政變

大久保於自己陳述的第二期一開始就倒下，在未立接班人的情況下，大久保引爲左右心腹的伊藤和大隈互視爲競爭對手而暗自角力，角力的範圍反映在開設國會的立場上。民間因請願設立國會而群情沸騰，太政官諸位參議在一八七九年以降紛紛發表自身對於設立國會及憲法的意見書，從意見書中對國會的權限和憲法賦予天皇的角色存同捨異，達成共識。大隈參議直到一八八一年三月才在左大臣有栖川宮熾仁親王的催促下，以密奏方式上呈左大臣。

實際上大隈的意見書由智囊大藏省書記官矢野文雄起草，矢野畢業於民間人士福澤諭吉創辦的慶應義塾大學，經福澤推薦到大隈底下工作。大隈的意見書被認為受福澤諭吉代表的在野勢力左右，對國會和憲法的看法比其他參議激進（不過比板垣等國會期成同盟溫和），因而與伊藤、井上馨產生隔閡，連帶受到其他參議排擠。

八月發生「**北海道開拓使官有物事件**」，引起輿論撻伐，各家報紙對內情所知有限，唯有福澤諭吉創辦的《時事新報》刊載最為詳盡。基於先前大隈與福澤的關係，廟堂參議咸認是大隈將事件內幕洩漏給《時事新報》，目的在藉由輿論力量掀起民憤，整垮薩長把持的太政官。

大隈除外其他九位參議（除大木喬任外皆薩長出身）趁大隈隨侍天皇巡幸東北（一八八一年七月三十日到十月十一日）返回的當晚，連夜召開會議，決定免除大隈所有職務，連同底下智囊團一同逐出政府，此即「明治十四年政變」。為平息驅逐大隈等思想先進成員所引起的民怨，太政官決定以天皇名義頒布《開設國會詔敕》，明確指出政府將於一八九〇年成立議會。

下野後的大隈，以任職大藏卿的班底為主成立「立憲改進黨」。一八八二年十月在岩崎彌太郎的資助下，買下幕府時代高松藩主的武家屋敷成立學校，校名為「東京專門學校」。該校雖有高田早苗、坪內逍遙等一流師資，但政府上下皆視大隈為謀叛之人，視大隈成立的學校為西鄉的私學校第二，動輒以政府力量橫加干預，威脅家長不得將弟子送往該校就學，或是脅迫學校教職員。即使條件如此不利，大隈依舊排除萬難將校務辦得有聲有色，創校伊始成立政治

豆知識　**北海道開拓使官有物事件**

一八六九年五月結束戊辰戰爭後，改蝦夷地為「北海道」，設置開拓使開發該地，前後任命鍋島直正（號閑叟）、東久世通禧為開拓長官。不過鍋島為佐賀藩主，東久世為公卿，兩人皆不諳事務，實權遂操控在開拓副使黑田清隆（薩摩）。一八七四年八月黑田扶正為開拓使，北海道在黑田主政下全力開發，特別在一八七五年與俄國簽訂《樺太·千島交換條約》後成為日本防堵俄國南下的最前線，政府挹注大量資金。一八八二年二月政府決定廢止開拓使，改置府縣，事先得到消息的黑田遂將屬於開拓使的產業以大約三十九萬圓的價格，分三十年無息賤賣給同藩武士五代友厚，這是典型的官商勾結。

科、法科、文科、商科、理工科，一九〇〇年獲准成立大學部，一九〇二年改校名爲早稻田大學，與福澤諭吉的慶應義塾大學並稱「私立大學中的雙璧」。

自由黨與立憲改進黨

一八八〇年十一月十日，在東京召開第二次國會期成同盟大會，此次大會出現不少私人性質的憲法草案。土佐出身的植木枝盛認爲每次大會都是重複向太政官遞交民衆署名的議會請願書、不斷被拒絕的過程，覺得這樣過於被動軟弱，遂提出組織政黨並命名爲「自由黨」的提議。

這次大會衆議仍傾向向太政官請願，植木的提議並未受到重視。不過大會結束後的十二月十五日，與會代表達成共識，制訂自由黨盟約四條，政黨的成立只是時間問題。參與制訂自由黨盟約的成員主要包含嚶鳴社、東北有志會、東洋自由新聞社、立志社四個派系，除嚶鳴社後來琵琶別抱投向立憲改進黨外，其他三個派系成爲翌年成立的自由黨基本班底。

一八八一年十月十八日，也就是明治十四年政變後七日，在東京舉行第三次國會期成同盟大會。這一次大會主要內容爲成立自由黨，長年耕耘自由民權的板垣退助不負衆望被推舉爲總理，幕末坂本龍馬海援隊出身的中島信行爲副總理，後藤象二郎、竹內綱（戰後首相吉田茂生父）等人爲常議員。從黨章和黨規來看，自由黨與先前的愛國公黨相比，更有資格被視爲日本最初的政黨。

一八八二年四月十六日，在野的大隈重信亦在三菱商會的資助下成立「立憲改進黨」，曾爲廟堂參議一員的大隈是最合適的總理人選，與大隈一同下野的前農商務卿河野敏鎌爲副總理。値得一提土佐出身的河野，曾是幕末時期土佐勤王黨的一員，與自由黨不少成員是故舊，卻拒絕加入自由黨。立憲改進黨成立之前一個月，《東京日日新聞》社長福地源一郎（號櫻痴，舊幕臣出身）、《明治日報》的丸山作樂接受伊藤博文、井上馨成立「立憲帝政黨」。這個政黨缺乏自己的理念，只一味地仰政府鼻息，淪爲政令宣傳的傳聲筒。

自由黨與立憲改進黨同算是明治時期日本最早的政黨，在堅持民選議院、頒布憲法上有共通目標，然而對於議院應師法哪個國家、賦予議院的權限以及天皇在憲法享有何種地位等問題上，兩黨明顯對立。這些問題導致兩黨不僅無法合作，甚至互相攻訐，最後爲政府分化，於一八八四年十月二十九日解散（改進黨雖未解散，但大隈辭去總理，與解散無異）。

099 實施內閣制

頒布《華族令》

自由黨和立憲改進黨互相攻訐之際，伊藤博文於一八八二年三月初奉天皇之命赴歐考察歐洲憲法做爲未來之準備。三月十四日，伊藤帶著參事院議官西園寺公望（公卿）、平田東助、岩倉具定（具視次子）、伊東巳代治，赴歐考察德、奧、英三個君主立憲國家的憲法制度。

五月十六日抵達柏林，伊藤再次會晤鐵血宰相俾斯麥，在俾氏安排下請柏林大學教授顧奈斯特每週講解三次憲法制度，讓伊藤對歐洲各國憲法有深入的認識。九月底伊藤一行前往奧國首都維也納，之後轉往英國，他在德國期間已瞭解國家組織、確立鞏固皇室的基礎、不使皇權旁落的方法，並掌握對自由民權運動致勝的理論和手段，因此奧國和英國的議會制已無法吸引他的興趣。

一八八三年六月二十六日伊藤一行於義大利拿坡里乘船返國，七月在上海收到岩倉右大臣的訃聞電報。鑒於公卿和維新元勳中無人能夠遞補此職，三条實美太政大臣和有栖川宮熾仁親王左大臣空有家世而不具備議決國事的才能，伊藤萌生改太政官制爲內閣制的想法。實施內閣制後無可避免出現議會，爲了不讓議會凌駕皇室之上，有必要成立像德、奧兩國擁護皇室的貴族，讓他們進入議會成爲抑制內閣的力量。

因此伊藤一八八四年三月十七日成立不受太政官管轄的制度取調局，用意即在制訂憲法及與議會有關的法則。伊藤自任該局長官。至於設置皇室屏藩的任務則另由賞勳局負責，該局將四民平等時定位爲華族的往昔封建時代的公卿、大名稱爲「舊華族」，倒幕維新時立下功動的諸藩藩士稱爲「新華族」，兩者統稱「華族」，分爲公、侯、伯、子、男五等爵位。

是年七月七日頒布《華族令》，總計共授出爵位五百零九家，爵位爲公爵的未必對維新回天有重大貢獻，但是在舊日公家、武家社會中家世最爲顯赫，共計十一家：近衛、九条、一条、二条、鷹司、德川宗家（將軍家）、三条、岩倉、島津宗家（茂久的後裔）、玉里島津家（久光之後裔）、毛利家。

侯爵爲公卿中僅次於攝家的清華家（三条除外）、舊幕府時代奧羽地方以外（佐竹家爲唯一例外）二十萬石以上的親藩（御三家）和外樣各藩，以及新華族中大久保利通、木戶孝允的子孫（西鄉隆盛此時尚名列朝敵，故不對其子孫授予爵位）。

皇族、公爵和侯爵成員是後來帝國議會貴族院的當然成員，底下的伯爵、子爵、男爵則是互選產生，名額不超過五分之一。

《華族令》之後又陸續追加數次，連自由民權運動成員的板垣、後藤、大隈等人都被授予伯爵爵位。《華族令》頒布讓皇室在議會成立後有所屏障，因此一年半後政府敢於實施內閣制。

內閣制取代太政官制

一八八五年十二月二十二日，太政官達第六十九號（也是最後一號）發布，明令廢止由太政大臣、左大臣、右大臣、參議主政的太政官制，改以內閣制取代；各省長官名稱也從「卿」改爲「大臣」。同時廢止工部省、參事院及制度取調局，創設遞信省及內閣法制局。

三条太政大臣改任專門掌管御璽、國璽（天皇印和國印）的內大臣，其實就是不管事大臣，但爲尊重長年擔任太政大臣的三条實美，特旨中規定內大臣地位高過總理大臣。有栖川宮左大臣轉任參謀本部長（一八八九年三月改稱參謀總長），此外還設置名額十五名以內的榮譽職宮中顧問官做爲內閣制實施後對失去官職者的酬庸，給予**敕任官**待遇。

妥善安置好昔日太政官要員的出路，日本進入內閣制時代，長州出身的伊藤博文理所當然爲第一任內閣總理大臣，代替公卿出身的三条太政大臣成爲日本國政的最高負責人。第一次伊藤博文內閣其他成員如下：

外務大臣	井上馨	長州出身
內務大臣	山縣有朋	長州出身
司法大臣	山田顯義	長州出身
大藏大臣	松方正義	薩摩出身
陸軍大臣	大山巖	薩摩出身
海軍大臣	西鄉從道	薩摩出身
文部大臣	森有禮	薩摩出身
農商務大臣	谷干城	土佐
遞信大臣	榎本武揚	幕臣

人物通　敕任官

戰前日本高等官可分爲親任官、敕任官、奏任官三等級。親任官乃天皇直接任命或以天皇署名加印形式任用的官職，是三等級中最高的一種，內閣總理大臣、國務大臣、特命全權大臣、樞密院議長、朝鮮・台灣總督、陸海軍大將屬之。親任官以下的高等官分爲一等到八等，一等和二等屬於敕任官，敕任官只需總理大臣的署名及御璽章即可，內閣書記官長、法制局長官、帝國大學總長、特命全權公使、警視總監、各府縣知事、陸海軍中、少將屬之（親任官和敕任官使用「閣下」作敬稱）。三等官到八等官屬於奏任官，總理大臣得天皇的裁可以口頭任命形式任用，執掌國家部門的二級事務官以及大佐到少尉的軍官均屬此類。

100 幕末條約改正

井上馨的鹿鳴館外交

自幕末幕府大老井伊掃部頭直弼與歐美列強簽訂《安政五國條約》以來，日本先後與十一個國家簽訂友好通商條約。明治政府也繼承這些所謂的「不平等條約」，故明治一代日本歷任外務卿皆以完成條約改正為己任。

一八七一年出使歐美的岩倉使節團將條約改正列為使命之一，只是出訪的歐美各國均以時候尚早拒絕進行改正。一八七九年九月井上馨擔任外務卿，條約改正進入另一個新階段。一八八〇年三月太政官進行官制改革，參議不得兼任各省長官，不過井上是例外的三人之一（另兩人為黑田清隆兼任開拓長官和山縣有朋兼任參謀本部長）。

井上外務卿在與歐美各國進行交涉過程中，最常聽到的指責是日本還是未進入文明的國家，為讓歐美外交使節改觀，井上於一八八〇年延請英國建築師康德爾設計一幢歐式建築。一八八三年七月竣工，取《詩經・小雅・鹿鳴篇》命名「鹿鳴館」，藉由與歐美外交使節舉辦通宵達旦的化妝舞會讓外國使節與本國人相信日本已躋身文明國家之伍，此即井上外務卿有名的「鹿鳴館外交」。

歐美使節玩樂過後，與井上外務大臣交涉時態度依舊強硬不讓，於一八八七年四月達成交涉，要點為：（一）本約批准後兩年內日本全國開放；（二）給予外國人與日本國民同樣的權利以及裁判特權；（三）日本以「泰西主義」為準則，制定司法組織及刑法、治罪法、民法、商法、訴訟法；（四）任用外籍法官和檢察官；（五）遇到外國人和日本人的訴訟時必須有數名外籍法官。這等於承認外國在日本享有治外法權，然而井上外相卻照單全收。

井上的外交政策引起朝野一致抨擊，沉寂已久的民權運動先後在片岡健吉和後藤象二郎領導「**三大事件建白**」和「**大同團結運動**」後又活絡起來，逼得伊藤內閣不得不祭出《保安條例》防止民權人士暴動。井上外相也在外有民權人士、內有鳥尾小彌太和三浦梧棲等長州系陸軍將領的反對下黯然下台，改由已辭職下野的大隈重信伯爵於一八八八年二月接替外相。

大隈功敗垂成

一八八八年四月底，伊藤首相為

日本積極與西洋國家展開外交，建歐式建築鹿鳴館做為歐洲使節與日本上層社會交流場所／三娃繪

了專心研擬帝國憲法和皇室典範而辭去首相，轉任新成立的樞密院擔任議長，改由薩摩出身的前開拓長官黑田清隆繼任首相，大隈外相獲得留任繼續爲改正條約而努力。

大隈外相放棄井上外相召開列國會議、與各國外交使節一起在談判桌上談判的方式，採取與各國個

豆知識　三大事件建白、大同團結運動

鑒於井上外相條約改正的喪權辱國，曾為國會期成同盟議長的土佐士族片岡健吉向元老院提出包含「減輕地租、言論集會自由、挽回外交失策」三項事情建言的三大事件建白。然隨著伊藤內閣拋出《保安條例》驅逐五百多名民權人士（片岡健吉亦在其中），為了不使三大事件建白的聲勢中挫，後藤象二郎起身領導並倡言「捨小異就大同」的大同團結運動。當時憲法頒布與成立議會在即，許多民權人士無不將大同團結運動視為議員選舉的開胃菜，他後來被黑田首相延攬入內閣當遞信大臣，大同團結運動跟著無疾而終。

別談判的方式，而且優先從國力與日本相當的非列強國家著手。一八八八年十一月底日本和墨西哥達成協議，以服從日本的法律為條件向墨西哥開放日本內地，允許該國人民居住日本並進行商業活動，成功和墨西哥簽訂對等條約。

有了和墨西哥成功的前例，大隈信心大增，接著和美國提前進行條約改正，美國幾乎未加考慮便於一八八九年二月在條約改正上簽字。不過在與英國談判時，卻被英國反過來要求日本必須將給予墨西哥的優惠均霑給英國，大隈不願順從要脅，跳過英國直接與德、俄交涉，兩國很乾脆的簽字，英國立場頓時變得尷尬。

大隈外相在條約改正過程中允許外國人居住日本並擁有土地所有權，幕府時代劃定的租借地治外法權以及一定程度上最高法院聘用外籍法官和檢察官的情況依舊存在，只是比例較井上外相輕微而已。這些外交談判細節原本不對國人公開，竟被國粹主義者陸羯南創辦的報紙《日本》揭露，一時之間大隈成為眾矢之的，不少保守主義者上書要求大隈外相停止條約改正的談判。

一八八九年十月十八日，大隈外相正要返回霞關外務省外相官邸時，右翼團體**玄洋社**成員來島恒喜對大隈的馬車丟出一枚炸彈，大隈外相右腳被炸傷，自膝蓋以下切除，來島以為得手當場切腹。黑田首相率領閣員當日總辭，大隈因傷延至該年十二月下旬才辭職，條約改正功虧一簣。之後青木周藏、榎本武揚、陸奧宗光等外相持續進行，直至一九一一年四月（第二次桂太郎內閣）《日美通商航海條約》簽訂後，束縛日本半世紀的不平等條約才完全廢除。由此觀之，日本廢除不平等條約的過程，其艱辛程度實不亞於中國！

人物通　玄洋社

成立於一八八一年以福岡為中心的右翼團體，黑龍會（內田良平創立）是玄洋社在海外（特別是中國）的窗口，創立者平岡浩太郎是自由民權運動成員之一，但該社並不主張民權，反而以強化國權為訴求，是明治中期後民權人士受國際環境對日本不利而從民權主義轉變為國權主義的典型。日俄戰爭後成為明治政府對外侵略（特別是中國）的幫凶，極力贊助孫文革命事業的頭山滿、萱野長知皆是該社成員。孫文病逝後在中國投入大批大陸浪人，昭和初期日本全面侵華時這些浪人發揮極大的助力，一九四六年為盟軍總部（GHQ）取締解散。

101

成為君主立憲制國家

頒布大日本帝國憲法

一八八七年六月起伊藤與伊東巳代治、金子堅太郎、井上毅等人於橫須賀的夏島草擬帝國憲法，先前赴歐考察憲法之行成爲伊藤等人最主要的依據。該次考察已認定歐洲各君主國家與日本國情最爲相似的是德國，因此帝國憲法的制訂遂以德國爲師法對象。

歷時十個月無數次的修改，定出兩個草案，到一八八八年四月下旬完成最後的修改案，伊藤將最後修改案上奏天皇，一同上奏的還有攸關皇位繼承的《皇室典範》。另成立供天皇最高諮詢的顧問機構樞密院，該院置議長、副議長各一人，顧問官二十餘人。四月底伊藤辭去總理一職，轉任樞密院首任議長（副議長爲薩摩出身的寺島宗則）。

一八八九年二月十一日紀元節（一九六六年改稱「建國紀念日」），明治天皇在東京皇居中的賢所及皇靈殿（與神殿並稱「**宮中三殿**」）向歷代皇祖皇宗神令奏上告文。結束後換上軍服，在《君之代》樂聲中走進頒布憲法的式場玉座，接著三条內大臣捧呈《大日本帝國憲法》，由天皇親手授予黑田首相，象徵「欽定憲法」的形式。《皇室典範》《議院法》《眾議院議員選舉法》《貴族院令》《會計法》都在同一天頒布。

此外追贈對王政復古有功的維新志士：岩倉具視贈太政大臣，島津久光、大久保利通贈右大臣，木戶孝允贈從一位，藤田東湖、佐久間象山、吉田松陰贈正三位，而最振奮人心的莫過於解除西鄉隆盛朝敵之賊名、追贈正三位之事（坂本龍馬直到一八九一年才追贈正四位）。由於解除朝敵之故，西鄉得以入祀靖國神社，嫡子寅太郎後來亦授予侯爵之位。

不僅追贈死去的志士，更大赦身陷囹圄的民權人士，河野廣中、大井憲太郎、片岡健吉、西山志澄、坂本南海男、星亨全部獲釋，連因《保安條例》被逐出皇居十二公里以外且三年內不得返回的尾崎行雄、中江兆民、竹內綱也都解禁。

豆知識　宮中三殿

指賢所、皇靈殿、神殿，位於東京都千代田區皇居內今上天皇、皇后居住的吹上御苑東南邊。賢所是皇居內祭祀天照大御神之處，其御靈代（神體）為八咫鏡的複製品神鏡；皇靈殿供奉歷代天皇及皇族之英靈，由天皇於每年春分之日和秋分之日主持祭祀歷代天皇、皇后、皇族的皇靈祭；神殿供奉皇族之外的天神地祇，亦按時祭祀。

《大日本帝國憲法》（簡稱《明治憲法》）共分爲七章七十六條，第二章〈臣民權利義務〉羅列臣民擁有的種種自由，然而每一條都加上法律規定範圍內的但書，只要透過天皇制訂新的法律條文便能抹煞憲法賦予人民的權利；然而第一章卻賦予天皇龐大權力，如此的不對等，難怪有「東洋盧梭」之稱的中江兆民「通讀一遍唯苦笑而已」，諷刺當時日本國民是「未見及其實，便已先沉醉其名」。

帝國議會成立

一八九〇年七月一日，日本舉行史上首次衆議員選舉，自由黨系、改進黨系、官僚及其黨系、保守分子與中立分子共同角逐三百個議會名額。當時選舉資格爲年滿二十五歲以上、繳納直接國稅十五圓以上的成年男子有選舉權，年滿三十歲以上的男子有被選舉權。直接國稅指地租和所得稅，繳納直接國稅十五圓約等於擁有二町步（約一百九十八公畝）以上的地主，在當時只有豪農以上階層才具備這等財力，因此當時日本三千九百三十萬人口中僅約四十五萬人享有選舉權與被選舉權，只占總人口百分之一點一四，可以說大多數日本人是被排擠在外。

選舉結果，自由黨系、改進黨系加起來占一百七十餘席，以多數黨姿態君臨議會。十一月二十九日帝國議會啓動，同日《大日本帝國憲法》正式生效。帝國議會仿照英國議會分上、下兩院，上院稱「貴族院」，該院議員的構成可分爲以下三部分：

皇族議員	滿十八歲的皇太子、皇太孫以及滿二十歲的皇族其他男性成員。
華族議員	1 滿二十五歲（後來改為三十歲）的公爵、侯爵全員。 2 滿二十五歲（後來亦改為三十歲）伯爵、子爵、男爵互選選出者。惟，各爵位當選者不得超過該爵位全員的五分之一（後來規定伯爵、子爵、男爵三爵位席次為一百五十名），任期七年。
敕任議員	1 敕選議員：對國家有貢獻或是擁有學識的人經內閣提出，由天皇任命，任期終身，名額不超過一百二十五名。 2 帝國學士院會員議員：帝國學士院會員中滿三十歲以上的男性互選選出，任期七年，名額四名。 3 多額納稅者議員：繳納地租和工商業所得稅等直接國稅的三十歲以上男子中互選，任期七年。 4 朝鮮・台灣敕選議員（日本面臨戰敗之際，於一九四五年初開放給兩處殖民地的名額）：居住朝鮮或台灣，滿三十歲以上，擁有名望而給予敕任的名額，任期七年，名額十名以內。

與現在日本兩院制不同，帝國議會的貴族院可以否決衆議院議決的決議案，衆議院的權限據憲法規定只有「國家的歲出歲入，須每年依預算經帝國議會的協讚」（第六十四條）。所謂的「協讚」，在樞密院審議憲法《最終草案》時認定爲「承認」之意。可是憲法同時也規定「帝國議會未能議定預算或預算不成立時，政府得施行前年度之預算」（第七十一條），等於說衆議院的「審核預算權」不見得能在審核預算時發揮效用。

儘管《大日本帝國憲法》下的帝國議會權限極爲有限，但政黨人士充分運用有限的權限與藩閥政府對抗，出現不少可歌可泣的故事。

1889 年憲法頒布略圖／楊洲周延繪

102 日清戰爭後拿下台灣

夾在日清戰爭中的朝鮮

西鄉主張的「征韓論」雖因個人下野之故被擱置，薩長藩閥主政下的大日本帝國則未放棄對外擴張，這可從一八七一年台灣出兵、一八七九年併呑琉球、一八八二和一八八四年兩次在朝鮮境內製造事變（壬午．甲申事變）得到證明。

隨著日本對朝鮮內政干涉逐漸加劇，清、日之間的戰爭無可避免，此即「日清戰爭」（中日甲午戰爭）。一八九四年一月，朝鮮的本土宗教「東學教」（也稱「天道教」）第二任領袖崔時亨於全羅道起義叛亂，五月底（陽曆）占領整個全羅道。朝鮮國王李熙（高宗）向北京求援，並依一八八五年簽訂的中日《天津條約》知會日本，在清、日兩國同時出兵的情形下，東學黨不戰而潰。

東學黨既已潰敗，清、日失去駐留朝鮮的理由，然而日本已在六月五日於廣島成立大本營，陸海軍的統帥部長（參謀總長、軍令部總長）、次長（參謀次長、軍令部次長）等指揮作戰的將領紛紛移往廣島，建立起戰時體制。天皇與皇太子嘉仁親王分別在清、日兩國交戰後的九月十五日和十一月十七日進駐。議會中處處杯葛內閣的政黨也與主張國權的分子組成「**硬六派**」，擇廣島進行第七回帝國議會（唯一一次在東京以外召開的議會），歷經五日議決（十月十八日到二十二日），罕見地通過內閣提出的軍事預算。

七月二十五日，日艦「吉野」、「秋津洲」、「浪速」三艦與清北洋海軍「濟遠」、「操江」於朝鮮半島西側豐島沖發生海戰，清軍不敵兩艦敗走，運送清兵的英艦「高陞號」爲浪速艦長東鄉平八郎下令擊沉。之後的成歡（牙山）之戰，清軍亦敗。八月一日，清、日兩國正式宣戰，日本因豐島沖和成歡兩次戰役得勝正士氣高昂，清軍則由於北洋艦隊經費遭挪用，再加上將領不和及冗兵太多致士氣低沉，未戰幾乎先敗。九月的平壤（陸戰）、黃海（海戰）兩役、十月的鴨綠江、十一月的旅順口等役，清廷均潰不成軍，敗局已定。

旅順口之役後，清廷眼見取勝無望，遂透過美、英、俄等國斡旋，著手進行談和。恭親王奕訢指派外交官張蔭桓及前任台灣巡撫邵友濂爲全權大使赴廣島談和，日方對這兩人並不滿意，最後清廷改派李鴻章於下關（中國方面稱爲「馬關」）進行談和。

日本舉國上下投入戰爭；清國雖

在面積和人口方面大上日本數倍，然投入戰局的始終只有直隸總督兼北洋通商大臣李鴻章及其成立的北洋艦隊，以一人之力對上一國，任憑有通天本領，失敗也不令人意外。

日清講和與日軍入台

一八九五年三月十九日（陽曆），清廷全權大臣李鴻章與養子李經方抵達下關春帆樓進行談判，此時日本猶未停戰，正從關外步步進逼山海關，欲以戰逼和，迫使李鴻章簽訂對日本更有利的和約。李鴻章對這種恫嚇不爲所動，硬是不理。三月二十四日，李鴻章從春帆樓返回途中遭自由黨徒小山豐太郎近距離狙擊，臉部受創，李雖保住一命，談判過程卻因此暫時擱置。

李鴻章是當時清國最具國際知名度的人物，他在日本受到狙擊的消息讓歐美列強有了介入機會。日本在歐美干預下不得不妥協，同意除台灣、澎湖以外在清國盛京、直隸、山東等地的日軍部隊進入停戰狀態，原本提出三億兩白銀的賠款也減爲二億兩。

幾經折衝，一八九五年四月十七日（清曆爲光緒二十一年三月二十三日）《日清講和條約》（日方稱《下關條約》，清方稱《馬關條約》）調印，全文共十一條，主要內容爲：（一）確認朝鮮爲一獨立國家；（二）遼東半島、台灣及其附近島嶼和澎湖群島永久讓與日本；（三）賠款二億兩白銀；（四）開放蘇州、杭州、沙市、重慶爲通商口岸，認可日本有最惠國待遇，允可日本在中國通商口岸設立領事館和工廠及輸入各種機器；（五）日本在三個月內撤出在中國領地內的軍隊；（六）條約批准日開始方停止交戰；（七）條約由日、清兩國批准，於一八九五年五月八日（清曆爲光緒二十一年四月十四日）生效。

五月十日，薩摩出身的海軍中將樺山資紀被任命爲首任台灣總督，同時擢升爲第二個海軍大將（西鄉從道爲第一個）。五月二十四日，樺山自廣島宇品港出發，準備接收台灣。翌日，部分台灣官員與當地士

今為「日清講和紀念館」的春帆樓／三月雪攝

紳成立「台灣民主國」，推當時台灣巡撫唐景崧爲民主國總統，年號「永清」，以劉永福爲民主國大將軍，丘逢甲爲義勇統領。

樺山見狀連忙調動原本派駐於旅順、大連的近衛師團，五月二十九日於三貂角附近登陸。沿途雖有台人抵抗，日軍仍於六月十四日進入台北城，唐景崧在六月四日基隆淪陷後內渡返回廈門，丘逢甲儘管留下「宰相有權能割地，孤臣無力可回天」的詩句，亦跟著內渡廣東。近衛軍接著在新竹、苗栗一帶遭遇客家將領吳湯興、徐驤、姜紹祖組客家義勇軍與之對抗，激戰兩個多月，姜紹祖陣亡，苗栗爲日軍占領。吳湯興、徐驤之後隨義勇軍南下，繼續與日軍抗爭。

八月二十七日，義勇軍將領吳湯興、吳彭年、徐驤戍守八卦山和彰化城，與日軍於八卦山激戰一晝夜，吳湯興、吳彭年陣亡，徐驤南下斗六。

義勇軍雖屢屢戰敗，台人頑強的抵抗給日軍帶來極大壓力，樺山總督有感台人不屈的意志，於是再向軍方請求支援。十月十日混成第四旅團於嘉義布袋登陸（旅團長爲陸軍大佐伏見宮貞愛親王，能久親王爲其異母兄），十一日第二師團亦在枋寮登陸（師團長爲陸軍中將乃木希典），欲南北夾擊，於台南城包圍義勇軍。

十月二十一日台南城爲乃木的第二師團攻陷，二十八日北白川宮能久親王（前述的輪王寺門跡公現入道親王）病逝，亦有說是遇襲而死。十一月十八日樺山總督透過台灣總督府向日本發出台灣全島底定的電報，不過實際上台灣武裝抗爭持續二十年才眞正沉寂下來。乙未抗日雖最後爲日軍平定，但台人在訓練與武裝均不如日軍的情形下，竟能以肉身抵抗長達二十年之久，對比清軍在朝鮮半島不戰而逃，台人的抵抗精神實在令人佩服！

人物通

硬六派

帝國議會成立後，由於議會權力薄弱，因此先前的自由黨、立憲改進黨及附屬在兩大黨的其他派系紛紛結合起來，手握預算審議權以對抗內閣。但是隨著條約改正的失利，加上日清之間關係緊張，議會中主張國權優先的派系於是聯合要求內閣對外強硬，這樣的派系共有六個，被稱為「對外硬」或是「硬六派」。「硬六派」的組成除國粹成員佐佐友房成立的「國民協會」外，還有自由黨系的立憲革新黨、立憲改進黨系的立憲改進黨、中國進步黨、帝國財政革新會以及無所屬的大手俱樂部。「硬六派」除對外強硬這點外，彼此間政治理念並不全然相同，日清戰爭結束後逐漸分裂，最後甚至互相對立。

103

日俄戰爭

開戰背景與經過

日清戰爭後，俄國以破壞遠東地區和平爲由，聯合法、德二國向日本施壓，要日本讓清國出錢贖回遼東半島。俄國對成爲獨立國家的朝鮮亦心存覬覦，凡此種種皆種下日、俄兩國交惡開戰的遠因。

一九〇二年一月三十日，第一次桂太郎內閣的外相小村壽太郎成功與標榜「光榮孤立」爲外交政策的英國簽訂「日英同盟」，該同盟規定當締結國因其他國（一國）對中國、朝鮮有侵略性行動致引發戰爭時，另一同盟國必須嚴守中立並防止其他國參戰；若締結國與兩國以上進行戰爭時，則同盟國有協助締結國參戰的義務。亦即日本若因爲中國、朝鮮的問題與兩個以上歐洲國家進行戰爭，英國便有義務與日本並肩作戰。

儘管有英國這當世強國爲奧援，內閣依舊不願對俄國輕啓戰端。一九〇四年二月四日，據說明治天皇寫下一首和歌：「よもの海みなはらからと思ふ世に　など波風のたちさわぐらん。（四海之內皆兄弟也，緣何世間起波濤？）」二月六日，日本向俄國發出最後通牒並宣布日俄斷交，同日聯合艦隊從九州佐世保出發，八日集結旅順後向停泊在港內的俄國艦隊進攻。日軍以爆破船隻的方式封閉狹窄的旅順口，將俄國的旅順艦隊封閉在港口內，爲此發動數次堵塞旅順口的作戰計畫，日後被奉爲「軍神」的廣瀨武夫海軍中佐於三月二十七日的指揮進攻當中戰死。

旅順港內的俄國艦隊並不積極出戰，只想等波羅的海艦隊抵旅順港外再內外包夾，一舉殲滅聯合艦隊。早在二月十一日日本已在皇居成立大本營，內閣和議會雖全力配合大本營，卻不能過問作戰細節，軍隊將領藉口統帥權依附於天皇不受內閣指揮及議會監督逐漸成爲常態。

六月二十日設置滿州軍總司令部，陸軍元帥大山巖任總司令，兒玉源太郎爲總參謀長，分四路進軍（如左表）。不過俄軍在旅順要塞展現超乎意料的韌性，乃木強攻三次均被擊退，總計旅順攻防戰長達四個半月（一九〇四年八月十九日至一九〇五年一月一日），日軍戰死一萬兩千四百餘人（包括乃木大將的次子勝典）、負傷四萬四千餘人，死傷幾達參戰人數（約十三萬人）之半數。

攻下旅順後，日、俄迅速集結大軍準備進行決戰。一九〇五年三月一日起雙方共約六十萬大軍於奉天（瀋陽）進行大會戰，迄至十日日軍擊退俄軍占領奉天城結束會戰，這日成爲日本皇軍的「陸軍紀念日」。五月二十七日，航行七個多月的波羅的海艦隊來到遠東，一如聯合艦隊司令官東鄉平八郎的預測出現在對馬海峽。東鄉長官於旗艦「三笠號」發表「皇國興廢在此一戰」的激勵演說後，採用參謀秋山眞之提議的「敵前回頭」戰術，締造世界海軍史上罕見幾近全殲的勝利，重創俄國海軍，此日成爲日本皇軍的「海軍紀念日」。

奉天會戰挫敗俄國，但俄國陸軍仍有能力再戰，待日本海海戰殲滅波羅的海艦隊，才使沙皇尼古拉二世顧慮國內反對勢力下停戰。只是縱有奉天和日本海兩次空前勝利，也無法掩蓋日本國力枯竭的事實，和談對日本來說亦是最好選項。

第一軍	黑木為禎（薩摩）陸軍大將率領，從仁川進入京城，強渡鴨綠江。
第二軍	奧保鞏（小倉）陸軍大將率領，從遼東半島北部的金州登陸，攻克位在南山的俄軍陣地。
第三軍	由乃木希典（長州）陸軍大將率領，進攻旅順要塞所在地二〇三高地。
第四軍	野津道貫（薩摩）陸軍大將成立，負責支援其他三軍，最終目標是趕在波羅的海艦隊到來之前攻下旅順。

日比谷燒打事件

在當時美國總統老羅斯福斡旋下，日、俄兩國代表一九〇五年七月八日於美國緬因州朴茨茅斯海軍基地談判交涉，日本全權代表爲第一次桂太郎內閣的外務大臣小村壽太郎及駐美大使高平小五郎，俄國全權代表爲時任俄羅斯帝國大臣委員會議長的維德與新任駐美大使羅全。

對日本而言，日俄戰爭戰死人數近九萬、負傷十五萬餘，光是傷亡將士遺族撫恤金就是一筆沉重開銷；況且開戰前後還透過日本銀行副總裁高橋是清多次向英、美發行戰爭公債，這也需仰賴從俄國取得的賠款支付。全國民眾無不寄望小村全權代表在談和時能夠從俄國代表手中取得巨額賠款，因此自發性的前來送行。小村見狀慘笑說：「回國時若還能有一半的熱情，便已足矣！」然而維德動身出發前即已得到沙皇「一寸土地、一個盧布都不能賠給日本」的訓示，俄國雖爲戰敗之身，態度卻甚強硬，堅決不割地賠款，只讓渡從清國得到的利益。

眼見談判觸礁，小村只得拍電報請示內閣，經**元老**在御前會議開會結果，有鑑於日本已無力再戰，最終做出不向俄國索賠割地的決議。九月五日雙方簽訂和約，內容包括以下六項：一、俄國承認日本對朝鮮擁有政治、軍事、經濟的優先權，以及行使保護、指導和監理的權力；二、日俄兩國軍隊除鐵道警備隊外，在十八個月內撤出滿州（遼東半島租借地除外）；三、在得到清國同意後，俄國將中東鐵道旅順到長春之間的南滿州支線之權利、財產和煤礦讓與日本；四、在得到清國同意後，俄國將關東州（包含旅順、大連在內的遼東半島南部）之租借權讓與日本；五、俄國將北緯五十度以南的樺太（庫頁島）及附近島嶼永久讓與日本；六、俄國將面臨日本海、鄂霍茨克海、白令海之間的漁業權讓與日本。

十月十日日本批准該約，十四日俄國批准，至此日俄戰爭全面結束。然在談和期間，《朝日新聞》九月一日率先披露「小村全權代表要不到賠款」、「桂太郎內閣出賣民眾與軍隊」等報導，九月五日簽訂和約的消息傳回日本，前眾議院議長河野廣中便率領群眾到東京日比谷公園示威，反對媾和。

抗議群眾與維持治安的警察發生衝突，失控的群眾搗毀在公園附近的內相官邸（芳川顯正）、外相官邸以及政府的御用報社國民新聞社（社長德富蘇峰），日比谷公園一帶有不少建築物爲憤怒的群眾縱火。政府不得不出動軍隊鎮壓，翌日更頒布戒嚴令，對報紙、雜誌進行管制，將長年批評政府的《萬朝報》（黑岩淚香創刊兼主筆）《二六新報》（鈴木天眼爲主筆）處以停刊的處分。「日比谷燒打事件」造成十七人死亡、五百餘人負傷的慘劇，總計有兩間警察署、六間分署、二百多間派出所遭到破壞，爲警察逮捕的滋事群眾超過一千七百人，最終有三百餘人被判刑。

「日比谷燒打事件」發生原因在於軍方對日俄戰爭消息的封鎖，即便連曾經當過眾議院議長的河野廣中對戰爭真相亦不知情，以爲日俄戰爭就和日清戰爭一樣摧枯拉朽，而有對戰敗國索賠的想法。日本民眾倘知日本在這場戰爭是耗盡國力的慘勝，對於無力要求索賠的結果或許不致於如此憤怒。

人物通　元老

二次大戰前輔佐天皇決定重要政務、擁有極大影響力的政治家，憲法頒布後陸續給予維新元勳特殊權力，此即「元老」起源。總計有伊藤博文、黑田清隆、山縣有朋、西鄉從道、松方正義、井上馨、桂太郎、大山巖、西園寺公望九人，除西園寺出身公卿外，其餘八人皆爲薩長出身。元老雖非正式官職，卻比任何正式官職都重要，明治中期後首相人選來自除政黨外基本都由元老決定，即便由政黨組成的內閣也無法任意罷免元老。

104 明治時代落幕

合併朝鮮

一九〇四年八月二十二日，日俄戰爭方酣，日本派出特命全權林權助，與大韓帝國（李氏朝鮮於一八九七年以後使用的國號）外部大臣尹致昊簽訂《第一次日韓協約》，該約內容只有三條，規定韓國必須在財政、外交方面聘用日本政府推薦的顧問以諮詢；另外韓國與外國簽訂條約或是重大外交案件必須先徵求日本政府的同意。

與俄國的日本海海戰結束後，日本勝利在望，一九〇五年七月二十九日首相兼外務大臣桂太郎與做爲美國總統特使的陸軍部長塔夫特有祕密協定：日本承認美國對菲律賓的支配權，美國承認日本對朝鮮的支配權。這份《桂・塔夫特協定》雖只是備忘錄性質，但簽訂後羅斯福總統立即承認並通告日本。八月十二日在倫敦簽署「第二次日英同盟」，兩國互相承認各自的支配地方。

十一月十七日，林權助與親日派韓國外部大臣朴齊純簽訂《第二次日韓協約》（又稱《乙巳保護條約》），日本依該約設置一名統監做爲日本國政府的代表駐在韓國首都漢城。統監可以直接謁見韓國皇帝，專司外交，並在漢城設置韓國統監府，元老伊藤博文爲首任韓國統監。《第二次日韓協約》剝奪韓國的外交權，否定韓國爲一主權獨立的國家，在外交上成爲日本的保護國。韓國在一九〇七年六月十五日於荷蘭海牙舉辦的第二次萬國和平會議，派出三位密使向各國首席代表陳述日本在韓國的鎮壓手段。然而各國列強已認定日本在韓國有特殊權利，把密使抗議視爲日本國內事務，不打算干涉。

朝鮮在武力逼迫下，遭日本兼併／三娃繪

伊藤博文反而利用海牙密使事件於七月二十日逼迫韓國皇帝高宗讓位，立高宗七子英親王李垠爲帝，是爲李氏朝鮮末代國王純宗。七月二十四日伊藤博文與韓國首相李完用簽署《第三次日韓協約》，規定：（一）韓國最高法院院長必須由日本人擔任；（二）高等法院和地方法院半數以上的法官由日本人擔任；（三）只保留陸軍一大隊兵力保護皇宮，其餘均予以解散；（四）高等官吏的任用必須得到統監同意；（五）未經統監同意，韓國政府不得任意聘用外國人。

根據《第三次日韓協約》，統監府於一九〇七年八月一日解散韓國軍隊，韓國名存實亡。韓國人固然視簽署第三次協約的李完用爲國賊，然更痛恨步步進逼的伊藤統監。一九〇九年六月伊藤辭去統監之職（繼任者爲副統監曾禰荒助），十月前往滿州視察，十月二十六日於哈爾濱車站迎接俄國藏相科科夫佐夫，韓國愛國志士安重根突從人群中衝出狙擊伊藤，伊藤當場死去。

一九一〇年五月曾禰統監因健康問題辭職，第二次桂太郎內閣的陸軍大臣寺內正毅陸軍大將在五月三十日兼任統監。寺內統監於八月二十二日與李完用首相簽訂《日韓合併條約》，二十九日生效，日、韓兩國正式合併，漢城改名京城，韓國統監府改名朝鮮總督府，寺內正毅成爲首任朝鮮總督，此後韓國被日本統治到一九四五年日本戰敗爲止。

明治天皇崩御

政黨發展在帝國議會成立後飛躍性成長，薩長元勳組成的內閣經常延攬重要政黨人士入閣以換取政黨在議會的支持。儘管政黨進入二十世紀前只有在一八九八年六月組閣的紀錄（**隈板內閣**），但是藩閥政府對待政黨再不能視而不見。不過薩長元勳對待政黨的方法因人而異，終生厭惡政黨的山縣有朋祭出《軍部大臣現役武官制》防止政黨內閣的出現。薩長元勳中最開明的伊藤深知藩閥或許能一時勝過政黨，終

人物通　隈板內閣

即一八九八年六月三十日至同年十一月八日的第一次大隈重信內閣，該內閣由自由民權運動兩大健將大隈及板垣退助合作組成，廣義而言是日本最初的政黨內閣。然而這個內閣存在兩個致命點：一為儘管標榜政黨內閣，陸相和海相仍不得不對軍部低頭，而向軍部妥協允諾不刪減陸軍和海軍的預算，因此被陸相桂太郎譏諷為「半身不遂的內閣」。其次為大隈兼任外相，改進黨因而比自由黨多出一個閣員名額，對此自由黨耿耿於懷，內閣成立之初便種下雙方無法推心置腹的陰影，最後內閣因而解散。解散後自由黨改名憲政黨，改進黨改名憲政本黨。

會因抗拒民意而爲政黨取代，他認爲對付政黨唯有同樣成立政黨，然而伊藤成立的是性質相近立場卻迥然相異的政黨。

伊藤認爲成立新政黨緩不濟急，適逢當時憲政黨以星亨爲首的派系向山縣要求合作的代價（獵官）不成，星亨得知伊藤有意成立政黨，遂率旗下議員無條件向伊藤靠攏。一九〇〇年九月十五日，伊藤以憲政黨星亨系爲主幹，加上伊藤底下官僚、御用政黨於東京成立新政黨，名爲「立憲政友會」（簡稱「政友會」），伊藤自任總裁，重要成員有西園寺公望、原敬、尾崎行雄、伊東巳代治、金子堅太郎、片岡健吉，集保守官僚與民權人士於一身。

十月十九日成立的第四次伊藤博文內閣，除外相、陸相、海相外，其餘閣員皆爲政友會成員，比先前限板內閣更具備政黨內閣的要素。一九〇一年五月二日，伊藤首相辭職，當時元老協商後向天皇推薦同爲元老的井上馨組閣，但井上以無法駕馭政友會爲由推辭，之後元老改推長州出身的陸軍大將桂太郎爲繼任人選。

當時桂太郎尚不具元老身分，沒有自己的班底可入閣，只得向同藩元老山縣有朋借調底下官僚入閣，因而被輿論揶揄爲過渡性質的「二流內閣」。然而第一次桂太郎內閣卻成功與英國簽訂「日英同盟」，而且歷經一年多的時間辛苦打贏日俄戰爭，完成元老組閣也做不到的事情。第一次桂太郎內閣到一九〇六年一月七日功成身退，這是日本史上最長壽的內閣，之後由第二任政友會總裁西園寺公望（一九〇三年七月十四日接任）接替桂太郎組閣；一九〇八年七月十四日第一次西園寺公望內閣總辭，再由桂太郎接手，直到一九一三年二月二十日爲止首相寶座皆由兩人輪替，將近十二年時間在日本政治史上稱爲「桂園交替」或「桂園時代」（期間桂太郎組閣三次，西園寺兩次）。

「桂園時代」後期明治天皇玉體明顯惡化，一九一二年七月十日缺席例行的東京帝國大學畢業典禮。七月二十日在宿疾糖尿病外又併發尿毒症，各報章媒體紛紛發出天皇玉體欠佳的號外新聞，伊勢神宮及東京、京都各重要城市的神社紛紛出現爲天皇病癒祈禱的民衆。七月三十日凌晨零點四十三分，一代英主明治大帝崩御，享年六十一歲。

三十三歲的皇太子嘉仁親王根據《皇室典範》於凌晨一點踐祚，同時發布改元詔書，依《易經．地澤臨卦．彖傳》內文「大亨以正，天之道也」決定做爲新君年號，從此日本進入大正時代。九月十三日晚上八點，明治天皇大葬式舉行完畢後，時任學習院院長的陸軍大將乃木希典夫婦切腹殉死。

西鄉隆盛

文政十年～明治十年 一八二八～一八七七

到過東京上野恩賜公園的人多少會被東京文化會館附近一座顯眼的銅像吸引，這座銅像雙目炯炯有神，有著壯碩身材，身著簡便浴衣、腰插太刀、腳穿草鞋，手裡牽一隻獵犬，正是有著「維新第一元勳」之稱的西鄉隆盛。這座銅像於一八九八年十二月十八日正式揭幕，銅像出自東京美術學校雕刻科教授高村光雲之手，他是詩集《智惠子抄》作者高村光太郎生父，皇居前廣場楠木正成騎馬銅像亦是高村的作品。

著名的西鄉銅像約有五座（一座在山形縣酒田市南洲神社、一座在上野恩賜公園、一座在鹿兒島縣霧島市西鄉公園、兩座在鹿兒島市）。上野恩賜公園的西鄉銅像，據其後妻系子證實與西鄉容貌並無類似之處，但這座銅像卻最能傳達西鄉淡泊名利的一面，幾乎成為西鄉的代言者。

✿吉之助與一藏

西鄉生於薩摩國鹿兒島城下加治屋町，幕末時期此地能人輩出，明治以後與他在政治上反目成仇的大久保利通也出身這兒，此外西鄉從道、大山巖、東鄉平八郎、山本權兵衛、井上良馨、黑木為楨、樺山資紀等明治初期陸海軍核心要員多數皆是，乃前往鹿兒島縣探訪幕末史蹟不可遺漏的景點。

西鄉隆盛原名吉之助，與大久保利通（原名正助，後改名一藏）是幼時玩伴。島津齊彬成為藩主後破格提拔僅為郡方書役助（類似地方圖書館館員）的西鄉，隨著「一橋派」的崛起，西鄉代表齊彬本人在京都與朝廷公卿及他藩藩主往來不絕，這是大多數藩士沒有過的歷練，奠定西鄉的地位。齊彬死後西鄉受到薩摩藩主監護人島津久光排擠，但大久保藉圍棋之藝接近久光，漸為久光重用。久光扼殺藩內攘夷勢力，確定「公武合體」藩論，成為幕府推行「公武合體論」的堅強後盾，並實現齊彬遺願率兵上洛。久光做出這些決策的背後，應當有來自大久保的建言。

一般在戲劇上常看到西鄉、大久保、小松帶刀三人主導薩摩藩政，這種情況在「禁門之變」前夕才成形，而明治以後小松帶刀英年早逝，薩摩領袖就落在西鄉和大久保身上。西鄉在戊辰戰爭結束後接受維新功臣最高的賞典祿二千石（永世），可只接受此祿但不任官，他擔心自己的官位超過主君（不管是超越久光或久光之子忠義）所以辭官返回鹿兒島。

大久保則在戊辰戰爭後進入太政官擔任參議，為徹底打破幕藩體制、建立中央集權先後推動「版籍奉還」、「廢藩置縣」。為防過程中有些藩不聽從指示，太政官必須擁有自己的武力；由於當時尚未實施徵兵制，兵源只能從薩、長、土等倒幕主力中徵召，而要徵召薩摩必須仰仗西鄉出面，因此太政官派出岩倉具視和大久保為使者前往鹿兒島勸請西鄉出面。西鄉不只完成御親兵的建立，連帶也完成「廢藩置縣」。

廢除幕藩體制後，西鄉似已完成歷史賦予他的使命，與大久保在政治上的主張漸行漸遠，演變為圍繞在「征韓論」的對立，最終下野。已故作家司馬遼太郎與已取得日本籍的美國日本文學家唐納金（Donald Keene）對談說道：「……大久保利通也是相當偉大的政治家，日本人卻偏愛稚兒氣的西鄉隆盛。也就是說，政治原本是男人的世界，但是日本人卻喜歡女性的特質。譬如，西鄉隆盛有時會寫寫詩，發表幾句名言，結果比大久保更得人緣。」這段話套用在源賴朝．義經兄弟，也能說明何以義經比賴朝更得日本民眾的喜愛。

昔之陸軍大將，今之亂臣賊子

「征韓論」最終結果是西鄉敗北，西鄉憤而辭去參議、近衛都督及陸軍大將（太政官為西鄉保留陸軍大將頭銜），與大久保利通訣別後孑然一身返回鹿兒島。近衛兵（前身為御親兵）將校多達六百餘人追隨西鄉辭官。

西鄉辭官返回鹿兒島，最初鎮日牽著獵犬在舊薩摩藩領內打獵、泡湯，隨著更多辭官返回鹿兒島的將校，如何安置這些在政治上失意但仍保有武士血氣方剛個性的將校，使他們不跟進各地失意士族的武裝叛亂，成為西鄉與鹿兒島縣令大山綱良頭痛的問題。於是西鄉與大山縣令、桐野利秋各自捐出賞典祿成立「私學校」，以傳統漢學做為私學校教材，讀書之餘也不忘鍛鍊武藝。

上野公園內的西鄉隆盛像

「私學校」生徒與返回鹿兒島的警視廳警察爆發衝突實非西鄉所能預料，西鄉也料不到「私學校」生徒在憤怒之餘要起兵前往東京向太政官問清事情真相。西鄉被簇擁為薩軍主帥後，並未像幕末時期「小御所會議」以降規畫出一連串對抗幕府的策略，既不熱衷，但也沒有明確拒絕，整體而言毫無縝密的計畫，完全看不出是帶領一萬三千多人（加上九州各地歸附的豪族超過三萬人）的將領，倒像是被一萬多人綁架的貴人。

不過太政官不這麼看，三条實美太政大臣先是下達討賊令，將薩軍定調為賊軍，接著剝奪西鄉陸軍大將及桐野利秋、篠原國幹陸軍少將的官位。十年前西鄉是維新第一元勳，建立御親兵、「廢藩置縣」缺了他就不可能完成，數年後卻成為太政官口中「昔之陸軍大將，今之亂臣賊子」，到底該說「昨是今非」，或是「今是昨非」？

✿西鄉的幾則傳說

大抵歷史上的明君能臣、悲劇英雄會到處留下各種傳說，之所以留下傳說，代表的是民眾、後人對這一歷史人物的懷念、敬愛及不捨。據說西南戰爭末期的九月三日是火星最接近地球的時刻，不少民眾看見身著陸軍大將官服的西鄉出現在緋紅的火星中，認為西鄉已升天成神而將火星稱為「西鄉星」。將維新第一元勳神格化，正代表民眾對西鄉無限的敬愛，另外還有桐野利秋的桐野星（土星）。

相對於西鄉的高人氣，內務卿大久保利通被視為逼迫西鄉走上絕路的「凶手」，不僅在西南之役結束後翌年於紀尾井坂遭到失意士族的暗殺，他在薩摩及日本的人氣比西鄉矮上一大截。西鄉最早的銅像就是上野恩賜公園內出自高村光雲的那座，是西鄉死後二十一年的事；大久保利通銅像的出現要晚得許多，遲至一九七九年九月二十六日才在鹿兒島市西千石町（舊加治屋町甲突川旁）完成揭幕，銅像出自當代名家中村晉也先生之手，此時距離大久保利通暗殺事件已一〇一年之久！

據說齊彬當上薩摩藩主不久後，首度返回藩國交付西鄉前往台灣秘密探勘的任務，西鄉原本擇基隆登陸，後為躲避駐守的清軍改於南方澳上岸。西鄉在台期間據傳曾與一平埔族少女相戀，生下一子，不過西鄉來台時間只有短短半年，之後不曾再踏上台灣，終其一生都未曾與台灣的私生子會面。

西鄉長子名為菊次郎，是「安政大獄」後流放奄美大島時與島上女子所生，之所以取名菊次郎是因為非正妻所生、不具備繼承權之故（非因已有一子在台灣的關係）。菊次郎在西南戰爭曾參軍，為官軍射傷右腳（自膝蓋以下切斷）而向叔父西鄉從道投降。西南戰爭結束後菊次郎進入外務省，之後隨日軍前來台灣，曾擔任台北支廳長和宜蘭廳長（任期四年多），返國後任職京都市長。

❀西鄉漢詩賞析：〈偶感〉

一八七三年（月分不明，推測應是下野之前）西鄉應山形庄內藩士之請，寫下一首漢詩做為墨寶相贈，這首七絕漢詩題為〈偶感〉（或〈偶成〉），是西鄉流傳最廣的漢詩之一。全文如下：「幾歷辛酸志始堅，丈夫玉碎愧甎全。一家遺事人知否，不為兒孫買美田。」部分文字或有出入，但大抵意思如上。西鄉目睹不少薩長志士在維新回天後接受政府賞賜的名位及財富，迷失自我，競逐富貴，喪失維新的精神。有感於此，他寫下〈偶感〉，藉以砥礪自己以及上門求墨寶的庄內藩士，莫因推翻了幕府就志得意滿，忘記身分低賤時堅持的初衷。

❀大河劇《宛如飛翔》

大河劇共有十二部與西鄉相關的戲劇，幾乎只要是以幕末為題材就會出現西鄉，然而西鄉戲分較重的只有一九九〇年的《宛如飛翔》（《翔ぶが如く》）和二〇〇八年的《篤姬》，分別由西田敏行、小澤

京都御所正門——建禮門／洪維揚提供

征悦飾演西鄉。所有飾演過西鄉的角色中大概沒有比西田敏行在噸位上更相襯了，即便在身高上有點落差，實力派演員西田敏行仍被不少觀眾認定是最佳的西鄉詮釋人。

大河劇《宛如飛翔》改編自司馬遼太郎的同名小說，不過遼太郎的原著為文庫本十冊，小說內容歷時的時間卻不到六年，所以小說裡故事進程非常緩慢。遼太郎以將近三冊的篇幅從各個角度談西南戰爭，不時安插該役相關人物的回憶、書信，猶如以解說者身分為讀者講解。對該段歷史感興趣的讀者閱讀起來會感到無比暢快，不過這種書寫方式不大適合搬上銀幕，故此編劇在改編時除原有的《宛如飛翔》，還連同遼太郎以幕末為背景的幾部長短篇小說《最後の将軍》《龍馬行》《きつね馬（狐狸馬，指島津久光）》《酔って候（醉了，指山內容堂）》《花神》《歳月》一起加入戲劇的劇本。如此一來大河劇《宛如飛翔》分為兩部分，第一部分講幕末，由《最後の将軍》等六部小說構成；第二部分為明治初期，由《宛如飛翔》構成。

【與西鄉有關的景點】

* **西鄉隆盛誕生地**：西鄉的出生地（鹿兒島縣鹿兒島市加治屋町）
* **奄美大島**：「安政大獄」後西鄉的流放地，西鄉庶長子菊次郎的出生地
* **沖永良部島**：奄美大島西南方，西鄉的第二次流放地
* **京都小松帶刀邸**：薩長同盟的簽訂地（京都府京都市上京區松之下町）
* **京都御所**：「王政復古大號令」及小御所會議召開地（京都市上京區，地鐵烏丸線今出川站徒步五分鐘）
* **西鄉南洲與勝海舟會見之地紀念碑**：奠下江戶無血開城之局（東京都港區芝）
* **私學校跡**：西鄉下野後成立的學校，西南戰爭時成為薩軍主力（鹿兒島縣鹿兒島市城山町）
* **南洲翁終焉之地碑**：西鄉切腹之地（鹿兒島市城山町）
* **上野恩賜公園西鄉隆盛銅像**：最早的西鄉銅像（東京都台東區）

【紀念館】

* 西鄉南洲顯彰館（鹿兒島市上龍尾町）
* 維新ふるさと館（鹿兒島市加治屋町）
* 尚古集成館（鹿兒島市吉野町）

105

參與第一次世界大戰

向中國提出二十一條

一九一四年七月底奧地利對塞爾維亞宣戰，開啓第一次世界大戰。原本只是奧、塞兩國因種族問題造成的衝突，然而兩國分別爲日耳曼族和斯拉夫族，再加上兩國與歐洲大國間締結的攻守同盟，歐洲主要國家都無法置身事外，於是演變成眞正的「歐洲世界大戰」。

元老井上馨認爲這是對步入大正時代日本國運的「天佑」，可以一掃歐美近年來孤立日本的趨勢。八月二十三日，日本基於日英同盟之誼對德宣戰，不過並非開拔軍隊前往歐洲，而是針對德國在中國的勢力範圍山東省膠州灣以及德國位在南洋諸島的殖民地發動攻擊。在歐陸同時進行東西兩線作戰的德國已經左支右絀，自然不可能增派兵力前來東亞保護膠州灣及南洋諸島，這兩地遂爲日軍占領。

一九一五年一月，中華民國政府要求已經結束戰爭的日軍撤兵，日軍不但拒絕撤兵，當時第二次大隈重信內閣外相加藤高明反向有稱帝野心的中華民國大總統袁世凱提出《二十一條要求》。此時的袁世

井上馨像

凱與幕末時期的井伊直弼面臨同樣抉擇，若不同意就必須與強國開戰，只要開戰幾乎毫無勝算，一旦落敗勢必喪失更多重大權益；但若是同意強國的要求，自己必然成爲千古罪人永受唾罵。由於當時歐洲各國無力顧及東亞，任由日本予取予求，在三個半月的談判期間，袁世凱讓日本同意保留對影響中國最深的第五號，於一九一五年五月九日宣布接受《二十一條要求》一至四號及第五號若干部分，把日本對中國的傷害減至最低，事後袁下令各級學校定五月九日爲「國恥紀念日」。

第一次世界大戰主要參戰國和戰場皆在歐洲，由於戰爭慘烈使軍需用品嚴重不足，日本的製造業、重工業、造船業得以快速成長，歐洲國家在亞洲殖民地市場也一時爲日本接手，造就不少一夕致富的「暴發戶」。大戰帶來的景氣不僅使日本成爲亞洲第一工業大國，更帶來產業升級，成爲亞洲唯一的資本主義國家。

出兵西伯利亞

一九一七年三月（俄曆爲二月），俄羅斯國內在不斷罷工與遊行示威之下發生革命（二月革命），羅曼諾夫王朝被推翻，成立的臨時政權不堪財政負荷而決定退出歐戰。不過二月革命成立後，自由主義者和社會主義者成立的臨時政權無法解決國家面臨的財政問題，俄國革命領袖之一的列寧見狀，領導俄國社會民主工黨布爾什維克派於十一月七日推翻臨時政府（十月革命），建立全世界第一個無產階級專政的政權，以「俄羅斯蘇維埃聯邦社會主義共和國」爲國號（一九二二年後才改爲「蘇維埃社會主義共和國聯邦」，簡稱「蘇聯」）。

這個無產階級專政的政權標榜階級鬥爭、一黨專政，主張世界革命、否定資本主義。一九一八年三月俄國與德國單獨媾和，退出歐戰，德國得以抽調東線兵力全力進攻西線的英、法等國。於是英、美、法、日、義大利、加拿大等資

袁世凱屈從日本外相提出的二十一條要求／三娃繪

本主義國家決定動用武力出兵干涉，希望協助俄國境內的捷克軍團推翻遠東地區的布爾什維克政權，並且幫助俄國白軍重新取得政權，執政後俄國重返東線戰場。

一九一八年八月，聯軍各國達成協議，紛派兵登陸海參崴。惟英、法等國深陷歐洲戰場泥沼，實際派出的軍隊非常有限，日本卻派出多達七萬二千餘名兵力，令聯軍各國質疑其背後用意。至該年十一月日軍已占領俄國在遠東所有港口及西伯利亞鐵路沿線城市，並扶植白軍將領謝苗諾夫控制貝加爾湖到滿州里一帶，成立「外貝加爾地方臨時政府」。

正當日軍在西伯利亞看似節節勝利的同時，第一次世界大戰也在這時結束，各國以大戰結束再無必要留在俄國境內為由撤軍，到一九二〇年六月只剩日本軍別有用心的留在西伯利亞。另一方面，大戰結束使布爾什維克紅軍能全力對付反對勢力白軍，隨著白軍潰敗，日軍在西伯利亞亦漸居於不利局面。同年十一月，謝苗諾夫的白軍政權垮台，日軍不願如打敗仗似的撤兵，繼續扶植親日的白軍政權。隨著紅軍不斷進攻，加上已撤軍的英、美等國開始質疑日軍出兵的真正目的，以及日本國內政黨在議會的指責，日本於一九二二年六月二十三日做出撤兵的決議，到該年十月完全撤出西伯利亞。歷時四年又兩個月、歷經四個內閣（寺內正毅、原敬、高橋是清、加藤友三郎）、耗費將近九億日圓、犧牲五千士兵的西伯利亞出兵，最終毫無所獲。

日本拜第一次世界大戰之賜，為國內帶來持續四年的好景氣，同時也帶動通貨膨脹，西伯利亞出兵使商家出現投機性的囤積米糧，米價攀向前所未有的高峰。這種預期性的投機心理造成「大正**米騷動**」，使得做出西伯利亞出兵決議的寺內正毅首相一個月後為「米騷動」進行內閣總辭。

豆知識　米騷動

一九一八年七月二十三日，富山縣新川郡魚津町四十餘名婦女聚集港口試圖阻止碼頭工人將米運上船舶，雙方拉扯中出現衝突，在出動警察後騷動立即弭平。八月六日，騷動擴及新川郡鄰近幾個町，不過也還局限於富山縣新川郡內。到八月十日搶米風潮擴大到京都市和名古屋市，漸遍及至全國一道三府三十七縣，總計超過百萬人參與。原本認為只要出動警察便能鎮壓下來，到後來卻出動十萬以上的軍隊才在九月十二日以後逐漸平息，前後歷時超過五十日，寺內正毅首相因此辭去首相職位。

106 大正民主時代降臨

第一次護憲運動

一九一二年十二月西園寺公望首相以緊縮財政爲由，拒絕陸軍因應辛亥革命增設兩個師團的提議，第二次西園寺公望內閣的陸相上原勇作陸軍大將運用「帷幄上奏權」向天皇請辭陸相，軍方拒絕提供繼任人選。根據《軍部大臣現役武官制》規定，陸海軍大臣必須由現役中、大將擔任，軍方拒絕提供人選形同阻斷西園寺內閣。知道軍方故意刁難的政友會總裁西園寺，於十二月二十一日率領由政友會組成的內閣總辭。

之後桂太郎第三次出馬組閣，有過兩次組閣經驗的他信心滿滿，爲對抗政友會在議會的勢力，他也萌生組織政黨的念頭。有別於前兩次，此次桂太郎以內大臣兼侍從長身分組閣；內大臣和侍從長都是皇宮內的職務，首相則是內閣職務，同時周旋於皇宮與內閣不僅難以保持公正立場，而且違憲。因此一九一二年十二月二十一日，第三次桂太郎內閣甫成立便遭到政黨以護憲（憲政擁護）爲由要求下台。

於是政友會與對立政黨立憲國民黨攜手成立「憲政擁護會」，以政友會尾崎行雄和立憲國民黨犬養毅爲首，提出「打破閥族，擁護憲政」的訴求，得到國會議員、報社記者、學者、學生熱烈支持。「憲政擁護會」共召開三次大會，參與人數一次比一次多。一九一三年二月九日第三次大會已有兩萬人參與，桂太郎見狀猶想做困獸之鬥，試圖解散議會重新改選，但在元老和衆議院議長勸阻下，內閣於二月二十日總辭。第三次桂太郎內閣只維持六十二日，是日本憲政史上最短命的內閣之一。

第三次桂太郎內閣雖短暫，卻非毫無建樹。桂太郎組織政黨的心願在這次內閣開始運作，桂內閣總辭結束護憲運動，政友會與立憲國民黨又恢復敵對狀態，桂趁機向勢力相對弱小的立憲國民黨招手，再輔以貴族院若干成員成立新黨做爲重返政壇的資本。一九一三年十二月二十三日新政黨結成，定名爲「立憲同志會」，選出第三次桂太郎內閣外相加藤高明（岩崎彌太郎女婿）爲總裁，惟桂太郎已在十月十日辭世未能親睹新政黨成立，「立憲同志會」日後幾經更名改爲「立憲民政黨」，是戰前日本兩大政黨之一。

桂內閣總辭後，元老選出奠定海軍根基的海軍大將山本權兵衛（薩摩）爲繼任首相。山本本人亦是藩閥成員之一，爲博取政黨的好感，上任後修改《軍部大臣現役武官制》，將軍部大臣的任命範圍擴大到預備役和後備役，爲大正民主的出現提供有利條件。

平民宰相登場

山本權兵衛是海軍耆宿，在陸海軍都有一定聲望，被外界看好有望長期執政。然而一九一四年一月發生海軍高官向德國西門子公司索賄的「**西門子事件**」，重創山本內閣形象，政黨立即與之劃清界線，憤怒的民眾包圍國會議事堂，山本權兵衛不得不於三月二十四日負起責任辭去首相。

西園寺公望於一九一三年辭去政友會總裁，選出極富行政能力的原敬擔任第三任總裁。在原敬的領導下，政友會在接下來的大隈重信（第二次）與寺內正毅兩內閣，充當在野監督的角色。一九一八年九月寺內正毅因米騷動而內閣總辭，元老山縣有朋雖屬意從聽命閥藩的官僚中指定繼任人選，偏偏這群官僚均不孚人望而作罷。山縣繼續推薦同爲元老的西園寺公望，西園寺堅辭不受命，山縣無奈只得接受西園寺推薦的原敬組閣。原敬之前的首相人選即便如大隈重信或西園寺公望都是擁有爵位的華族成員，原敬是第一個沒有爵位的首相，故被稱爲「平民宰相」。

九月二十七日原敬正式組閣，除陸相（田中義一）、海相（加藤友三郎）、外相（內田康哉）外，其餘均爲政友會成員，日本正式進入政黨政治時代。原敬內閣面臨許多難題，對外既要爲西伯利亞出兵善後，還要派代表參加巴黎和會商議《凡爾賽和約》；對內則有憲政會（立憲國民黨改組後的名稱）等在野勢力提出廢除財產限制以制訂《成年男子普通選舉法》的訴求。

日本自一八九〇年帝國議會成立以來存在嚴格的財產限制，繳納直接國稅十五圓以上才能享有選舉權和被選舉權（一九〇〇年降爲十圓），參與政治始終只是少數有錢人的特權。隨著日本在一戰期間的好景氣，有愈來愈多人自視爲中產階級，對政治參與產生濃厚興趣，要求廢除財產的限制好方便參與政治。

照理講政友會應感同身受，全力促成《成年男子普通選舉法》的產

豆知識　西門子事件

自明治末期陸海軍分別向德國西門子（Siemens）公司採購軍需用品，海軍甚至連部分軍艦也向西門子採購，由於海軍採購的金額龐大，負責採購的軍官因而出現向西門子索取回扣的情形。一位被西門子解雇的員工盜走日本海軍軍官向西門子公司索賄的文件，德國報紙率先於一九一四年一月二十二日披露。消息傳到日本後被政黨大肆宣傳，致山本權兵衛內閣總辭。

生，然而原敬無意廢除財產限制，僅將繳納直接國稅十圓的門檻調降爲三圓，在野政黨對原敬的做法不滿，原敬則以解散衆議院做爲反擊。一九二〇年五月舉行衆議院改選，有選舉權的人數激增至三百零七萬，政友會依舊取得過半席次。

一九二一年十一月四日，原敬欲前往關西參加政友會大會，在國鐵大塚站爲該站職員中岡艮一以短刀刺殺，當場斃命，享年六十五歲。

二次護憲運動推普選法

原敬死後，藏相高橋是清同年十一月十三日受命組閣並兼任藏相，原敬內閣閣員全部留任，翌日高橋被推選爲政友會第四任總裁。高橋長於財政，對政治並不在行，無法調解政友會內部對立而於一九二二年六月十二日總辭。之後歷經加藤友三郎、山本權兵衛（第二次）兩任短命海軍內閣，西園寺於一九二四年一月推薦時任樞密院議長的貴族院議員清浦奎吾組閣，清浦無視政黨存在，除陸海相外的閣員全部來自貴族院。

衆議院第一大黨政友會認爲清浦首相的作法違反「憲政常道」（政權轉移給在衆議院占多數席次的政黨），打算對內閣投下不信任案。孰料政友會內部反對派領袖床次竹二郎率一百餘名議員出走，另組政友本黨支持清浦內閣，政友會一下子從第一大黨變成少數黨。在樞密顧問官三浦梧棲的斡旋下，政友會總裁高橋是清、憲政會總裁加藤高明、革新俱樂部總裁犬養毅組成「護憲三派」，號召民衆打倒清浦內閣、維持憲政常道、確立政黨內閣制。

一九二四年五月十日進行第十五回衆議員選舉，護憲三派取得二百八十六席（憲政會一百五十一、政友會一百〇五、革新俱樂部三十）過半席次成立護憲三派聯合內閣，由席次最多的憲政會總裁加藤高明於六月十一日組閣。

加藤高明內閣立即針對現有的《衆議院議員選舉法》做出修正，制訂新的《普通選舉法》：只要年滿二十五歲以上的男子，不分社會地位一律擁有選舉權（但不包含成年女性）。《普通選舉法》翌年三月先後在衆議院和貴族院通過，一九二八年二月二十日實施《普通選舉法》通過後的第一次選舉（第十六回衆議員選舉），有選舉權的人數激增至一千二百四十萬人（占總人口百分之二十強），《普通選舉法》的制訂與實施可說是大正民主的成果。不過，加藤高明內閣同時也表現出保守、反動的一面，爲了防止以「變更國體」或「否定私有財產制度」爲訴求的左派政黨進行社會運動，加藤高明內閣在《普通選舉法》通過前先行通過《治安維持法》。

107

裕仁親王攝政

關東大震災

明治天皇和皇后一条美子（昭憲皇太后）沒生下任何皇子，與側室共育有五位皇子及十位皇女，長大成人的只有一位皇子和四位皇女。皇子是明宮嘉仁親王，即大正天皇。

通說大正天皇幼時曾患腦膜炎，中年又罹患腦血栓，有精神方面的疾病，曾在出席帝國議會開院式閱讀詔敕後，將詔敕捲成圓筒狀凝視議員。

一九二〇年大正天皇身體惡化，內大臣松方正義依照《皇室典範》建議原敬首相設置攝政，《皇室典範》規定擔任攝政的第一順位為成年的皇太子或皇太孫，天皇第一皇子迪宮裕仁親王於一九一六年被立為皇太子。

一九二一年，滿二十歲的皇太子結束半年訪歐歸國，十一月二十五日起就任攝政（高橋是清內閣），稱為「攝政宮」。攝政宮代替身體不適的大正天皇行幸大日本帝國領土，包括一九二三年四月十六日到二十七日應第八任台灣總督田健治郎之邀來台視察訪問十二天。

一九二三年九月一日接近中午的十一點五十八分，神奈川縣相模灣西北方約八十公里處發生芮氏規模七點九的地震，此即有名的「關東大震災」。

大地震造成神奈川縣、東京府（戰後才改制為東京都）、千葉縣、埼玉縣、靜岡縣等地共超過十萬五千人死亡或下落不明；建築物全毀超過十萬九千棟，因震災引起大火燒毀的建築物多達二十一萬二千餘棟，估計造成超過十億美元的損失，災情之慘重堪與二戰末期美軍空襲相提。當時臨時代理總理內田康哉（首相加藤友三郎於八月二十四日病逝）九月二日下令東京府災區進行戒嚴，三日戒嚴令及於東京府和神奈川縣。

前所未有的震災造成民眾恐慌和混亂，根據謠言，在日朝鮮人將趁震災四處劫掠和縱火。雖是毫無根據的指控，日本軍、警、憲兵卻以此為由大肆逮捕在日朝鮮人，造成數千名在日朝鮮人喪命；同時趁機逮捕、殺害擾亂治安的社會主義和自由主義指導者，如日本有名的無政府主義領袖大杉榮、伊藤野枝夫婦於九月十六日為陸軍憲兵部殺害。而由於震災的巨額損失導致失業者眾，加上之後內閣處置不當，釀成一九二七年昭和金融恐慌。

關東大震後，淺草凌雲閣傾倒，東京周遭一片狼藉／三娃繪

皇太子大婚及踐祚

攝政宮被立爲皇太子時，便已決定大婚對象爲久邇宮邦彥王第一王女良子女王（後來的香淳皇后），原定一九二〇年六月皇太子元服後舉行大婚，未料一九二一年發生的「**宮中某重大事件**」跌宕起伏成政壇派系鬥爭。之後數年皇太子成爲貴族院皇族議員，加上東宮御學問所學習課業的結束以及就任攝政宮後政務上繁忙之故，皇太子大婚一直延後。

關東大震災舉國哀悼，攝政宮認爲此時氛圍不宜舉行大婚而主動延期。同年十二月二十七日，攝政宮出席帝國議會開院式後，在皇居南邊虎之門（東京都港區虎之門町）坐上皇室專用禮車準備前往下一個目的地，此時混在群衆中的社會主義者難波大助以散彈槍朝攝政宮座車開槍，命中隨侍在旁的東宮侍從長入江爲守。誤以爲得逞的難波逃走過程中爲警察逮捕，翌年十一月因「大逆罪」⑮被判處死刑。當時的首相山本權兵衛當日立即請辭，警視總監湯淺倉平與警視廳警務部長正力松太郎也受波及，遭到懲處免職處分（正力松太郎丟官後收購《讀賣新聞》，成爲該社社長）。

一九二四年一月二十六日，皇太子迪宮裕仁親王終於完成大婚。一九二六年十二月二十五日，體弱多病的大正天皇於葉山御用邸（天皇或皇族的別墅）崩御，得年四十七歲。隨侍在側的攝政宮當日於葉山御用邸踐祚，成爲日本第一百二十四代天皇，依《尚書·虞書·堯典》內文「百姓昭明，協和萬邦」，決定以「昭和」爲新年號，日本史上在位最久的天皇正式登基。

一九二八年十一月十日，繼位近兩年的昭和天皇前往京都御所舉行即位大禮，同時舉行只有一次的「大嘗祭」（天皇即位後的初次新嘗祭），十一月二十一日前往伊勢神宮親自朝拜天照大御神。儘管天皇如此虔誠，昭和初期卻是多事之秋，國內面臨幾波金融恐慌，第一次世界大戰期間累積的資本消耗殆盡，國內不管是政治人物、官僚、財界鉅子、軍人或一般民衆都將矛頭對準國外，認爲唯有放眼國外（特別指中國）才能解決國內矛盾。

豆知識　宮中某重大事件

元老山縣有朋施壓脅迫皇太子辭退與良子女王婚約的事件。良子女王生母為島津宗家家督島津忠義（島津久光長子，成為島津齊彬養子繼承島津宗家）之女俔子。島津家素有色盲基因，山縣以此為由拒絕，認為皇太子若與良子女王大婚會將色盲基因帶進皇室。然而山縣真正用意是不願看見皇室與薩摩的血統結合，不過關係人之一的裕仁皇太子拒絕退婚，立場傾向山縣的貞明皇后也支持皇太子，最終向內閣及媒體發表不會退婚的回覆。此舉令山縣的聲望大跌，山縣歸還元老及爵位的行動雖被慰留，卻從此失去影響力，翌年病逝。

⑮戰前針對天皇、皇后、皇太子有加害的犯罪行為，是戰前最嚴重的罪名，唯一死刑且不得特赦。

近代文學的勃興

近世文學轉型近代文學

維新回天之後，儘管政治上「破舊來之陋習，求知識於世界」，文學創作方面卻未能與時俱進，依舊停留在江戶時代勸善懲惡的窠臼中。進入明治時代後雖有假名垣魯文仿照「化政文化」時十返舍一九的《東海道中膝栗毛》寫成《西洋道中膝栗毛》《安愚樂鍋》等作，此外還有翻譯西洋文學的翻譯小說及自由民權運動時期以鼓吹特定政治思想爲目的的政治小說，前者如川島忠之助翻譯的《環遊世界八十日》，後者如東海散士的《佳人之奇遇》、矢野龍溪（文雄）的《經國美談》，不過這並不能歸類爲近代文學，只能算是啓蒙文學。

一八八五年任教東京專門學校的講師坪內逍遙發表近代文學評論《小說神髓》，該書指出小說的主體在於人情、其次才是世事風俗，主張打破「勸善懲惡」的教條式道德勸說，提倡文學的目的重人情和心理的描寫，爲文學而文學。

二葉亭四迷響應坪內的寫實精神主張，翌年發表《小說總論》，主張書寫的文字必須與口語一致，亦即言文一致的新文體，並以身作則，以言文一致文體發表新作品《浮雲》。

經過十餘年的摸索，到一八九七年日本終於進入近代文學開花期。成立日本最初文學社團「硯友社」的尾崎紅葉發表《金色夜叉》可視爲日本近代文學先聲，《金色夜叉》以才子佳人之間的愛情故事爲主題，是明治中期最受歡迎的小說之一。《金色夜叉》的初試啼聲，爲有志創作的文學青年帶來激勵效果，於是各種題材如雨後春筍般不斷被創作出來，如繼承紅葉浪漫主義的國木田獨步《武藏野》、德富蘆花的《不如歸》、泉鏡花的《高野聖》、樋口一葉的《たけくらべ（比身高）》以及島崎藤村的詩集《若菜集》。

一九〇六年島崎藤村發表《破戒》轟動文壇，翌年田山花袋發表《蒲團》亦受好評，之後還有石川啄木的詩集《一握之砂》，自此日本文壇吹起自然主義風潮。不過自然主義後來卻流爲作家自身體驗的「私小說」如島崎藤村的《春》《家》《新生》，走進了死胡同，於是出現反自然主義文學。

掀起反自然主義文學的是明治末期並稱的文壇巨匠夏目漱石和森鷗外。

熱海海邊的金色夜叉塑像／劉恩綺提供

漱石於一九〇五年發表《吾輩は猫である（我是貓）》一書，幽默的文筆博得好評，之後筆鋒轉爲探討人性，著有《三四郎》《それから（從此以後）》《門》等三部曲。

大眾文學及推理小說潮

一九一三年九月十二日，中里介山於《都新聞》連載長篇時代小說〈大菩薩峠〉，「大衆文學」一詞開始被廣泛使用。所謂的「大衆文學」乃有別於單純追求文學藝術性的「純文學」，代之以社會大衆爲對象的娛樂性，歷史小說、時代小說、推理小說（戰前稱爲「偵探小說」）、科幻小說皆屬此類。〈大菩薩峠〉的成功使得大衆文學在銷售量良好的報紙或雜誌上連載成爲常態，爲作者和報章雜誌創造雙贏。

一九二三年四月，平井太郎以「江戶川亂步」爲筆名在《新青年》發表〈兩錢銅貨〉，使得剛創刊的《新青年》一時間洛陽紙貴，江戶川亂步名聲也扶搖直上。受到鼓勵的亂步於翌年發表〈D坂殺人事件〉和〈心理試驗〉兩篇小說，創造日本史上第一位名偵探明智小五郎，奠定日本推理小說史上無人可出其右的地位。亂步的登場，證明日本人也有撰寫推理小說的能力，不少作家依循亂步的行徑投稿《新青年》，《新青年》遂成爲日本推理小說重鎮，與歷史小說、時代小說鼎足而立，確立在大衆文學無可動搖的地位。

亂步之後，名家輩出，像是甲賀三郎、大下宇陀兒、木木高太郎、小酒井不木、海野十三、小栗蟲太郎、夢野久作、橫溝正史（筆下有名偵探金田一耕助）等名家。隨著推理小說作品增加，也逐漸衍生了分類，甲賀三郎將「純粹追求解謎的樂趣」稱爲「本格」，不符合本格定義的歸類爲「**變格**」，亂步雖堅持本格創作，卻也寫了不少變格作品。時至今日，日本推理小說（也包含深受影響的台灣推理小說）依舊沿用「本格」、「變格」的用語。

不過，隨著昭和初期日本發動全面侵華戰爭，與英、美關係日益緊張。由於推理小說是從英美引介進入日本，故爲日本政府所忌，一九三九年全面禁止推理作家創作，亂步、正史等當時一線推理作家不是配合政策撰寫當局容忍的類型如《捕物帳》等時代推理小說，要不就是封筆以示抗議，這是令人感到甚爲可惜之事。

豆知識　變格

以詭譎氣氛的營造和異於常人的心理為主軸，注重陰森恐怖氛圍的描寫或人物變態心理的刻畫，邏輯推理的過程反而不是那麼重要。變格推理的情節通常構築在怪誕詭異的鄉野傳說、科學幻想上，因此詭異鋪陳往往比最後的情節來得重要。

109 軍部勢力抬頭

—戰敗為止—

昭和兩次恐慌

昭和天皇即位後面臨國內嚴重不景氣，日本在大正初期因第一次世界大戰「天佑」而生產過剩，大戰落幕後歐美列強重回亞洲開始出現不景氣。關東大震災讓東京和橫濱遭受前所未有的嚴重災害，多數產業建設皆被破壞，政府為進行復興，除發行國內公債外亦大舉向外借債，惡性循環的結果引發經濟不景氣。

一九二五年內閣因入超激增之故，不得不實施「金解禁政策」以補救外幣匯率的暴跌，將通貨膨脹改為通貨緊縮，物價立刻大幅下跌。根基薄弱的公司、銀行當即受到影響，在大戰期間業務發展到高峰的鈴木商店一九二七年四月初破產，與鈴木商店有生意往來的眾多銀行也受到牽連，由於鈴木商店取得台灣樟腦油販售權，承辦的台灣銀行成為鈴木商店破產最大受害者。光一九二七年就有三十餘家銀行被迫歇業，許多企業因而倒閉。

當時田中義一內閣的藏相高橋是清，通過「日本銀行實施赤字支出政策」刺激經濟，並貶值日圓，有效紓解昭和金融恐慌帶來的傷害。

一九二九年十月美國紐約華爾街股災席捲全世界，對已開發國家和開發中國家都帶來毀滅性的打擊。略有起色的日本經濟亦無法承受這波經濟大恐慌，從一九三〇年起，生絲輸出和股價受到的影響最巨，當時濱口雄幸（民政黨總裁）內閣藏相井上準之助無法像高橋是清提出完整因應政策，造成國內失業率不斷攀升。這段期間日本東北連年歉收，佃農受害最烈，不僅沒有收成，更無法償還積欠地主的債務，出現不少佃農販賣女兒的現象。

另外，濱口首相任命前首相若槻禮次郎為首席，全權參加一九三〇年四月二十二日於倫敦舉行的《海軍裁軍條約》會議：若槻首席無視出國前海軍軍令部要求的「維持與英、美艦隊七成比率」的主張，逕自向英美妥協，最終簽訂維持六成比率。消息傳回日本引起軍方人物抨擊，認為若槻侵犯統帥權，同年十一月十四日濱口首相在東京車站遇刺，凶手是對簽署屈辱的《海軍裁軍條約》不滿的右翼青年，翌日由外相幣原喜重郎臨時代理總理大臣，但濱口首相傷勢始終不見起色，不得不於隔年四月十四日總辭（八月二十六日逝）。

「昭和金融恐慌」與「昭和恐慌」考驗日本政黨政治危機處理能

力，政黨不只顯出手足無措的窘態，更多次捲入貪汙瀆職、密室協商的醜聞，讓日本民眾唾棄政黨，轉而支持軍方對外擴張的強硬政策。

脫韁的關東軍

護憲三派在推翻清浦奎吾後歧見益深，加藤高明萌生排除政友會和革新俱樂部、改組純粹民政黨內閣的想法。受到刺激的政友會與出走的政友本黨合併，高橋是清在合併後辭去總裁，改由編入預備役的前陸軍大將田中義一男爵出任總裁。昭和金融恐慌發生後，第一次若槻禮次郎內閣無力解決，引咎辭職，元老西園寺公望基於「憲政常道」推舉政友會總裁田中義一組閣，一九二七年四月田中內閣產生。

田中內閣摒棄民政黨主張對英美協調的「**幣原外交**」政策，由田中首相兼任外相。六月二十七日，田中外相於霞關永田町外相官邸召開東方會議，當時正值第一次出兵山東，與會者有外務省次官及駐華使節和軍部次官、軍務局長及關東廳長官，幾乎都是在華事務相關者。東方會議之後據說傳出會議決議的文件《田中奏摺》，究竟是真或是偽造，目前仍無法確定。

一九二七年五月底，面對北伐進展神速的中國國民革命軍，田中首相以維護日本利益及保護日本僑民為由，出動陸海軍前往山東。在蔣介石因一時軍事失利於八月下野後，田中內閣亦於八月二十四日做出撤兵閣議（九月八日撤兵完畢），第一次出兵山東未造成實質的軍事衝突。

一九二八年，中國國民黨完成清黨，結束第一次國共合作，蔣介石繼續揮軍北伐，大敗孫傳芳，連軍閥中兵力最雄厚的張作霖亦不能攖其鋒。眼見山東將為國民革命軍攻克，是年四月日軍再次出兵山東與北伐軍對峙。五月三日日軍以部分國民革命軍襲擊日本僑民為由，與國民革命軍在濟南發生局部衝突，雖未演變為作戰，但在開槍互射過程中造成不少民眾死傷，同時日軍強行進入濟南城內殺害國民黨派來的外部交涉員蔡公時等人（五三慘案）。

蔣介石不願因此事中斷北伐，

豆知識　幣原外交

幣原喜重郎擔任外務大臣期間的外交政策。一九二四年六月，第一次加藤高明內閣的外相就職演說時，說道會尊重華盛頓會議體制，以對英、美進行穩健的協調外交為核心，對華政策則採取不干涉主義，在北方軍閥與南方國民革命軍之間保持中立。從第一次加藤高明內閣到一九三一年十二月第二次若槻禮次郎內閣為止的七年半期間，除田中義一內閣外皆由幣原擔任外相，然而太過著眼於協調外交故被政友會譏諷為「軟弱外交」。

五月五日下令部隊退出濟南繞道北伐，同時分別向日本外務省和日軍司令部進行抗議。但是日本反而增兵，五月九日進攻濟南，是爲第三次出兵山東，五月十一日占領濟南全境，到翌年三月才由南京國民政府與日本政府簽訂協定退兵。

國民革命軍退出濟南後繼續北伐，不久進入河北，奉系軍閥領袖張作霖在與國民革命軍作戰失敗後，不顧關東軍勸阻決定撤軍至關外維持自治。此舉激起關東軍的殺意，六月四日張作霖的專車在京奉（現改名京哈鐵路）、南滿二鐵道交會處皇姑屯站附近爆炸，張作霖當日傷重死去。儘管最初田中首相爲顧及日本在國際上的信用，主張以軍法審判嚴懲嫌犯關東軍參謀河本大作大佐，然在陸軍省強烈反對下未能堅持，最後對外宣稱犯人不明，對河本僅做出行政處分。

田中對軍方妥協，對天皇和反對黨便無法交代。面對天皇的質詢，田中回答與陸軍無關而遭天皇嚴重斥責，惶恐不已的田中於一九二九年七月二日總辭以示負責，不到三個月黯然辭世。

田中義一是繼山縣有朋、桂太郎、寺內正毅後長州軍閥第四位領袖，以他在陸軍的聲望和地位，不應因陸軍省反對便就範。田中內閣總辭後，繼任內閣不再追究炸死張作霖一事的眞相，等於給關東軍一個無形的啓示：事先不用報備內閣，凡事只要先做，內閣就只能事後默認而無需承擔任何責任，觀之關東軍日後種種作爲，不難發現都是遵循此一原則行事，漸漸成爲脫韁野馬。

關東軍找上清遜帝溥儀合作成立滿洲國，但握有實權的是日軍／三娃繪

110 中日十五年戰爭序幕

滿州事變（九一八事變）

炸死張作霖的關東軍未受到任何懲戒，反使得田中義一首相下台，關東軍從此奉行先製造事件、事後再強逼內閣承認的信條。繼承張作霖的張學良不受關東軍指揮，於一九二八年底降下北洋政府五色旗、升上南京國民政府青天白日滿地紅旗，蔣介石政權至此完成形式上的統一。

繼河本大作後成爲關東軍高級參謀的板垣征四郎大佐，與關東軍作戰參謀石原莞爾中佐密謀在南滿鐵道瀋陽以北柳條湖一帶埋下炸藥，計畫炸掉附近的鐵路。一九三一年九月十八日晚上十點多，柳條湖無故爆炸，關東軍在案發現場發現中國士兵軍服便一口咬定是中國所爲，立即與在附近待命的板垣征四郎會師朝東北軍北大營開火。

由於蔣介石先前下令對日採取不抵抗政策，張學良的東北軍多數被抽調至關內用在剿匪及其他軍事行動上，當日軍對瀋陽發動攻擊時又因爲不抵抗政策，使得有城郭優勢且兵力多於日方的東北軍不戰而退，瀋陽遂爲日軍占領。事變隔天，時任朝鮮軍司令官的林銑十郎陸軍中將，未得內閣指示擅自下令所轄的朝鮮派遣軍進入滿州，故被譏爲「越境將軍」。

當時民政黨成立的第二次若槻禮次郎內閣對於關東軍行動事先一無所悉（事實上連關東軍司令官本庄繁陸軍中將也是事後才被板垣等人通知），攻下瀋陽的消息傳到東京後，內閣召開緊急會議商討對策。陸軍大臣南次郎大將強調關東軍的行動屬於自衛行爲，外務大臣幣原喜重郎則對關東軍的行動迅速抱持懷疑，想尋求外交途徑和平解決，內閣最後作出「不擴大戰線」結論。不過板垣、石原等人並不理會內閣告誡，繼續在滿州擴大戰線，一九三二年二月攻克北滿州中心哈爾濱。滿州事變不到半年，關東軍將幾有日本本土兩倍大的滿州（不包含熱河）納入版圖。對此，第二次若槻禮次郎內閣及之後的犬養毅內閣完全無法制止不受控制的關東軍，只得事後追認。

一九三二年一月，國際聯盟（簡稱「國聯」）派出英國人李頓伯爵爲主的調查團，前來中國調查中日兩國在上海與滿州爭端的始末。一九三二年十月二日發表調查報告，報告指出柳條湖附近鐵路是日本自行炸毀，基於自衛行爲而導致一連串軍事行動的說法並不成立，**李頓調查團**調查期間成立的滿洲國亦不被承認爲主權獨立的國家。李頓調查團的調查報告令日本非常不滿，一九三三年三月二十七日退出國聯，從此於國際社會孤立。

王道樂土滿洲國

一九三一年十一月八日，奉天特務機關長土肥原賢二陸軍大佐製造「天津事件」，將七年前被趕出紫禁城流落天津日租界的清朝末代皇帝溥儀祕密引渡到東北去。翌年二月十六日關東軍找來前清遺臣召開東北政務會議，決定在滿州境內建立傀儡政權，定名「滿洲國」，由已退位的溥儀擔任最高執政，日本人以顧問身分掌控滿洲國實權。三月一日，滿洲國發表〈建國宣言〉，提出日、朝、滿、蒙、漢五族協和，共同建立王道樂土的國家爲主旨。因此最高元首非皇帝而是「執政」，由溥儀就任滿洲國首任執政（一九三四年改稱皇帝），定都長春（三月中旬改名新京），年號「大同」。

滿洲國成立，六月十四日日本眾議院進行決議予以承認，日本並指定關東軍司令官武藤信義陸軍大將爲駐滿洲國大使。一九三三年二月二十四日，國聯對於李頓調查團的報告書進行表決，最終以四十二票對一票（日本）通過，除認定滿州事變是日本自導自演外，還指稱滿洲國是日本參謀本部授意成立、非滿州人民基於民族自決原則，做出日本應退出滿州的結論。日本首席全權松岡洋右對國聯表決結果表示不能接受，當場退席，三月底日本發表退出國聯的通知。

中美洲薩爾瓦多是日本除外，世界上最先承認滿洲國的國家。一九三六年十一月納粹德國與日本簽訂《防共協定》，義、德及其附屬國家相繼承認滿洲國。

滿洲國雖號稱「王道樂土，五族協和」，實際上五族協和從未落實過。日本將滿洲國視爲解決日本龐大人口壓力的移民地，至二戰結束前一年的統計，計有一百六十餘萬日本人移民滿州，在一定程度上紓解日本國內人口的壓力。

一九三四年三月一日，滿洲國建國周年，溥儀由執政改稱號爲皇帝，同時年號改爲「康德」，於新京舉行登基典禮。國號也從滿洲國改爲「滿洲帝國」，日本期望它能成爲和南京國民政府及蘇聯之間的緩衝國。

人物通　李頓調查團

滿州事變翌日，南京國民政府電令中國駐國聯代表施肇基請國聯派員來滿州調查真相，同年十二月國聯才通過派出調查團的決議。一九三二年一月底成立調查團，由英、法、美、德、義五國各派一名代表組成，以英國代表李頓為團長，故稱「李頓調查團」。

111

昭和維新

血盟團暗殺事件

昭和初年的兩次恐慌除造成農村荒廢和嚴重失業問題外，也讓民衆看清政界腐敗及與財團的勾結，民間瀰漫對政黨政治的不信任。在這種普遍對政黨及財團厭惡的氛圍下，群馬縣出身的日蓮宗僧侶井上日召號召有改革意願的熱血青年於一九三一年組成右翼組織「血盟團」，以激進的全面國家改造計畫爲訴求，認定政黨領袖和財團鉅子俱是爲追求個人私慾而漠視國防及民生福利的罪大首惡。他鎖定西園寺公望、犬養毅、牧野伸顯（大久保利通次子，時任內大臣）、幣原喜重郎、若槻禮次郎、鈴木喜三郎（司法官僚，之後的政友會總裁）、德川家達（貴族院議長）、伊東巳代治、井上準之助（日本銀行總裁、藏相）、團琢磨（三井合名理事長）、池田成彬（後來的日銀總裁、藏相）等二十餘名財政界重要人物，號召血盟團成員「一人一殺」，效法幕末時期的天誅行動。

一九三二年二月九日，前藏相兼民政黨幹事長井上準之助在衆議院議員選舉爲同黨同志進行造勢演說時爲血盟團員近距離槍擊，送醫途中不治。同年三月五日團琢磨在東京日本橋三井本館爲血盟團員以手槍狙擊，當場死亡。兩位財、政界呼風喚雨的人物遭到暗殺，當時的犬養毅內閣自然不會坐視不管，取締血盟團。井上日召及包含兩件暗殺事件的凶手等十四名成員在內被捕，井上和兩位凶手雖只判處無期徒刑，卻阻斷血盟團後來的「一人一殺」計畫。

五・一五事件

之後以海軍青年將校爲主，以陸軍士官候補生和民間人士如大川周明、橘孝三郎及其創立的愛鄉塾塾生爲輔，繼續血盟團未竟的暗殺計畫。五月十三日敲定整個暗殺計畫，預定兵分四路分兩階段行動，第一組襲擊永田町總理大臣官邸，第二組襲擊高輪泉岳寺附近的內大臣官邸，第三組襲擊芝公園一帶的政友會本部，第四組前往赤坂三菱銀行投擲炸彈。各別行動完成後會合，前三組成員襲擊位在霞關的警視廳，第四組則破壞六處供應東京電力的變電所。

五月十五日傍晚五點半左右，第一組由海軍率領九名成員闖入首相官邸朝首相開槍，犬養毅當天夜裡傷重去世。除此之外第二、三、四組成員的行動均未達到預期目標，第二批行動襲擊警視廳和破壞變電所行動也未能得逞，儘管如此，這些年輕軍官、士官候補生和民間人士仍依事前約定前往憲兵隊本部自首。

除殺害犬養首相外，其餘行動均未收到成效，與計畫預期的目標落差甚大。此舉卻被當時厭惡政黨政治的民眾形容爲「猶如走出吉良宅邸前往高輪泉岳寺的赤穗義士」，大受讚揚，被捕後不少民眾主動聯署要求法院從輕判刑，法院在受到極大壓力下，最後符合民意做出輕判。

五‧一五事件後政友會選出鈴木喜三郎爲第七任總裁，元老西園寺有意推薦鈴木爲繼任首相，此舉遭到陸軍反對，認爲此時若再成立政黨內閣恐將又出現類似暴力事件。西園寺不願接受陸軍提議的司法官僚平沼騏一郎，但他也意識到政黨政治無以爲繼，遂支持作風穩健的海軍大將齋藤實（當時已退役）組成**「舉國一致內閣」**。齋藤實內閣的成立，象徵大正中期以來建立的憲政常道（即「政黨政治時代」）落幕，由於對五‧一五事件輕判給青年軍官帶來極大的鼓舞，埋下幾年後二‧二六事件的伏筆。

豆知識　舉國一致內閣

指內閣制國家在面臨戰爭或非常時期，國內停止政治鬥爭，成立跨黨派聯合內閣以赴國難。對日本而言，日清戰爭期間的第二次伊藤博文內閣、日俄戰爭期間的第一次桂太郎內閣以及五‧一五事件後的齋藤實內閣、岡田啟介內閣，均是舉國一致內閣。

二‧二六事件

一九三四年初，齋藤實內閣大藏次官黑田英雄被爆出接受帝國人造絹絲株式會社贈與事件的醜聞，中島久萬吉商工大臣和鳩山一郎文部大臣亦被指出與「番町會」這一財界組織過從甚密，因而遭到起訴。齋藤實內閣七月八日總辭，退役的海軍大將岡田啓介拜受大命組閣。

昭和初期，陸軍內部分裂爲兩派互相對立（如左表所示）。

一九三五年七月，皇道派的眞崎甚三郎教育總監莫名被免職，原本積怨已深的兩派尤更雪上加霜。八月十二日，皇道派相澤三郎中佐公然於白晝在陸軍省軍務局長永田鐵山的辦公室裡殺害永田局長做爲

皇道派	提倡天皇親政進行國家改造（實施昭和維新）、對外與實施共產主義的蘇聯對決的稱為「皇道派」，犬養毅內閣陸軍大臣荒木貞夫陸軍中將、教育總監真崎甚三郎陸軍中將是這派核心人物。
統制派	透過陸軍大臣以合法姿態實現政治目的、與列強對抗將日本建設成「高度國防國家」的稱為「統制派」，陸軍省軍務局長永田鐵山陸軍少將、陸軍省軍事調查部長東條英機陸軍少將是該派核心。

報復。雖然如此，皇道派猶不滿足，在視爲右翼理論指導者北一輝的著作《日本改造法案大綱》影響下，一九三六年二月二十六日清晨四點左右，村中次郎、磯部淺一、野中四郎、安藤輝三、栗原安秀、香田清貞、中橋基明、丹生誠忠等青年軍官（當時官階多爲中尉）率領近衛師團步兵第三聯隊、第一師團步兵第一、第三聯隊近一千五百名士兵打著「尊皇討奸」旗幟襲擊首相官邸、赤坂高橋是清藏相官邸、四谷齋藤實內大臣私邸、荻窪渡邊錠太郎教育總監私邸、麴町鈴木貫太郎侍從長官邸及神奈川縣湯河原牧野伸顯前內大臣下榻旅館。結果高橋藏相、齋藤內大臣、渡邊教育總監當場斃命，鈴木侍從長負傷，岡田首相和牧野前內大臣僥倖逃過一劫。之後村中等

軍人攻擊內閣的二二六事件，促使日本走向軍權主義／三娃繪

人率軍前往警視廳，占領警視廳大樓。

村中等人在案發後以電話向眞崎甚三郎大將、本庄繁大將（時任侍從武官長）等陸軍省高級將領報告政變經過。不久數名軍官前往陸軍省會見陸相川島義之陸軍大將，要求陸相儘速進宮上奏陛下，並要求川島陸相接受他們提出的以下條件：一、逮捕宇垣一成大將、南次郎大將、小磯國昭中將、建川美次中將；二、罷免林銑十郎中將、橋本虎之助近衛師團長（陸軍中將）；三、任命荒木貞夫大將爲新任關東軍司令官；四、開除根本博大佐、武藤章中佐、片倉衷少佐以促進軍中派系之純正。

本庄繁大將在天未亮進入皇居通報天皇。此外遇襲宅邸的僕人、書生也透過電話通報內大臣祕書長木戶幸一侯爵（木戶孝允之孫）、宮內大臣湯淺倉平男爵、貴族院議長近衛文麿公爵、西園寺元老的祕書原田熊雄等人，於是他們立即聚會商討事宜，向天皇提出建議。

早上九點半，川島陸相進宮晉見天皇，宣讀村中等人的請求及提出的條件，川島建議天皇先成立新內閣以穩定民心。天皇震怒將村中等人指爲反叛，指出除非鎭住叛亂，否則不同意成立新內閣，並從二十七日起宣布東京地區進入戒嚴狀態。

二月二十八日，陸軍省迫於天皇壓力決定調動近衛師團鎭壓叛軍，村中等人原本認爲襲擊首相在內的官員是出於對天皇的忠心，沒想到天皇卻要出兵鎭壓他們，一時間失去負隅頑抗的勇氣。二月二十九日，在NHK的廣播下，叛軍士兵紛紛離去，中午過後村中等軍官放棄抵抗，結束二·二六事件。

三月開始進行審判，歷時五個月，同年七月做出判決：首謀村中次郎等十六名軍官以叛亂罪進行槍決，理論指導者民間人士北一輝及其弟子西田稅亦處叛亂罪槍決，其餘處無期徒刑和六年到一年半有期徒刑者近三十人，統制派趁機清除了皇道派。

三月九日，西園寺元老推薦外交官廣田弘毅組閣，陸軍大臣寺內壽一（寺內正毅之子）大將立即恢復《軍部大臣現役武官制》以杜絕政黨政治復活的可能，不久日本便走上法西斯軍國主義的道路。

112 中日全面戰爭

近衛文麿內閣登場

廣田內閣成立後，先於是年（一九三六年）五月恢復《軍部大臣現役武官制》，接著十一月二十五日與納粹德國簽訂《防共協定》（翌年十一月擴及至義大利），德、義、日三國軸心逐漸成形。廣田內閣雖對日本法西斯化的形成至爲關鍵，該內閣卻受陸相寺內壽一在國會議事堂「**切腹問答**」不當發言之累，不得不於一九三七年一月二十三日總辭。繼任的是有「越境將軍」之稱的後備役陸軍大將林銑十郎，這個內閣存在四個月，毫無作爲而黯然下台，接著組閣的是貴族院議長近衛文麿公爵。

近衛家是自古以來具有擔任攝政．關白資格的五攝家筆頭，家世僅次於天皇家，不僅西園寺元老，連軍部、政黨、民眾也都對他抱持深切期待，期待近衛組閣能改變日本當下的困境。第一次近衛文麿內閣於六月四日成立，一個多月後發生「蘆溝橋事變」，演變爲中日全面戰爭。儘管近衛首相在事變後立即宣布「不擴大方針」，可是近衛的不擴大主張搖擺不定，陸軍統制派軍官反而蓄意擴大戰線向華北增兵，不只擴及至北平、天津，八月以後更將戰線轉移至長江下游的南京、上海等地，明顯違背「不擴大方針」。

「蘆溝橋事變」以來，日本政府認爲只是一連串片面的軍事衝突，爲避免受到國際輿論譴責，並未正式向南京國民政府宣戰，因此日本將「蘆溝橋事變」以降到太平洋戰爭爲止的中日軍事衝突，慣稱爲「支那事變」，太平洋戰爭後才改稱「日中戰爭」（一九四一年十二月八日以後的部分仍稱爲「太平洋戰爭」）。

儘管蔣介石七月十七日在盧山發表義正嚴詞的聲明，北平、天津這兩座華北最重要的城市仍相繼於七月底失守。八月十三日中日於上海另闢戰場（淞滬會戰），共投入約百萬大軍，國民政府軍隊在武器裝備和素質上與日軍相去甚遠，但憑著

豆知識　切腹問答

一九三七年一月二十一日，政友會眾議院代議士濱田國松在國會議事堂發言「軍人不應干政，以軍隊統帥的身分進行政治深具危險」。此番發言被寺內壽一陸相認為有辱軍人，當下要求濱田道歉。濱田卻回以：「可以查速記記錄，如果我的發言內容有侮辱軍隊，我切腹，如果沒有，你切腹。」爾後「切腹問答」導致議會休會，寺內最終並未切腹，反致廣田內閣總辭。

守土有責的滿腔熱血，硬是與日軍僵持將近三個月。在日軍優勢火力轟擊下，國軍漸感不支，十一月十日蔣介石撤出上海，國軍在慌亂撤往杭州、南京的過程中有部分被日軍追上殲滅，平時軍紀不佳的部隊亦趁亂大肆劫掠。

盧溝橋七七事變引發中日全面戰爭／三娃繪

十一月十二日上海市區失守，日軍重新整軍準備進攻國民政府首都南京，蔣介石嫡系部隊在淞滬會戰損失慘重，國民政府覺得守住南京頗有困難，十一月二十日正式通告遷都重慶。

防衛南京的是擔任首都衛戍司令長官一級上將唐生智，他非蔣介石嫡系，黃埔系將領並不聽從他的調度指揮，另外防衛兵力有不少是先前淞滬戰役退守的部隊，不僅裝備不佳，且剛遭遇敗仗，士氣相當低落，在這種情況下唐生智要戍守南京有一定難度。十二月十一日起南京城光華門、雨花台、紫金山相繼爲日軍攻陷，敗退的國軍在潰敗途中無法嚴守紀律出現劫掠行爲，攻下南京城的日軍將領亦無法嚴格約束沉浸在喜悅中的部隊，淪陷後的

南京城居民遂成爲雙方軍隊宰殺的對象，此即「南京大屠殺」（「南京大虐殺」）。※

近衛聲明與國家總動員法

當日本一九三七年下半年攻下北平、天津、上海、南京四座中國最近代化的城市而舉國歡騰之際，近衛首相突於一九三八年一月十六日發表「帝國政府爾後不以國民政府爲對手」的〈第一次近衛聲明〉。蔣介石遷都重慶表達長期抗戰的決心，近衛首相明白與中國談和結束戰爭已成破局，因此提出近衛聲明不再與國民政府交涉。不過，〈第一次近衛聲明〉使當時部分不看好能長期進行中日戰爭的日本軍方將領透過德國駐華大使陶德曼謀求調停的可能性宣告破滅，使日本陷入長期戰爭泥沼，近衛之罪過不可謂不大。

十一月三日近衛首相發表〈第二次近衛聲明〉，表明中日戰爭的目的在於日・滿（滿洲國）・支（支那，指中國）三國互相提攜、建設東亞新秩序。接著十二月二十二日近衛首相發表〈第三次近衛聲明〉，內容爲日・滿・支三國善鄰友好、共同防共、經濟提攜。不到一年內近衛發表三次聲明，除第一次聲明有明確切中要點外，近衛首相似已忘記日本正與國民政府作戰的事實，淨發表不切實際的聲明，難怪西園寺元老氣急敗壞地說他一點也不明白近衛首相的言論。

在第一、第二次近衛聲明期間，大藏大臣賀屋興宣與企畫院革新官僚正在制訂總攬國家一切資源的《國家總動員法》。該法全文五十條，主要內容爲國民必須接受政府的統治管理運用在軍事國防上，國家所有物資包括食物、能源、設備、器材、電力等資源都受到政府的管理與分配，政府可以不經過議會表決強行剝奪人民的出版和言論自由。

《國家總動員法》的頒布等於把日本變爲極權國家，被視爲左派的「社會大衆黨」（一九三二年七月全國勞農大衆黨與社會民衆黨合併）竟率先贊同，反倒是主流政黨「立憲政友會」大力反對，然在對中國戰爭的時局壓力下以及近衛本身的聲望和陸軍的推動下，於一九三八年三月二十四日在議會通過，四月一日公布，五月五日即刻實施。

※作者按：南京大屠殺到底有多少民衆受害，迄今依然只有估計的數量。追究潰敗的國軍殺的多、或是以勝利者姿態入城的日軍殺的多，對受害者及其家屬並無實質彌補作用，唯有記取歷史教訓永遠不再讓類似事件上演才是對死者最大告慰。

113 邁向太平洋戰爭

成立大政翼贊會

《第三次近衛聲明》發表不到兩週，進入一九三九年後第一次近衛內閣總辭，之後歷經平沼騏一郎（樞密院議長）、阿部信行（後備役陸軍大將）、米內光政（前聯合艦隊司令長官、海軍大將）三個短命內閣。平沼騏一郎內閣時陸軍曾贊同與德國、義大利簽訂三國防共協定強化版「三國同盟」，海軍以加入德、義陣營便是與英、美為敵之理由反對。就在平沼首相因陸海軍意見不同舉棋不定時，德國突然於一九三九年八月二十三日與蘇聯簽訂《德蘇互不侵犯條約》，滿臉錯愕的平沼首相留下「歐洲情勢複雜奇怪」的話語後總辭。

九月一日德國進攻波蘭，揭開歐戰序幕。由於德國閃電戰術奏效，至一九四〇年六月攻占法國巴黎為止，占領大部分歐陸，陸軍與德、義簽約結盟的主張得到輿論與民眾支持成為主流，陸軍授命陸相辭職使米內光政內閣因缺少陸相人選總辭。同年七月二十二日，組閣大命再次降臨近衛文麿身上。

第二次近衛內閣成立後，近衛首相提出「要趕快搭上巴士」的口號，火速派出松岡洋右外相前往德國首都柏林，於九月二十七日與德國、義大利簽訂瓜分世界的《三國同盟條約》，並且與德國簽訂軍事同盟。近衛文麿再次組閣前政壇上已瀰漫「新體制運動」的呼聲，左派的社會大眾黨率先響應，接著政友會的中島知久平派和久原房之助派、立憲民政黨和分裂出來的國民同盟及最右派的國粹政黨東方會等政黨紛紛解散，以實際行動認同「新體制運動」主張。

近衛內閣簽署《三國同盟條約》後，加上既有的《國家總動員法》，日本正朝「高度國防國家」邁進。「新體制運動」推展以來，日本政黨幾乎全部解散（唯一未解散的是日本共產黨，不過在戰前該黨屬非合法政黨），議會功能癱瘓。為此近衛首相聽取幕僚意見，將解散的各政黨集合起來，成立一無以前政黨吵雜對立歧見、卻又聽命於己的類政黨組織，讓該組織進軍議會發揮抑制軍方的功能，不讓內閣受軍方把持。

十月十二日新組織成立，名為「大政翼贊會」（翼贊為「輔佐」之意，多半針對天皇），近衛首相自任總裁。一九四二年四月底舉行第二十一回眾議院議員選舉（戰爭結束前最後一次選舉），由於少了其他政黨勢力做對手，大政翼贊會在四百六十六席次中輕而易舉摘下三百八十一席，日本自帝國議會實施以來從未有單一政黨在議會占有過如此多席次。大政翼贊會始終沒能發揮在議會的優勢對軍方構成壓力，這應與近衛之後的首相皆出身軍人有關，反倒是該次眾議院大選後大政翼贊會相繼成立諸如「日本文學報國會」、「大日本產業報國會」、「農業報國聯盟」、「商業報國會」、「日本海運報國團」、「大日本婦人會」、「大日本青少年團」等附屬機構。這些機構與大政翼贊會同樣無法對軍方構成壓力，卻變相成為統制民眾行為舉止的特務組織。

攀登新高山

日本自明治建軍以來「北進」與「南進」主張並進，「北進」乃陸軍提倡，主張占領滿州，以俄國（十月革命後改為蘇聯）為假想敵；「南進」乃海軍提倡，主張占領台灣，以英、美為假想敵。日本在日清、日俄兩役先後將南進、北進兩派主張的目標納入版圖，固然為南進、北進政策的發展取得優勢，不過同時南進、北進及守衛日本本土都需要相當兵力，對當時尚未完成資本主義的日本國力實為一大負擔。

「支那事變」已進入第四年（一九四〇年），戰爭結束仍遙遙無期，日軍想藉由阻斷外國軍援以徹底瓦解國民政府的作戰意志，趁德國攻下巴黎後於同年九月占領整個法屬印度支那（包含越南、寮國、柬埔寨）。日本占領法屬印度支那未讓蔣介石動搖，反倒引起美國猜忌，近衛首相無意與美國開戰，任命與當時美國總統羅斯福有深交的前外相（阿部信行內閣）野村吉三郎海軍大將為駐美大使，與美國國務卿赫爾進行交涉。

德軍在法國投降後開始轟炸英倫三島，歷時一年未能迫使英國投降，一九四一年六月二十二日撕毀《德蘇互不侵犯條約》從東線進攻蘇聯。儘管當時第二次近衛內閣的松岡洋右外相與蘇聯簽訂中立條約，日本也想趁德、蘇開戰之際進軍西伯利亞報諾門罕一箭之仇，七月二日召開**御前會議**決定同時南進北進。於是東條英機陸相從七月七日起下令大動員，在一個多月的時間內關東軍兵力從原來二十五萬左右擴增至近八十萬。這個被稱為「關東軍特種演習」（簡稱「關特演」）的軍事行動，堪稱明治建軍以來最大規模的軍事演習。

七月十八日，近衛首相撤換對美強硬的外相松岡洋右，改組內閣若干閣員成立第三次近衛內閣。當時軍方已傾向與英美作戰，九月六日天皇在御前會議朗誦明治天皇在日俄戰爭前夕的御製和歌（見三二九頁），表達迴避對美戰爭的希望，可是近衛內閣與美國的交涉始終沒有進展，在諸方壓力下不得不於十月十六日總辭。

近衛內閣陸相東條英機旋在十八日成立新內閣，面對當時「ABCD包圍網」（A指美國，B乃英國，C是中國，D為荷蘭）的壓力，十一月五日第七次御前會議作出「十二月上旬對美國、英國、荷蘭開戰」的結論。

十一月二十二日，聯合艦隊第一航空艦隊司令長官南雲忠一海軍中將集結第一航空戰隊的「赤城」·「加賀」、第二航空戰隊的「蒼龍」·「飛龍」、第五航空戰隊的「瑞鶴」·「翔鶴」（以上皆為航空母艦），於千島群島擇捉島中部單冠灣待命。十一月二十六日早上八時，第一航空艦隊在南雲忠一海軍中將一聲令下，從單冠灣出發朝夏威夷前進，途中只要與美國交涉有所進展，南雲中將便率艦隊返回。

十二月一日，聯合艦隊司令長官山本五十六海軍大將上京拜謁天皇。當天第八次御前會議中，東條首相決意對英、美、荷開戰，次日下午海軍軍令部對聯合艦隊發出偷襲美國在太平洋海軍基地珍珠港的電報。電報內容只有寥寥數字：「攀登新高山一二〇八。」此處「新高山」指偷襲珍珠港，「一二〇八」是日軍偷襲行動的日期。

美東時間十二月七日下午兩點二十分（夏威夷時間為早上八點五十分，日本時間為十二月八日早上四點二十分），日本駐美大使野村吉三郎海軍大將偕同特命全權大使來栖三郎向赫爾國務卿遞交〈向英美宣戰詔書〉，此時已是南雲忠一中將率航空艦隊轟炸珍珠港一小時後的事。令美國氣結的並非美軍在珍珠港的損失（該役損失對美國國力微不足道），而是日本以偷襲方式引戰的卑劣手段。

從這一天起，「支那事變」擴大為大東亞戰爭（二戰結束美軍占領日本期間，統一將「大東亞戰爭」正名「太平洋戰爭」）。中國的辛苦抗日作戰終為世界列強認同及讚賞，紛紛給予實質上的援助，蔣介石也趁機與美英等國站在同一陣線，對日、德、義等軸心國宣戰。

豆知識　御前會議

廣義指天皇出席的會議，狹義則指戰爭（特別是二戰）期間天皇與元老（當時元老僅存西園寺公望，因為健康因素從未出席過）、重臣、內閣閣員、軍部首腦召開針對戰爭的會議，從一九三八年一月至一九四五年八月共召開十五次，一九四四年八月起改稱「最高戰爭指導會議」。參加成員計有：天皇、首相、各省大臣、樞密院議長、樞密院顧問官、參謀總長與次長、軍令部總長與次長、宮內大臣。天皇在御前會議大多不發一語，只有在一九四一年九月六日（第六次）及一九四五年八月十四日（第十五次）決定接受〈波茨坦宣言〉才有發言記錄，這是天皇在戰後免於淪為戰犯的原因之一。

114 戰爭結束

戰局急轉直下

日軍偷襲珍珠港後，也出兵馬來半島、菲律賓、香港、緬甸。日軍進攻這些地方皆與珍珠港一樣不宣而戰，加上英、美、荷等國主力擺在歐洲，面對日軍突如其來的進攻顯得驚慌失措，到一九四二年四月中旬，上述各地幾乎皆為日軍掌控，日軍取得極豐碩的戰果。

日軍為鞏固中太平洋領海權，甫於五月結束珊瑚海海戰的南雲忠一海軍中將參與偷襲珍珠港的主力「赤城」．「加賀」．「蒼龍」．「飛龍」四艘航空母艦、兩艘戰艦（「榛名」．「霧島」）和輕巡洋艦一艘（「長良」）、重巡洋艦兩艘（「利根」．「筑摩」）、驅逐艦若干及將近三百架飛機，投入占領夏威夷西北方的中途島，打算再次複製珍珠港的戰果。可是此時美軍已成功破解日本海軍密碼（日本直到戰爭結束都蒙在鼓裡），在中途島附近海面布下天羅地網以逸待勞等待聯合艦隊到來。

中途島海戰歷時四日（六月四日至七日），低估美軍國力的南雲中將在中途島遭到全軍覆沒的打擊，四艘航空母艦沉沒，飛機折損（包括備用機）共三百三十餘架，讓率領美國太平洋艦隊總司令尼米茲上將取得「難以置信的勝利」，還取得太平洋的制海、制空權，戰況呈現對美國有利的局面。

之後美軍在太平洋上讓日本陷入苦戰，特別是三次所羅門海戰和瓜達爾卡納爾島戰役，為保住被切斷補給線的瓜島，日軍投入大量人力物力。然而美軍穩紮穩打，步步反攻，到一九四三年二月日軍不得不「轉進」（撤退之意）。

進入一九四三年，局勢對日軍依舊不樂觀，該年三月阿圖島（阿

太平洋戰爭海戰進程

1941年12月	偷襲夏威夷珍珠港、馬來亞海戰
1942年5月	珊瑚海海戰
1942年6月	中途島海戰
1942年8月至1943年11月	所羅門海戰
1942年8月至1943年2月	瓜達爾卡納爾島戰
1944年6、7月	塞班島玉碎戰
1944年10月	雷伊泰灣海戰
1945年2、3月	硫磺島戰
1945年3月至6月	沖繩登陸戰

留中群島最西端）之戰，日軍首次出現「玉碎」（不投降全員戰死），此後「玉碎」成爲太平洋上日軍作戰的常態。一九四四年七月九日，馬里亞納列島中的塞班島爲美軍攻下，日本本土進入美軍B-29轟炸機（又稱爲「超級空中堡壘」）空襲範圍內，此後美軍開始空襲日本本土，二十二日東條英機內閣在輿論壓力下，爲塞班淪陷負起責任總辭。

後備役陸軍大將、前朝鮮總督小磯國昭與同爲後備役海軍大將米內光政，於七月二十二日成立小磯．米內聯合內閣（米內擔任海相）。塞班淪陷代表日本「絕對國防圈」已被美軍突破，爲了避免讓美軍進入「本土國防圈」南境沖繩，聯合艦隊集結所有剩餘船隻，搭配僅存的飛機於一九四四年十月二十日在菲律賓民答那峨島西北方雷伊泰島進行史上最大規模海戰。

由於日本在先前戰役喪失多數優良飛行員，此戰聯合艦隊雖仍有爲數衆多的船艦，但缺乏飛機保護，使得噸數龐大的戰艦淪爲美機標靶，像耗費巨資興建的超弩級戰艦**武藏**（超過七萬兩千噸排水量，當時與「**大和**」號稱世界第一）在雷伊泰海戰未發一砲便爲衆多魚雷及飛機投擲的炸彈命中，永眠於呂宋島東南方西布延海。

進入一九四五年，B-29轟炸機頻繁空襲日本本土，東京在一九四四年十一月十四日以後共遭到一〇六次空襲，以三月九日至十日這次爲例，一共出動三百三十四架次B-29，投擲超過兩千噸燒夷彈，當場造成八萬三千餘人死亡、超過十萬人燒傷、超過百萬人無家可歸，將近四十一平方公里的東京市區被炸毀。除東京外，名古屋、大阪、神戶、姬路、福岡、岡山、仙台都遭受過空襲，連殖民地台灣也曾被空襲若干次，到防空洞躲空襲是今日台灣老一輩的兒時回憶。

豆知識　大和・武藏

一般提及「大和」、「武藏」兩艦是指超弩級大和型戰艦（同型只有這兩艘），若以艦名來看則為第二代大和艦和第三代武藏艦。第二代大和艦於一九三七年十一月四日在廣島縣吳海軍工廠動工，一九四〇年八月八日下水，一九四一年十二月十六日竣工。完工後編入聯合艦隊第一艦隊，一九四二年二月取代戰艦長門成為聯合艦隊旗艦。第二代大和艦雖號稱「大日本帝國海軍史上最大戰艦」，但是該艦幾乎未曾為聯合艦隊立過功勞，一九四五年四月七日在鹿兒島縣外海坊之津為美軍擊沉。第三代武藏艦於一九三八年三月二十九日於三菱重工長崎造船所建造，一九四〇年十一月一日下水，一九四二年八月五日竣工。與大和艦同樣擁有世界空前口徑四十六公分巨砲（大和三門、武藏九門），該艦自動工日起便列為極度機密，連完工後的下水典禮也對民眾保密。一九四三年二月取代大和成為聯合艦隊旗艦，一九四四年十月二十四日在西布延海為美軍擊沉。

一九四五年四月七日，美軍登陸沖繩，本土國防圈受到威脅，加上透過汪精衛南京政權重要人物繆斌與重慶國民政府和平交涉失敗，小磯內閣總辭，改由二．二六事件時遭狙擊受傷的前侍從長鈴木貫太郎組閣。

接受波茨坦宣言

負責守衛沖繩的陸軍第三十二軍軍長牛島滿陸軍中將，手中只有七萬餘兵力，加上其他部隊在內有十一萬餘，面對登陸沖繩的十八萬餘美軍（未登陸的有三十餘萬包圍沖繩近海，切斷所有來自海上、空中的補給），人力、物力的差異不是光靠精神念力就能扭轉改變，他不認為日軍有擊退美軍的能耐，能做的只有延緩美軍推進速度。

儘管戰前勝負已定，美軍在進攻沖繩的過程依舊吃足苦頭，登陸後費時逾二個半月才完成沖繩作戰（六月二十三日結束），犧牲兵力多達一萬兩千餘名，是美軍在太平洋戰場上單一戰役之最，最後連指揮官巴克納陸軍中將也陣亡，戰況之慘烈不難想像。日軍則是從牛島滿陸軍中將以下，包含第三十二軍參謀長長勇陸軍中將在內共有超過九萬人「玉碎」，此外由於政府大肆醜化美軍，確定美軍占領沖繩後不少當地居民跳海自盡，導致多達十二萬餘名非戰鬥人員死亡和下落不明，上述資料在在顯示沖繩作戰的慘況。

沖繩作戰期間傳來德國投降消息，軸心國如今只剩日本孤軍作戰，軍方不願面對可能性極大的敗戰事實，打算在日本本土進行決戰，喊出「一億玉碎」的口號。當時日本不僅後備役徵召殆盡，連「**學徒出陣**」的範圍也擴大到只剩東京帝國大學法學部不予徵召，「一億玉碎」其實就是要全民皆兵，要全國民眾都投入戰爭對抗美軍登陸。

七月二十六日，美國總統杜魯

豆知識　學徒出陣

二戰中期以後因兵源不足，年滿二十歲高等教育的文學部、農學部及部分理學部在籍學生放棄就學、投筆從戎的行為。第一回學徒入兵於一九四三年十月二十一日在明治神宮外苑競技場由東條首相、岡部長景文相親自主持，共有約七萬名學徒走向戰場。隨著日本戰局吃緊，徵召「學徒出陣」的次數愈趨頻繁，後來連丙等體格（肺結核病患除外）也被徵召，徵召範圍包含當時為日本殖民地的台灣、朝鮮，以及滿洲國和其他日本軍占領地。這些學徒施以幾個月軍事訓練後就派往戰況吃緊的戰場（太平洋諸島嶼）上，大多數隨同正規日本軍與美軍作戰「玉碎」。戰後匯集出陣學徒書寫的遺書手稿，出版數冊《きけ　わだつみのこえ　日本戰沒學生の手記》，先後於一九五〇年及一九九五年以《きけ、わだつみのこえ（聽！海神的聲音）》之名拍成電影。

門、英國首相邱吉爾及蘇聯中央委員會總書記史達林在德國首都柏林郊外波茨坦市，舉行處理剛投降的德國以及日後日本投降該如何處置的會議，會後三人聯名發表公告，由於當時蘇聯尚未對日本宣戰，故以蔣介石簽名形式發表。〈波茨坦公告〉要求日本政府「立即宣布所有日本武裝部隊無條件投降」（是「日本武裝部隊」而非「日本」無條件投降），規定日本主權只限定於本州、北海道、四國、九州及其附近小島，且預告日本投降後將會被盟國占領，直到「領導日本人民使其妄欲征服世界之威權及勢力永久剔除」、「戰爭人犯處以法律之裁判、消除阻止日本人民民主趨勢之復興及增強的障礙」以及「日本製造戰爭力量已毀滅，並有確定可信之證據」時方解除占領。

七月二十八日鈴木貫太郎首相召開內閣會議，就是否應接受〈波茨坦公告〉發表意見，內閣閣員無一人同意接受，鈴木首相於三十日對外發表對〈波茨坦公告〉不予置評。美國對鈴木首相言論解讀爲「拒絕」之意，杜魯門總統遂向軍方下達投擲新式武器原子彈的指令。八月六日早上八點十五分，在廣島市上空約一萬公尺之處，一架B-29轟炸機往下投擲名爲「小男孩」的原子彈，原子彈爆炸產生的

長崎原爆雲

蕈狀雲當場奪去七萬人性命，到該年結束爲止約有十萬人因爲種種併發症病逝。

八月八日蘇聯正式對日宣戰（史達林在雅爾達會議承諾於德國投降後三個月內對日宣戰，德國五月八日投降，八月八日是期限最後一天），八月九日上午十一點○二分B-29轟炸機在長崎市上空投下名爲「胖子」的原子彈，有十四萬餘人當場死去。

兩顆原子彈在短短數日內奪去超過二十萬人性命，儘管軍方態度依舊強硬，但日本民眾已經失去作戰意志。八月十日召開的「最高戰爭指導會議」（一九四四年八月起「御前會議」改名「最高戰爭指導會議」），昭和天皇在和戰與否的兩派角力中，毅然決然下達接受〈波茨坦公告〉的「聖斷」（天皇的決斷）。八月十五日正午，日本全國各地電台播放天皇錄製的「終戰詔書」廣播（「玉音放送」），大多數日本人從未聽過天皇眞正聲音，而且天皇使用的宮廷用語對大多數日本人來說過於艱深，加上當時錄音機性能拙劣，實際上聽懂天皇廣播內容的寥寥無幾。儘管如此，每個日本人都知道廣播內容必定與結束戰爭有關。雖然日本民眾對結束戰爭不一定都抱持相同的感受（有憤怒、有生氣、有悲痛，但更多的應該是如釋重負），待廣播結束後都出現哭泣反應，在人類史上，成千上百萬之眾同時哭泣，這大概是絕無僅有的一次。不管如何，歷時八年（或十五年）的戰爭終於在這一刻畫下句點。

明治時期

	內閣	任期	內閣總理
1	第一次伊藤內閣	1885年12月22日～1888年4月30日	伊藤博文
2	黑田內閣	1888年4月30日～1889年12月24日	黑田清隆
3	第一次山縣內閣	1889年12月24日～1891年5月6日	山縣有朋
4	第一次松方內閣	1891年5月6日～1892年8月8日	松方正義
5	第二次伊藤內閣	1892年8月8日～1896年9月18日	伊藤博文
6	第二次松方內閣	1896年9月18日～1898年1月12日	松方正義
7	第三次伊藤內閣	1898年1月12日～1898年6月30日	伊藤博文
8	第一次大隈內閣	1898年6月30日～1898年11月8日	大隈重信（憲政黨）
9	第二次山縣內閣	1898年11月8日～1900年10月19日	山縣有朋
10	第四次伊藤內閣	1900年10月19日～1901年6月2日	伊藤博文（立憲政友會）
11	第一次桂內閣	1901年6月2日～1906年1月7日	桂太郎
12	第一次西園寺內閣	1906年1月7日～1908年7月14日	西園寺公望（立憲政友會）
13	第二次桂內閣	1908年7月14日～1911年8月30日	桂太郎
14	第二次西園寺內閣	1911年8月30日～1912年12月21日	西園寺公望（立憲政友會）

大正時期

	內閣	任期	內閣總理
15	第三次桂內閣	1912年12月21日～1913年2月20日	桂太郎
16	第一次山本內閣	1913年2月20日～1914年4月16日	山本權兵衛
17	第二次大隈內閣	1914年4月16日～1916年10月9日	大隈重信
18	寺內內閣	1916年10月9日～1918年9月29日	寺內正毅
19	原內閣	1918年9月29日～1921年11月13日	原敬（立憲政友會）
20	高橋內閣	1921年11月13日～1922年6月12日	高橋是清（立憲政友會）
21	加藤友三郎內閣	1922年6月12日～1923年9月2日	加藤友三郎
22	第二次山本內閣	1923年9月2日～1924年1月7日	山本權兵衛
23	清浦內閣	1924年1月7日～1924年6月11日	清浦奎吾
24	加藤高明內閣	1924年6月11日～1925年8月2日 1925年8月2日～1926年1月30日	加藤高明（憲政會）
25	第一次若槻內閣	1926年1月30日～1927年4月20日	若槻禮次郎（憲政會）

昭和時期

	內閣	任期	內閣總理
26	田中義一內閣	1927年4月20日～1929年7月2日	田中義一（立憲政友會）
27	濱口內閣	1929年7月2日～1931年4月14日	濱口雄幸（立憲民政黨）
28	第二次若槻內閣	1931年4月14日～1931年12月13日	若槻禮次郎（立憲民政黨）
29	犬養內閣	1931年12月13日～1932年5月26日	犬養毅（立憲政友會）
30	齋藤內閣	1932年5月26日～1934年7月8日	齋藤實
31	岡田內閣	1934年7月8日～1936年3月9日	岡田啟介
32	廣田內閣	1936年3月9日～1937年2月2日	廣田弘毅
33	林內閣	1937年2月2日～1937年6月4日	林銑十郎
34	第一次近衛內閣	1937年6月4日～1939年1月5日	近衛文麿
35	平沼內閣	1939年1月5日～1939年8月30日	平沼騏一郎
36	阿部內閣	1939年8月30日～1940年1月16日	阿部信行
37	米內內閣	1940年1月16日～1940年7月22日	米內光政
38	第二次近衛內閣	1940年7月22日～1941年7月18日	近衛文麿
39	第三次近衛內閣	1941年7月18日～1941年10月18日	近衛文麿
40	東條內閣	1941年10月18日～1944年7月22日	東條英機（大政翼贊會）
41	小磯內閣	1944年7月22日～1945年4月7日	小磯國昭（大政翼贊會）
42	鈴木貫太郎內閣	1945年4月7日～1945年8月17日	鈴木貫太郎（大政翼贊會）
43	東久邇宮內閣	1945年8月17日～1945年10月9日	東久邇宮稔彥
44	幣原內閣	1945年10月9日～1946年5月22日	幣原喜重郎（日本進步黨・日本自由黨）
45	第一次吉田內閣	1946年5月22日～1947年5月24日	吉田茂（日本自由黨・日本進步黨）

美國占領期間進行民主改革，
剷除軍國主義元素、解除武裝，
日本恢復獨立後以發展經濟為立國根基，
相當於日本史上昭和時代中、
後期及平成時代。

伍

戰後民主篇

昭和時代（戰後）

一九四六年，天皇發表「人間宣言」，實施戰後首次眾議院選舉，東京大審展開
一九四七年，施行《日本國憲法》
一九五〇年，韓戰爆發
一九五二年，《舊金山和約》生效，簽署《中日和約》
一九五四年，日本自衛隊成立
一九五五年，自民黨成立，與社會黨形成兩黨政治
一九五六年，恢復日蘇邦交
一九六〇年，《日美新安保條約》掀起安保鬥爭。同年九月發表「國民所得倍增計畫」
一九六四年，舉辦東京奧運
一九六八年，GNP排名世界第二，成為僅次美國的第二大經濟國
一九七〇年，大阪萬國博覽會
一九七二年，沖繩返歸日本領土。同年與中國發表《日中共同聲明》，進入邦交正常化

平成時代

一九九一年，泡沫經濟崩毀，進入「失落年代」
二〇〇三年，派遣自衛隊投入伊拉克戰爭
二〇一五年，再掀「安保鬥爭」群眾運動

115 美軍占領下的民主改革

—戰後—

麥克阿瑟的占領政策

日本尚未投降的一九四五年六月，美國已制定「戰後初期對日政策」做爲戰後占領日本的施政方針。「戰後初期對日政策」由最終目的、盟軍權利、政治及經濟四部分組成，「最終目的」規定對日占領政策所要達到的兩項終極目標：一、確定日本不再成爲美國以及世界和平安全的威脅；二、最終建立負責任的和平政府，亦即尊重他國權利、支持聯合國憲章理想和原則所顯示之美國目的的政府。爲實現兩項最終目的，美國占領軍實行剷除日本軍國主義的非軍事化政策：（一）解除日軍武裝；（二）解散軍事機構；（三）廢除軍事法令；（四）禁止生產武器、彈藥、軍艦、飛機及軍需物資；（五）審判戰犯；（六）解散軍國主義團體；（七）整肅曾積極鼓吹和執行侵略戰爭的軍國主義成員，不許他們任公職並在政黨及社會團體、新聞出版界和財政界任職。上述政策在美軍開始統治日本後積極落實。

天皇「玉音放送」當日，完成使命的鈴木貫太郎內閣總辭，在內大臣木戶幸一與樞密院議長平沼騏一郎推薦下，皇族出身的陸軍大將東久邇宮稔彥王八月十七日成立日本史上唯一的皇族內閣。東久邇宮是活躍幕末的中川宮朝彥親王九男，娶明治天皇第九皇女聰子內親王爲妃，與天皇姻親身分和陸軍大將頭銜，是解決日本前所未有敗戰局面的最適人選（東久邇宮曾暫時兼任陸軍大臣）。

東久邇宮首相爲避免天皇被追究戰爭責任，提出「一億人總懺悔」口號，堅決維護天皇制，並主張不應讓昭和天皇退位（「國體護持」）。九月二十七日昭和天皇前往美國大使館會晤麥帥，兩人留下一幀歷史性合影，照片中的麥帥身著軍裝，一臉輕鬆；天皇則穿著禮服，神情呆滯，兩者呈明顯對比。日本各報無不將此一歷史性照片置於頭版，並打算在二十九日早報刊登兩人談話過程。對東久邇宮首相而言，公開天皇個人談話及天皇與麥帥合影有損他「國體護持」的內閣方針，

昭和天皇與麥克阿瑟合影
／攝於 1945 年

因而透過內務省於二十八日深夜發出緊急指令禁止發售翌日報紙。

東久邇宮內閣的作風，與標榜自由民主的GHQ（General Headquarters，盟軍最高司令官總司令部）相悖，在GHQ施壓下東久邇宮內閣不得不收回成命。十月四日GHQ發布《關於廢除對政治、公民、宗教自由限制的備忘錄》，要求日本政府立即釋放包含日本共產黨在內的所有政治犯、廢除特高⑯和《治安警察法》《治安維持法》等法令，並解除對政治、民權及信仰自由的一切限制。這一備忘錄嚴重衝擊東久邇宮內閣的國體護持方針，在自知自己終將成爲美國占領軍推行改革的障礙，東久邇宮首相次日辭職。

木戶幸一內大臣向天皇推薦戰前主張對華採取「協調外交」的外交官幣原喜重郎爲繼任首相，幣原早年曾任駐美大使（一九一九至一九二二），華盛頓會議時爲日本全權代表，以對英、美協調聞名國際，麥帥最希望這種親英美派出馬組閣。

十月十日，幣原首相走馬上任後的第二天，釋放包括日共領導人德田球一、荒畑寒村、志賀義雄在內共十餘名政治犯，此舉得到以麥帥爲首的GHQ高度讚賞。十一日幣原首相主動拜訪麥帥，麥帥基於「戰後初期的對日政策」，口頭上提出日本民主化五大指令：（一）解放婦女並賦予參政權；（二）獎勵成立工會；（三）學校教育民主化；（四）廢除祕密審判的司法制度；（五）經濟機構民主化。

保留天皇制

一九四五年九月昭和天皇主動提出與麥帥會面，會面過程中天皇提到日本掀起大戰的戰爭責任固然要追究，責任全在一己身上，所有文武百官均由天皇任命，因此他們不必爲這次戰爭負責。此外天皇還提到自己將來會如何並不重要，但希望盟國對於飽受戰爭之苦的日本國民能盡量給予援助。

天皇的這番話讓麥帥深受感動，他在回憶錄提到就他所知的各種事實不應將戰爭責任歸咎天皇身上。天皇勇於承擔責任的態度，令他骨髓都爲之震動，站在他面前的天皇儘管身形矮小，但從個人人格方面來說，卻是日本的最佳紳士。儘管麥帥回憶錄不少部分被認爲過於誇大失真，興許麥帥還有出自現實面的考量，但最終他不但排除英、蘇等國提議，倡言保留日本天皇制度，還力主不應將天皇視爲戰犯，甚至連甚囂塵上要天皇退位的主張也不爲麥帥所動。連同這次在內到一九五一年四月麥帥被杜魯門總統解職爲止，兩人共進行十一次會談，建立極深厚的友誼基礎。

一九四六年元旦天皇發表由幣原首相以英文起草，經祕書官及文相翻譯潤飾後的「人間宣言」，該宣言開頭提到明治天皇頒布的〈五條御誓文〉，然後要日本人民依循此誓文貫徹和平主義、建設新日本。重點在最後面提到：天皇與日本民衆之間的紐帶，始終依循相互間的信賴敬愛結合，非單純依神話傳說而產生；也就是說並非基於天皇爲現御神，且日本國民亦非較其他民族優越之民族，而得有支配世界命運之架空觀念。

「人間宣言」頗有ＧＨＱ與日本政府聯合演出的意味，發表後麥帥立即表示贊同之意，似乎暗示ＧＨＱ最終將定調保留天皇制。「人間宣言」只否定天皇絕對君主神格及日本國民爲優越民族，並接受和平主義而已，避而不談天皇的戰爭責任。

日本國憲法與東京大審

除保留天皇制及避免使天皇淪爲戰犯外，日本政府另一大問題是修改憲法至能爲ＧＨＱ接受的程度。近衛文麿國務大臣於十月四日ＧＨＱ發布備忘錄的同時，拜訪麥帥。麥帥指示由近衛負責進行憲法修改任務，不久東久邇宮內閣總辭，新成立的幣原內閣任命國務大臣松本蒸治兼任憲法問題調查委員會主任（十月二十五日成立），近衛的修憲工作遂爲松本取代。

一九四六年二月一日，松本國務大臣將修正過的草案刊登在《每日新聞》上，對於《明治憲法》賦予天皇的權利幾乎原封不動保留，只有「天皇神聖不可侵犯」改爲「天皇至尊不可侵犯」，以及「天皇統帥陸海軍」改爲「天皇統帥軍隊」這樣的程度，當然不爲ＧＨＱ接受。由於麥帥已決意保留天皇制，因此天皇在新憲法的地位必須是象徵性虛位元首，只是幣

東條英機接受東京大審／三娃繪

原首相和松本國務大臣始終看不清日本所處地位。幾經折衝後，麥帥指示的憲法修正案先後於眾議院、貴族院、樞密院通過，同年十一月三日公布，翌年五月三日施行（貴族院、樞密院、宮內省於新憲法實施前一日廢止）。《日本國憲法》全文共十一章一〇三條，國民主權、基本人權的尊重、**和平主義**是新憲法三大要素，末者更是世界各國憲法所無。

一九四五年九月六日GHQ發表〈有關初期投降政策的聲明〉已明確指示要審判和處罰戰犯，從九月十一日逮捕前首相東條英機陸軍大將起，迄十二月六日止，分四次逮捕多達一百二十九名戰犯（近衛文麿、杉山元等四名在逮捕前自盡，實際逮捕人數爲一百二十五名）。戰犯在戰時的身分除軍方將領外，還包含政壇官員、外交官、財政界領袖。

一九四六年五月三日成立「極東國際軍事裁判」開始審判戰犯，至一九四八年十一月十二日判決確定，將以下二十八人列爲A級戰犯（松岡洋右和永野修身在審判期間病故，大川周明因精神狀態不起訴，實際只有二十五人）：荒木貞夫、板垣征四郎、梅津美治郎、大島浩、岡敬純、賀屋興宣、木戶幸一、木村兵太郎、小磯國昭、佐藤賢了、重光葵、島田繁太郎、白鳥敏夫、鈴木貞一、土肥原賢二、東鄉茂德、東條英機、橋本欣五郎、畑俊六、平沼騏一郎、廣田弘毅、星野直樹、松井石根、南次郎、武藤章。十二月二十三日執行死刑，板垣、木村、土肥原、東條、廣田、松井、武藤七人被判處絞首刑，東鄉二十年有期徒刑，重光七年有期徒刑，其餘十六人均爲無期徒刑。

豆知識　和平主義

《日本國憲法》第二章為「放棄戰爭」，這一章只有第九條，其全文為：日本國民衷心謀求基於有正義與秩序的國際和平，永遠放棄以國家主權發動的戰爭和武力威嚇或行使武力做為解決國際紛爭的手段。為達到前項目的，不保持陸海空軍及其他作戰力量，不承認國家的交戰權。

一九四五年十月起，尙有對軍國主義者進行公職追放（褫奪公職），凡主張軍國主義、國家主義，參與極端的國家主義團體、恐怖暴力或祕密愛國團體及大政翼贊會、翼贊政治會、大日本政治會的有力分子，均在公職追放名單。一九四六年五月二十二日幣原內閣總辭，原本應由第一大黨日本自由黨總裁鳩山一郎（戰前眾議院議長鳩山和夫之子）組閣，孰料他突然被列爲公職追放名單，鳩山不得已將政權交由外交官僚出身的政治素人吉田茂，爲戰後政黨鬥爭增添幾許佳話。

⑯「特別高等警察」的簡稱，專門以逮捕無政府主義者、社會主義者、共產主義者及其他否認國家存在的政治警察。

116

占領政策大轉彎

社會黨短暫執政

吉田茂生父是自由民權運動主將板垣退助的心腹竹內綱，子女衆多的竹內綱將甫出生的五男過繼給長期資助的盟友吉田健三當養子。吉田茂於帝大法學科畢業通過外交官考試進入外務省，歷任天津、奉天總領事及駐瑞典、義大利、英國等大使，是外交官出身的前輩牧野伸顯之女婿。

一九四二年二月日本攻下新加坡，當全國沉浸在連串勝利喜悅時，吉田茂卻認爲此時是結束戰爭的好時機，加上他與岳父都是立場鮮明的親英美派，因此在終戰當年四月被憲兵隊逮捕下獄。這般資歷反倒在戰後受惠，先後擔任東久邇宮內閣和幣原內閣外相。一九四六年四月十日戰後首次衆議員選舉，贏得勝利的鳩山一郎出身戰前政友會，繼承父親人脈成爲政友會實力者，運用戰前人脈成立日本自由黨並任該黨總裁。

曾任田中義一內閣書記官長之資歷，使鳩山遭到GHQ公職追放處分。爲了不讓社會黨奪去政權，鳩山將總裁及首相職務讓給吉田，約定只要公職追放解除，吉田須歸還政權。戰前吉田是派駐在外的外交官，在政界毫無人脈，只好將幣原喜重郎的進步黨以及戰前官僚和若干學者拼裝組成第一次吉田內閣。第一次吉田內閣面臨的重要課題，與其說是社會黨、協同黨、共產黨左派聯合陣營，倒不如說是嚴重的糧食危機使民衆將希望寄託在左派聯合陣營，誠如吉田茂自己所言，這次內閣「始終處於困境中」。

一九四七年四月二十五日舉行戰後第二次衆議員選舉，片山哲領導的日本社會黨成爲第一大黨，先後組成以日本社會黨爲主的片山哲、蘆田均兩屆內閣。兩屆內閣均不足一年辭職，蘆田均更捲入戰後首宗收賄事件「昭和電工疑獄」下台。一九四八年十月十五日，吉田茂率領新成立的民主自由黨（吸收鳩山一郎的日本自由黨與蘆田均的民主黨而成立）組成第二次吉田茂內閣，開啓爾後吉田茂六年又一個半月的長期執政。

日本再武裝

一九五〇年六月二十五日，金日成在蘇聯和中共支持下突然率領朝鮮人民軍越過三十八度線，企圖藉由軍事力量快速統一南北韓。朝鮮人民軍銳不可擋，不過三天攻下南韓首都漢城（現改稱首爾），除東南隅外席捲全境，聯合國決議派遣由十五國組成的聯合國軍前往朝鮮半島。

九月十五日麥帥指揮聯合國軍在仁川登陸，十天後收復漢城，在杜魯門總統同意下越過三十八度線直搗北韓首都平壤。大軍集結半島東南隅欲一舉消滅南韓的朝鮮人民軍不及回防，十月十九日麥帥攻下平壤，持續往鴨綠江推進。此時建國剛滿周年的中共打著「抗美援朝」口號，由彭德懷率領名爲中國人民志願軍（彭任該軍司令兼政委）渡過鴨綠江，到隔年六月十日爲止對聯合國軍發動五次大會戰。大抵而言，兵力上絕對優勢的中國人民志願軍五次會戰均立於不敗之地，惟雙方犧牲均極慘重，因此從一九五一年六月到一九五三年七月二十七日於板門店簽訂停戰協定爲止，雙方僅見零星戰鬥，不復有大規模會戰。

韓戰爆發，杜魯門總統立即指示美國海空軍派遣第七艦隊（司令部位在神奈川縣橫須賀港）協防台灣海峽以嚇阻中共武力犯台。同時，被任命聯合國軍司令部最高司令官的麥帥致函吉田首相（第三次吉田內閣），要求他建立七萬五千人直屬內閣府的警察預備隊（一九五二年十月改名「保安隊」），並擴增八千人的海上保安廳（一九四八年成立，主要任務爲海難救助、交通安全、防災及環境保全、治安維持，類似台灣的海巡署，一九五二年四月擴編爲「海上警備隊」）。八月一日，成立管轄警察預備隊及海上保安廳的保安廳，爲訓練警察預備隊及海上保安廳，GHQ不得不解除部分舊日皇軍軍官的整肅，由他們擔任訓練工作。

一九五一年四月十一日凌晨，杜魯門總統無預警解除麥帥一切職務，包括駐日盟軍總司令和聯合國軍司令部最高司令官。一般認爲麥帥被解職不完全是戰場上的敗仗，乃因他公開批評杜魯門政策。四月十五日是麥帥在日本最後一個星期日，天皇不顧勸阻赴GHQ訪問麥帥，翌日麥帥在羽田搭機離開駐留長達五年七個多月的日本。

如果說第一次世界大戰是日本免於陷入國際孤立的天佑，那麼韓戰就是解救日本經濟困境的另一次天佑。因地利之便，日本成爲十五國近六十萬盟軍的補給基地，盟軍所需物資及服務（所謂的「韓戰特需」）訂單源源不絕，使得二戰結束後日本幾乎被毀滅的生產力受到刺激，戰前軍需工業更因此復甦。而且美國爲首的盟軍都是以美金支付，日本因而在短期內累積龐大外匯，到一九五一年底貿易已由赤字轉黑。

韓戰爆發讓日本僅以十年便恢復到戰前最高生產水準，一九五六年內閣發表的經濟白皮書，宣告日本已進入安定成長期，「戰後」一詞走入歷史。不過韓戰後，保安隊及海上警備隊卻保留下來，一九五四年七月保安廳更名「防衛廳」（二

○○七年一月升格防衛省），保安隊改組爲「陸上自衛隊」，海上警備隊改組爲「海上自衛隊」，並新成立「航空自衛隊」。

改組後的自衛隊不僅在亞洲各國，在日本國內也引起非難：自衛隊的成立有無違反憲法第九條日本「不保持陸海空軍及其他作戰力量」的規定？隨著自衛隊人數擴增、武器精進以及國防預算年年攀升（截至二〇一五年日本戰力排名全球第四），使得亞洲曾受日本侵略的國家無不對這妾身未定的防衛組織心懷恐懼。

日本的黑霧

GHQ最初占領日本的目的在於剷除日本軍國主義，杜絕日本再度武裝的可能性，故只要是戰前反對軍國主義的組織或人物，戰後就會受到GHQ重用或赦免，如吉田茂和日共。不過隨著美蘇對立加溫，美國對日政策亦有所調整。

一九四九年一月中共解放軍進入北平，國共內戰戰局逐漸對中共有利，GHQ擔心已成爲合法政黨的日共藉機響應中共，推翻日本現有體制，因此採取巧妙方式引導日本民眾對日共產生排斥抗拒。一九四九年七月起陸續發生下山事件、三鷹事件、松川事件，在GHQ主導下，司法未能有效偵破案件，反而引起重重疑雲。⑰

此外，GHQ還積極改善日本的經濟。一九四九年二月GHQ經濟顧問道奇抵日，制定「**道奇路線**」穩定日本經濟，五月通知遠東委員會十一個國家中止對日本提出賠償要求。GHQ的對日政策，至此已轉變爲促進日本經濟自立、防止共產主義在日本蔓延及壯大爲目標。

韓戰爆發後，GHQ於七月二十四日進行逮捕日共幹部的行動，日共書記長德田球一被迫流亡中國，日共再度淪爲非法政黨。由於大舉整肅戰前日本政治人物，GHQ深恐日本社會黨趁此一舉攻占日本政壇，再次成立社會黨內閣，從十一月起陸續解除整肅處分，部分被處有期或無期徒刑的戰犯如重光葵、東鄉茂德提前釋放，日本重獲獨立看來只是時間問題。

⑰ 一九六〇年松本清張將美國占領期間發生數件懸而未解的事件寫成報導文學《日本的黑霧》，以推理方式試著解決事件，並交代事件發生的背景。

豆知識　道奇路線

目的在於解決日本的通貨膨脹及財政赤字問題。道奇首先決定日圓對美元單一匯率為一美元兌換三百六十日圓，進出口商品遵循這統一匯率而擴大日本進出口貿易，為戰後以貿易立國的日本奠定基礎，使日本經濟既可與世界聯繫，又能從屬於美國。加上韓戰特需的大量需求，日本的經濟能力迅速恢復到戰前水準。

117

舊金山和約

舊金山和約及安保條約

韓戰過程中，日本充分展現出地理位置的重要性。韓戰進行後不久，美國國務卿顧問杜勒斯（一九五三年一月起爲國務卿）在麥帥尙未被解職前，與吉田茂首相進行關於恢復日本獨立的會談。杜勒斯代表美國立場要求日本重整軍備，除可避免本身遭受共產勢力入侵外，也可減輕美國負擔；吉田茂則以重整軍備非僅違反憲法，也會招致國內外反對，不過更直接原因爲重整軍備是重建中的日本經濟無法負荷的重擔。

杜勒斯堅持日本重整軍備，必然招致蘇聯等共產國家及亞洲曾遭受日本侵略國家的抗議，因此美國傾向單獨對日媾和。吉田首相想讓日本的獨立得到世界各國承認，另一方卻又想美國庇護在傘下，讓日本得以全力發展經濟。經過數次折衝交涉，日本終於在一九五一年九月四日於美國舊金山與五十二個國家召開和會，受日本侵略最深的中國因國民黨敗退台灣，爲避免節外生枝，中華民國與中華人民共和國都不在受邀名單內。九月八日日本排除蘇聯、波蘭、捷克三個與會的共產國家，與其他四十九國在媾和條約上簽字，代表日本簽字的是國民民主黨（保守政黨之一，一九五二年二月併入改進黨）最高委員長苫米地義三。

簽完媾和條約，吉田首相續與美國代表國務卿艾奇遜、杜勒斯等四人簽訂《美日安全保障條約》（簡稱《安保條約》）。《舊金山和約》與《安保條約》皆於一九五二年四月二十八日生效（同日在台灣簽訂《中日和約》，正式終止兩國間戰爭狀態），根據前者，日本將琉球群島、小笠原群島等北緯二十九度以南的小島（包含釣魚台列島）無限期交由美國託管；而根據後者，美國鑑於東亞安全，擁有在日本國內駐軍及使用軍事基地的權利，未獲美國同意，日本不得讓第三國擁有同等權利。

《舊金山和約》確定日本的領土範圍，使得日本在戰後與附近國家存在北方四島（與蘇聯）、竹島（與南韓）、釣魚台列島（與中華民國）等三

吉田茂

處領土爭議；《安保條約》則是危害日本主權完整，允許美國駐軍日本國內以及使用日本機場和港口，無異於幕末時期與歐美各國簽訂的不平等條約。兩約既爲日本帶來獨立與和平的企求，也埋下日本民眾及亞洲各國對日本政府的不滿。

打倒吉田政權

一九〇五年，第一次桂太郎內閣的小村壽太郎外相以戰勝者之姿，風光離開日本赴美國朴茨茅斯議和，回國時慘遭民眾在日比谷公園痛罵喪權辱國；二戰結束日本遭到毀滅性的破壞，本土也前所未有爲外國勢力占領，然而吉田首相在一九五一年九月十四日返回日本，在羽田機場受到民眾萬歲歡呼聲的歡迎，代表吉田首相聲望達到顛峰。撫今追昔，想想外交界前輩和自己天差地別的待遇，吉田首相內心應有萬千感慨。

如果吉田首相在聲望最高點時從政界引退，留給日本民眾將是永恆的敬意與無限的懷念。吉田首相原本似乎有意在日本恢復獨立後，拱手讓出首相寶座給預定八月六日解除整肅的鳩山一郎，不過鳩山六月十一日因腦溢血造成半身不遂，吉田首相在回憶錄提及去探望鳩山後打消歸還政權的念頭，認爲不應由一個連行走都有困難的病患主持國政。姑且不論吉田首相是出於本心認爲鳩山不適合出任首相或是出自對權力的戀棧，日本恢復獨立後吉田繼續擔任首相乃不爭的事實。

不僅如此，第二次吉田茂內閣期間（一九四八年十月十五日至一九四九年二月十六日）吉田首相便已安插被戲稱「**吉田學校**」的優等生佐藤榮作、橋本龍伍（橋本龍太郎生父）入閣任職內閣官房長官和次官。第三次吉田茂內閣（一九四九年二月十六日至一九五二年十月三十日）更任用池田勇人、大橋武夫、佐藤、橋本等人爲閣員。吉田似想透過讓這群青壯派良性競爭，再從中選擇接班人。

日本獨立後的吉田首相恃功而驕，漸視議會如無物，屢次在議會

人物通　吉田學校

吉田茂雖在鳩山一郎介紹政黨成員的幫助下成立吉田內閣，不過外交官出身的吉田茂內心並不信任政黨人士，在首相任期內積極提拔通過高等文官考試的高級官僚做為親信，受他重用、提拔的官僚遂被外人稱為「吉田學校」。對於媒體戲稱的「吉田學校」，吉田自己曾說過由於沒有收學費，所以不知道學生有多少人。一般咸認池田勇人、佐藤榮作兩位後來的首相以及橋本龍伍為「吉田學校」成員，政治評論家戶川猪佐武在著作《小說吉田學校》中，甚至連田中角榮、大平正芳、鈴木善幸等七〇年代中期至八〇年代的首相也都包含在內。

脫序的言論引起衆議員反感。如一九五三年二月二十八日接受右派社會黨議員質詢時脫口吐出髒話「馬鹿野郎」，造成衆議員對第四次吉田內閣投下不信任案，導致議會於該年三月十四日解散。改選後吉田派自由黨雖仍保住第一大黨優勢成立第五次吉田內閣，但與前兩次過半的榮景相比，吉田聲望下墜已是不爭事實。

吉田茂與鳩山一郎會面（右者）

解除整肅後的鳩山一郎在自由黨內只剩三十幾席議員，光靠這股力量不足以打倒吉田，遂向同爲保守陣營的改進黨尋求合作。「改進黨」承繼自戰前兩大政黨之一的民政黨，合併戰後國民民主黨、農民協同黨等新興政黨，尊東久邇宮內閣外相重光葵爲總裁，實權操掌在幹事長三木武夫手上。

一九五四年，「吉田學校」成員自由黨幹事長佐藤榮作、政務調查會長池田勇人捲入「造船疑獄」。眼見吉田的愛將就要成爲階下囚，法務大臣犬養健（犬養毅之子）依照吉田首相及自由黨副總理緒方竹虎之意，抗拒檢察當局。

吉田首相蠻橫作風使鳩山意識到，要打倒吉田政權唯有整合保守陣營的力量。一九五四年九月十九日，改進黨重光總裁率領新任幹事長松村謙三來到鳩山靜養的輕井澤別墅，與自由黨岸信介、石橋湛山等人會談。會談後鳩山派自由黨人紛紛脫黨，十一月二十四日鳩山派自由黨與改進黨進行合併，成立新政黨「日本民主黨」，鳩山爲總裁、重光爲副總裁、岸信介爲幹事長、三木武吉爲總務會長、松村謙三爲政務調查會長、蘆田均・石橋湛山・苫米地義三等人爲最高委員。

保守陣營整合後，吉田首相見大勢已去，十二月十日解散衆議院，結束他的政治生涯。其首相任期總計二六一六日，在日本憲政史上僅次於桂太郎、佐藤榮作、伊藤博文等人，排名第四。

118 保守勢力漸趨整合

五五年體制

鳩山一郎打倒吉田政權不光依靠日本民主黨自身力量，還有右派和左派社會黨的支持。戰後成爲合法政黨的日本社會黨，對於《舊金山和約》與《美日安保條約》因態度和立場不同而分裂爲右派和左派社會黨（如左表所示）。

一九五五年二月第二十七回衆議員選舉結果，左派社會黨得到勞動組織「日本勞働組合總評議會」（簡稱「總評」）的支持獲得八十九席（成長十七席），右派則有六十七席（成長一席），兩派相加大幅超越自由黨一百十二席，直逼鳩山首相日本民主黨一百八十五席，這是日本社會黨自片山哲內閣後最接近執政的時刻。

雙方對於社會黨性質有共同認識，只是具體內容上有所出入，右派和左派在選舉結果後積極接洽尋求合併的可能，同年九月取得多項共識。十月十二日各自解散原先政黨，十四日依照左右派在衆議院席次進行人事布局，以鈴木茂三郎爲委員長，淺沼稻次郎爲書記長，左派的伊藤好道爲政策審議會長。在黨綱方面認定日本是形式上獨立、實質上處在美國軍事支配下的國家，以進行和平革命促進日本成爲完全獨立國家爲目的的階級性大衆政黨。

日本社會黨分裂	
右派	贊成《舊金山和約》，但反對《安保條約》。以書記長淺沼稻次郎代理委員長，河上丈太郎解除追放後（一九五二年八月）補正為委員長。
左派	對《舊金山和約》及《安保條約》均採反對立場。鈴木茂三郎為委員長，野溝勝為書記長。

五五年體制

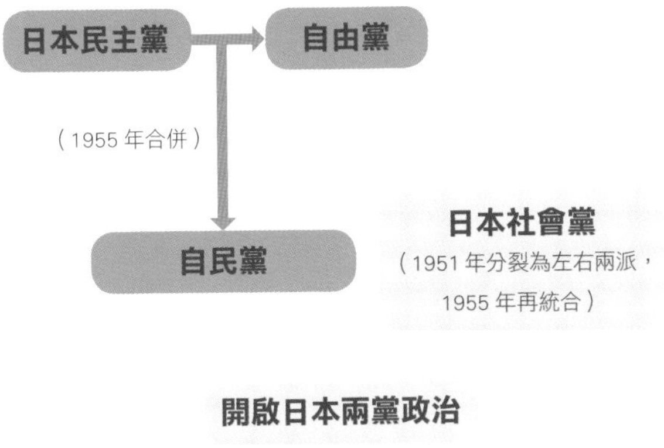

財政界對社會黨統一感到極大危機，於是財界團體「日本經濟團體聯合會」（簡稱「經團聯」）、「日本商工會議所」（簡稱「日商」）、「經濟同友會」呼籲保守政黨應進行整合。吉田首相退出政壇後，一度交惡的日本民主黨與自由黨（總裁緒方竹虎）在財界與美國強烈要求下進行會商協調，至十一月十五日雙方敲定新黨名稱為「自由民主黨」（簡稱「自民黨」），總裁人選由於雙方各自堅持己黨總裁擔任，只得暫且擱下。總裁以下黨務要職敲定岸信介擔任幹事長、石井光次郎（自由黨）為總務會長、水田三喜男（自由黨）為政務調查會長（以上三職僅次總裁的最高幹部，稱為「黨三役」，自民黨總裁除少數幾位外無不歷練過這三職）。由於總裁人選空缺，暫由鳩山首相、緒方竹虎、三木武吉、大野伴睦四人擔任代行委員以決定重要事項。

日本恢復獨立後，新的國際環境與政治局勢促成社會黨和保守政黨各自整合，戰後日本政治學者升味準之輔教授針對這一政治現象命名「五五年體制」，日本政黨政治從占領期間的多黨制進入兩黨制。但是日本的兩黨制與歐美不盡相同，自民黨在眾議院席次遠遠超過社會黨，而且在一九九三年以前不管自民黨內部派系如何鬥爭、金權政治如何讓民眾失望，社會黨始終無法扳倒自民黨取得政權，因此日本的兩黨制被譏為「一又二分之一黨制」。

安保鬥爭

一九五六年一月二十八日緒方竹虎突然死去，四月總裁選舉鳩山首相毫無懸念當選自民黨首任總裁，此時鳩山已屆七十三，高齡與健康因素讓鳩山無法在位太久。鳩山首相在這一年完成恢復日蘇邦交和加入聯合國兩件大事後從政界引退，角逐繼任總裁的人選有石橋湛山通產相（一九四九年五月二十五日廢止商工省改稱通商產業省，二〇〇一年一月六日改稱經濟產業省）、岸信介幹事長及石井光次郎總務會長三人，競選期間三方人馬皆以金錢和當選後分配職務為餌攏絡黨內要員，最後石橋通產相以七票之差險勝岸幹事長，一九五六年十二月十四日成為自民黨第二任總裁，九日後成立石橋內閣。

不過石橋首相在競選期間到全國各地演說，積勞成疾，隔年一月尚未完成內閣人事就已罹患肺炎，不得已指定岸信介代理首相。岸信介代理期間石橋病情仍未好轉，最後在二月二十三日辭職，競選總裁失利的岸信介從二月二十五日起成為首相，三月二十一日出任第三任自民黨總裁。

岸信介一八九六年生於山口縣，

吉田學校成員佐藤榮作爲其胞弟，結婚時爲妻子娘家的婿養子改姓爲岸。一九三六年前往滿洲國擔任國務院實業部總務司長，歷任產業部次長、總務廳次長掌握滿洲國經濟實權，與東條英機、星野直樹、鮎川義介、松岡洋右並稱「**貳キ參スケ**」。是當時滿洲國五位實力派人物，岸信介與後兩人爲山口縣同鄉，彼此間又有姻親關係。

一九四一年十月十八日東條英機內閣成立時，任命岸信介爲商工大臣，負責籌措大東亞戰爭所需物資。對美宣戰文告上有岸信介簽名，儘管後來岸信介曾參與東條內閣倒閣行動，二戰結束後仍被視爲A級戰犯而逮捕，雖獲不起訴，仍在巢鴨監獄度過三年。《舊金山和約》生效時獲釋，之後投入政治活動，周旋在激進和保守政黨間，最終成爲鳩山一郎左右手，高明的手腕與處事能力爲他博得「昭和妖怪」稱號。

岸信介主政近三年半，任內對日本最大貢獻首推修改《安保條約》，最讓民衆反感導致下台的也是修改《安保條約》引起的安保鬥爭。

一九五七年六月岸首相前往美國與艾森豪總統及杜勒斯國務卿展開會談，對於岸首相提出修改《安保條約》的要求，美國雖未表示接受，但同意成立委員會討論，同年十月就內容細節進行討論。

岸首相接受美國訪問時曾說日本必須撐起防衛自由世界的任務，爲此必須強化安保體制，有必要刪除憲法中放棄戰爭的條款。當時民

岸信介硬推安保條約，引爆當年日本國內一波又一波的群起抗議／三娃繪

眾對戰爭印象猶深，岸的發言立刻引起媒體和民眾撻伐。幾乎與修改《安保條約》同時，岸內閣企圖修改《警察官職務執行法》（簡稱《警職法》）來大幅加強警察職權，也引起民怨，岸內閣對這兩個湊在一塊發酵的議題未能有效處理而引起全國抗議。

一九六〇年一月十五日，岸首相前往華盛頓簽署修改後的《安保條約》，「全日本學生自治總聯合」（簡稱「全學聯」）發動七百名學生在羽田機場大廳靜坐阻止岸首相代表團出發。一月十九日，岸首相與艾森豪總統簽下《新安保條約》，社會黨眾議員揚言抵制。《新安保條約》與前約差異處在於：（一）舊約並未規定年限，新約定年限為十年。（二）舊約規定日本受到外來攻擊時駐日美軍須為防衛日本而出兵；新約則明文規定美軍對日的防衛義務，對此日本則須負起保護美軍基地之責，同時日本必須維持對抗外來攻擊的能力。（三）新約規定對駐日美軍之分布配置、裝備變更須事前和日本政府進行協議。（四）新約是否適用琉球、小笠原群島等地，等將來歸還日本後再議。

第二點「日本必須維持對抗外來攻擊的能力」暗示日本有重新武裝的可能，「日本則須負起保護美軍基地之責」則表示日本同意美國繼續使用日本國內港口與機場做為基地，這都是日本民眾無法容忍之處。讓日本民眾更憤怒的是，五月十九日岸內閣不理會在野黨（主要為社會黨）繼續審議的要求自行表決通過。眾議院議長調派警力強行驅逐在議長室前靜坐的社會黨眾議員，使得被驅逐的議員無法參加當日臨時召開的眾議院大會。消息一傳出，全國掀起反安保、反岸內閣的「安保鬥爭」。

進入六月，日本民眾抗議依舊，艾森豪總統不得不取消原定六月十日的訪日行程。雖然未得參議院表決通過，《新安保條約》仍於日本時間六月十九日零時自動生效。生效前一日，有超過三十三萬日本民眾包圍國會議事堂，即便如此，岸首相仍拒絕防衛廳長官赤城宗德出動自衛隊的提議。

《新安保條約》生效後，岸信介萌生辭意，七月十四日指定池田勇人為自民黨總裁，十五日內閣總辭，七月十九日第一次池田勇人內閣成立。

人物通　貳キ參スケ

在滿洲國軍、政、財三界有龐大影響力的五人，其中「貳キ」為東條英機、星野直樹名字最後發音皆為「キ」；「參スケ」為鮎川義介、松岡洋右、岸信介名字的發音。

119 打造安定穩固的治世

所得倍增計畫

一九五六年經濟企畫廳發表的經濟財政白皮書提到「現在已非『戰後』，我們正面臨完全不同的局面，爲復原而成長的時代已告結束，今後將是爲現代化而成長的時代」。當時日本經濟正處「神武景氣」（一九五四年十二月至一九五七年六月）期間，雖受爲期一年左右的「鍋底蕭條」中斷，從一九五八年七月起又出現超過四十個月的「岩戶景氣」（一九六一年十二月止）；這段期間內日本經濟成長率每年均達到兩位數，民衆購買能力增加，洗衣機、電冰箱、黑白電視機這所謂的「三大神器」，成爲一般家庭普及品。

一九六〇年七月十九日成爲岸信介繼任者的池田勇人是吉田學校資優生，歷任吉田茂、石橋湛山、岸信介等內閣藏相和通產相，大藏官僚出身的他爲轉移當時民衆聚焦的安保鬥爭，上任後持續以發展經濟做爲施政目標。九月池田首相發表以「國民所得倍增」爲目標的經濟成長計畫，主張透過增加公共投資、企業減稅等方法強化產業體制，十年內讓國民所得倍增。日本從韓戰以來到池田首相上任已屆十年，這段期間經濟大半處在大幅攀升狀態，早已超越戰前最高水平，十年內所得倍增並非不可能（事實上不到七年便達成目標）。

儘管所得倍增計畫就某些層面而言是犧牲大衆福祉以造就財閥高度成長，此項計畫的確爲日本帶來了高成長率，民衆普遍感受到高成長率帶來的富裕。日本雖在一九五六年加入聯合國，但到池田首相主政期間才眞正落實貿易自由化。一九六四年四月，日本成爲「國際貨幣基金」（International Monetary Fund，簡稱IMF）第八條國及關稅暨貿易總協定（General Agreement on Tariffs and Trade，簡稱GATT），日本

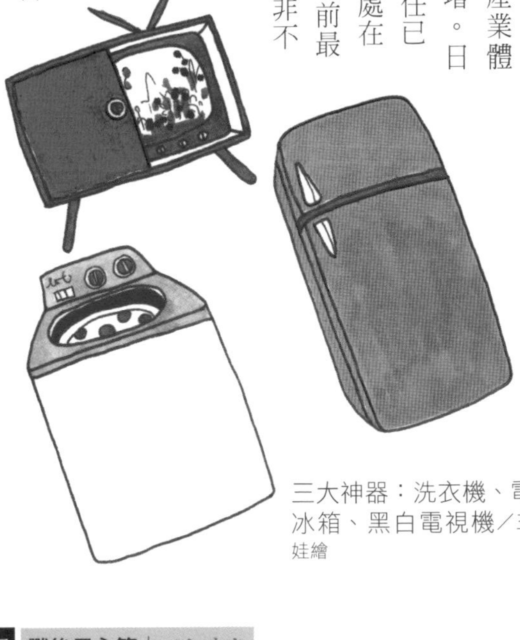

三大神器：洗衣機、電冰箱、黑白電視機／三娃繪

貿易自由化受到國際肯定。

一九六四年十月一日，象徵日本經濟高速成長之產物的東海道新幹線通車。十月十日起在東京舉辦為期十五天的奧林匹克運動會（一九六六年起定此日為國定假日「體育之日」，二〇〇〇年起改為十月第二個星期一），這是近代奧運首度移師亞洲國家。不過池田首相突然在九月九日住進國立癌症中心，十月十日抱病與昭和天皇、香淳皇后及皇太子殿下夫婦（今上天皇・皇后）出席奧運開幕式。東京奧運閉幕後翌日（十月二十五日）池田宣布引退，十一月九日指名長年亦友亦敵的佐藤榮作為繼承人，同日第一次佐藤榮作內閣成立。隔年八月十三日池田勇人病逝。

日本作家兼評論家堺屋太一在著作《日本を創った12人（創造日本的十二人）》將池田首相列入其中，是唯一的政黨人物。

佐藤政權

佐藤榮作自東京帝大畢業後便進入鐵道省工作，直到終戰為止都不曾離開，與曾任商工大臣的兄長岸信介相比，仕途相對平凡。戰後兄長遭到公職追放處分，佐藤卻受吉田茂青睞延攬入閣，被任命為第二次吉田內閣官房長官，是該內閣少數沒有議員身分的閣員。

自由黨幹事長期間涉嫌接受造船界賄賂，一九五四年四月二十日檢察廳決定逮捕佐藤，然而吉田首相硬是以行政權介入保住佐藤和池田等人，不惜以自己政治生涯為代價，不難看出吉田茂有多器重佐藤榮作和池田勇人。

岸信介內閣總辭後，佐藤投入自民黨總裁寶座競選，在最後一輪敗給池田勇人。由於佐藤是自民黨派系領袖，雖是池田競選總裁的對手，池田也不得不延攬他入閣（通產相及北海道開發廳長官）。一九六四年十一月九日成立第一次佐藤榮作內閣，除內閣官房長官從池田派的鈴木善幸換成佐藤派的橋本登美三郎外，第三次池田內閣閣員全部留任，實踐他對池田的承諾。直至一九七二年七月七日為止共二千七百九十八日都由佐藤榮作擔任首相，任期之長僅次於桂太郎。日本在這段期間經濟持續高度發展，一九六五年十一月起連續五十七個月景氣增長，稱為「伊奘諾景氣」，汽車、冷氣機和彩色電視機取代洗衣機、電冰箱、黑白電視機成為「新三大神器」。一九六六年達成池田前首相的「所得倍增計畫」，日本總人口也在這一年朝一億人叩關，到一九七〇年三月舉辦大阪萬國博覽會時，日本已成為僅次於美國的世界第二經濟大國。

外交方面，佐藤延續自民黨追

隨美國的政策，不過佐藤並不像吉田茂、岸信介那樣對美國唯唯諾諾，先是一九六八年六月以和平方式成功收回小笠原群島。接著一九六九年十一月起與美國總統尼克森就沖繩歸還問題進行數次會談，一九七一年六月十七日以延長《安保條約》和維持境內美軍基地爲條件簽訂《沖繩返還協定》，翌年五月十五日協定生效，沖繩正式回歸爲日本領土。一九七四年，佐藤以收回小笠原群島、琉球群島及**「非核三原則」**獲頒該年諾貝爾和平獎，成爲日本唯一得到該殊榮之人。

豆知識　非核三原則

一九六七年十二月十一日，佐藤首相在眾議院預算委員會接受日本社會黨委員長成田知巳質問「美國歸還小笠原群島是否有做為引進核武的可能性」時，做出「日本堅決不持有、不製造、不引進核武」，明確主張「非核三原則」，成為此後日本歷任內閣對核武的一貫主張。

一九七二年六月十七日佐藤首相在沖繩回歸一個月後功成身退，日本首相沒幾個能做到在聲望最高時急流勇退。佐藤能長期執政固然是任內完成不少大事，一直保持極高支持度之故，但亦有學者指出是因爲佐藤的政敵池田勇人、大野伴睦、河野一郎早逝使得黨內反對勢力消失之故。「沖繩歸還」在當時被視爲佐藤最大的政績，但做爲交換條件，延長《安保條約》和維持境內美軍基地成爲日後歷任內閣的負擔，此外「沖繩歸還」造成與鄰國中華民國、中華人民共和國圍繞尖閣諸島（釣魚台列嶼）的領土糾紛，至今依舊無解。

佐藤首相原有意將政權交給外相福田赳夫，然而七月五日總裁選舉通產相田中角榮挾雄厚財力爲後盾，使得中間觀望的派系包括佐藤派都向田中靠攏，田中遂成爲自民黨第六任總裁，七月七日成立第一次田中角榮內閣，自民黨從此成爲「黨中有黨、派中有派」的政黨，日本政治也進入「金權政治」時代。

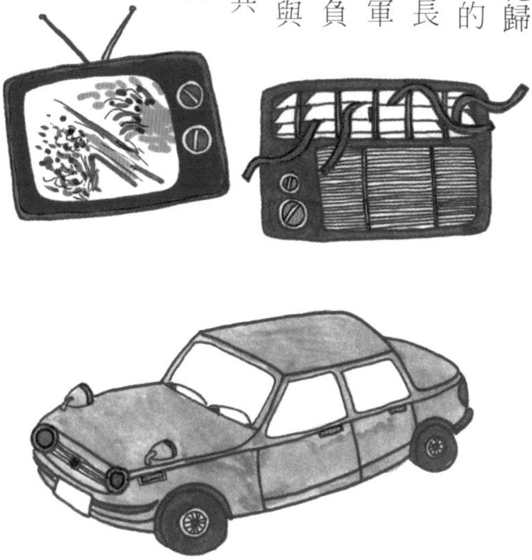

新三大神器：汽車、冷氣機和彩色電視機／三娃繪

120

政黨政治功能喪失

三角大福中

自民黨是合併自由黨及日本民主黨而來，因此成立伊始黨內派系林立，每逢衆議院大選各派系首領無不使出渾身解數拓展版圖，不僅與外在反對黨日本社會黨、社會民主黨、日本共產黨、公明黨競爭，更要與內在敵人即黨內不同派系者競爭。唯有拿下多數席次，才有資格角逐總裁寶座。

自民黨成立時有八個大小不等派系，隨著派系鬥爭與兼併，到佐藤榮作引退時剩下三木武夫、田中角榮、大平正芳、福田赳夫、中曾根康弘五大派系，從他們名字各取一字，簡稱「三角大福中」。五人除中曾根外皆歷任過幹事長、總務會長、政務調查會長所謂黨三役中的二職以及內閣外相、藏相、通產相中的二職，並包辦自民黨第六、七、八、九、十一任總裁。「三角大福中」在黨內勢力大致均等，七〇年代的日本，贏得自民黨總裁競選等於當上首相，因此總裁選舉成爲派系首腦間拉幫結派及利益交換的「戰爭」，如田中角榮成功拉攏中曾根派的支持，使得黨總裁第一輪選舉順利擊敗福田、大平、三木三人。據說光是說服中曾根不出馬競選總裁，便花費田中七億日圓。田中與第一輪落敗的最高票福田赳夫進行第二輪投票，雙方各耗資數億日圓，廣泛動員基層，被媒體稱爲「角福戰爭」，競爭之激烈不難想像。

此後這成爲日後自民黨總裁選舉的固定模式，有意競選總裁必須拉攏黨內派系領袖，尋求對方支持，組閣時必須讓當初支持的派系領袖安插人馬入閣。這些派系領袖當然會要求掌控資源較多的閣員位置，如外相、藏相、通產相，使得首相眞正能安插親信的位置爲內閣官房長官。此後內閣閣員不再是一時之選，而淪爲派系妥協下的產物，閣員未必熟稔自己職務的專業，卻是派系裡的重要成員。田中角榮以前的內閣重視的是國家發展方向以及追求日本在戰後國際社會中的生存之道；從田中開始，內閣的重點成爲如何安插自己人馬入閣，瓜分、分配國家龐大的財產，如何維持國家競爭力已非追求重點。

金權醜聞上演

田中角榮素有「今太閤」之稱，除了與秀吉相同出身外（皆爲農民），更大原因在於戰後所有首相都有大學學歷（有不少是東京帝大．東大），相形之下田中小學畢業後不再升學，成爲戰後學歷最低的首相。學歷低對田中而言並非缺點，由於學歷低使他進入政壇過程比一般政治人物曲折，反倒練就出能屈能伸的身段。田中角榮組閣時任命大平正芳爲外相，九月二十五日田中首相與大平外相、二階堂進內閣官房長官訪問北京六天，與中共國務院總理周恩來及外交部長姬鵬飛會談，九月二十九日雙方發表共同聲明（《日中共同聲明》）。

根據這份聲明，日本與中共結束迄今爲止不正常狀態，實現日中國交正常化，承認一個中國原則，中國放棄向日本索賠。「日中國交正常化」造成中華民國與日本斷交，一九七〇年代與中共建交和承認一個中國原則是大勢所趨，田中首相不過順應時勢。同時田中首相在內政上提出「日本列島改造論」，提出整備新幹線與高速公路等高速交通網、促進地方工業化，同時解決人口過少和過密以及公害問題，具體作法是不斷投資地方公共事業以創造就業機會。

可是「日本列島改造論」最後卻淪爲土地炒作，造成高地價高房價現象；投資地方公共事業到頭來多半變成興建高爾夫球場，整備新幹線與高速公路等高速交通網雖有落實，但是財團和議員在土地徵收過程中賺足荷包。「日本列島改造論」猶如雙面刃，既讓田中首相人氣高漲，也讓他嘗到支持率下滑的苦果。

一九七六年二月（田中首相已在一九七四年十二月九日下台），美國參議院外交委員會多國籍企業小組揭發田中角榮在首相任職期間曾接受美國飛機製造商「洛克希德」（Lockheed）的資金贈與，透過外電傳回日本後引起政壇極大震撼。

之後法院陸續傳喚涉案的「灰色高官」，連田中本人也在七月二十七日被捕（同時脫離自民黨），八月十六日東京地方檢察廳特別搜查部（簡稱「東京地檢特搜部」）起訴。隔日田中以巨額保證金交保，到一九八三年十月十二日判決田中有期徒刑四年、追繳五億日圓贓款的裁決；田中在這段期間以無黨身分連續當選四次眾議員，同時領導自民黨內的田中派，之後福田赳夫、鈴木善幸、中曾根康弘等人都還需要田中派支持才能贏得自民黨總裁及首相寶座。不過受田中之累，自民黨自成立以來首度在一九七六年眾議院選舉未能過半（一九七九年選舉亦然，惟依舊是眾議院最大黨），導致三木武夫首相總辭。

一九八七年十一月六日，竹下登整編田中角榮淡出政壇後的田中派，在**七奉行**幫助下登上首相寶座。一九八八年六月十八日《朝日新聞》揭發不動產公司「瑞克魯特」（Recruit）以未上市股票賄賂政府高官的弊案，涉案人包含中曾根前首相、竹下首相、宮澤喜一副總理兼藏相、安倍晉太郎（現任首相安倍晉三之父）幹事長、渡邊美智雄政務調查會長以及自民黨和社會黨眾議員共超過九十人接受贈與，自民黨再次與金權政治畫上等號。

失落的十年之後

一九八九年一月七日昭和天皇崩御，皇太子繼宮明仁親王於次日即位，據《尚書．虞書．大禹謨》：「地平天成，六府三事允治，萬世永賴……」典故，翌日改元「平成」，日本從此進入「平成時代」。

日本在一九八〇年代經濟成長率達到世界第二，當時日本人意氣風發，市面充斥各種歌頌日本經濟奇蹟的書籍，日本式管理為各國競相仿效，日經指數在一九八九年超過三萬八千點，泡沫經濟邁向最高峰！然而盛極必衰，一九九一年二、三月起，日本土地價格開始下跌，日經指數更是一瀉千里，到一九九二年三月跌破兩萬點，幾乎剩全盛期的一半。由於土地價格急速下跌，導致日本各大銀行不良債權擴大，日本的泡沫經濟至此完全破滅。大藏省最初認為只是尋常的經濟不景氣，一段時間便會恢復，可是幾年過去景氣依舊徘徊谷底，進入一九九七年後諸如山一證券、北海道拓殖銀行、三洋證券、日本長期信用銀行、日本債券信用銀行等金融機構相繼倒閉，日本經濟進入被稱為「失落的十年」（接下來十年經濟持續低迷，「失落的十年」延伸為「失落的二十年」）時期。

政治方面的低迷完全不亞於經濟，竹下登首相去職後，中曾根派的宇野宗佑當選自民黨第十三任總裁，一九八九年六月三日組閣。此內閣只維持六十九日便因首相與女

橫濱中華街洶湧的觀光客人潮／洪維揚提供

性發生醜聞辭職，成爲日本史上第一個因桃色風波下台的首相。接下來的海部俊樹、宮澤喜一等首相雖沒立刻去職，但也幾近毫無作爲。

一九九二年二月十四日東京地檢特搜部以特別背信罪名逮捕東京佐川急便社長和常務等四人，偵查後發現這又是一起金權政治醜聞，自民黨前幹事長金丸信接受東京佐川急便五億日圓政治獻金。人民飽受經濟不景氣之苦，政治人物卻屢屢爆出金權醜聞，一九九三年七月第四十回眾議院議員總選舉自民黨只拿下二百二十三席，是五五年以來最大的慘敗。雖然自民黨仍是國會第一大黨，但日本社會黨、新生黨、公明黨、日本新黨、民社黨、新黨さきがけ（新黨先驅）、社會民主聯合、民主改革聯合（該黨只在參院保有席次）八個小黨聯手拿下二百四十三席，硬是擠下自民黨取得政權；聯合內閣推選日本新黨總裁細川護熙（肥後細川家之後、近衛文麿外孫）爲首相，成立細川護熙內閣，自民黨連續執政爲之中斷。雖然一九九六年一月十一日橋本龍太郎領導自民黨贏回政權，但接著數任內閣依舊庸庸碌碌，無所作爲。

一九九〇年柏林圍牆被推倒，東西德統一。隔年蘇聯解體，連帶東歐共產國家也隨之瓦解，冷戰結束。一九九〇年八月爆發波灣戰爭，聯合國做出派遣多國聯軍的決議，美國希望日本也出動自衛隊，但卡在憲法第九條的限制，日本不能參加「聯合國和平維持活動」（United Nations Peacekeeping Operations，日本簡稱「PKO」），只在翌年一月派遣自衛隊到波灣進行掃除海面水雷的工作。

一九九五年一月十七日，兵庫縣南部發生芮氏規模七點三的地震（阪神・淡路大震災），震央位在神戶市及其附近衛星城市等人口稠密區，受難人數多達六千多人。之後每隔數年日本就出現芮氏規模七以上的大地震，其中二〇一一年三月十一日「東日本大震災」（芮氏規模九點〇）堪稱近年日本遭受最大的災害。

進入平成時代以來，日本在政治、經濟上表現大不如前，面對未來，日本該如何度過現在的困境呢？但願縱觀日本史後，大和魂精神再起之日不遠。

人物通　竹下派七奉行

一九八七年七月時任自民黨幹事長的竹下登與前任幹事長金丸信成立「經世會」，正式獨立為自民黨新派系。「經世會」有七位中生代政治人物被視為竹下、金丸的繼承人：小淵惠三、橋本龍太郎、梶山靜六（以上為竹下系）、羽田孜、渡部恒三、奧田敬和、小澤一郎（以上為金丸系）。其中小淵、橋本、羽田進入九〇年代先後擔任過首相。

日本皇室世系圖

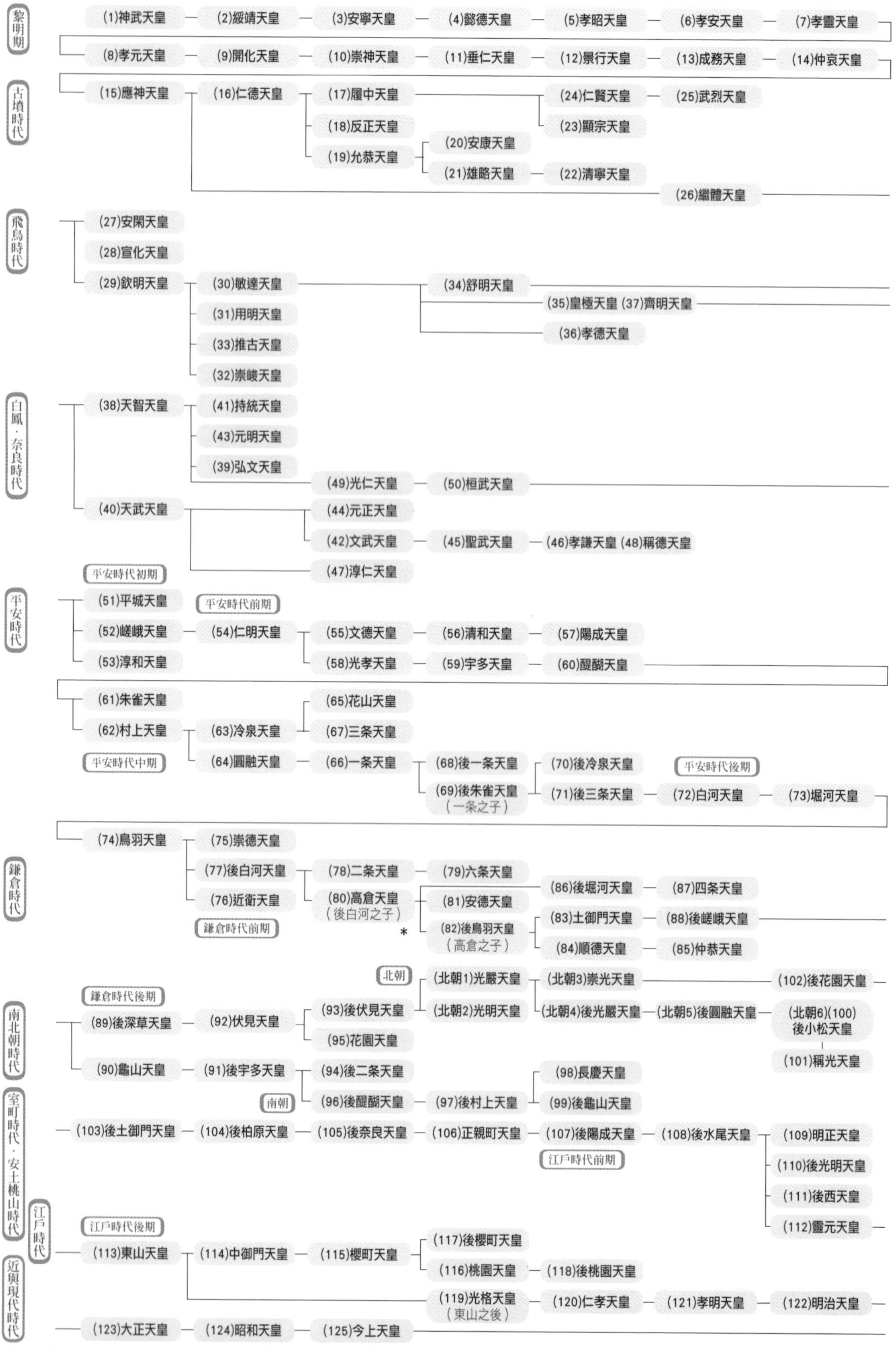
黎明期
(1)神武天皇
(2)綏靖天皇
(3)安寧天皇
(4)懿德天皇
(5)孝昭天皇
(6)孝安天皇
(7)孝靈天皇
(8)孝元天皇
(9)開化天皇
(10)崇神天皇
(11)垂仁天皇
(12)景行天皇
(13)成務天皇
(14)仲哀天皇
古墳時代
(15)應神天皇
(16)仁德天皇
(17)履中天皇
(24)仁賢天皇
(25)武烈天皇
(23)顯宗天皇
(18)反正天皇
(19)允恭天皇
(20)安康天皇
(21)雄略天皇
(22)清寧天皇
(26)繼體天皇
飛鳥時代
(27)安閑天皇
(28)宣化天皇
(29)欽明天皇
(30)敏達天皇
(34)舒明天皇
(35)皇極天皇 (37)齊明天皇
(36)孝德天皇
(31)用明天皇
(33)推古天皇
(32)崇峻天皇
白鳳·奈良時代
(38)天智天皇
(41)持統天皇
(43)元明天皇
(39)弘文天皇
(49)光仁天皇
(50)桓武天皇
(40)天武天皇
(44)元正天皇
(42)文武天皇
(45)聖武天皇
(46)孝謙天皇 (48)稱德天皇
(47)淳仁天皇
平安時代初期
平安時代
(51)平城天皇
平安時代前期
(52)嵯峨天皇
(54)仁明天皇
(55)文德天皇
(56)清和天皇
(57)陽成天皇
(53)淳和天皇
(58)光孝天皇
(59)宇多天皇
(60)醍醐天皇
(61)朱雀天皇
(65)花山天皇
(62)村上天皇
(63)冷泉天皇
(67)三条天皇
平安時代中期
(64)圓融天皇
(66)一条天皇
(68)後一条天皇
(70)後冷泉天皇
平安時代後期
(69)後朱雀天皇
(一条之子)
(71)後三条天皇
(72)白河天皇
(73)堀河天皇
鎌倉時代
(74)鳥羽天皇
(75)崇德天皇
(77)後白河天皇
(78)二条天皇
(79)六条天皇
(86)後堀河天皇
(87)四条天皇
(76)近衛天皇
(80)高倉天皇
(後白河之子)
(81)安德天皇
鎌倉時代前期
*
(82)後鳥羽天皇
(高倉之子)
(83)土御門天皇
(88)後嵯峨天皇
(84)順德天皇
(85)仲恭天皇
北朝
(北朝1)光嚴天皇
(北朝3)崇光天皇
(102)後花園天皇
鎌倉時代後期
南北朝時代
(89)後深草天皇
(92)伏見天皇
(93)後伏見天皇
(北朝2)光明天皇
(北朝4)後光嚴天皇
(北朝5)後圓融天皇
(北朝6)(100)
後小松天皇
(95)花園天皇
(101)稱光天皇
(90)龜山天皇
(91)後宇多天皇
(94)後二条天皇
(98)長慶天皇
南朝
(96)後醍醐天皇
(97)後村上天皇
(99)後龜山天皇
室町時代·安土桃山時代
(103)後土御門天皇
(104)後柏原天皇
(105)後奈良天皇
(106)正親町天皇
(107)後陽成天皇
(108)後水尾天皇
(109)明正天皇
江戶時代前期
(110)後光明天皇
(111)後西天皇
(112)靈元天皇
江戶時代
江戶時代後期
(113)東山天皇
(114)中御門天皇
(115)櫻町天皇
(117)後櫻町天皇
(116)桃園天皇
(118)後桃園天皇
(119)光格天皇
(東山之後)
(120)仁孝天皇
(121)孝明天皇
(122)明治天皇
近與現代時代
(123)大正天皇
(124)昭和天皇
(125)今上天皇

鎌倉幕府將軍

第1代：源賴朝（1192年～1199年）
第2代：源賴家（1202年～1203年）
第3代：源實朝（1203年～1219年）
第4代：藤原賴經（1226年～1244年）
第5代：藤原賴嗣（1244年～1252年）
第6代：宗尊親王（1252年～1266年）
第7代：惟康親王（1266年～1289年）
第8代：久明親王（1289年～1308年）
第9代：守邦親王（1308年～1333年）

室町幕府將軍

初 代：足利尊氏（1338年～1358年）
第2代：足利義詮（1358年～1367年）
第3代：足利義滿（1368年～1394年）
第4代：足利義持（1394年～1423年）
第5代：足利義量（1423年～1425年）
第6代：足利義教（1429年～1441年）
第7代：足利義勝（1442年～1443年）
第8代：足利義政（1449年～1473年）
第9代：足利義尚（1473年～1489年）
第10代：足利義材（1490年～1493年）
第11代：足利義澄（1494年～1508年）
第10代（再次）：足利義稙（改名）（1508年～1521年）
第12代：足利義晴（1521年～1546年）
第13代：足利義輝（1546年～1565年）
第14代：足利義榮（1568年）
第15代：足利義昭（1568年～1573年）

德川幕府將軍

第1代：德川家康（1603年～1605年）
第2代：德川秀忠（1605年～1623年）
第3代：德川家光（1623年～1651年）
第4代：德川家綱（1651年～1680年）
第5代：德川綱吉（1680年～1709年）
第6代：德川家宣（1709年～1712年）
第7代：德川家繼（1713年～1716年）
第8代：德川吉宗（1716年～1745年）
第9代：德川家重（1745年～1760年）
第10代：德川家治（1760年～1786年）
第11代：德川家齊（1787年～1837年）
第12代：德川家慶（1837年～1853年）
第13代：德川家定（1853年～1858年）
第14代：德川家茂（1858年～1866年）
第15代：德川慶喜（11866年～1867年）

參考書目

中文書籍：

1. 《日本史》（一）～（四）／鄭學稼／黎明文化事業公司
2. 《日本古代史》／鄭樑生／三民書局
3. 《日本中世史》／鄭樑生／三民書局
4. 《宛如飛翔（一）～（十）》／司馬遼太郎／遠流出版社

日文書籍：

1. 『日本の歷史』2～26巻／中央公論新社
2. 『戦国関東三国志——上杉謙信、武田信玄、北条氏康の激闘』／歴史群像シリーズ2　学研
3. 『武田信玄——風林火山の大戦略』／歴史群像シリーズ5　学研
4. 『戦国九州軍記——群雄苛烈なる生き残り血戦』／歴史群像シリーズ12　学研
5. 『西南戦争——最強薩摩軍団崩壊の軌跡』／歴史群像シリーズ21　学研
6. 『元亀信長戦記——織田包囲網撃滅の真相』／歴史群像シリーズ54　学研
7. 『幕末大全上巻——黒船来航と尊攘の嵐』／歴史群像シリーズ73　学研
8. 『幕末大全下巻——維新回天と戊辰戦争』／歴史群像シリーズ74　学研
9. 『毛利戦記——大内、尼子を屠った元就の権謀』／歴史群像シリーズ特別編集　学研
10. 『関ヶ原の戦い——日本史上最大の大会戦』新．歴史群像シリーズ1　学研
11. 『日本の歴史』上、中、下　／井上清／岩波書店
12. 『元治夢物語』／馬場文英／岩波書店
13. 『汗血千里の駒——坂本龍馬之伝』／坂崎紫瀾／岩波書店
14. 『一外交官の見た明治維新』上、下／アーネスト．サトウ／岩波書店
15. 『自由党史』上、中、下／板垣退助監修／岩波書店
16. 『天皇親政——佐々木高行日記にみる明治政府と宮廷』／笠原英彦／中央公論新社
17. 『日本開国史』／石井孝／吉川弘文館
18. 『孝明天皇と「一会桑」——幕末．維新の新視点』／家近良樹／文芸春秋
19. 『幕末政治と薩摩藩』／佐々木克／吉川弘文館

國家圖書館出版品預行編目資料

一本就懂日本史／洪維揚 著.
——初版.——臺中市：好讀，2016.05
面：　公分，——（一本就懂；12）

ISBN 978-986-178-373-4（平裝）

1.日本史

731.1　　104025941

好讀出版

一本就懂12

一本就懂日本史

作　　者／洪維揚
總 編 輯／鄧茵茵
文字編輯／林碧瑩、莊銘桓
繪　　圖／三娃
美術編輯／林姿秀
行銷企畫／劉恩綺

線上讀者回函
更多好讀資訊

發 行 所／好讀出版有限公司
台中市407西屯區何厝里19鄰大有街13號
TEL:04-23157795　FAX:04-23144188
http://howdo.morningstar.com.tw
（如對本書編輯或內容有意見，請來電或上網告訴我們）
法律顧問／陳思成律師

戶名：知己圖書股份有限公司
劃撥專線：15060393
服務專線：04-23595819轉230
傳真專線：04-23597123
E-mail：service@morningstar.com.tw
如需詳細出版書目、訂書，歡迎洽詢
晨星網路書店 http://www.morningstar.com.tw

印刷／上好印刷股份有限公司 TEL:04-23150280
初版／西元2016年5月1日
初版五刷／西元2020年8月20日
定價：450元
如有破損或裝訂錯誤，請寄回臺中市407工業區30路1號更換（好讀倉儲部收）

Published by How-Do Publishing Co., Ltd.
2020 Printed in Taiwan

ISBN 978-986-178-373-4